AF566407

Jenseits des Buddhismus

Eine säkulare Vision des Dharma

Stephen Batchelor

Jenseits des Buddhismus

Eine säkulare Vision des Dharma

Aus dem Englischen
von einem Übersetzungsteam

edition steinrich

Bibliografische Information der Deutschen Bibliothek:
Die Deutsche Bibliothek verzeichnet diese Publikation in der Deutschen Nationalbibliografie; detaillierte bibliografische Daten sind im Internet über http://dnb.de abrufbar.

www.edition-steinrich.de

Originaltitel: *After Buddhism: Rethinking the Dharma for a Secular Age*
Originally published by Yale University Press
© 2015 Stephen Batchelor

Alle Rechte vorbehalten

Copyright der deutschen Ausgabe: © 2017 edition steinrich, Berlin
Übersetzungsteam: Heike Drinkuth, Evamaria Glatz, Bettina Hilpert, Bernd Kaponig, Mika von Kienlin, Renate Seifarth, Eckart Zabel
Lektorat: Ursula Richard
Umschlagfoto: © AP
Umschlagentwurf und Umschlaggestaltung: Ingeburg Zoschke, Berlin
Gestaltung und Satz: Traudel Reiß
Druck: Westermann Druck Zwickau
Printed in Germany

ISBN Print 978-3-942085-60-1
ISBN ebook 978-3-942085-61-8

Inhaltsverzeichnis

Der Dharma ist klar sichtbar, unmittelbar, einladend,
erhebend, von den Weisen persönlich empfunden.
– Gotama, der Buddha (ca. 480–400 v. u. Z.)

Der Dharma der Buddhas bringt keine besonderen
Verpflichtungen mit sich. Handle ganz normal,
ohne zu versuchen, etwas Bestimmtes zu tun.
Kacke, pisse, zieh dich an, iss deinen Reis,
und wenn du müde wirst, leg dich nieder.
– Linji Yixuan (866 gest.)

Vorwort

Dieses Buch ist der Versuch, all meine Gedanken über den Buddhismus, die ich mir seit meinem ersten, 1983 erschienenen Buch *Alone with Others* (*Mit Anderen Allein*, 1992) erarbeitet habe, in einer Synthese zu vereinen. In den dazwischen liegenden dreißig Jahren habe ich zahlreiche Texte veröffentlicht, in denen ich mich mit verschiedenen Themen auseinandergesetzt habe. Sie alle haben sich jedoch, zumindest in meinen Augen, letztendlich einzig mit der Frage beschäftigt: Was bedeutet es, im Kontext der Moderne, den Dharma des Buddha zu praktizieren? Meine jüngste Publikation, der Aufsatz »A Secular Buddhism« (2012), kann als eine vorbereitende Skizze zu dem betrachtet werden, was ich in diesem Buch ausarbeiten möchte.

Großen Dank schulde ich Geshe Tamdrin Rabten, der mich in tibetisch-buddhistischer Logik, Erkenntnistheorie und Philosophie unterrichtet hat und damit die intellektuelle Grundlage für all das legte, was ich seither gedanklich entwickelt habe; Satya Narayan Goenka, der mich mit der *Vipassanā*-Praxis und dem frühen Buddhismus des Palikanons vertraut machte; und Kusan Sunim, der mich in der Praxis des koreanischen Sŏn (Zen) unterwies, die zusammen mit achtsamem Gewahrsein noch heute die Basis meiner Meditationspraxis bildet. Während all diese buddhistischen Traditionen für mein Verständnis und Praktizieren des Dharma eine wichtige Rolle gespielt haben, mögen meine Interpretationen bestimmter buddhistischer Lehren dem einen oder anderen Leser womöglich äußerst unorthodox vorkommen.

Als primäre Quelle für mein Verständnis der Lehre des Buddha beziehe ich mich auf die Reden des Palikanons. Das in der Āgama-Literatur erhalten gebliebene, vergleichbare Textmaterial habe ich allein aufgrund meiner Unkenntnis des Chinesischen nicht hinzugezogen. Die während der Tang-Dynastie in China verfassten frühen Aufzeichnungen der buddhistischen Sŏn-Tradition sind ebenfalls eine wichtige Quelle für meine Arbeit. Aus der späteren indischen Tradition haben mich die Schriften Nāgārjunas und Śāntidevas inspiriert.

In der Art, wie ich den Buddhismus deute, bin ich von den Philosophen Martin Heidegger und Richard Rorty sowie von den christlichen Theologen Paul Tillich und Don Cupitt beeinflusst. Großen Dank im Bereich der buddhistischen Studien schulde ich den Arbeiten von Richard Gombrich, K. R. Norman, Johannes Bronkhorst und Gregory Schopen. Mein Verständnis des Palikanons wurde sehr unterstützt von den Übersetzungen von Bhikkhu Bodhi, Eugene Watson Burlingame, I. B. Horner, John D. Ireland, Bhikkhu Ñāṇamoli, Caroline Rhys Davids und Maurice Walshe wie auch von den Interpretationen einiger der Kerngedanken seitens Ñāṇavira Theras.

Die zeitliche Datierung des Buddha auf ca. 480 bis ca. 400 v. u. Z. von Heinz Bechert und Richard Gombrich habe ich in diesem Buch übernommen. Indem seine Lebensdaten achtzig Jahre näher an unsere Zeit heranrücken, als es die buddhistische Überlieferung annimmt, wird Gotama eher zu einem Zeitgenossen von Sokrates als von Pythagoras, und das bringt ihn in unmittelbare Nähe zur historischen Eigenwahrnehmung des Westens. Der Kern meiner Erzählung, wie der Buddha gelebt hat, basiert auf der in tibetischer Sprache erhaltenen und von W. W. Rockhill 1884 übersetzten Version des Vinaya der Mūlasarvāstavāda-Schule. In meinem vorangegangenen Buch *Bekenntnisse eines ungläubigen Buddhisten* (2010) habe ich die Lebensgeschichte des Buddha ausschließlich auf der Basis von Pali-Quellen rekonstruiert. Die von Rockhill vorgelegte Version unterscheidet sich in einigen Details, im Wesentlichen ist die Geschichte jedoch die gleiche. Da diese beiden Textüberlieferungen an entgegengesetzten Enden des indischen Subkontinents aufbewahrt wurden und ihre Bewahrer jahrhundertelang keinerlei Verbindung zueinander hatten, ist anzunehmen, dass sie auf einer früheren Version basieren, die vermutlich noch bis in die Zeit des Herrschers Aśoka (304–232 v. u. Z.) vorhanden war, der nur etwa ein Jahrhundert nach dem Tod des Buddha geboren wurde.

Sofern sie nicht eindeutig chinesischer, koreanischer oder tibetischer Provenienz sind, verwende ich in der Regel bei den meisten Eigennamen und buddhistischen Fachbegriffen ihre Pali-Schreibweise. Da bestimmte altbekannte Begriffe wie »Dharma«, »Karma« und »Nirvana« inzwischen Teil der englischen [und deutschen A. d. Ü.] Sprache sind, habe ich sie in der Sanskrit-Schreibweise belassen. *Bhikkhu* und *bhikkhuni* übersetze ich im Allgemeinen mit »Mendikant« und »Mendikantin«, als Angehörige eines Bettelordens, *Upāsaka* und *Upāsika* mit »Anhänger« und »Anhängerin« (selten mit »Laie«) und *Bhagavant* mit »Lehrer« (nicht mit »Erhabener«). Von H.W. Schumann übernehme ich die Schreibweise »Sakiya« (anstelle von »Sakya« oder »Shakya«) für den Familienclan des Buddha. Den schwierigen Begriff *tathāgata* (zumeist mehr oder weniger gleichbedeutend mit »Buddha«) habe ich nicht übersetzt; in Kapitel 5, Abschnitt 9 biete ich eine Interpretation an. Die Rede, die in der Überlieferung als *Das Drehen des Dharma-Rades (Dhammacakkapavattana Sutta)* benannt ist, habe ich durchgehend mit dem Titel *Die Vier Aufgaben* versehen. Im Anhang stelle ich eine Übersetzung dieses und anderer Pali-Texte, auf die ich vielfach verweise, als »Ausgewählte Reden des Palikanons« zur Verfügung.

Ich möchte den Leserinnen und Lesern des Manuskriptes danken, deren Kommentare zur endgültigen Fassung dieser Arbeit beigetragen haben: Darius Cuplinskas, Evamaria Glatz, Ann Gleig, Winton Higgins, Bernd Kaponig, Antonia Macaro, Ken McLeod, Cristina Pecchia, Stephen Schettini, John Teasdale, Gay Watson, Anne Wiltshire und Dale Wright. Die über Jahre hinweg geführten Gespräche mit meinen Kollegen John Peacock und Akincano Marc Weber haben mir sehr geholfen, ein klareres Verständnis des frühen Buddhismus zu gewinnen. Zutiefst dankbar für ihre Unterstützung bin ich meiner Agentin Anne Edelstein und meinen Lektorinnen Jennifer Banks und Mary Pasti sowie dem Mitarbeiterstab der Yale University Press. Wie stets bin ich meiner Frau Martine für ihre vorbehaltlose Ermutigung und Toleranz zu Dank verpflichtet. Etwaige Fehler liegen selbstredend bei mir.

1 Jenseits des Buddhismus

So, Bāhiya, solltest du dich üben: »Im Gesehenen wird nur das Gesehene sein; im Gehörten nur das Gehörte; im Gefühlten nur das Gefühlte; in dem, dessen ich mir bewusst bin, nur das, dessen ich mir bewusst bin.«
So solltest du üben.
– Udāna

(1)

Eine bekannte Geschichte erzählt, dass Gotama – der Buddha – sich einst im Jetahain, dem Zentrum seines Wirkens, befand, in der Nähe der Stadt Sāvatthi, der Hauptstadt des Königreichs Kosala. Viele Priester, Wanderer und Asketen lebten in der Nähe. Sie werden beschrieben als Leute mit »verschiedenen Meinungen und Ansichten, die sich damit beschäftigten, für ihre unterschiedlichen Sichtweisen zu werben«. Der Text zählt die Arten von Meinungen auf, die sie lehrten:

Die Welt ist ewig.
Die Welt ist nicht ewig.
Die Welt ist endlich.
Die Welt ist nicht endlich.
Körper und Geist sind identisch.
Körper und Geist sind verschieden.

Der *tathāgata* existiert nach dem Tod.
Der *tathāgata* existiert nicht nach dem Tod.
Der *tathāgata* existiert und existiert nicht nach dem Tod.
Der *tathāgata* existiert weder nach dem Tod noch existiert er nicht nach dem Tod.

Sie nahmen diese Meinungen ernst. »Nur das ist wahr«, beharrten sie, »jede andere Sichtweise ist falsch!« Infolgedessen stürzten sie sich in endlose Streitereien, wobei sie »einander mit verbalen Pfeilen verletzten, indem sie sagten: ›Der Dharma ist so!‹ ›Der Dharma ist nicht so!‹«[1]

Der Buddha bezeichnete diese Leute als blind. »Sie wissen nicht, was heilsam und was schädlich ist«, erklärte er. »Sie verstehen nicht, was der Dharma ist und was er nicht ist.«[2] Er hatte überhaupt kein Interesse an ihren Behauptungen. Er kümmerte sich nicht darum, ob solche Ansichten wahr oder falsch waren, sondern war bestrebt, sie weder zu bestätigen noch zurückzuweisen. »Ein Verfechter des Dharma«, bemerkte er einmal, »streitet mit niemandem in der Welt.«[3] Wann immer eine derartige metaphysische Behauptung an Gotama herangetragen wurde, ging er nicht darauf ein, ließ sich weder hineinziehen noch bezog er Stellung. Wach und klar behielt er die Komplexität des Ganzen im Blick, ohne sich für die eine oder andere Position zu entscheiden.

Als Kommentar zu den streitenden Priestern und Asketen erzählt Gotama eine Parabel. Er berichtet von einem König in Sāvatthi, der seinen Dienern auftrug, alle Leute aus der Stadt zu versammeln, die von Geburt an blind waren. Er befahl, einen Elefanten zu ihnen zu bringen, führte dann jede blinde Person zu dem Tier und ließ sie einen jeweils anderen Teil des Elefantenkörpers berühren. Manche rieben an den Ohren, manche befühlten den Rumpf, manche legten ihre Arme um ein Bein, manche strichen über die Flanke, und manche zogen am Schwanz. Er fragte: »Nun sagt mir: was ist ein Elefant?« Manche sagten, ein Elefant sei »so wie eine Vorratskammer«, manche äußerten, »so wie eine Säule«, und wieder andere meinten, »so wie ein Besen«. Sie diskutierten – »Ein Elefant ist so! Ein Elefant ist nicht so!« –, bis ein Kampf ausbrach und sie mit den Fäusten aufeinander einzuschlagen begannen.[4]

Die Moral dieser Geschichte ist, dass der Dharma nicht auf eine Anzahl von Wahrheitsgehalt beanspruchenden Aussagen reduziert werden kann, da diese unausweichlich mit anderen Aussagen dieser Art in Konflikt geraten. Nur wenn man solche Sichtweisen aufgibt, wird man verstehen können, dass es bei der Dharmapraxis nicht um »richtig« oder »falsch« geht.

Es ist bemerkenswert, dass die letzten sechs der zehn aufgeführten Meinungen mit der Möglichkeit oder Unmöglichkeit eines Lebens nach dem Tod zu tun haben, was nahelegt, dass das Thema viel diskutiert wurde. Obwohl der Buddha seine Ideen möglicherweise im Kontext mehrfacher Lebenszyklen dargelegt hat, impliziert diese oft wiederholte Passage, dass er das vor allem aus kulturellen und pragmatischen Gründen tat. »Wenn sich die Weisen (*paṇḍitā*) der Welt bei einer Sache einig sind, dass sie nicht existiert, sage auch ich, dass sie nicht existiert«, sagte er, »und wenn sich die Weisen der Welt bei einer Sache einig sind, dass sie existiert, sage auch ich, dass sie existiert.«[5] Bei solchen Angelegenheiten gibt Gotama sich damit zufrieden, den Konsens der Gelehrten zu akzeptieren. Wenn er die Meinung bestätigt hätte, dass der Geist sich vom Körper unterscheide und nach dem Tod in einem anderen Körper wiedergeboren werde, hätte ihn das mit jenen Wanderern und Asketen in eine Reihe gestellt, die er für blind erklärt hatte.

Im Gegensatz zu jenen, die ihr Verhalten durch metaphysische Aussagen mit einem Anspruch auf Wahrhaftigkeit begründen, sollten der Vorstellung Gotamas zufolge Praktizierende des Dharma die Gesamtheit jeder Situation betrachten und in Übereinstimmung mit den Prinzipien, Perspektiven und Werten des Dharma reagieren. Da jede Situation im Leben einzigartig ist, lässt sich unmöglich vorher festlegen, wie jemand reagieren sollte. Anstatt zu fragen: »Was wäre ›richtig‹ oder ›falsch‹?«, fragen Praktizierende: »Was wäre die weiseste und mitfühlendste Antwort?« Viele Jahrhunderte nach dem Buddha wurde der chinesische Chan (Zen)-Patriarch Yunmen (ca. 860–949) gefragt: »Was sind die Lehren eines ganzen Lebens?« Yunmen antwortete: »Eine angemessene Aussage.«[6] Für Yunmen zählt, ob die eigenen Worte und Taten eine angemessene Antwort auf die gegenwärtige Situation darstellen und nicht, ob sie mit einer abstrakten Wahrheit übereinstimmen.

Der Dharma ist der ganze Elefant. Er ist mit einem komplexen lebenden Organismus vergleichbar, von dem jeder einzelne Teil dazu beiträgt, die geheimnisvolle Kreatur, die atmet, isst, geht und schläft, zu beleben. Dharmapraxis deckt die Grenzen menschlichen Denkens und Sprechens auf, wenn wir mit dem Rätsel des Daseins konfrontiert sind. Alle Menschen, seien sie tiefreligiös oder erklärtermaßen säkular, teilen dieses Gefühl von Nicht-Wissen, Staunen und Verblüfftheit. Hier beginnen wir alle.

(2)

Als leicht zu beeindruckender Neunzehnjähriger wurde ich in ein intaktes mittelalterliches buddhistisches Weltbild eingeführt, das bis dahin wenig Kontakt mit der Moderne gehabt hatte. Meine tibetischen Lehrer waren damals bereits dreizehn Jahre aus ihrer Heimat verbannt, glaubten aber an eine baldige Rückkehr. Schon bald fand ich mich in weit mehr eingebunden als im bloßen Studium der Lehren und Methoden des Buddhismus. Ich tauchte ein in eine ausgeklügelte Kultur des Erwachens, verkörpert von Männern und Frauen, die in einer Welt aufgewachsen und geschult worden waren, die sich von der, die ich kannte, völlig unterschied. In diesen prägenden Jahren, die ich unter anderen Umständen an einer britischen Universität verbracht hätte, wurde ich mit der Art, wie diese Menschen dachten, sprachen und handelten bestens vertraut. Ich nahm sie nicht mit der Distanziertheit eines außenstehenden Beobachters wahr. Ich kam so weit, mich als einen Teil ihrer Welt zu sehen. Ich wurde in ihr heimisch.

Das völlige Eintauchen in eine lebendige buddhistische Kultur ermöglichte mir einen hohen Grad intuitiver Vertrautheit mit einer komplexen Weltsicht, die über viele Jahrhunderte hinweg entwickelt und ausformuliert worden war. Diese Vertrautheit gibt mir den nötigen Rahmen, die Konzepte und die Terminologie, um den Dharma neu zu denken. Ich glaube, dass meine Argumente in diesem Buch der Logik des Dharma völlig treu bleiben. Ich bemühe mich, diese Logik konsequent anzuwenden, um den Dharma und die Bedürfnisse und Sorgen moderner Menschen näher zueinander zu bringen. Das Ziel meines Unterfangens, eine widerspruchsfreie und schlüssige Darstellung buddhistischen Denkens und buddhistischer Praxis vorzulegen, ist, etwas zu entwickeln, das man im Christentum eine *systematische Theologie* nennen würde. Mir ist klar, dass viele Buddhistinnen und Buddhisten einiges von dem, was ich sage, häretisch finden werden. Ich kann mit ihnen sympathisieren – denn es gibt in der Tat auch einen Teil in mir, der mit Unbehagen liest, was ich geschrieben habe.

Während der vierzig Jahre, in denen ich mich mit dem Dharma beschäftige, habe ich intensiv über die buddhistischen Konzepte nachgedacht mit dem Ziel, ein Verständnis des Dharma auszuarbeiten, das sowohl mit den zentralen Lehren des Buddhismus als auch mit der modernen Weltsicht vereinbar ist. Während dieser Jahre ist der Dharma langsam aus dem Ghetto einer »orientalischen Religion« ausgebrochen und im Mainstream zeitgenössischer Kultur angekommen. Buddhistische Bildsprache, Ideen und Begriffe tauchen in den unwahrscheinlichsten Zusammenhängen auf: in Tätowierungen und Hollywoodfilmen, in Romanen und in Werbekampagnen von Hochglanzmagazinen. Die Praxis der Achtsamkeit, die mittlerweile im Gesundheitswesen, im Geschäftsleben, in der Erziehung und in anderen Bereichen Eingang gefunden hat, hat sich vom Interessensgebiet einer Minderheit von Dharmaschülerinnen und -schülern zu einer globalen Bewegung entwickelt, die Menschen aller Gesellschaftsschichten anzieht, von denen die meisten aber nur wenig Interesse an den traditionellen Lehren und Institutionen des Buddhismus haben.

Was ich mit diesem Buch anbieten möchte, ist ein philosophischer, ethischer, historischer und kultureller Rahmen für Achtsamkeit und ähnliche Praktiken; ein Rahmen, der in den frühesten kanonischen Quellen wurzelt und hier auf neue Art ausgedrückt wird.

Ich kann nicht leugnen, dass die Art, wie ich den Dharma neu formuliere, von der Kultur, in der ich aufgewachsen bin, stark beeinflusst ist. Als moderner Bürger des Westens kann ich mir den Buddhismus nur als ein historisch bedingtes Phänomen vorstellen, das sich fortwährend an verschiedene Umstände angepasst hat. Als Produkt einer christlichen Kultur bin ich an einem durch und durch menschlichen Buddha interessiert, dessen Leben und Taten uns genauso viel über den Dharma verraten, wie die Aufzeichnungen seiner Worte es tun. Als jemand, der sich mit den protestantischen Bewegungen im Christentum identifiziert, bin ich der Autorität und dem Charisma von Priestern gegenüber skeptisch und suche durch mein eigenes Studium der Orginaltexte eine direkte Beziehung zum Dharma. Als Europäer bin ich mir bewusst, wie sehr ich den alten griechischen Denkern verpflichtet bin, die Philosophie als heilende Praxis und Sorge für die Seele verstanden haben.

(3)

Von meinem neunzehnten bis siebenundzwanzigsten Lebensjahr studierte ich bei Lamas der Gelug-Schule den tibetischen Buddhismus. Sie lehrten mich, die höchste Wahrheit sei die Leerheit von etwas, das von vorneherein nie da war. Ich habe mich seitdem bemüht, dieser Idee treu zu bleiben. Man sagte mir, das Ziel buddhistischer Philosophie bestehe darin, durch rationale Analyse und Schlussfolgerungen Kenntnis von dieser Leerheit zu erlangen, und in der buddhistischen Meditation gehe es darum, sich so lange auf diese Einsicht zu konzentrieren, bis man ein unmittelbares, nicht begriffliches Verstehen hiervon erreiche. Diese Methode der Analyse und Meditation wurde als der einzige Weg präsentiert, Erleuchtung über die wahre Natur der Wirklichkeit und dadurch Befreiung von Unwissenheit, dem ursprünglichen Grund allen Leidens, zu erlangen.

Die Realisierung der Leerheit beginnt mit einer Untersuchung dessen, was es bedeutet, ein Selbst zu sein. Wenn Sie versuchen, zum Wesen einer Person zu gelangen, seien es Sie selbst oder jemand anderer, geht die Suche weiter und weiter. Es ist nicht so, dass da niemand wäre – das erstaunliche Gefühl, dass da jemand auf einzigartige Weise lebendig ist, bleibt bestehen. Aber Sie werden nie bei einem nicht mehr reduzierbaren Kern ankommen, von dem Sie sagen können: »Da! Hab dich gefunden!« In diesem Sinne sagt man, das Selbst oder die Person sei »leer«.

Die Leerheit einer Person zu verstehen bedeutet zu erkennen, dass es diesen unreduzierbaren Kern von vorneherein nie gegeben hat. Tibetische Lamas gebrauchen den Fachausdruck *rang bzhin gyis grub pa,* der gewöhnlich als »inhärent existierend« oder »intrinsisch real« übersetzt wird, um zu beschreiben, was negiert werden muss. Wortwörtlich bedeutet er: »durch sich selbst existierend«, und beinhaltet: Wo oder wie bohrend Sie auch immer schauen, Sie werden auf dieser Welt nichts finden, das autark aufgrund seiner eigenen inneren Natur existiert, eigenständig und unabhängig von allem anderen. Warum? Weil jedes einzelne Ding in dieser unserer eigenartigen Welt, vom Elefanten bis zum winzigsten subatomaren Partikel, durch nahe und entfernte Ursachen bedingt ist, durch Anteile, auf die es nicht reduziert werden kann, und durch Worte und Begriffe, die es in einer bestimmten menschlichen Kultur verständlich machen.

Gemäß der Lehre der Gelug-Schule ist die Leerheit von inhärenter Existenz eine einfache Negation (*med 'gag*) im Gegensatz zu einer bestätigenden Negation (*ma yin 'gag*). Das bedeutet, dass die sich durch Leerheit eröffnende Abwesenheit keine transzendente Realität (wie Gott oder Reines Bewusstsein), die vorher durch egoistische Verblendung verdunkelt war, enthüllt und dadurch bestätigt. Sie beseitigt nur eine Fiktion, die es nie gegeben hat. Obwohl menschliche Wesen instinktiv programmiert zu sein scheinen (zweifellos aus evolutionären Gründen), sich selbst und andere Menschen, die sie begehren oder hassen, als unabhängig existierend zu sehen, erweist sich eine derartige inhärente Existenz als Chimäre.

Ich habe hier das übliche Verständnis von Leerheit zusammengefasst, wie es heute von Personen wie dem Dalai Lama gelehrt wird. Anstatt des Wortes »Leerheit« würden andere buddhistische Lehrer von »Nicht-Selbst« (*anattā*) sprechen, was weitgehend auf dasselbe hinausläuft. Erscheinungen, so sagen sie, sind trügerisch; wenn wir die Fiktion von »Selbst« oder inhärenter Existenz nicht aufgeben, werden wir niemals die wahre Natur der Dinge erkennen.

Doch wenn wir die ältesten buddhistischen Lehrreden, die man im Palikanon und in den chinesischen Āgamas finden kann, zu Rate ziehen, entdecken wir, dass Gotama über Leerheit auf diese Art überhaupt nicht spricht. Wenn ich diese frühesten Texte lese, fühle ich mich, als würde ich auf einen anderen Dialekt derselben Sprache stoßen: es werden oft dieselben Worte verwendet, aber auf eigenartig andere Weise. *Die kürzere Lehrrede über die Leerheit* beginnt zum Beispiel mit einer Frage, die Buddhas persönlicher Begleiter Ānanda stellt:

»Einst lebtest du in Sakiya, Herr, unter deinen Landsleuten in der Stadt Nāgaraka. Es war dort, dass ich von deinen eigenen Lippen sagen hörte: ›Jetzt lebe ich meist in Leerheit weilend.‹ Habe ich das richtig gehört?«

»Ja«, antwortet Gotama. »Damals wie heute lebe ich meist in Leerheit weilend.«[7]

Das Wort, das einem hier ins Auge springt, ist »weilen«, im Pali *viharati*. Die Substantivform ist *vihāra*, »Wohnsitz« oder »Bleibe«, was die Bedeutung »Kloster« angenommen hat – das heißt, ein Wohnsitz für Mönche und Nonnen. Nun beschreibt aber »weilen« oder »wohnen« eine ursprüngliche Beziehung zu dieser Erde, auf der wir leben. Leerheit ist in erster Linie ein Zustand, in dem wir weilen, wohnen, und leben. Eine andere Lehrrede in Pali beschreibt diese Leerheit als »Wohnstätte einer großen Person«.[8] Leerheit scheint also ein Blickwinkel zu sein, eine Sensibilität, eine Art und Weise, in dieser überwältigenden, ungewissen Welt zu sein. Die »große Person« wäre jemand, der oder die eine solche Empfindsamkeit entwickelt hat, bis sie zur zweiten Haut geworden ist. Leerheit ist also keine Negation des »Selbst«, sondern offenbart die Würde einer Person, die erkannt hat, was es wirklich bedeutet, ein Mensch zu sein.

Eine solche Leerheit ist weit von einer letzten Wahrheit entfernt, die durch logische Schlussfolgerungen zu verstehen und dann in einem Zustand nicht-begrifflicher Meditation direkt zu erkennen wäre. Es ist eine innewohnende Sensibilität, kein vorrangig erkenntnistheoretisches Objekt, dessen Wissen zu einer Erleuchtung des Bewusstseins führt.

Die kürzere Lehrrede über die Leerheit erzählt die Geschichte eines Mannes, der nach einer authentischen Lebensweise auf dieser Erde suchte. Gotama beginnt seine Lehrrede mit dem, was am nächsten liegt: das elegante Landhaus, in dem er sich mit seinen Mendikanten aufhält. »Da das Haus leer ist von Elefanten, Rindern und Pferden, leer von Gold und Silber, leer von Ansammlungen von Frauen und Männern«, führt er aus, »gibt es nur eine Sache, von der dieses Haus nicht leer ist: diese Gruppe von Mendikanten.« Aber ein Mendikant, der diese Gemeinschaft als zu laut und störend empfindet, wird die Einsamkeit des Waldes aufsuchen, die »leer ist von jeder Wahrnehmung von Dörfern oder Menschen«. Der Mendikant betrachtet also den Wald als »leer von dem, was nicht da ist. Und von dem, was übrig ist, weiß er: ›Das ist, was da ist.‹«[9] Obwohl der Mendikant nicht länger vom Trubel der Welt irritiert wird, merkt er, dass er empfänglich für die Angst ist, die ein Leben in der Wildernis mit sich bringt.

Um diese Angst zu überwinden, versetzt sich der Mendikant in zunehmend subtilere Zustände meditativer Versenkung: von der Ausdehnung der Erde, dem grenzenlosen Raum, grenzenlosem Bewusstsein, dem Nichts bis zu Weder-Wahrnehmung-noch-nicht-Wahrnehmung. Aber in jedem Stadium stellt er fest, dass es noch immer etwas in ihm gibt, was Unbehagen entstehen lässt. Also gibt er die tiefen, tranceähnlichen Zustände zugunsten einer »merkmallosen Konzentration des Herzens« auf. Aber selbst da erkennt er, dass er noch immer für »die Angst empfänglich ist, die sich aus dem Besitz der sechs Sinnesbereiche eines lebenden Körpers erklärt«. Worin auch immer der Wert seiner merkmallosen Konzentration besteht, so ist sie dennoch »bedingt und konstruiert« und daher »vergänglich und dem Vergehen unterworfen.«[10] Erst jetzt, nachdem er die Möglichkeiten der Meditation in der Einsamkeit des Waldes ausgeschöpft hat, sieht er ein, dass all diese Übungen letztlich vergeblich sind, weil sie ein Ende haben.

Er scheint zum Ausgangspunkt zurückgekehrt zu sein. Aber genau diese Einsicht in die Vergänglichkeit verschafft ihm die geistige Ruhe, die er die ganze Zeit gesucht hat. »Indem er solches weiß und sieht«, fährt Gotama fort, »ist sein Herz befreit von den Ausflüssen (*āsava*) der Begierde, des Werdens und der Unwissenheit.« Aber das ist nicht das Ende der Geschichte. »Ohne all die Ängste, ausgelöst von den Ausflüssen«, überlegt der Mendikant, »bin ich immer noch anfällig für die Angst, die daraus entsteht, dass ich die sechs Sinnesbereiche eines lebenden Körpers habe. Dieses Gewahrsein ist leer von jenen Ausflüssen. Was nicht leer ist, ist dieses: die sechs Sinnesbereiche eines lebenden Körpers.«[11]

Die kürzere Lehrrede über die Leerheit schließt mit der Einsicht: In Leerheit weilen bedeutet voll und ganz in Kontakt sein mit dem Reichtum der Sinneserfahrungen, die ein lebender Körper mit sich bringt, aber auf eine Art, die nicht länger von der eigenen gewohnheitsmäßigen Reaktivität bestimmt ist. In einer solchen Leerheit weilen bedeutet nicht, dass man nicht mehr leiden wird. Solange jemand Körper und Sinne hat, wird er oder sie »empfänglich sein für die Angst«, die davon herrührt, eine bewusste, fühlende Kreatur aus Fleisch, Knochen und Blut zu sein. Und das dürfte für Gotama genauso wahr gewesen sein wie für uns heute.

Leerheit ist hier keine Wahrheit – schon gar keine höchste Wahrheit – durch deren korrektes Verstehen, Unwissenheit vertrieben und Erleuchtung erlangt werden könnte. Für Gotama kommt es nicht darauf an, Leerheit zu verstehen, sondern in ihr zu *weilen*. In Leerheit zu weilen bringt uns auf den Boden der Tatsachen zurück und zurück zu unserer Körperlichkeit. Es ist ein Weg, der uns befähigt, unsere Augen zu öffnen und gewöhnliche Dinge wahrzunehmen, als wäre es das erste Mal. Auf solche Art zu leben bedeutet, wie der Buddha zu seinem Schüler Bāhiya sagte: »Im Gesehenen wird nur das Gesehene sein; im Gehörten nur das Gehörte; im Gefühlten nur das Gefühlte; in dem, dessen ich mir bewusst bin, nur das, dessen ich mir bewusst bin.«[12]

Wie hat sich im Verlauf buddhistischer Geschichte die Idee der Leerheit von einer Möglichkeit, nicht von Reaktivität bedingt auf der Erde zu weilen, zu einer höchsten Wahrheit entwickelt, die in einem nicht-konzeptionellen Meditationszustand direkt erfahren werden soll? Das ist eine der zentralen Fragen, die ich im Laufe dieses Buches zu beantworten versuche.

(4)

Zwischen meinem siebenundzwanzigsten und einunddreißigsten Lebensjahr setzte ich mein Training als buddhistischer Mönch in einem Sŏn-(Zen-)Kloster in Südkorea fort. Dort bestand die Meditationspraxis einzig und allein darin, zehn bis zwölf Stunden täglich mit dem Gesicht zur Wand zu sitzen und sich die Frage zu stellen: »Was ist das?«[13] Seither begleitet und leitet mich diese unmögliche Frage. Sie hat mich die religiöse Suche nach einer höchsten Wahrheit aufgeben lassen und dahin zurückgebracht, dieser unberechenbaren, ergreifenden und vieldeutigen Welt hier und jetzt mit Staunen zu begegnen.

Die Sŏn-Tradition entstand im China der Tang-Dynastie als Reaktion auf die vorherrschende Beschäftigung mit metaphysischen Fragen in den etablierten buddhistischen Schulen. Die

Einfachheit des frühen Buddhismus sollte wiederhergestellt werden, indem man dem Beispiel von Gotama folgte, der still sitzend unter einem Baum kompromisslos den grundlegenden Fragen, was es bedeutet, geboren zu sein, krank zu werden, zu altern und zu sterben, nachgegangen war. Die Sŏn-Meister erkannten, dass schon allein die Weise, in der diese Fragen gestellt werden, die Art von »Erleuchtung« bestimmt, die erreicht werden kann. Ein berühmter Aphorismus bringt diese Erkenntnis auf den Punkt:

> Großer Zweifel – Großes Erwachen
> Kleiner Zweifel – Kleines Erwachen
> Kein Zweifel – Kein Erwachen

Die Qualität des »Zweifels« – der gestellten Fragen – steht in direktem Zusammenhang zu der Qualität der gewonnenen Einsicht. Solche Fragen mit jeder Faser seines Seins zu stellen wird dementsprechend ein ebensolches allumfassendes Erwachen hervorbringen. Sie intellektuell zu stellen, mit »kleinem Zweifel«, führt nur zu einem intellektuellen Verständnis. Für jene, die überhaupt nicht von existentiellen Fragen geplagt sind, ist Erwachen nicht einmal vorstellbar. Sŏn-Praktizierende wiesen die metaphysische Bildung gelehrter Mönche nicht deshalb zurück, weil sie in ihren Schlussfolgerungen anderer Meinung waren, sondern weil sie von vornherein nicht mit der Art einverstanden waren, in der die Gelehrten die Fragen aufwarfen. Sŏn zu praktizieren bedeutet, diese Fragen mit jeder Zelle des eigenen Körpers zu stellen, mitsamt »seiner 360 Knochen und Gelenke und aus den 84 000 Poren der eigenen Haut«, sodass ein »solider Brocken von Zweifel« entsteht. Darüber hinaus

muss der Zweifel eine kritische Masse erreichen, »wie ein roter heißer eiserner Ball, den du hinuntergeschlungen hast und den du erbrechen willst, aber nicht kannst«.[14]
Will man diese Art tiefer Verwirrung und Ratlosigkeit aushalten, braucht es die Fähigkeit, in einem balancierten, fokussierten und forschenden Geisteszustand zu verbleiben, ohne der lockenden Verführung von »das ist es« und »das ist es nicht« zu erliegen. Um eine Frage ernsthaft aufzuwerfen, müssen alle Erwartungen darüber aufgegeben werden, wie die Antwort aussehen könnte. Es braucht ein Ruhen im Zustand des Nicht-Wissens, äußerst wach angesichts des mysteriösen Umstandes, lebendig und nicht tot zu sein. Auf diese Weise wird ein mittlerer Weg zwischen »es ist« und »es ist nicht«, zwischen Bejahung und Verneinung, Sein und Nichts entfaltet.

Diesen mittleren Weg zu beschreiten ist wie ein Drahtseilakt: der Pfad wackelt und schwankt andauernd. Wir bewohnen eine sprachliche Sphäre, wo wir es nicht vermeiden können, Ausdrücke wie »ist« und »ist nicht« zu gebrauchen, und eine moralische Sphäre, wo wir nicht umhinkommen, Vorlieben auszudrücken und Entscheidungen zu treffen. Die ins menschliche Bewusstsein eingebetteten Polaritäten sind hilfreich, wenn nicht unverzichtbar, indem sie uns ein Bezugssystem bieten, das uns hilft, unseren Weg durchs Leben zu finden. Sie sind wie der Stab, den der Seiltänzer trägt: Er bietet die entscheidende Stabilität dafür, den nächsten Schritt zu tun. Es geht also nicht darum, Dualitäten zugunsten einer hypothetischen »Nicht-Dualität« zurückzuweisen, sondern darum, leichter, fließender mit ihnen umzugehen, mit einer gewissen ironischen Note. Die Gefahr der Dualität, vor der der Buddha seine Nachfolger gewarnt hat, liegt also nicht im gegensätzlichen Denken selbst. Sie liegt vielmehr darin, wie wir dieses Denken anwenden, um unseren Egoismus, unsere Begierden, unsere Ängste und unseren Hass zu verstärken und zu rechtfertigen.[15]

(5)

Nach einer frühen buddhistischen Quelle, dem Vinaya der Mūlasarvāstavāda-Schule, erkrankte Gotama kurz nach dem Erwachen schwer durch den Genuss einer überaus üppigen Speise, die ihm von zwei vorbeikommenden Kaufleuten, Tapussa und dessen jüngerem Bruder Bhallika, geschenkt worden war. Māra – die dämonische Personifizierung des Todes – flehte ihn an, zu sterben und so ins letztendliche Nirvana einzugehen, wo er schließlich von allem Leiden erlöst sein würde. Gotama lehnte ab. Er erklärte:

> Ich werde diese Welt nicht verlassen, bevor ich nicht männliche und weibliche Mendikanten sowie männliche und weibliche Anhänger habe, die verwirklicht, geschult, geübt und bewandert sind, die den Dharma kennen, im Dharma geschult sind, den Pfad des Dharma gehen, die weitergeben werden, was sie von ihrem Lehrer gelernt haben, die es lehren, verkünden, verbreiten, darlegen, prüfen und klar darlegen; bis sie mit Hilfe des Dharma imstande sein werden, falsche Lehren, die entstanden sind, zu widerlegen, und den erhabenen Dharma lehren.[16]

Gotama hatte also eindeutig eine Gemeinschaft vor Augen, in der alle Mitglieder – unabhängig von ihrem Status als Männer oder Frauen, als Ordensmitglieder (männliche und weibliche

Mendikanten) oder als Laien (Anhänger und Anhängerinnen) – gleichgestellt sind hinsichtlich ihrer Unterweisungen im Dharma, die sie erhalten, der Praktiken, die sie üben und zu meistern gedenken, und der Verantwortung, die ihnen zukommt, diese Botschaft anderen zu vermitteln.

Eine solche egalitäre Gemeinschaft ist weit entfernt von dem, was in vielen buddhistischen Traditionen in Asien heute Standard ist. Die Autorität bezüglich Spiritualität, Moral und Lehre ist im Allgemeinen älteren Mönchen vorbehalten. Nonnen – wenn ihnen überhaupt Anerkennung oder Status zugestanden werden – spielen eine weitgehend untergeordnete Rolle. Laien, so strenggläubig sie auch sein mögen, werden oft auf die Rolle von Versorgern des Sangha (das Wort bedeutet »Gemeinschaft«, bezieht sich aber heute vorwiegend auf Angehörige des Klerus) reduziert und aufgefordert, verdienstvolle Taten zu sammeln, die es ihnen ermöglichen sollen, in einem zukünftigen Leben voll ordinierte Mönche zu werden. Dieser Zustand widerspricht nicht nur dem und verzerrt, was offenkundig die ursprüngliche Absicht des Buddha war, er steht auch in offenem Widerspruch zu den Werten der Gleichheit und Menschenwürde, die für die Neuzeit charakteristisch sind.

Jene, die sich heute dafür einsetzen, dass Frauen im Buddhismus wieder voll ordiniert werden sollten, zitieren oft diese Passage, um darauf hinzuweisen, dass der Buddha schon von Anbeginn seines Werdegangs als Lehrer die Absicht hatte, einen Orden von *bhikkunis* (Mendikatinnen) zu gründen.[17] Die orthodoxe Sichtweise – die von patriarchalen Hardlinern zu einem ziemlich frühen Zeitpunkt in den Kanon eingeführt worden sein dürfte – ist, dass der Buddha ursprünglich abgeneigt war, weibliche Mendikanten zu akzeptieren, ihren Bitten nur unter Ānandas Druck nachgab, ihnen acht »strenge« (*garu*) Regeln auferlegte, ihre Anwesenheit in der Gemeinschaft mit einer »Verunstaltung« und einer »Krankheit« verglich und vorhersagte, sie würden die Lebenszeit des Dharma in der Welt verkürzen.[18] Doch versäumen die Befürworter der Frauenordination darauf hinzuweisen, dass diese Passage darüber hinaus auch eine gleichberechtigte Rolle für die weiblichen und männlichen Laienanhänger in Bezug auf die Praxis und Lehre des Dharma befürwortet.

Im Einklang mit Gotamas ursprünglicher Aussage, mit der er diese Frage klärt, trete ich für eine völlige Wiederherstellung der Gleichwertigkeit zwischen Klerus und Laien beiderlei Geschlechts als Praktizierende und Lehrende des Dharma ein. Ein Festhalten an Ungleichheiten, die von der Orthodoxie hochgehalten werden, ist ungerecht und anachronistisch. Viele der einflussreichsten Anhängerinnen und Anhänger des Dharma in unserer Zeit sind nicht Angehörige des Klerus, sondern Laien, Männer wie Frauen gleichermaßen, unter ihnen führende Persönlichkeiten des Buddhismus im Asien des 20. Jahrhunderts wie Anagarika Dhammapala (1864–1933), der eine Art »protestantischer« Reform des Buddhismus in Ceylon befürwortete; Dr. B. R. Ambedkar (1891–1956), der in Indien Massenkonversionen ehemaliger *dalits* (Unberührbaren) zum Buddhismus durchführte; Tsunesaburō Makiguchi (1871–1944) und Jōsei Toda (1900–1958), die die Sōka-Gakkai-Schule des Buddhismus in Japan begründeten; Dr. D. T. Suzuki (1870–1966), durch dessen Schriften Zen und der Mahāyāna-Buddhismus im Westen bekannt wurde; und Saya Gyi U Ba Khin (1899–1971), der die Praxis der *vipassanā*-Meditation in Burma populär machte. Als der Buddhismus sich über die westliche Welt verbreitete, waren viele der einflussreichsten Lehrenden und Autoren ebenfalls keine ordinierten Angehörige des Klerus, sondern Männer und Frauen, deren Autorität in ihrer persönlichen Integrität und Vorbildwirkung lag und nicht in ihrem klerikalen Rang.

In der heutigen Welt ist die Vorstellung mehr als fragwürdig, das Ideal eines buddhistisch ausgerichteten Lebens sei das eines zölibatären Mönchs, der die Werte des indischen Asketentum im fünften Jahrhundert v. u. Z. verkörpert und sich an ein Regelwerk hält, das in jenen weit zurückliegenden räumlichen und zeitlichen Umständen formuliert wurde. Ich bin nicht gegen ein buddhistisches Klosterleben: Für viele mag es sehr wohl der geeignetste und erfüllendste Weg sein, den Dharma zu praktizieren. Aber wenn wir wieder zu der Art egalitärer Gemeinschaft, wie sie dem Buddha vorschwebte, finden wollen, werden Praktizierende die Machtverhältnisse zwischen Klerus und Laien und zwischen Männern und Frauen grundlegend überdenken müssen.

Aus einer modernen Perspektive scheinen viele der traditionellen, aus Asien übernommenen Formen des Buddhismus zu stagnieren. Ihre ursprüngliche Kreativität und ihr Ideenreichtum sind längst verbraucht, und die Praktizierenden scheinen vor allem darauf bedacht zu sein, altehrwürdige Glaubenssätze und Praktiken durch endloses Wiederholen alter Lehren und Anweisungen zu bewahren. Wenn sogar eine liberale und modernisierte Kirche wie die des anglikanischen Christentums ihre Mühe hat, Bischöfinnen und homosexuelle Beziehungen zu akzeptieren, scheinen die Aussichten gering, dass konservative buddhistische Institutionen ihre patriarchalen Haltungen in absehbarer Zukunft ändern werden. Während ich die Arbeit jener Menschen bewundere, die sich darum bemühen, von innen heraus buddhistische Traditionen bestehender Schulen zu reformieren, vermute ich, dass jeder echte Wandel in Bezug auf Sensibilität und Identität im Buddhismus eher in der säkularen als in der religiösen Sphäre stattfinden wird.

Aus diesem Grund werde ich mich auf die Lebensläufe einiger Schlüsselpersonen aus Buddhas Gefolgschaft konzentrieren, die nicht »das Haus für die Hauslosigkeit verlassen« haben und Mendikanten wurden, sondern die aktiv in der Welt blieben. Durch das Zusammenstellen der Geschichten von Gestalten wie Mahānāma (Gotamas Cousin, der zum Oberhaupt von dessen Sakiya-Clan wurde), Pasenadi (König von Kosala) und Jīvaka (Hofarzt in Maghada) versuche ich, das Gefühl für eine Gemeinschaft zu schärfen, die nicht von abgehobenen und frömmlerischen Mönchen dominiert war, sondern Menschen aller Gesellschaftsschichten umfasste. Ich sehe jedoch keine Notwendigkeit, über die gelassene Vollkommenheit eines Arahant – des archetypischen buddhistischen Heiligen – zu spekulieren. Stattdessen konzentriere ich mich auf die Erfahrung der Hinwendung zum Dharma und auf die ständige Herausforderung, die ein Leben in Übereinstimmung mit dessen Werten mit sich bringt. Wie wir sehen werden, nannte der Buddha Mahānāma, Jīvaka und einige andere Anhänger »Seher des Todlosen«: Menschen, die ihr tägliches Leben aus der Perspektive des Nirvana lebten.

(6)

Das Wort »religiös« ist bekanntlich schwer zu definieren. Der Ausdruck hat eine lange und verwirrende Geschichte, und seine Bedeutung hat sich im Laufe der Zeit verschoben und verändert.[19] Ich werde den Begriff in diesem Buch in zwei miteinander verwandten, aber unterschiedlichen Bedeutungen gebrauchen. »Religiös« verstehe ich zum einen als Bezeichnung für unseren Wunsch, mit unserer Geburt und unserem Tod zurechtzukommen oder uns damit auszusöhnen. Für viele Menschen sind religiöse Gedanken und Taten jene, die sich mit der tiefsten, innersten Beziehung zur Gesamtheit ihres Lebens und dessen Bedeutung für sie beschäftigen. Das ist es, was der Theologe Paul Tillich »das unbedingte Anliegen« eines Menschen nannte. Für Tillich ist das unbedingte Anliegen die Definition von Glauben, und das, worum es dabei letztendlich geht, ist die Definition von Gott.[20]

Zum anderen verwende ich »religiös«, um all die formalen Mittel zu bezeichnen – das Befolgen heiliger Texte, die Unterwerfung unter die Autorität des Klerus und der Priester, die Ausübung von Riten und Ritualen, die Teilnahme an spirituellen Retreats –, die genutzt werden, um diesem unbedingten Anliegen einen Rahmen zu geben, es zu artikulieren und zu verkörpern. Säkulare Kritiker tun religiöse Institutionen und Glaubensätze üblicherweise als überholt, dogmatisch, repressiv und dergleichen ab und vergessen dabei die tiefen menschlichen Anliegen, deretwillen sie ursprünglich geschaffen wurden. Jemand kann in dem Sinn religiös sein, dass er durch solch unbedingte Anliegen motiviert ist, ohne sich jemals auf irgendein offen religiöses Verhalten einzulassen, genauso wie jemand einfach aus Gewohnheit oder Brauch religiös im konventionellen Sinn sein kann, ohne von einem unbedingten Anliegen getrieben zu sein. Es ist nicht nur ein Scherz, wenn Menschen sich selbst als »fromme Atheisten« bezeichnen.

»Säkular« ist ein Ausdruck, der genauso viele Probleme

macht wie »religiös«. In seinen letzten Briefen, die der deutsche Theologe Dietrich Bonhoeffer vor seinem Tod aus dem Gefängnis schrieb, in das ihn die Nazis geworfen hatten, sieht er die Entstehung eines »religionslosen Christentums« voraus. Dieses versteht die Botschaft des Evangeliums als rückhaltloses Annehmen dieser leidenden Welt und als Aufgeben des oberflächlichen Trostes, ein frommes Mitglied einer christlichen Institution zu sein. »Wir gehen heute einer völlig religionslosen Zeit entgegen«, schrieb er.[21] Auch aus dieser Perspektive scheint es keinen Grund zu geben, warum erklärtermaßen »säkulare« Menschen in ihrem unbedingten Anliegen, mit ihrem kurzen und schmerzlichen Leben zurechtzukommen, nicht tief »religiös« sein könnten.

Ich gebrauche den Ausdruck »säkular« zudem im vollen Bewusstsein seiner etymologischen Wurzeln im lateinischen *saeculum*, was »dieses Zeitalter«, »dieses *siècle* (Jahrhundert)«, »diese Generation« bedeutet. Wenn wir säkular sind, dann geht es in unseren vordringlichen Anliegen um *diese* Welt – um alles, was die persönliche, soziale und ökologische Lebensqualität auf diesem Planeten betrifft. Einem säkularen Zugang zum Buddhismus geht es also darum, wie der Dharma menschliche und andere Lebewesen befähigen kann, in dieser Biosphäre zu gedeihen, und nicht in einem hypothetischen späteren Leben. Anstatt eine persönliche Erleuchtung und Befreiung in den Mittelpunkt zu rücken, hat er seine Wurzeln in einer tief empfundenen Sorge und einem Mitgefühl mit dem Leiden all derer, mit denen wir diese Erde teilen.

Wie viele andere, die in Europa und Nordamerika nach den Traumata zweier Weltkriege geboren sind, wuchs ich in einer Familie auf, die jede Zugehörigkeit zum formalen Christentum aufgegeben hatte. Ich wurde in einem vernunftbetonten und humanistischen Umfeld erzogen, das mich anhielt, alles, was mir gesagt wurde, infrage zu stellen und anzuzweifeln. Es irritiert mich, wenn westliche Konvertiten zum Buddhismus mit einem ähnlichen Hintergrund und ähnlicher Erziehung wie der meinen, unkritisch Glaubenssätze – wie über Karma und Wiedergeburt – übernehmen, die von traditionellen Buddhistinnen und Buddhisten als selbstverständlich betrachtet werden. Derartige Reaktionen meinerseits weisen mich als jemand aus, der offensichtlich eine säkulare Perspektive verinnerlicht hat. Welche Form von Buddhismus ich auch vertreten mag, sie wird zwangsläufig von einem skeptischen, diesseitigen Zugang zum Dharma geprägt sein. Ein solcher Blickwinkel ist einer traditionelleren Auffassung keineswegs vorzuziehen oder überlegen – in vieler Hinsicht beneide ich jene, denen die orthodoxen buddhistischen Glaubenssätze keine Mühe bereiten. Mein Zugang spiegelt einfach nur eine tief eingebettete kulturelle Weltsicht wider, die ich genauso wenig ablegen kann, wie ich absichtlich aufhören könnte, die englische Sprache zu verstehen.[22]

Unsere Verwendung von Begriffen wie »religiös« und »säkular« ist durch die Bedeutung bestimmt, die sie in der modernen Zeit angenommen haben. Da es keine Äquivalente in den klassischen buddhistischen Sprachen gibt, müssen wir sie mit Vorsicht verwenden, wenn wir vom vormodernen Buddhismus sprechen. Das Gleiche gilt für das Wort »Buddhismus« selbst, ein Ausdruck, der von westlichen Gelehrten im 19. Jahrhundert geprägt wurde und in Pali, Sanskrit, Chinesisch oder Tibetisch ebenfalls keine Entsprechung hat. Aus diesem Grund ziehe ich es vor, das Wort »Dharma« zu benutzen, das ich nicht übersetzen werde. Gleichzeitig kann ich nicht so tun, als wäre ich nicht ein Mensch des modernen Abendlandes. Ich stelle fest, dass ich an eine Sprache gebunden bin, die in vieler Hinsicht unangemessen und irreführend ist, die aber, ob mir das gefällt oder nicht, zufällig die ist, die wir verwenden.

Welche Art von Buddhismus vertritt nun ein selbsternannter säkularer Buddhist wie ich? Ich stelle mir keinen Buddhismus vor, der alle Spuren von Religiosität ablegen will. Ich strebe keinen Dharma an, der wenig mehr als eine Anzahl von Selbsthilfetechniken ist, die uns helfen, in einer kapitalistischen Konsumgesellschaft gelassener und effektiver zu funktionieren.[23] Man könnte die These aufstellen, dass die Praxis der Achtsamkeit, aus ihrem ursprünglichen Kontext gerissen, eine solipsistische Isolation des Selbst verstärkt, indem sie Praktizierende gegen beunruhigende Emotionen, Impulse, Ängste und Zweifel, die unsere fragilen Egos überfallen, immunisiert. Anstatt den Dharma als etwas zu sehen, was um das entfremdete Selbst noch stärkere Barrieren errichtet, können wir ihn als Weg sehen, die Welt wieder zu verzaubern. Ein solches Unterfangen wird die Entwicklung einer Empfindsamkeit für das, was »das alltäglich Erhabene« genannt werden könnte, erfordern. Mehr zu diesem Thema in Kapitel 9.

Ich sehe den säkularen Buddhismus nicht als das Endergebnis einer *Säkularisierung* des Buddhismus, der auf diese Weise jenen die zentralen buddhistischen Ideen und Methoden schmackhaft machen möchte, die kein Interesse daran zeigen, sich auf die zentralen Werte des Dharma einzulassen. Die Art von säkularem Buddhismus, die ich ins Auge fasse, betrachtet diese zentralen Werte als notwendiges Bezugssystem, damit Menschen wachsen und ihr unbedingtes Anliegen verwirklichen können. Die Natur dieser Werte und wie sie verinnerlicht und verwirklicht werden können, werde ich in den Kapiteln 2 und 3 betrachten.

Der Buddhismus beindruckt Menschen gemeinhin als eine leicht abgehobene klösterliche Religion, die sich darum bemüht, ihre Anhängerinnen und Anhänger in Meditation, Moral und Philosophie zu schulen. Historisch gesehen ist diese Version des Buddhismus sehr jung.[24] Sie mag zwar mit einigen der idealistischen Darstellungen übereinstimmen, die Buddhisten in ihrem schriftlichen Gedächtnis von sich selbst bewahrt haben, ignoriert aber die komplexen Beziehungen, die reale buddhistische Institutionen mit den Gesellschaften eingegangen sind, deren integraler Teil sie waren. Im vormodernen Asien war der buddhistische *vihāra*, oder Tempel, ein Heim für jene, die die Normen der Gesellschaft zurückwiesen oder mit ihnen in Konflikt gerieten und danach trachteten, höhere Werte zu kultivieren. Je nach Land konnte es auch ein Bauernhaus, ein Getreidespeicher, ein Gerichtsgebäude, eine Festung, eine Schule, ein Kunstzentrum, ein Krankenhaus, eine Bank, ein Waisenhaus, ein Heim für ausgestoßene Tiere sein – genauso wie ein Ort, an dem religiöse Riten (vor allem für die Verstorbenen) und Seelsorge stattfinden konnten. Manche fanden an diesen Orten auch jemand, der sie in Meditation und Philosophie unterweisen konnte.

Eine der Konsequenzen der Modernisierung in ganz Asien war, dass der Buddhismus seiner säkularen Funktionen beraubt wurde. Während Tempo und Art der Veränderung von Land zu Land variieren, hat der Staat nach und nach etliche der Rollen übernommen (Gesundheitsfürsorge, Erziehung, Waisenfürsorge), die einst den Tempeln vorbehalten waren. Als Folge davon konzentrieren sich die Aktivitäten von Mönchen und Nonnen heutzutage auf seelsorgerische und spirituelle Belange. Mit der weit verbreiteten Einführung von Achtsamkeitsmeditation in beratende Tätigkeiten und Psychotherapie werden auch diese Funktionen nun von säkularen Einrichtungen übernommen.

Die Verschiebung zu einem mehr säkularen Zugang zum Buddhismus ist nicht neu. Als Folge des Bemühens von Buddhistinnen und Buddhisten im vergangenen Jahrhundert, mit der Moderne zurechtzukommen, entstand eine Anzahl säkularisierter Varianten traditioneller Formen. Die weltweite Vipassanā-Gemeinschaft zum Beispiel hat ihre Wurzeln in einer Reformbewegung unter burmesischen Buddhisten gegen Ende des 19. Jahrhunderts. Das Ziel der Reformer bestand darin, eine einheimische religiöse Identität zu schaffen, die sich gegenüber dem Christentum und dem rationalistischen Humanismus der britischen Kolonialmacht zu behaupten imstande war. Zeitgenössische westliche Formen von *vipassanā*-Meditation brachten die säkulare Achtsamkeitsbewegung hervor, deren führende Lehrerinnen und Lehrer zumeist nicht ordiniert sind. Die Soka Gakkai, heutzutage eine der größten globalen buddhistischen Bewegungen, begann in den 1920er Jahren in Japan als eine Erziehungsbewegung, angegliedert an die Nichiren-Shoshu-Schule, die von dem buddhistischen Reformer Nichiren Daishonin im 13. Jahrhundert gegründet worden war. Seit 1992 hat sie sich von der Nichiren-Shoshu-Priesterschaft distanziert und wirkt nun vor allem als Laienbewegung. In den späten 1970er Jahren entwickelte der Kagyu/Rimé-Lama Chögyam Trungpa einen ausdrücklich säkularen Weg der Meditation, genannt Shambhala-Training. Obwohl Trungpa diesen Weg von seiner buddhistischen Vajradhatu-Organisation getrennt halten wollte, wurden die beiden nach seinem Tod zu dem zusammengeführt, was heute als Shambhala-

Buddhismus bekannt ist, eine der aktivsten und erfolgreichsten buddhistischen Bewegungen in den Vereinigten Staaten.

Trotz des säkularen Tons und der Laien-Lehrerschaft dieser Bewegungen haben alle drei eine ambivalente Beziehung zu den Dogmen und Hierarchien der buddhistischen Institutitionen, aus denen sie hervorgegangen sind. Obwohl die öffentliche Zurschaustellung sichtbarer Religiosität in deren Zentren gering sein mag und die Lehrenden sich bewusst darum bemühen, den Dharma unter dem Aspekt seines psychologischen und sozialen Nutzens zu präsentieren, wurde nur wenig Anstrengung unternommen, die zugrundeliegende Weltsicht des Buddhismus, in die noch immer die Kosmologie und Metaphysik des alten Indien eingebettet sind, kritisch zu hinterfragen. Ein tieferes Verständnis des Buddhismus in jeder dieser Bewegungen zu entwickeln würde beinhalten, sich den traditionellen Lehren von Karma, Wiedergeburt, von Himmeln, Höllen und übernatürlichen Kräften zu stellen.

Der säkulare Buddhismus, den ich mir erhoffe, wäre radikaler als jede dieser säkularisierten buddhistischen Bewegungen. Seine Befürworter werden eine Rückkehr zu den Wurzeln der Tradition anstreben und den Dharma neu denken und neu ausdrücken. So wie der Begriff »tibetischer Buddhismus« die Art Dharma beschreibt, die sich in Tibet entwickelt hat, so beschreibt »säkularer Buddhismus« im weitesten Sinn die Art Dharma, die sich in diesem säkularen Zeitalter entwickelt.

Viele moderne Asiaten sind Buddhisten, die feststellen, dass sie säkularisiert werden; ich aber bin ein säkularer Europäer, der herauszufinden sucht, was es bedeutet, Buddhist zu werden. Wir könnten einander auf der Straße treffen, aber wir bewegen uns in entgegengesetzte Richtungen. So wie ihr Buddhismus von der Säkularität in Frage gestellt wird, wird meine Säkularität vom Buddhismus in Frage gestellt. Daher geht es mir genauso um die Vorstellung einer buddhistischen Säkularität wie um die Vorstellung eines säkularen Buddhismus. Wir haben gesehen, was mit dem Buddhismus geschehen kann, wenn er säkularisiert wird, aber was würde mit einer säkularen Perspektive geschehen, wenn sie von den Prinzipien und Werten des Dharma beinflusst wird?

Was im besten Fall zwischen Buddhismus und Säkularität stattfindet, ist ein Dialog zwischen zwei Partnern mit offenem Ende, und nicht der Versuch eines Partners, dem anderen einen Standpunkt mit Gewalt aufzunötigen. In *Der Verlust der Tugend* erkennt der schottische Philosoph Alasdair MacIntyre, dass »eine lebendige Tradition … ein in der Geschichte ausgedehnter, im Sozialen verkörperter Standpunkt ist, und zwar ein Standpunkt, … über das Gute, das diese Tradition ausmacht.«[25] Zentral für ein solches Konzept von Tradition ist, wie er behauptet, »dass die Vergangenheit niemals nur etwas ist, das verworfen werden muss, sondern dass die Gegenwart nur als Kommentar zu und Antwort auf die Vergangenheit verstanden werden kann, wobei die Vergangenheit, wenn nötig und möglich, korrigiert und transzendiert wird, auf eine Weise, die es offen lässt, dass die Gegenwart wiederum durch einen noch angemesseneren zukünftigen Standpunkt korrigiert und transzendiert wird.«[26]

(7)

Es ist gut und schön, danach zu trachten, zu den Wurzeln der Tradition zurückzukehren und den Dharma neu zu denken und neu auszudrücken, aber wie macht man das in der Praxis? Ich bin mir der ehrgeizigen und möglicherweise arroganten Natur eines solchen Unternehmens bewusst. Ich bin mir gleichermaßen meines begrenzten sprachwissenschaftlichen Könnens bewusst und meiner unvollständigen Kenntnis der enormen Menge kanonischen Materials, aus der ich schöpfen könnte. Ich erkenne auch an, dass viel von unserem historischen Verständnis des frühen Buddhismus noch lückenhaft und spekulativ ist. Nichtsdestoweniger glaube ich, dass es ein dringendes Bedürfnis gibt, eine stimmige ethische, kontemplative und philosophische Sicht des Dharma für unser säkulares Zeitalter zu artikulieren.

Die bloße Menge frühbuddhistischer Texte in Pali, Sanskrit, Chinesisch und Tibetisch ist sowohl ein Segen als auch ein Fluch. Gerade der Reichtum an Material verursacht ernste Interpretationsschwierigkeiten. Die frühen kanonischen Texte sind ein komplexer Teppich sprachlicher und rhetorischer Stile, durchsetzt von widersprüchlichen Ideen, Lehrmeinungen und Bildern, alle über etwa drei oder vier Jahrhunderte angesammelt und mündlich ausformuliert, bevor sie der Schriftform überantwortet wurden. Wie sollen wir angesichts dieses vielstimmigen Chors zwischen dem, was wahrscheinlich das Wort des Buddha gewesen ist, und der wohlmeinenden »Klärung« eines späteren Herausgebers oder Kommentators unterscheiden? Wir sind noch nicht an einem Punkt – und werden ihn vielleicht nie erreichen –, wo solche Fragen mit Sicherheit beantwortet werden können.

Als praktizierender Buddhist betrachte ich die Lehrreden nicht als bloße Mine, in denen ich nach weiteren intellektuellen Erkenntnissen schürfe, sondern ich will mit meiner eigenen

Geburt und meinem Tod ins Reine kommen. Statt ein losgelöstes, objektives Verstehen ihrer Inhalte anzustreben, stelle ich fest, dass ich mich auf einen tiefempfundenen und manchmal schmerzlichen Dialog mit ihnen eingelassen habe. Ich bin begierig danach zu hören, was diese alten Stimmen zu sagen haben, das meine gegenwärtige Verfassung als menschliches Tier auf diesem durch das Weltall rasenden Ball aus Fels und Wasser erhellen könnte. In diesem Sinn hat mein säkularer Buddhismus eine religiöse Qualität, weil er in einem »unbedingten Anliegen« wurzelt. Als jemand, der die Dringlichkeit solcher Anliegen fühlt, gehe ich unabdingbar das Risiko ein, dass sich die Auswahl und Interpretation der Texte später als brauchbar oder unbrauchbar herausstellen wird.

Als Ausgangspunkt der Aufgabe, den Dharma neu zu denken, habe ich es als hilfreich empfunden, zwischen sechs deutlich unterschiedlichen Stimmen zu differenzieren, die in den frühen kanonischen Texten wahrnehmbar sind:

poetische Stimmen
dramatische Stimmen
skeptische Stimmen
pragmatische Stimmen
dogmatische Stimmen
mythische Stimmen

Diese Stimmen widersprechen sich nicht unbedingt. Sie können sich ergänzen. Aber Ton und Nachdruck einer jeden drücken eine unverwechselbare Empfindsamkeit und Perspektive aus.

Im Kanon lässt sich viel kunstvoll gefertigte Lyrik finden, die in Rhythmus und Bildsprache an Dichtkunst heranreicht, sowie zahlreiche Passagen, die mittels dramatischer Erzählungen einen Hintergrund zeichnen oder eine Moral oder einen Glaubenssatz herausarbeiten. Die folgenden Verse aus dem Pali *Achter-Kapitel (Aṭṭhakavagga)* liefern ein Beispiel für eine poetische Stimme, die auch skeptisch klingt:

> Leute mit irriger Denkweise äußern Meinungen
> Leute mit auf Wahrheit ausgerichteter Denkweise tun dies auch.
> Wird eine Meinung dargelegt, lässt sich der Weise nicht hineinziehen –
> es gibt nichts Vertrocknetes an einem Weisen.
>
> Nirgends klammert sich ein heller Kopf
> an konstruierte Ansichten über »es ist« oder »es ist nicht«.
> Wie könnte er dem erliegen, da er doch
> Illusionen und Dünkel hinter sich gelassen hat?
>
> Der Priester ohne Begrenzungen
> beharrt nicht auf dem, was er weiß oder betrachtet hat.
> Nicht leidenschaftlich, nicht leidenschaftslos,
> ernennt er nichts zum Höchsten.[27]

In diesem Text, dessen Entstehen sehr früh angesiedelt wird, hören wir eine Stimme, die sich weigert, Meinungen zu bejahen oder zu verneinen, ontologische Behauptungen aufzustellen oder irgendetwas zu einer höchsten Wahrheit oder Realität zu erklären. Der Weise zieht es vor, Urteile zu unterlassen, und lässt sich nicht in Dispute verwickeln.

Ein solcher Skeptizismus ist anspruchsvoll. Es erfordert

eine Menge Disziplin und Aufwand, die Welt und sich selbst auf diese Weise zu sehen. Sich des Urteilens zu enthalten läuft unserer Konditionierung im Denken und Sprechen zuwider. Anders zu denken als im Sinne von »es ist« und »es ist nicht«, steht quer zum Wesen der Sprache selbst; es ist irritierend und verwirrend. Doch Gotama sagt in seiner berühmten Lehrrede an die Leute von Kālāma: »Es ist angebracht, dass ihr verwirrt seid, es ist angebracht, dass ihr zweifelt.«

> Folgt nicht einfach mündlichen Überlieferungen, Lehrmeinungen, Hörensagen, Lehrschriftsammlungen, logischen Folgerungen, Schlussfolgerungen, dem Nachdenken über Argumente, dem Einverständnis mit einer Ansicht durch Nachsinnen, der anscheinenden Kompetenz des Sprechers, oder weil ihr denkt: »Dieser Wanderer ist mein Lehrer.«[28]

Diese skeptische Haltung ist kein Selbstzweck. Ihr Wert liegt darin, Möglichkeiten für menschliches Gedeihen zu eröffnen. Das Festhalten an einer Meinung oder einem Glauben ist Gotama zufolge problematisch, weil jene, die das tun, sich »in einem Dickicht verheddern« oder »in einer Falle gefangen sind«, und sie das an jeder Fortbewegung auf dem Pfad hindert. Die *Kālāma Sutta* geht weiter:

> Wenn ihr für euch selbst wisst: »Diese Dinge sind tadelnswert, diese Dinge werden von den Weisen kritisiert; wenn diese Dinge angenommen und umgesetzt werden, führen sie zu Unheil und zu Leid – dann solltet ihr sie aufgeben.«[29]

Es geht darum, praxisnahes Wissen zu erwerben, das zu die Lebensqualität beeinflussenden Verhaltensänderungen führt; theoretisches Wissen dagegen hat oft wenig, wenn überhaupt einen Einfluss auf das alltägliche Leben in der Welt. Indem eine Person ihre ichbezogene Reaktivität loslässt, kommt sie Schritt für Schritt dahin, »dabei zu verweilen, die ganze Welt mit einem Geist zu erfüllen, der von liebender Güte, Mitgefühl, altruistischer Mitfreude und Gleichmut durchdrungen ist«.[30] Die Veränderung, die die Praxis des Dharma mit sich bringt, ist genauso affektiv wie kognitiv.

Die skeptische Stimme der Lehrreden harmoniert mit ihrer pragmatischen Stimme. Das ist nirgends deutlicher als im Gleichnis vom Pfeil. Der Buddha erzählt die Geschichte eines Mannes, der von einem vergifteten Pfeil getroffen worden ist und verblutend am Boden liegt. Bevor er seinen Freunden erlaubt, einen Arzt zu holen, um den Pfeil zu entfernen, besteht der Mann darauf, den Namen des Menschen zu erfahren, der den Pfeil abgeschossen hat, den Ort, wo er lebt, seine Hautfarbe, und so weiter, bis zu so absurden Details wie die Art der Federn am Schaft des Pfeils, »ob von einem Geier oder einer Krähe oder einem Habicht oder einem Pfau oder einem Storch«.[31] Gotama vergleicht diesen Mann mit jemand, der es ablehnt, den Dharma zu praktizieren, bevor er Antworten auf die metaphysischen Fragen bekommen hat: ob die Welt ohne Anfang oder ohne Ende ist, ob sie endlich oder unendlich ist, ob Geist und Seele dasselbe oder verschieden sind, und ob ein *tathāgata* nach dem Tod existiert oder nicht (oder beides oder keines von beidem).

Die Absicht von Buddhas Lehre ist nicht, Zweifel über die Natur der »Wirklichkeit« aufzulösen, indem solche Rätselfragen beantwortet werden, sondern eine Praxis anzubieten, die den »Pfeil« der Reaktivität entfernt und dadurch die Gesundheit der Übenden wieder herstellt und es ihnen ermöglicht, hier auf der Erde zu blühen und zu gedeihen.

Alle Schulen des Buddhismus betonen die große Bedeutung der Praxis. Aber die meisten von ihnen stützen sich mehr auf eine dogmatische als auf eine skeptische Grundlage für diese Praxis. Auf die Gefahr einer zu großen Verallgemeinerung hin möchte ich behaupten, dass religiöse Buddhistinnen und Buddhisten dazu neigen, ihre Praxis auf *Glaubenssätze* zu stützen, während säkulare Buddhistinnen und Buddhisten ihre Praxis tendentiell auf *Fragen* gründen. Glaubt man der zweiten edlen Wahrheit des Buddhismus, dass nämlich Begehren der Ursprung von Leiden sei, dann wird die eigene Praxis durch die Absicht motiviert sein, Begehren zu überwinden, um Leiden zu beseitigen. Die Praxis wird die logische Konsequenz des eigenen Glaubens sein. Aber wenn die Erfahrung von Geburt, Krankheit, Altern und Tod grundlegende Fragen über die eigene Existenz aufwirft, dann wird die Praxis von dem dringenden Bedürfnis getrieben sein, diese Fragen zu bewältigen, ohne Rücksicht auf irgendeine Theorie über den Ursprung von Geburt, Krankheit, Alter und Tod. Eine solche Praxis will eine authentische und eigenständige Antwort auf die Fragen finden, die das Leben aufwirft, und nicht irgendeinen gelehrten Glaubensartikel bestätigen.

Die Sŏn-Praxis des Fragens »Was ist das?« führt zu einem radikalen Ende allen Urteilens über sämtliche Glaubenssätze – einschließlich buddhistischer Glaubenssätze. Sŏn-Lehrende fordern ihre Schülerinnen und Schüler immer wieder heraus, sich von abstrakter Spekulation abzuwenden und ihre Augen für die alltäglichen Objekte der Welt zu öffnen. Ein Schüler fragte einmal den Chan-Meister Dongshan (807–69): »Was ist der Buddha?« Dongshan antwortete: »Drei Pfund Flachs.«[32] Ein Mönch fragte den Lehrer Zhaozhou (778–897): »Warum kam Bodhidharma aus dem Westen?« Zhaozhou antwortete: »Die Zypresse im Innenhof.«[33] Anstatt ihnen konventionelle Antworten zu bieten, die zu potentiell endlosen Diskussionen führen würden, drängten diese Männer ihre Schüler dazu, sich mit den von Alltagsdingen aufgeworfenen, weit rätselhafteren und dringlicheren Fragen zu beschäftigen, die von ihnen meist unbeachtet blieben.

Trotz der skeptischen und pragmatischen Stimmen des Palikanons gibt es auch viele dogmatische. Eine Erklärung, die in zeitgenössischen buddhistischen Schriften oft zitiert wird, lautet:

> Mönche, es gibt ein Ungeborenes, Ungewordenes, Ungeschaffenes, Unzusammengesetztes. Wenn es dieses Ungeborene, Ungewordenes, Ungeschaffenes, Unzusammengesetztes nicht gäbe, dann wäre hier keine Befreiung aus dem, was geboren, geworden, erschaffen, gestaltet wurde, erkennbar. Aber da es ein Ungeborenes, Ungewordenes, Ungeschaffenes, Unzusammengesetztes *gibt*, ist eine Befreiung aus dem, was geboren, geworden, erschaffen, gestaltet ist, erkennbar.[34]

Diese ex-cathedra-Behauptung einer transzendenten Realität jenseits der bedingten Welt passt nicht zu dem Abstandnehmen von Bewertung und dem Argwohn jeglicher Endgültigkeit gegenüber, die an anderen Stellen in derselben Textsammlung befürwortet werden. Ich werde diese Passage in Kapitel 5 untersuchen.

Der Buddhismus ist voll von dogmatischen Behauptungen. Die Vier Edlen Wahrheiten, die Zwölf Glieder des abhängigen Entstehens, die Zwei Wahrheiten, das Ende des Leidens, ganz zu schweigen von sorgfältig ausgearbeiteten Theorien über Karma, Wiedergeburt und nichtmenschliche Existenzbereiche – alle werden als selbstverständliche Fakten präsentiert, enthüllt durch Buddhas Erleuchtung und bestätigt durch seine Allwissenheit. Wir sind nicht aufgerufen, sie in Frage zu stellen, sondern sie als unerschütterliche, unverhandelbare Grundlagen zu akzeptieren, auf denen wir unsere Praxis aufbauen.

Die verschiedenen Stimmen, die im frühbuddhistischen Kanon aufgespürt werden können, sind Echos der verschiedenen Stimmen, die im eigenen Geist zu uns sprechen. Es ist nicht notwendig, einer von ihnen den Vorzug zu geben. Wenn ich die Lehrreden lese, stelle ich fest, dass ich mich abwechselnd zu einer fragenden Stimme hingezogen fühle, die Zweifel ermutigt, zu einer vernünftigen Stimme, die Überzeugung einflößt, zu einer pragmatischen Stimme, die zu dem ermutigt, was gerade funktionieren könnte. Mythische Stimmen – wie die von Māra, als er den Buddha auffordert, doch lieber zu sterben, als den Dharma zu lehren – kommen in den Lehrreden häufig vor, sind aber im Inneren unserer säkularen Seelen verstummt. Vielleicht hören wir sie nicht mehr, weil sie aus einer seit langem verlorenen verzauberten Welt herrühren, in der Götter wie Teufel auf die Erde herabstiegen, um mit menschlichen Wesen Zwiesprache zu halten. Moderne Menschen vermuten, dass solche Stimmen entweder Produkte ihrer Einbildung oder Zeichen beginnender Verrücktheit sind. Künstler mögen noch immer von

Musen und Priester von Teufelsaustreibungen sprechen, aber für viele Menschen gehören solche Bezüge zur obskuren Sprache einer archaischen Vergangenheit.

(8)

Während ich auf all die verschiedenen Stimmen im Kanon achte, fühle ich mich zu den skeptischen und pragmatischen besonders hingezogen. Sie stechen unter den Lehren Gotamas als unverwechselbar und originell hervor. Außerdem sind skeptische und pragmatische Passagen im Allgemeinen weniger mehrdeutig und leichter anwendbar, während dogmatische und mythische Passagen im Kanon meist eine Interpretation erfordern. Gleichzeitig muss ich dauernd vor der Gefahr auf der Hut sein, der jeder Übersetzer, jede Übersetzerin begegnet – unbewusst meine eigenen Ansichten in einen alten Text hineinzulegen und den Anspruch zu erheben, sie wären die ganze Zeit dort gewesen.

Mein Ausgangspunkt beim Umgang mit dogmatischen Aussagen ist, alles auszuklammern, was Gotama zugeschrieben wird, aber genausogut von einem anderen wandernden Asketen, Jain-Mönch oder brahmanischen Priester derselben Periode hätte gesagt werden können. Wenn er sagt, eine bestimmte Handlung werde ein gutes oder schlechtes Resultat in einem zukünftigen Himmel oder einer zukünftigen Hölle zur Folge haben, oder wenn er davon spricht, den sich wiederholenden Kreislauf von Wiedergeburt und Tod zu einem Ende zu bringen, um endgültiges Nirvana zu erreichen, sehe ich solche Äußerungen als das Produkt gängiger Auffassungen jener Zeit und halte sie nicht für intrinsische Elemente des Dharma. Ich lege also das Hauptgewicht auf jene Lehren in Gotamas Dharma, die *nicht* aus der Weltsicht des fünften Jahrhunderts v. u. Z. in Indien abgeleitet werden können.

Versuchsweise behaupte ich, dass das Ausklammern solch metaphysischer Vorstellungen vier zentrale Gedanken für uns übriglassen, die keine direkten Vorläufer in der indischen Tradition zu haben scheinen. Ich nenne sie die »*vier Ps*«:

das *Prinzip* der Bedingtheit
die *Praxis* der vierfachen Aufgabe
die *Perspektive* des achtsamen Gewahrseins
der *Primat* der Eigenständigkeit

Vor einiger Zeit wurde mir klar, dass ich am Buddhismus jene Glaubenssätze am schwierigsten zu akzeptieren fand, die er mit seinen indischen Geschwisterreligionen Hinduismus und Jainismus teilt. Da sie den gemeinsamen Hintergrund für so vieles an indischem Denken bilden, lassen sich solche Glaubenssätze nicht exklusiv mit einer dieser Religionen identifizieren. Das, was mir Mühe bereitete, war somit nicht eine dem Buddhismus eigene Lehre, sondern die weitverbreitete Weltanschauung des alten Indien (und darüber hinaus), die sich nicht mit der Sicht, in der ich aufgewachsen war, vertrug. Das Ausklammern solcher Glaubenssätze führt meiner Meinung nach nicht zu einem fragmentarischen und abgeschwächten Dharma. Stattdessen scheint mir das Ergebnis ein völlig angemessenes ethisches, kontemplatives und philosophisches Bezugssystem dafür zu bilden, wie man in *dieser* Welt ein gedeihendes Leben führt.

In diesem Buch werde ich die *vier Ps* auf ihre Implikationen hin abklopfen. Fürs Erste möge es genügen, dass es meines

Erachtens bei Gotamas Vision vor allem um diese Grundlagen geht:

> Ein Verständnis von *Bedingtheit* als Kontext einer *vierfachen Aufgabe*:
>
> > Leiden umfassend zu verstehen
> > das Entstehen von Reaktivität loszulassen
> > das Aufhören der Reaktivität zu betrachten und
> > einen achtfachen Pfad zu kultivieren, der sich aus
>
> einem achtsamen Gewahrsein heraus entwickelt und zu einer Eigenständigkeit in der Praxis des Dharma führt.

Die Konzentration auf die verstreut im Kanon befindlichen dramatischen Episoden, die von Gotamas oft angespanntem Umgang mit seinen Zeitgenossen zeugen, lässt seine Menschlichkeit klarer zutage treten, als wenn wir uns auf abstrakte Inhalte konzentrieren würden. In jedem zweiten Kapitel dieses Buches werde ich dieser Suche nach dem historischen Buddha nachgehen, mich dabei aber nicht ausschließlich auf Gotama konzentrieren; vielmehr werde ich die Geschichten von fünf Mitgliedern seines inneren Kreises erzählen: Mahānāma (Kapitel 2), Pasenadi (Kapitel 4), Sunakkhatta (Kapitel 6), Jīvaka (Kapitel 8) und Ānanda (Kapitel 10). Ich bin gleichermaßen daran interessiert, ein Bild von der sozialen Welt des Buddha wie von seiner Person zu zeichnen. Die Darstellung seiner Person innerhalb seiner Beziehungen zu verschiedenen Menschen bringt ein facettenreiches und nuanciertes Porträt dieses Mannes zum Vorschein. Drei seiner engen Gefährten (Mahānāma, Pasenadi und Jīvaka) waren Anhänger und keine Mendikanten, und einer der Mendikanten

(Sunakkhatta) legte die Robe ab. Abgesehen von Ānanda sind sie in den buddhistischen Schriften weitgehend ignoriert worden.

Vor vierzig Jahren hat der britische Wissenschaftler Trevor Ling behauptet, dass das, was wir heute als Buddhismus kennen, als eine noch nicht ausgereifte Zivilisation oder Kultur begann, die sich dann zu einer organisierten indischen Religion gewandelt hat.[35] Das Projekt des säkularen Buddhismus baut auf dieser Einsicht auf. In dem Bemühen, die Praxis des Dharma im Kontext der Moderne zu formulieren, können wir uns in einer kritischen Rückbesinnung auf die kanonischen Texte stützen und dadurch auch ein Verständnis der komplexen Welt, in der der Buddha lebte, zu gewinnen suchen. Eine der zentralen Fragen, die ich in diesem Buch zu beantworten versuche, lautet: Ist es möglich den Dharma, der vor der Entstehung buddhistischer Orthodoxien vorhanden war, zu rekonstruieren und dann von dieser Basis aus eine adäquate ethische, kontemplative und philosophische Praxis zu entwickeln, die menschliches Gedeihen in einem säkularen Zeitalter bestmöglich unterstützt? Es ist paradox, aber um uns vorstellen zu können, was nach dem Buddhismus auftauchen könnte, müssen wir zurückgehen in die Zeit, bevor der Buddhismus begann.

2 Mahānāma: der Konvertit

[MAHĀNĀMA:] Kapilavatthu ist reich, blühend, dicht bevölkert, die Straßen sind verstopft. Abends, wenn ich nach einem Besuch beim Lehrer oder bei würdigen Mendikanten in die Stadt zurückkehre, kann es geschehen, dass ich einem wild gewordenen Elefanten oder durchgegangenen Pferd, einem außer Kontrolle geratenen Wagen oder Karren oder einem durchgedrehten Mann begegne. Meine achtsame Besinnung auf den Buddha, den Dharma und die Gemeinschaft wird dadurch gestört. Mir kommt dann in den Sinn: »Sollte ich in diesem Moment sterben, was wäre meine Bestimmung, was würde die Zukunft bringen?«
[GOTAMA:] Fürchte dich nicht, Mahānāma! Hab keine Angst! Du hättest keinen schlechten Tod. Ein edler Zuhörer, der vier Dinge verinnerlicht hat, neigt sich, gleitet und lehnt sich dem Nirvana zu. Welche vier Dinge? Nun, Mahānāma, ein edler Zuhörer hat ein klares Vertrauen in den Buddha, den Dharma und die Gemeinschaft. Und er besitzt die Tugenden, die edlen Menschen teuer sind. Stell dir einen Baum vor, der nach Osten geneigt ist. Wenn er gefällt würde, in welche Richtung fiele er?
[MAHĀNĀMA:] In die Richtung, in die er geneigt war, Herr.
[GOTAMA:] Genauso neigt sich, gleitet und lehnt sich ein edler Zuhörer, der diese vier Dinge verinnerlicht hat, dem Nirvana zu.

– Sotāpattisamyutta

(1)

Gotamas Cousin Mahānāma, das Oberhaupt der Sakiyer, wurde weder von einem Elefanten zu Tode getrampelt noch von einem Wagen über den Haufen gefahren oder von einem Wahnsinnigen attackiert, so wie er sich in der einleitend zitierten Passage sorgte. Um die Bürger von Kapilavatthu vor der eindringenden Armee des Königs Viḍūḍabha von Kosala zu retten, flehte er am Ende den Herrscher an, so viele seiner Landsleute zu verschonen, wie fliehen konnten, während er mit angehaltenem Atem unter Wasser blieb. Da Mahānāma ein Freund von Pasenadi, dem Vater des Königs, war, stimmte Viḍūḍabha dem Anliegen zu. »Voller Sorge um seine Leute stieg Mahānāma in das Wasser eines Teichs hinab. Am Rande des Teichs wuchs ein Salbaum, dessen Zweige ins Wasser reichten; sie verhedderten sich in seinem Haarknoten, sodass er unter Wasser gezogen wurde und ertrank.«[1]

Ich stelle mir Mahānāma als Mann von kleinem Wuchs vor, gekleidet in einfache weiße Gewänder – vielleicht gesprenkelt mit Lehmflecken im Bereich der Beine – mit einem Bart an Kinn und Oberlippe und einem Turban. Obgleich es sich um eine wichtige und wohlhabende Person in Sakiya handelte, dürfte er in einem mit Lehm verputzten und Stroh gedeckten Haus aus Holz gelebt haben. Er mag Kapilavatthu als »blühend« und »dicht bevölkert« beschrieben haben, aber die tatsächliche Bevölkerungsanzahl lässt sich schwer schätzen. Seine Lage an der Nördlichen Straße, einer Handelsroute, die sich über 1600 Kilometer hinweg von Magadha, einem Königreich südlich des Ganges, nach Gandhāra im Nordwesten, der östlichsten Satrapie des persischen Achämenidenreiches, erstreckte, erklärt vielleicht, warum es zu einem regen Handelszentrum wurde. Allerdings wissen wir nicht genau, wo die Stadt Kapilavatthu wirklich gelegen hat. Archäologen spekulieren, es könne in der Nähe des Dorfes Tilaurakot im südwestlichen Nepal gewesen sein. Aber ohne weitere Ausgrabungen kann die Ortsangabe nicht bestätigt werden.

Sakiya lag in der weiten Schwemmlandebene, die den Ganges vom Himalaja trennt. An einem klaren Tag hätte ein Wächter auf dem Festungswall auf ein Flickwerk flacher Felder blicken können, auf denen Reis, Hirse, Senfsamen und Gemüse gediehen. Hinter den Feldern könnten sich Wälder erstreckt haben, und im Norden schwebte über dem Kronenschluss der Blätter eine ferne Linie schneebedeckter Gipfel.

Die Gesellschaft in Sakiya bestand aus Herren (*khattiya*), der herrschenden Klasse, zu denen die wohlhabendsten Landbesitzer und Haushälter (*gahapati*) zählten, darunter Kaufleute, Bauern und Handwerker. Daneben dürfte es zahlreiche Arbeiter, Diener und Sklaven, deren Existenz in den kanonischen Texten vorausgesetzt, aber oft nicht erwähnt wird, gegeben haben. Gelegentlich kamen Wanderer (*samaṇa*) in die Stadt und verbrachten die Nacht in Hainen oder Parks. Hierbei handelte es sich um Männer und Frauen, die auf der Suche nach Weisheit und Befreiung dem häuslichen Leben entsagt hatten, als Zeichen dafür Haare und Bärte geschoren und ihre Kleider gelb oder ocker gefärbt hatten und von Almosen lebten, die sie sich von Tür zu Tür gehend erbettelten.

Dem Wissenschafter Johannes Bronkhorst zufolge lag Sakiya in einem Teil Indiens, wo die Lehren des Brahmanismus einschließlich des Glaubens an einen Schöpfergott und des gottgewollten Kastensystems (*varṇa*) weder weithin bekannt noch akzeptiert waren.[2] Noch reichte der Brahmanismus in seiner die soziale und politische Ordnung bestimmenden Rolle nicht bis in die allermeisten Gebiete, in denen der Buddha lebte und wirkte. Nur in Teilen des westlichen Indiens war er die dominante Kultur, sein Einfluss breitete sich allerdings schon nach Osten entlang des Ganges aus. Zum Beispiel enthält die vorbuddhistische *Bṛhadāranyaka Upaniṣad* Dialoge zwischen brahmanischen Weisen, die in Videha, östlich der neugegründeten Stadt Benares, stattgefunden haben. Videha war zur Zeit des Buddha Teil der Vajji-Konföderation am nördlichen Ufer des Ganges.[3] Wandernde Brahmanen fungierten offenkundig als Priester und wurden angestellt, um Opfer und Rituale zu vollziehen, die Zukunft vorherzusagen und Trost durch Zauber und Magie zu spenden. Da die Lehrreden in Pali auch »brahmanische Dörfer« erwähnen, könnte es in der Region auch kleine Gemeinschaften gegeben haben, die den Grundsätzen der brahmanischen Religion anhingen.

Der allgegenwärtige Gebrauch des Ausdrucks »Wanderer und Brahmanen« (*samaṇabrāmaṇā*) in den Pali-Lehrreden legt nahe, dass es zur Zeit des Buddha bereits eine klare Trennung zwischen diesen beiden Gruppen von Praktizierenden gab. Obwohl die Brahmanen vielleicht noch nicht die Bedeutung und Beachtung erreicht hatten, nach der sie strebten, scheinen sie sich als deutlich sichtbare Gemeinschaft mit einer strikten und ausschließenden Identität etabliert zu haben. In ihrer Lebensart, ihren Bräuchen und Ritualen hoben sie sich von der durchmischten Allgemeinheit anderer Wanderer ab, den Männern und Frauen aus allen Gesellschaftsschichten, die eine breite Palette von Ansichten vertraten und unterschiedlichen asketischen

Praktiken nachgingen. Während die Brahmanen auf ungebrochenen familiären Abstammungslinien bestanden – die heiligen Lehren und Riten wurden über Generationen hinweg vom Vater an den Sohn weitergegeben –, waren die Wanderer Nutznießer des überschüssigen Wohlstandes und der sozialen Mobilität, die die Anfänge der zweiten Phase der Urbanisierung in Nordindien charakterisierten. Gotama und seine Anhänger bildeten eine der vielen *samaṇa*-Gruppen.

Ungefähr ein Jahrhundert nach Gotamas Tod benutzte Megasthenes, ein griechischer Botschafter in Magadha, ganz selbstverständlich die Ausdrücke *brahmanes* und *sramanes*, um die »Philosophen« zu beschreiben, denen er während seines zehnjährigen Aufenthalts in Pāṭaliputta begegnet war. Er merkte auch an, dass die Brahmanen »hochangesehen sind, weil sie in ihren Ansichten beständiger sind«.[4] Fünfzig Jahre später hat der buddhistische König Aśoka in seinem dreizehnten Säulenedikt festgehalten: »Es gibt kein Land, außer bei den Griechen, wo man nicht diese beiden Gruppen, Brahmanen und Wanderer, findet.«[5] Beide Quellen bestätigen, dass diese Zweiteilung im Indien jener Zeit weitgehend etabliert war. Es scheint daher wahrscheinlich, dass die Präsenz der Brahmanen in der Welt des Buddha bereits spürbar war. Die Kritik, die der Buddha an ihren Glaubensätzen und sozialen Gebräuchen übte, war jedenfalls nicht ein Angriff auf ein angeblich vorhandenes brahmanisches Establishment, sondern Teil einer Auseinandersetzung um die philosophische Vormachtstellung, bei der die Brahmanen einer der vielen Rivalen waren.

Traditionell waren die Bewohner von Sakiya Anhänger eines Sonnenkults. Zu ihrer Volksreligion gehörten auch Versöhnungsriten und Bittgebete an örtliche Geister (*yakkha*) an hügelartigen Kultstätten (*cetiya*) sowie die Verehrung von Bäumen, die von hölzernen Geländern eingezäunt waren.[6] Ihnen dürfte der weit verbreitete Glauben an einen Kreislauf der Wiedergeburt, angetrieben durch das Wirken früherer Handlungen (*karma*), selbstverständlich gewesen sein, denn er gehörte zum indigenen Glaubensschatz der Menschen im östlichen Gangesbecken. Ihre Vorstellung von Wiedergeburt glich wohl eher dem intuitiven Empfinden von Bauern, deren Leben mit den Kreisläufen der Natur verbunden ist, als der Art durchdachter Theorie, die sich in der jainistischen, hinduistischen und buddhistischen Literatur in den folgenden Jahrhunderten entwickelte. Zur Zeit Mahānāmas handelte es sich bei solchen Ideen wohl eher um ein grobes Bezugssystem, das ein Gefühl der Kontinuität zwischen Vergangenheit und Zukunft vermittelte. Die Vorstellung könnte einen gewissen Fatalismus gefördert haben, der bewirkte, dass Individuen sich Kräften unterworfen fühlten, über die sie letztlich keine Kontrolle hatten.

Mahānāma war ein Cousin Gotamas väterlicherseits. Wenn wir auch ihr genaues Alter nicht kennen, sie gehörten derselben Generation an. Sie dürften aus ähnlichen Verhältnissen stammen und wahrscheinlich wuchsen sie zusammen auf. Von Mahānāma ist erstmals die Rede im Zusammenhang mit dem Bericht über die Flucht des Buddha aus Kapilavatthu, um ein wandernder Mendikant zu werden. Als Gotama heimlich fortging, »traf er plötzlich Mahānāma, der in der Stadt patroullierte; aber obwohl sein Cousin ihn anflehte und laut weinte und über all den Kummer sprach, den er denen zufügte, die ihn liebten, setzte er dennoch seinen Weg fort«.[7]

Wir haben keine klare Vorstellung über das weitere Geschehen nach Gotamas Aufbruch. Die Texte lassen einen Machtkampf vermuten, aus dem Mahānāma am Ende als Führer der Versammlung von Kapilavatthu, des Gremiums, das die Geschicke der Gemeinschaft von Sakiya lenkte, hervorging. Ursprünglich wurde diese Position von einem anderen Anführer, genannt Bhaddiya, eingenommen, der wohl nicht zu Gotamas Familie zählte. Es scheint, dass Mahānāma erst dann an die Macht drängte, als Gotama im sechsten Jahr nach seinem Erwachen nach Sakiya zurückgekehrt war und sein Orden von Mendikanten für Angehörige des Adels attraktiv zu werden begann.[8]

Eine Passage im Pali-Vinaya beschreibt, wie Mahānāma in geheimer Absprache mit seiner Mutter diese instabile Situation zu seinem Vorteil ausnützte. Mahānāmas Bruder war der »verzärtelt aufgezogene« Anuruddha. Reich und verwöhnt hatte er verschiedene Wohnstätten für jede Jahreszeit und genoss es, in der Regenzeit von Lautenspielerinnen unterhalten zu werden. Mahānāma schlug vor, dass jemand aus ihrem Zweig der Gotama-Familie sich dem Orden des Buddha anschließen solle. Anuruddha weigerte sich und sagte, dass das heimatlose Leben eines Mendikanten zu rau für ihn wäre, und bestand darauf, dass stattdessen Mahānāma ginge.[9]

»Lieber Anuruddha«, sagte Mahānāma, »lass mich dich daran erinnern, was damit verbunden ist, das Leben eines Haushälters zu führen. Erst müssen die Felder gepflügt werden; dann muss gesät werden; dann müssen sie bewässert werden; dann muss das überschüssige Wasser abgeleitet werden; dann müssen die Felder gejätet werden; dann muss die Ernte eingebracht werden; dann muss die Ernte zu Bündeln geschnürt werden; dann muss die Ernte gedroschen werden; dann muss die Spreu vom Korn getrennt werden, das Korn eingesammelt und gelagert werden. Und genau dasselbe muss im nächsten Jahr und im

Jahr danach getan werden. Lieber Bruder, diese Mühe nimmt kein Ende. Als unsere Väter und Großväter starben, musste die Arbeit dennoch weitergehen. Nun gut. Jetzt, da du verstehst, was mit dem Haushälterleben verbunden ist, werde ich vom Haus in die Hauslosigkeit ziehen.«[10]

Mit der Aussicht konfrontiert, für den Rest seines Lebens auf den Feldern zu schuften, änderte Anuruddha seine Meinung. Vielleicht weil er noch nicht volljährig war, fragte er seine Mutter um Erlaubnis, sich dem Orden der Mendikanten anzuschließen. »Ihr zwei Burschen«, antwortete sie, »liegt mir so sehr am Herzen. Wenn ihr sterben würdet, könnte ich es nicht ertragen, von euch getrennt zu sein. Wie kann ich dir also, während du noch am Leben bist, erlauben, mich zu verlassen und in die Hauslosigkeit zu ziehen?« Diese Schau mütterlicher Zuneigung scheint nicht ganz aufrichtig gewesen zu sein, denn sie gab nach und stimmte unter einer Bedingung seinem Gehen zu: »Lieber Anuruddha, wenn dein Freund Bhaddiya, der Anführer in Sakiya, vom Haus in die Hauslosigkeit auszieht, werde ich auch dich ziehen lassen.«[11]

Dieser Bhaddiya »herrschte über die Leute von Sakiya« und stand daher jedweder politischen Ambition ihres anderen Sohnes, Mahānāma, im Weg. Bhaddiya widerstand zunächst Anuruddhas Flehen, sich dem Orden anzuschließen, stimmte schließlich aber zu, in einer Woche beizutreten, sobald er »seine Pflichten seinen Söhnen und Brüdern übergeben hätte«.[12] Vermutlich wurde Bhaddiya bereits bedroht und unter Druck gesetzt, als Anführer der Versammlung von Kapilavatthu zurückzutreten. Als er kurz nach seinem Ordensbeitritt allein in einem Wald saß, hörte ihn zufällig ein anderer Mendikant zu sich selbst sagen: »O Glückseligkeit! O Glückseligkeit!« Der

Mendikant nahm an, dass der Neuling sich an die Freuden erinnerte, die er als Oberhaupt der Menschen von Sakiya genossen hatte. Aber als der Buddha ihn zum Anlass seiner Glücksseufzer befragte, antwortete Bhaddiya: »Als ich ein Anführer war, standen Wachen innerhalb und außerhalb meines Quartiers, innerhalb und außerhalb der Stadt, und auch auf dem Land. Obwohl ich also gut beschützt war, hauste ich in Angst, furchtsam und in Schrecken. Nun, da ich in einem Wald an der Wurzel eines Baumes sitze, an einem leeren Ort, bin ich ohne Angst, furchtlos und ohne Schrecken.«[13]

An diesem Punkt bricht die Geschichte ab und wir hören nichts mehr von Bhaddiyas Söhnen und Brüdern, die er angeblich zu seinen Nachfolgern bestimmt hatte. Von nun an wird nur mehr eine Person als Anfüher von Sakiya erwähnt: Mahānāma.

(2)

Die *Sekha Sutta* beginnt mit der Verlautbarung, dass vor kurzem eine neue Versammlungshalle für die Sakiyer von Kapilavatthu gebaut worden sei.[14] Dem Brauch entsprechend luden die Sakiyer den Buddha ein, das Bauwerk feierlich zu eröffnen. Er nahm an. Zur Vorbereitung bedeckten sie den Boden der Halle mit Teppichen, bereiteten Sitze vor, stellten einen großen Krug Wasser hin und hängten eine Öllampe auf. Als Gotama ankam, wusch er seine Füße, betrat danach die Halle und setzte sich nach Osten gerichtet an der zentralen Säule nieder. Seine Mendikanten setzten sich hinter ihn entlang der westlichen Wand, nach Osten gerichtet. Und die Sakiyer von Kapilavatthu saßen an der östlichen Wand, nach Westen gerichtet, mit dem Buddha vor ihnen.[15]

Diese sorgfältige Beschreibung der Sitzordnung zeigt, dass die Sakiyer, wie andere Landwirte auf der ganzen Welt, die Sonne verehrten. Als der Buddha und seine Mendikanten Platz nehmen, legen sie Wert darauf, in die Richtung der aufgehenden Sonne zu blicken. Die Sakiyer mögen in der Tat geglaubt haben, dass sie von der Sonne selbst abstammten. Als Gotama vor seinem Erwachen Bimbisāra, dem König von Magadha, seine Herkunft darlegt, sagt er: »König, es gibt ein Volk, voller Reichtum und Energie, das an der Flanke der Schneeberge lebt und zum Reich von Kosala gehört. Sie sind aus der Abstammungslinie der Sonne (*adiccagotta*), Sakiyer von Geburt.«[16]

Während seines ganzen Lebens galt der Buddha als der Freund der Sonne (*adiccamitta*) oder Angehöriger der Sonne (*adiccabandhu*). Gleichermaßen verglich er jeden wahren Freund (*kalyāṇamitta*) mit dem ersten Licht der Morgendämmerung, denn so wie diese der Vorläufer der aufgehenden Sonne ist, so geht ein wahrer Freund bei der Kultivierung des edlen achtfachen Pfades voran, des Weges zur Eigenständigkeit in der Praxis des Dharma.[17] Durch Beispiel und Lehre fördert der wahre Freund, dass die Sonne im Leben eines anderen aufgeht. Die Sonne ist in diesem Fall Nirvana, das erblickt wird, sobald die dunklen Wolken gewohnter Reaktivität aus dem Geist des Individuums vorübergehend vertrieben worden sind. Solche Momente eröffnen die Möglichkeit, ein Leben zu führen, das nicht länger durch die Impulse von Gier, Hass und Verblendung bestimmt ist.

Als Mahānāma fragte, ob er einen guten Tod haben werde, war es kein Zufall, dass Gotama das Geschick seines Cousins mit dem eines Baumes verglich, der nach Osten geneigt ist. Damit verglich er das für die Sakiyer traditionelle Objekt der Verehrung (die Sonne) mit dem empirischen Kern seiner eigenen Lehre: Nirvana. Die Sonne, die strahlende Quelle von Wärme, Licht und dem Leben selbst, wird zur Metapher für Nirvana, die strahlende Quelle des achtfachen Pfades, die es den Menschen ermöglicht zu gedeihen. Er lehnt die ursprünglichen animistischen Vorstellungen nicht ab, sondern transformiert ihre Symbolik. Sein solarer Dharma ist kein Sonnenkult, bei dem es um das Überleben einer landwirtschaftlich geprägten Gesellschaft in der Gangesebene geht, sondern dient als Bezugssystem für Ideen, Werte und Praktiken, die das Aufblühen der Menschen aller Gesellschaftsschichten als Individuen und als Gemeinschaft unterstützen, unabhängig davon, wo und wann sie leben und was sie tun.

Wie bei der feierlichen Eröffnung einer Versammlungshalle üblich, hielt der Buddha einen Vortrag über den Dharma, um seine Zuhörerschaft zu inspirieren und zu bilden. Aber nach einer Weile begann ihn sein Rücken zu schmerzen, und er legte sich auf seine Roben und ruhte. Seinem persönlichen Begleiter Ānanda fiel es zu, die Lehrrede fortzuführen, und »er sprach folgendermaßen zu Mahānāma und den Sakiyern«.[18] Das ist die einzige Stelle in den Lehrreden, wo wir einen Hinweis auf Mahānāma als Gebieter von Sakiya finden. Daher ist es möglich, dass die neue Versammlungshalle errichtet worden war, um Mahānāmas Ernennung zum Anführer zu unterstreichen.

Es war ja schön und gut für die Sakiyer, eine prestigeträchtige neue Halle zu bauen, um sich dort zu treffen und ihre Angelegenheiten zu regeln, aber welche Macht hatte Mahānāma als Anführer der Versammlung tatsächlich? Der Lehrrede *Über die Anfänge* zufolge waren »die Sakiyer Vasallen des Königs von Kosala. Sie bieten ihm demütige Dienste und grüßen ihn, erheben sich und huldigen ihm und leisten ihm angemessenen Tribut.«[19] Diese unterwürfige Rolle ist stillschweigend auch in der Bemerkung des Buddha zu König Bimbisāra enthalten, er komme aus dem »Land von Kosala«. Da dieser Austausch aus der Zeit vor seinem Erwachen stammt, muss Sakiya seine Unabhängigkeit als selbstverwaltete Republik zur Zeit der Geburt des Buddha bereits verloren haben. Mahānāma war nur dem Namen nach Anführer. Innerhalb der Gerichtsbarkeit von Sakiya dürfte er als eine Art Gouverneur eine gewisse Autorität ausgeübt haben, um lokale Streitigkeiten zu schlichten, den allgemeinen Frieden sicherzustellen und die Verwaltung der Stadt und der umliegenden Dörfer zu organisieren. Darüber hinaus dürfte zu seinen Aufgaben auch das Eintreiben von Steuern gezählt haben, um die jährliche Karawane mit Waren als Tribut an König Pasenadi, seinen Lehnsherrn in Sāvatthi, der Hauptstadt von Kosala, senden zu können.

Die stolze oligarchische Republik, über Generationen aus Zusammenschlüssen von Familien und Clans geformt, deren Älteste in der Versammlungshalle zusammenkamen, um die Angelegenheiten der Gemeinschaft zu regeln, war nicht mehr als eine Provinz innerhalb der mächtigen Monarchie von Kosala. Das Territorium der Sakiyer war regelrecht eingequetscht zwischen Kosala im Westen, dem unzugänglichen Himalaja im Norden und der Republik von Mallā im Süden. Ähnlich wie von Sakiya heißt es auch von Mallā, in seinen wichtigsten Städten Kusinārā und Pāvā habe es Versammlungshallen gegeben, zu deren feierlicher Eröffnung Gotama eingeladen wurde. Aber im Unterschied zu Sakiya wird Mallā in den Lehrreden als einer der sechzehn großen Staaten (*mahājanapada*) Indiens beschrieben und funktionierte immer noch als unabhängige Republik.[20]

Mallā muss eine enge Beziehung zu Kosala gehabt haben, da während der Lebenszeit des Buddha ranghohe Männer aus Mallā (Bandhula und später Dīgha Kārāyaṇa) als Oberkommandierende der Armee von Kosala dienten. Mallā und Kosala scheinen daher eine Allianz gebildet zu haben, wobei die politische Führung beim König von Kosala und das militärische Kommando bei den Leuten von Mallā lagen. Ein solches Arrangement aufrechtzuhalten braucht starke Bande gegenseitigen Vertrauens zwischen beiden Staaten, die jedoch, wie wir sehen werden, wiederholt abrissen.

Die Position, die Mahānāma als Anführer der Sakiyer übernahm, war immer noch so begehrenswert, dass Menschen um sie kämpften. Doch die Subordination unter die Autorität des Hofes von Kosala beeinträchtigte und schwächte sie. Wenn Mahānāma seine Angst beschreibt, in der Abenddämmerung nach Kapilavatthu zurückzukehren, mag er mehr ausdrücken als die bloße Sorge, auf ein losgerissenes Pferd oder angriffslustige Störenfriede zu stoßen. Seine Position war heikel. Er war gefangen zwischen den Kräften der Natur (Pferde und Elefanten, aber auch Dürre und Hungersnöte), einfallenden Armeen und umherstreifenden bewaffneten Truppen (auf Streitwagen), aggressivem Handel (auf Fuhrwerken) und Anfechtungen seiner Autorität (gewaltbereite Leute). Wie wir gesehen haben, berichtete sein Vorgänger Bhaddiya ebenfalls, während seiner Amtszeit als Anführer ständig in Angst gelebt zu haben.

Bhaddiyas und Mahānāmas Ängste könnten als Spiegelung allgemeiner Unsicherheiten jener Zeit verstanden werden. Sie lebten in einer Periode der indischen Geschichte, in der ländliche und bäuerliche Gemeinschaften, die über Jahrhunderte hinweg stabil gewesen waren, durch zentralisierte, expandierende Monarchien mit stehenden Heeren ersetzt wurden. Die allerersten Städte – Sāvatthi, Rājagaha und Vesālī – entstanden im östlichen Gangesbecken und ermöglichten es einer bis dahin nie dagewesenen Anzahl von Menschen miteinander zu leben, zu arbeiten und zu handeln. Eine Geldökonomie entstand, Bankiers und Handelsleute häuften Vermögen an und Luxusgüter wurden auf Verkehrsrouten wie der Nördlichen Straße hin und her befördert. Durch den ökonomischen Überschuss, der durch all diese Aktivitäten erzielt wurde, konnten sowohl eine Anzahl nicht produktiver, heimatloser Wanderer auf der Suche nach Weisheit unterstützt als auch die Löhne professioneller Soldaten bezahlt werden. Angeregt durch den neuen Wohlstand und die sich damit bietenden Möglichkeiten dürfte Mahānāma es auf lokaler Ebene mit den Wünschen und Bedürfnissen seiner erweiterten Familie zu tun gehabt haben.

Mahānāmas Vater war Dronodana, ein Bruder von Suddhodana, dem Vater des Buddha. Über Dronodana wissen wir nichts. Suddhodana soll die Menschen in Sakiya zumindest so lange regiert haben, bis sein Sohn im Alter von neunundzwanzig Jahren sein Heim verließ. Jedenfalls wird nirgends in den Lehrreden erwähnt, dass Gotama automatisch das Oberhaupt geworden wäre, wenn er in Sakiya geblieben wäre. Im Inneren funktionierte Sakiya weiterhin als Oligarchie, in der die Ältesten der verschiedenen Familien darüber entschieden, wer ihr Anführer wurde. Es gab keine Erbordnung, nach der der älteste Sohn des jeweiligen Oberhauptes die Nachfolge seines Vater nach dessen Rücktritt oder Tod antrat. In Anbetracht von Gotamas Intelligenz und Charisma und auch aufgrund des Berichtes über den Versuch Mahānāmas, ihn vom Weggehen abzubringen, hätte er aber sicher als Anwärter in erster Reihe für diese Position gestanden.

Widerstand gegen Mahānāmas Aufstieg zur Macht dürfte von der Familie der Mutter des Buddha, Māyā, und seiner Tante (und Stiefmutter), Pajāpathī, ausgegangen sein. Nach Pali-Quellen wurde dieser Zweig der Familie von Māyās und Pajāpathīs streitsüchtigem Bruder Suppabuddha angeführt, der ein erbitterter Gegner Gotamas war. Suppabuddha war der Vater der Frau des Buddha, Bhaddakaccānā, die von Gotama verlassen worden war, als er ein Wanderer wurde. Der Grund der Feindseligkeit Suppabuddhas mag in der Erniedrigung gelegen haben, dass seine Tochter von Gotama verlassen wurde. Es heißt, dass Suppabuddha eines Tages in einer Gasse in Kapilavatthu gesessen, Alkohol getrunken, und versucht habe, Gotama den Weg zu dem Ort zu blockieren, wo er zum Essen eingeladen war. Eine Woche später fiel er in seinem Haus bei der Verfolgung eines durchgehenden Pferdes die Stiegen hinunter und starb.[21] Wenn auch die Bedeutung dieser Fragmente einer Geschichte schwer zu ermessen ist, so weisen sie auf anhaltende Konflikte innerhalb der erweiterten Familie des Buddha hin, die Mahānāmas Nöte vergrößert haben dürften.[22]

Eine andere Episode, in der Mahānāma vorkommt, lässt darauf schließen, dass Gotama in Kapilavatthu nicht immer willkommen war. Eine Lehrrede erzählt, wie der Buddha in seine Heimatstadt zurückkehrt und Mahānāma bittet, eine passende Unterkunft zu finden, wo er die Nacht verbringen könne. Es war Mahānāma nicht möglich, ein Zimmer für seinen Cousin zu finden, und er schlug vor, er solle bei einem Mann namens Bharaṇdu aus Kālāma wohnen, mit dem Gotama bei dem Lehrer Ālāra Kālāma Meditation gelernt hatte. Der Buddha akzeptiert.

Am folgenden Morgen besucht Mahānāma Gotama, der eine Frage über die Natur des »umfassenden Verstehens« (*pariññā*) aufwirft, eines Schlüsselbegriffs, der sich auf die erste der vier Aufgaben in der Praxis des Dharma bezieht: das Leiden umfassend zu verstehen. Während Bharaṇdu neben ihm sitzt, erklärt der Buddha Mahānāma, dass es drei Arten von Lehrenden gebe: einige, die das Verstehen von sinnlicher Begierde verordnen, einige, die das Verstehen von sinnlicher Begierde und von Formen verordnen und einige, die das Verstehen von sinnlicher Begierde, Formen und Gefühlen verordnen. Er fragt Mahānāma, ob das Ziel dieser drei Lehrer dasselbe sei. Aber Mahānāma bekommt keine Chance zu antworten. Bharaṇdu wiederholt immer wieder: »Sag ›dasselbe‹, Mahānāma«, während Gotama stets wiederholt: »Sag ›verschieden‹, Mahānāma.« Es scheint, als ob die beiden Männer ihn necken oder provozieren. Wir finden die richtige Antwort – vorausgesetzt, es gab eine – niemals heraus. »Denn dann fällt Bharaṇdu ein: ›Der Wanderer Gotama hat mich mehrere Male vor dem einflussreichen Mahānāma kritisiert. Es ist besser, ich verlasse Kapilavatthu.‹ Darauf brach er auf und kehrte nie wieder zurück.«[23]

Ohne jeden weiteren Hintergrund ist es schwierig, sich auf diese Geschichte einen Reim zu machen. Klar ist, dass Bharaṇdu Mahānāma für eine mächtige Gestalt in Kapilavatthu hält, den zu verärgern er sich nicht leisten kann. Im Gegensatz dazu nennt er Gotama bloß einen »Wanderer« und scheint keinen besonderen Respekt vor ihm gehabt zu haben. Vielleicht hatte Bharaṇdu sich in der Stadt als Lehrer etabliert und war dabei, eine Gefolgschaft zu gewinnen. Was ihm Sorge bereitet, ist Gotamas widersprüchliches Verhalten, das ihn in Mahānāmas Augen sein Gesicht verlieren lässt. Er ist derart beunruhigt, dass er die Stadt endgültig verlässt. Da die Lehrrede mit Bharaṇdus Abreise endet, können wir annehmen, dass dies ein wünschenswertes Ergebnis war.

(3)

Ungeachtet der Pflichten Mahānāmas als Anführer der Sakiya und seiner Verantwortlichkeiten als Oberhaupt von Gotamas Sippe schildern ihn die Lehrreden durchwegs als »einen, der in den Strom eingetreten ist« (*sotāpanna*). Sāriputta, der rangälteste Schüler des Buddha, erklärt, dass der »Strom« eine Metapher für den achtfachen Pfad ist und dass eine in den Strom eingetretene Person jemand ist, die sich diesen Pfad zu eigen gemacht hat.[24] Es ist schwierig, ein englisches [deutsches] Äquivalent für diesen bedeutungsvollen und zentralen Gedanken zu finden. Als Metapher impliziert »in einen Strom eintreten«, dass jemand nicht länger in Kreisläufen gewohnheitsmäßigen Verhaltens gefangen ist, sondern, vom Griff dieser Gewohnheiten frei geworden, ohne Behinderung frei fließen kann. Dieser freie Fluss wird als ein Lebendigsein erfahren, das die eigene Autonomie und Integrität bestätigt. Mit anderen Worten: Der Pfad ist nicht mehr etwas, woran Mahānāma glaubt oder wonach er strebt; er ist sein eigener geworden.

Ein frei fließendes Leben existiert in einem Rahmen von Verpflichtungen und Werten. So wie ein Strom auf seinem Weg zum Meer von den Ufern, zwischen denen er fließt, begleitet wird, so wird der achtfache Pfad durch »klares Vertrauen« in den Buddha, den Dharma und die Gemeinschaft gestützt und gelenkt. Diese Lebensform ist in dem Sinn autonom, als dass sie nicht länger von instinktiver Reaktivität – insbesondere durch die Impulse von Gier, Hass und Verblendung bestimmt ist. In der Tat hat der Pfad selbst seinen Ursprung in der eigenen direkten Erfahrung, in der diese Impulse zeitweilig eingestellt oder verschwunden sind, was die Definition von »Nirvana« ist.[25] Ein flüchtiger Einblick in Nirvana bedeutet aber noch lange nicht, dass die angeborene Reaktivität niemals wieder auftreten wird. Gotama war nicht naiv, was die psychologischen Abläufe betraf. Die Erfahrung von Nirvana markiert einen Wendepunkt im Leben eines Individuums, nicht ein endgültiges und unveränderliches Ziel. Nach der Erfahrung weiß die Person, dass sie frei ist, *nicht* den Impulsen folgend zu handeln, die als natürliche Reaktion auf eine bestimmte Situation aufsteigen. Ob man sich entscheidet, Impulsen zu folgen oder nicht, steht auf einem anderen Blatt. In genau dieser Freiheit liegt die Quelle, von der aus der Strom des Pfades zu fließen beginnt.

Gotama bezeichnet Mahānāma als eine Person, die klares Vertrauen in den Buddha, den Dharma und die Gemeinschaft gefasst hat und deren Geist sich in Richtung Nirvana neigt.[26] Mahānāma hat die Möglichkeit selbst erlebt, auf eine radikal andere Art in der Welt zu sein, eine Art, die nicht länger von den eigenen selbstbezogenen Gelüsten und Ängsten getrieben ist, sondern die bewusst gewähltem Denken, Sprechen und Handeln entspringt und mit den Werten des Dharma übereinstimmt. Wir können seinen »Eintritt in den Strom« mit der Erfahrung einer religiösen, philosophischen oder politischen Konversion vergleichen. Wir wissen nicht, ob ihm dies plötzlich widerfuhr wie ein Damaskuserlebnis oder ob sukzessive Überlegungen ihn dahin gebracht haben. So oder so, Mahānāma war zu Gotamas Lehren »konvertiert«.

Mit seiner Konversion trat Mahānāma der edlen Gemeinschaft (*ariya sangha*) bei, zu der er ein klares Vertrauen hatte. Neben heimatlosen Mendikanten umfasste diese Gemeinschaft zahlreiche »Anhänger und Anhängerinnnen, (*upāsaka, upāsika*), weiß gekleidet, die die Sinnesfreuden (*kāma*) genossen, den Anweisungen des Buddha folgten, auf seinen Rat hörten, Zweifel überwunden hatten, von Verblendung befreit waren, Furchtlosigkeit erreicht hatten und die in der Lehre von anderen unabhängig geworden waren«.[27] Die edle Gemeinschaft bestand also aus allen, die in den Strom des achtfachen Pfades eingetreten waren, Mendikanten gleichermaßen wie Anhänger.[28]

Neben der Neuorientierung seines Lebens an den zentralen Werten des Erwachens (im Buddha verkörpert), des Dharma und der Gemeinschaft »besitzt Mahānāma (auch) die Tugenden, die den edlen Menschen teuer sind«.[29] Dies ist die vierte Qualität, die einer Person zugesprochen wird, die in den Strom eingetreten ist. Sie beinhaltet, dass ein klares Vertrauen ein gewisses Maß an *Würde* mit sich bringt. Der Eintritt in den Strom des Pfades ist keine rein subjektive Erfahrung; sie veredelt den Charakter des Menschen.

Dass der Eintritt in den Strom oder die Konversion für Mahānāma von besonderer Bedeutung war, wird durch eine Folge von fünf Lehrreden bestätigt, die alle an ihn gerichtet sind.[30] Die ersten beiden beschreiben in unterschiedlicher Weise die Episode, bei der Mahānāma den Buddha über seinen Tod befragt; in den letzten beiden geht es um das Schicksal eines Mannes, der Sarakāni aus Sakiya genannt wurde.

Nach dem Tod Sarakānis sagt der Buddha von ihm, dass er in den Strom eingetreten sei. Eine Anzahl von Sakiyer war darüber schockiert und beklagte sich: »Das ist ja wunderbar, ganz erstaunlich. Wer wäre da nicht in den Strom eingetreten, wenn der Buddha erklärt, Sarakāni sei in den Strom eingetreten? Sarakāni war zu schwach zum Üben; er trank berauschende

Getränke!« Sarakāni galt anscheinend im Ort als Säufer. Wie, wunderten sich die Leute, konnte es möglich sein, dass eine solche Person »sich Nirvana zuneigen« könne und zum Erwachen bestimmt sein solle?

Mahānāma geht zu Gotama, um die Angelegenheit zu klären. Sie treffen sich in einem Salbaum-Hain in Kapilavatthu. Der Buddha erklärt: »Wenn man mit Recht von irgendwem sagen kann, ›er sei ein Anhänger gewesen, der über lange Zeit Zuflucht beim Buddha, dem Dharma und dem Sangha gesucht habe‹,[31] dann ist Sarakāni aus Sakiya einer, von dem man das wirklich sagen kann.« Der Stromeintritt ist, wie eine Konversion, eher ein grundsätzlicher Perspektivenwechsel auf das Leben als das Erlangen einer Erleuchtungsstufe oder eines Maßes an Heiligkeit. Eine gewisse Würde mag entstehen, doch ein Rückfall in unwürdiges Verhalten ist immer noch möglich. Sarakāni mag wie Mahānāma seine Schwächen gehabt haben, aber er sollte nicht allein auf Grund derer beurteilt werden. Er sollte trotz wiederholter Fehler im Sinne der tiefempfundenen Werte – Erwachen, Dharma, Gemeinschaft –, die er in seinem Leben verkörpern wollte, in Erinnerung behalten werden. Der Fall Sarakānis illustriert, dass zum edlen Sangha Sünder ebenso gehörten wie Heilige. »Sogar wenn diese großen Salbäume, Mahānāma, verstehen könnten, was gut und was schlecht gesprochen ist, würde ich erklären, dass auch sie in den Strom eingetreten seien. Um wieviel mehr bei Sarakāni aus Sakiya?«[32]

Die Konversion scheint zu Buddhas Lebzeiten ein strittiges Thema gewesen zu sein. Diejenigen, die Gotama nahe waren, konnten sich nicht darauf einigen, was sie bedeutete. Bei einer anderen Gelegenheit begleitet Mahānāma einen Mann namens Godhā aus Sakiya zum Buddha mit der Bitte, einen Streit über das Wesen des Stromeintritts zu schlichten. Mahānāma behauptete, es gebe vier Kriterien für den Stromeintritt, Godhā behauptete, es seien drei. Mahānāma berichtet über ihre Meinungsverschiedenheit und erklärt dann, er werde sich selbst dann weiterhin hinter den Buddha stellen, wenn die ganze Gemeinschaft der Mendikanten nicht mit dem einverstanden sei, was der Buddha sagte. »Bitte erinnere dich meiner«, schließt er, »als jemand, der so sehr an dich glaubt.« Statt ihre Frage zu beantworten, wendet sich Gotama an Godhā und fragt: »Was sagst du über Mahānāma, wenn er so spricht?« Die Lehrrede schließt mit Godhās begeisterter Zustimmung zu seinem Freund. Dennoch bleibt bei mir der Eindruck zurück, dass Gotama über diesen Ausbruch alles andere als glücklich war.[33] Da Konversion zur Folge hat, »sich den Pfad zu eigen zu machen« und »unabhängig von anderen zu werden«, scheint eine solche bedingungslose Ergebenheit unangemessen und fehl am Platz.

Diese Lehrrede stellt Mahānāma als treuen Verehrer, aber auch als etwas fanatisch dar. Für ihn liegt Autorität nicht in der Lehre und durchdachter Reflexion und Auseinandersetzung darüber mit anderen – so wie Gotama sich die Umsetzung seiner Unterweisungen in die Praxis vorgestellt hat –, sondern ausschließlich in der Person des Buddha selbst. (Hätte er, frage ich mich, Gotamas Partei auch ergriffen, wenn er mit ihm nicht einer Meinung gewesen wäre?) Die Passage legt nahe, dass die Gemeinschaft nicht bei allem einer Meinung war und der Buddha seine Meinung nicht immer aufdrängte. Ein derart tolerantes Verhalten könnte Mahānāma als Zeichen der Unentschlossenheit und Schwäche angesehen haben, Eigenschaften, die er selbst zu überwinden suchte. In krisenhaften Zeiten lebend, sehnte er sich nach Gewissheit und Entschlossenheit von seiten seines Lehrers. Aber Verzweiflung schlägt leicht in Fanatismus um. Menschen nehmen starre Meinungen als tröstliche Verteidigungsmechanismen an, wenn sie sich bedroht und von Kräften überwältigt fühlen, die sie nicht zu kontrollieren vermögen.

(4)

Die kürzere Lehrrede über die Masse von Dukkha – Cūḷadukkhakkhandha Sutta erzählt von einem Gedankenaustausch in Nigrodas Park außerhalb von Kapilavatthu. Mahānāma grüßt den Buddha, setzt sich an seine Seite und sagt:

> Seit langem habe ich Euren Dharma so verstanden: »Gier korrumpiert den Geist, Hass korrumpiert den Geist, Verblendung korrumpiert den Geist.« Doch manchmal überwältigen mich gierige, hasserfüllte und verblendete Zustände und verweilen. Daher frage ich mich: »Welcher Geisteszustand (*dhamma*) wirkt noch in mir, sodass diese gierigen, hasserfüllten und verblendeten Gedanken in mich eindringen und nicht verschwinden?«[34]

Der Buddha erklärt, dass der »Zustand«, der Mahānāmas geistigem Schmerz zugrunde liegt, seine sinnlichen Begierden (*kāma*) sind. Es ist nicht so, dass Mahānāma nicht verstünde, dass sinnliche Begierden wenig Erfüllung bieten und oft zu großem Leiden führen. Im Gegenteil, das scheint er sogar sehr gut zu verstehen. Aber weil er keinen Zugang zu der Art von Glücksgefühl hat, das in Zuständen tiefer meditativer Versunkenheit erfahren wird, knechten ihn die Freuden sinnlicher Begierden weiterhin.[35]

Kāma ist ein sehr altes indisches Konzept. Schon im Rig Veda (X.129) finden wir in einem Schöpfungsbericht, wie »am Anfang sinnliche Begierde (*kāma*) war«, aus der sich der Kosmos und seine Geschöpfe entwickelten.[36] In der buddhistischen Kosmologie heißt es, dass menschliche Wesen die Welt der Sinnlichkeit (*kāmaloka*) bewohnen, die von Māra (dem »Teufel«), bekannt als Kāmadeva – dem Gott der Sinnlichkeit – beherrscht wird. Die Bedeutung von *kāma* ist eng verknüpft mit Leidenschaft und sexueller Lust, dem elementaren, intensiven Antrieb zu überleben und sich fortzupflanzen. Der Passage in der *kürzeren Lehrrede über die Masse von Dukkha* zufolge ist *kāma* tiefer in unserer Neurobiologie verwurzelt als die Gier, der Hass und die Verblendung, die uns regelmäßig überwältigen. Aufgrund von *Kāma* können sich Gier, Hass und Verblendung in unserem Geist festsetzen, verweilen und gären.

Zusätzlich zu den äußeren Konflikten, mit denen Mahānāma sich in seiner öffentlichen Rolle als Oberhaupt beschäftigen muss, leidet er auch unter Ängsten, die sich auf sein bewusstes Erleben der eigenen Widersprüchlichkeit zurückführen lassen. Er widmet sein Leben den Werten, die sein Cousin lehrt, doch trotz aller Anstrengungen wird er immer wieder von den Kräften überwältigt, die er zu überwinden sucht. Er ist ein gequälter Mann, belastet von seinen Pflichten anderen gegenüber und beunruhigt von der nicht zu unterdrückenden Stärke seiner eigenen sinnlichen Natur. Obwohl er feststellt, dass in seinen Geist »Gedanken der Gier, des Hasses und der Verblendung eindringen«, ist er auch jemand, der »sich zu Nirvana neigt, gleitet und sich lehnt«. Darin liegt kein Widerspruch; beide Zustände können in einer Person nebeneinander bestehen.

Gotama ist sich sehr wohl bewusst, dass die Menschen

sich nicht fein säuberlich in Heilige und Sünder trennen lassen. Im Bericht über sein Erwachen in der Sutta *Die Edle Suche – Ariyapariyesana Sutta* erklärt er, das, was er verstanden habe, sei schwer zu erfassen, weil es »gegen den Strom geht« (*paṭisotagāmi*).[37] Ich glaube nicht, dass er hier zufällig das gleiche Wort *sota* wie bei »Stromeintritt« (*sotapatti*) verwendet. Mit anderen Worten: Der Eintritt in den Strom des achtfachen Pfades bedeutet, gegen den Strom der eigenen Reaktivität anzugehen, seien das instinktive Triebe, soziale Konditionierungen oder psychische Neigungen. Sich zu entscheiden, anders zu denken, zu sprechen und zu handeln als die Gewohnheiten es nahegelegen, erfordert beachtlich viel Entschlossenheit und Engagement. Es ist kaum überraschend, wenn jemand, der wie Mahānāma seine ersten Schritte entlang dieses neuen Pfades macht, sich von der Stärke dieser Kräfte, die in ihm aufwallen, überwältigt und erschlagen fühlt.

Das ist verständlich. Wenn man der eigenen angeborenen Impulsivität ins Auge zu sehen beginnt, anstatt ihren Aufforderungen zu folgen und sich von ihr mitreißen zu lassen, dann scheint allein der Akt des Widerstands die Stärke der Reaktivität zu intensivieren. Das daraus wachsende Gefühl der Machtlosigkeit und Frustration kann leicht in Selbsthass umschlagen. Man wird wütend auf sich selbst, nicht nur, weil man nicht tut, was man will, sondern oft, weil man letztendlich genau das Gegenteil von dem tut, was man möchte. Wenn dieser Selbsthass wächst und gärt, kann er sich in den Wunsch verwandeln, sich selbst zu verletzen und für die eigene Schwäche zu bestrafen.

Während Gotama Mahānāma die Gefahren, die die Genusssucht mit sich bringt, aufzeigt, warnt er ihn gleichzeitig vor der Versuchung, sich selbst zu bestrafen. Als Beispiel nennt er einige Niganthas (Anhänger des Jainismus), die er einmal in Rājagaha beobachtet hat, deren »Praxis darin bestand, immerfort zu stehen, und die schmerzhafte, aufreibende und durchdringende Empfindungen erfuhren«, im Irrglauben, dadurch ihre Schwäche zu überwinden und die Kraft zu gewinnen, um Erlösung zu erlangen.[38] Im Gegensatz dazu ist die Vision des Buddha von der Befreiung mit dem Kultivieren eines mittleren Weges verbunden: Das Individuum verfängt sich weder in der Sackgasse der Genusssucht noch in derem Gegenteil, der Selbstkasteiung.

Mahānāma hegt nicht die Absicht, der Welt zu entsagen und ein Mendikant zu werden. Er ist in die Politik verwickelt, leidet unter Befürchtungen und Ängsten und kann sein sinnliches Begehren nicht kontrollieren. Dennoch ist er einer, der auch in den Strom eingetreten ist, dessen Geist »über lange Zeit durch Vertrauen, Rechtschaffenheit, Bildung, Großzügigkeit und Einsicht« gestärkt worden ist und sich Nirvana zuneigt.[39] In einer anderen Passage wird er als ein »Haushälter« beschrieben, der »im *tathāgata* Erfüllung gefunden hat, einer, der ein Seher des Todlosen geworden ist und der umhergeht als einer, der das Todlose erblickt hat«.[40] Mahānāma ist eine durch und durch weltliche Gestalt, ein komplexes Individuum aus Fleisch und Blut, genau wie unsere eigenen konfliktreichen Egos.

(5)

Mahānāma, der prominenteste Anhänger der Lehre Gotamas in Kapilavatthu, bittet einmal den Buddha zu erklären, was es bedeute, ein Anhänger zu sein und nicht ein Mendikant. Die Antwort, die er bekommt, dürfte noch heute eine passende Beschreibung der Anhängerinnen und Anhänger in den meisten buddhistischen Ländern sein. Ein Anhänger ist »jemand, der seine Zuflucht bei Buddha, Dharma und Sangha gesucht hat«; ein vollkommen tugendhafter Anhänger ist jemand, »der sich des Mordens und Stehlens, des sexuellen Missbrauchs, des Lügens und der Einnahme psychoaktiver Substanzen, die zu Achtlosigkeit (*pamāda*) führen, enthält«; ein Anhänger ist mit »dem Glauben an das Erwachen des *tathāgata* ausgestattet«, »wohnt zu Hause mit einem Geist ohne Geiz, ist großzügig und freigiebig« und sein »Verständnis in Bezug auf das Entstehen und Aufhören ist edel und durchdringend«.[41]

In den meisten deutschen Übersetzungen finden wir »Laien-Anhänger«, »Laien-Anhängerin« oder »Laie« statt »Anhänger«. Aber die Übersetzung von *upāsaka, upāsika* mit »Laie«, »Laiin« ist genauso problematisch wie die von *bhikkhu* mit »Mönch« und *bhikkhuni* mit »Nonne«. In jedem dieser Fälle beinhalten diese Begriffe eine formale religiöse Unterscheidung, die es zu Mahānāmas Zeit nicht gegeben haben dürfte. Eine derartige Terminologie passt besser zu einer späteren Periode in der buddhistischen Geschichte, als Mendikanten abgesondert in Klöstern lebten, als Priester fungierten und nicht nur in ihren täglichen Almosen von Laien abhängig waren, sondern auch im Unterhalt und dem Schutz ihrer Einrichtungen.

Bhikkhu bedeutet wörtlich »Mendikant«; *upāsaka* ist abgeleitet von dem Pali-Wort *upāsati*, was »nahe dabei sitzen« – also »Anhänger« bedeutet. Obwohl Anhängerinnen und Anhänger Almosen und Unterstützung für Mendikanten zur Verfügung stellten, ist es fraglich, ob die Begriffe Mönche, Nonnen und Laien, Laiinnen, so wie wir diese heute verstehen, ihre damaligen Rollen widerspiegeln. Die edle Gemeinschaft (*ariya sangha*), die der Buddha gründete, schloss jeden ein, der den Strom des achtfachen Pfades betreten hatte, unabhängig davon, ob diese Person ein Mendikant oder eine Anhängerin war. Ein Mendikant mag sich auf eine Art schulen, bei der er all seine verfügbare Zeit dem Kultivieren des Pfades widmet, aber Schulung und Hingabe garantieren keine Einsicht oder Erleuchtung. Wir hören von Mendikanten, die ihre Schulung aufgeben, und von Anhängern (wie Mahānāma), die, in den Strom eingetreten, dem Pfad verpflichtet bleiben und unerschütterliches Vertrauen zum Buddha bekunden.

Da weithin (auch von Buddhistinnen und Buddhisten) geglaubt wird, dass die Sakiyer von Kapilavatthu in einer Gesellschaft lebten, die von den Regeln und Normen des Brahmanismus bestimmt war, wird angenommen, dass die Anhängerinnen und Anhänger des Dharma von einem Glauben zu einem anderen konvertierten. Die neuen Anhänger hätten demnach den Glauben an einen Schöpfergott und eine unsterbliche Seele verworfen, jegliche Bindung an das Kastensystem fallen gelassen und keine weiteren Beziehungen zu brahmanischen Priestern gepflegt. Im Licht neuer wissenschaftlicher Erkenntnisse, wie denen von Bronkhorst, war das ziemlich sicher nicht der Fall. Als Mahānāma ein Anhänger des Dharma wurde, machte er sich, vielleicht zum ersten Mal in seinem Leben, eine schlüssige ethische, kontemplative und philosophische Gesinnung zu eigen. Da er sich nicht den brahmanischen Lehren verschrieben haben dürfte, wird es für ihn nicht nötig gewesen sein, diese zu verwerfen. Stattdessen nahm er eine Sichtweise in Bezug auf das Leben und die Welt an, die über die begrenzten Interessen von Familie und Clan hinausging und ihn dazu inspirierte, nach einem universellen Wertekanon zu leben. Da jede Person unabhängig von ihren Verhältnissen eine Anhängerin werden konnte, gehörte zur Gemeinschaft, der man mit seiner Hinwendung zu Buddha, Dharma und Sangha beitrat, potentiell die gesamte Menschheit. Aufgrund dessen öffnete der Dharma Gotamas eher eine Tür zu der Entwicklung einer Zivilisation und Kultur statt zur Gründung einer »Religion«.

(6)

Mahānāma mag mit seiner Sinnlichkeit und seinem sexuellen Begehren gerungen haben, aber er behandelte Frauen nicht als bloße Lustobjekte. Er scheint sie respektiert zu haben und für ihre gleichberechtigte Rolle als Praktizierende des Dharma eingetreten zu sein. Als er Gotama in Nigrodhas Park zum ersten Mal lehren hörte, war er so begeistert, dass er, heimgekommen, ein Loblied auf den Buddha, den Dharma und den Sangha sang. Als seine Frau ihn fragte, worüber er spreche, antwortete er: »Das Erscheinen des Buddha ist fruchtbar für uns. Heute lehrte der Buddha das Wesen des Dharma so, dass zahlreiche Wesen während des Hörens große Einsichten erlangten.« Sie erwiderte: »Wenn du sagst, dass ›das Erscheinen des Buddha fruchtbar für uns ist‹, so ist das wahr. Aber während es für dich fruchtbar sein mag, ist das für uns nicht so. Denn das Erscheinen des Buddha in der Welt kommt den Männern zugute, nicht den Frauen.« Mahānāma sagte: »Liebe Frau, sag das nicht. Sein Mitgefühl umfasst alle Wesen. Ihr Frauen solltet auch hingehen und den Dharma von ihm persönlich hören.«[42]

Das zu tun war für eine Frau leichter gesagt als getan. Suddhodana, Gotamas Vater, erlaubte Frauen offensichtlich nicht, die Lehrreden seines Sohnes in Nigrodhas Park zu besuchen. Da er es schwierig fand, dieses heikle Thema direkt bei Suddhodana anzuschneiden, ging Mahānāma stattdessen zu Mahāpajāpatī, Suddhodanas Frau und Gotamas Stiefmutter. Die willensstarke Frau des Oberhauptes überredete ihren Ehemann, ihr und anderen Sakiya-Frauen, zu denen auch die Frau von Mahānāma gehörte, zu erlauben, die Lehren zu hören.

Wie die Wissenschaftlerin Damchö Diana Finnegan betont, sind derart selbstbewusste und positive Frauenstimmen in der Literatur dieser indischen Epoche selten zu vernehmen.[43] Obwohl Sakiya als patriarchale, von Suddhodana regierte Gesellschaft dargestellt wird, ließen sich sowohl er als auch Mahānāma durch die Einwände ihrer Frauen beeinflussen. Ihre diesbezügliche Empfänglichkeit legt nahe, dass Sakiya noch nicht von der brahmanischen Ideologie dominiert wurde, die jeder Person ihren Platz in der gottgewollten Ordnung aller Dinge zuwies. Auch wenn die Flexibilität dieser Männer auf den Einfluss des Dharma von Gotama zurückzuführen sein mag, war Sakiya vielleicht noch nicht von den strikten sozialen Normen des Brahmanismus bestimmt.

Bei einer anderen Gelegenheit, als Gotama Kapilavatthu besuchte, starb Mahānāmas Verwalter. Der Verwalter war für die Aufsicht über die Stammesangehörigen in den Bergdörfern des Himalaja verantwortlich. An seiner Stelle setzte Mahānāma einen Brahmanen ein, der eine Tochter namens Canda (Mond) hatte. Dieses Mädchen »wuchs heran, wurde klug und wohlerzogen, und ihr hübsches Gesicht gewann die Herzen der Leute im Hügelland«.[44] Der Brahmane starb bald – möglicherweise an Tuberkulose – und hatte auf der Suche nach einem Heilmittel für seine Krankheit beträchtliche Schulden angehäuft. Nachdem die Leute der Bergdörfer Mahānāma von Candas

Vorzügen berichtet hatten, stimmte er zu, sie als Kompensation der nicht eingetriebenen oder unterschlagenen Steuern ihres Vaters in seinen Haushalt aufzunehmen. Neben der Aufgabe, Mahānāmas Frau in der Küche zu unterstützen, wurde ihr die Tätigkeit zugewiesen, aus Gartenblumen Girlanden herzustellen. Sie war darin so geschickt, dass Mahānāma ihr den Namen Mallikā (Girlandenmädchen) gab.

Eines Nachmittags, während sie im Garten ihre Mahlzeit einnahm, bemerkte sie, wie Gotama auf seiner täglichen Almosenrunde vorüberging. Sie war von seiner Haltung und Erscheinung beeindruckt, zögerte aber aufgrund ihrer niederen Stellung als Dienstmädchen, ihm Speisen anzubieten. Der Buddha spürte ihre Notlage, hielt ihr seine Schale hin, und sie teilte ihr Mahl mit ihm. Währenddessen betete sie darum, eines Tages aus Armut und Knechtschaft erlöst zu werden. Nach dieser Episode scheint sie eine Anhängerin des Dharma geworden zu sein. Damit ihr Gebet in Erfüllung ginge, wird Gotama ihr geraten haben, seine Lehren in die Praxis umzusetzen, um so einen Grad an innerem Frieden und Einsicht zu erlangen und gleichzeitig das für einen Aufstieg in der Welt nötige Selbstvertrauen und Engagement zu entwickeln.

Einige Zeit später kam König Pasenadi von Kosala, der Lehnsherr der Sakiyer, alleine zu Pferd nach Kapilavatthu, nachdem er während eines Jagdausflugs von seinem Gefolge getrennt worden war. Erschöpft gelangte er zu Mahānāmas Garten und sah Mallikā. Er bat sie um Wasser, um sein Gesicht zu waschen und zu trinken, und sie reichte es ihm. Danach bat er sie, seine Füße mit einem Handtuch zu massieren, was sie so geschickt tat, dass er sofort in einen erholsamen Schlaf sank. In Sorge, Feinde könnten den schlafenden König attackieren, schloss sie das Tor, um sicherzustellen, dass niemand ihn sehen konnte. Pasenadi war so beeindruckt von Mallikās sanfter Berührung, Intelligenz und Umsicht, dass er Mahānāma um die Erlaubnis bat, sie zur Frau zu nehmen. Mahānāma stimmte zu. Auch Pasenadis Mutter, die der Idee, eine Dienerin in den königlichen Haushalt in Sāvatthi aufzunehmen, zunächst skeptisch gegenüberstand, wurde von Mallikās Fähigkeiten überzeugt. Und als Mallikā einen Sohn gebar, war sie es, die darauf bestand, den Prinz Viḍūḍabha zu nennen, was »der Hochgeborene«[45] bedeutet. So hieß einst der mythische König, dessen Söhne die Stadt Kapilavatthu gegründet und den Clan der Sakiyer gezeugt hatten.[46]

In beiden Geschichten ist zu beobachten, dass Mahānāma die Sache der Frauen fördert: Er sorgt dafür, dass seine und andere Frauen den Dharma hören können, und trotz Mallikās niedriger Herkunft erkennt er an, dass sie die Qualitäten besitzt, Königin von Kosala zu werden. Allerdings scheint er in Mallikās Fall die Reaktion seiner Mitbürger in Sakiya auf ihre Verbindung mit Pasenadi falsch eingeschätzt haben. Als ihr Sohn Viḍūḍabha heranwächst, unternimmt dieser, wie zuvor sein Vater, einen Jagdausflug, der ihn zu einem Park in der Nähe von Kapilavatthu führt. Als die Sakiyer erfahren, dass die Elefanten und Pferde des Sohns der »Sklavin« Mallikā den Park zertrampelt haben, sind sie erzürnt und wollen den Prinzen wegen des unerlaubten Betretens bestrafen. Viḍūḍabha versteckt sich lieber, als sich ihrer Wut zu stellen und lässt einen Gefolgsmann mit der Anweisung zurück, den Sakiyern zu erzählen, der Prinz sei bereits abgereist. Außerstande, Viḍūḍabha zu bestrafen und ihm seine Hände oder Füße abzuhacken oder ihn gar zu töten, beschließen sie, seine Spuren im Park zu beseitigen, indem sie frische Erde über seine Fußabdrücke streuen, die Wände, die er berührt hat, neu zu verputzen, und den ganzen Ort mit parfümiertem Wasser, Milch und Blumen zu benetzen. Als der Gefolgsmann Viḍūḍabha vom Geschehen berichtet, erklärt der junge Prinz: »Ihr Herren. Wenn mein Vater tot ist und ich König bin, wird meine erste Handlung darin bestehen, diese Sakiyer zu töten. Versprecht mir, mich bei diesem Unternehmen zu unterstützen.«[47]

Dies, wie auch die gleichlautende Version der Geschichte in Pali, scheint mir zu weit hergeholt zu sein, als dass es sich um eine historische Begebenheit handeln könnte. Da es am Schluss der Geschichte um Ängste rund um die Zersetzung der Kastenreinheit geht, kann ziemlich sicher angenommen werden, dass sie zu einem späteren Zeitpunkt entstand, als die Buddhistinnen und Buddhisten schließlich die Annahmen einer brahmanischen Weltsicht übernommen hatten. Wir müssen bedenken, dass eine solche Legende wahrscheinlich als moralische Orientierung für die breite Masse diente und nicht als Übungsanleitung für Mendikanten gedacht war. So scheint es naheliegend, dass sie im Laufe wiederholten Erzählens zunehmend ausgeschmückt und ausgeweitet wurde und dabei die sich ändernde Weltsicht ihrer Erzähler widerspiegelte.

Die ursprünglichen, uns überlieferten Quellen sind sich in einer Sache einig: Kapilavatthu wurde gegen Gotamas Lebensende von der Armee Kosalas unter König Viḍūḍabha besetzt und zerstört. Bei dieser zeitlichen Distanz und einem solchen Mangel an Daten ist es unmöglich, die eigentlichen Gründe für dieses tragische Ereignis zu kennen.

Möglich wäre, dass die Sakiyer es König Pasenadi übelnahmen, dass er eine Außenseiterin – Mallikā – zu seiner Königin erwählte hatte, anstelle einer Adeligen aus dem Clan Gotamas. Die Heirat hätte den Clan mit der königlichen Familie verbunden und den Sakiyern in Kosala Prestige verliehen. Vielleicht fühlte sich Viḍūḍabha aber auch durch die Art verletzt, wie die Sakiyer seine Mutter betrachteten, und nicht durch die Weise, wie sie ihn behandelten. Seit der Zeit der *Ilias* haben Nationen immer wieder reale oder angenommene Kränkungen ihrer Königinnen als Vorwand benutzt, um in den Krieg zu ziehen. Klar scheint zu sein, dass die Sakiyer bestraft wurden. Da Stolz ein Charakterzug ist, der ihnen als Volk häufig zugeschrieben wurde, liegt es nahe, Stolz als mögliche Ursache für ihren Niedergang anzunehmen. Viḍūḍabha könnte also als Sakiyas Nemesis gesehen werden, der Vollstrecker ihrer Zerstörung, der bewirkte, dass sie die Konsequenzen ihrer un-buddhistischen Sünde der Überheblichkeit zu tragen hatten. Realpolitisch ausgedrückt könnte man ihre Zerstörung auch schlicht als gewaltsame Unterdrückung einer potentiell rebellischen Minderheit, die die Stabilität und den Zusammenhalt des Staates gefährdete, auslegen. Oder Viḍūḍabha als frisch inthronisierter Monarch wollte allen anderen Gruppen mit ähnlichen Ambitionen nach Unabhängigkeit zeigen, was geschehen würde, wenn sie sich gegen ihn erheben sollten.

Als die Truppen die Invasion vorbereiteten, soll der Buddha zur Grenze unweit von Kapilavatthu gegangen sein und sich unter einen Baum gesetzt haben, der nur wenig Schatten bot. Viḍūḍabha ritt zu ihm und fragte, warum er sich nicht in den Schatten eines Banyanbaumes in der Nähe gesetzt habe. Der Buddha antwortete: »Mach dir keine Sorgen, großer König. Der Schatten meiner Verwandten hält mich kühl.«[48] Beeindruckt vom Mitgefühl Gotamas für seine Landsleute, zog Viḍūḍabha sich zurück, aber schlussendlich erhielt die Armee den Befehl zum Angriff. Als Anhänger des Buddha, die gelobt hatten, nicht zu töten, leisteten die Sakiyer minimalen Widerstand und zogen sich in die Sicherheit der von Mauern umgebenen Stadt Kapilavatthu zurück, wo sie warteten, »von den Kronen ihrer Befestigungswälle Ausschau haltend und ihre Trompeten blasend«.[49]

Auf den Rat seines Ministers sandte Viḍūḍabha eine Botschaft an die Sakiyer: »Wenn ich auch keine Zuneigung für euch habe, habe ich doch auch keinen Hass. Es ist alles vorbei, öffnet die Stadttore.« Aber sobald die Truppen drinnen waren, rief Viḍūḍabha: »Ich werde die Münder der Sakiyer für alle Zeiten schließen, ich werde sie alle ausrotten!« Dann begann das Schlachten, das Pali-Quellen zufolge »nicht einmal Kinder an der Brust verschonte«.

Als er den Tumult hörte, lief Mahānāma hinaus und trat Viḍūḍabha entgegen: »Herr, Ihr kamt mit einem Versprechen hierher, ich flehe Euch an, gebt mir ein anderes. Schont die Menschen!« Viḍūḍabha antwortete: »Dein Volk werde ich nicht verschonen, aber du und deine Familie, ihr könnt gehen.« An diesem Punkt sagte Mahānāma: »Lasst so viele meiner Leute entkommen, wie fliehen können, während ich im Wasser untergetaucht bleibe.« Viḍūḍabha stimmte zu, und »voller Angst um sein Volk« ging Mahānāma ins Wasser, ertrank aber dort, als sein Haar sich in den herabhängenden Zweigen eines Salbaumes verfing.

In der Pali-Version dieser Geschichte entknotete Mahānāma sein langes Haar, knüpfte es an einem Ende zusammen, steckte seine großen Zehen in sein Haar und warf sich dann ins Wasser.[50] Diese Version bestätigt, was in dem anderen Bericht nur angedeutet ist. Sein Tod resultierte nicht daraus, dass sein Haar sich zufällig in hängenden Zweigen verfangen hatte (oder, wahrscheinlicher, in Wurzeln, denn Salbäume haben keine solchen Zweige). Stattdessen beging dieser Mann, der dem Buddha einst gestanden hatte, wie sehr er seinen eigenen Tod fürchtete, Selbstmord. Aus Mitgefühl opferte sich Mahānāma, damit sein Volk vor dem Wüten der Soldaten gerettet würde. Als er sich vorbeugte und in den Teich warf, setzte er sein »Sich-Neigen, Gleiten, Sich-Lehnen zu Nirvana« körperlich um. Er gab sich dem Strahlen der Sonne hin, die sich vielleicht in der schimmernden Oberfläche des Wassers spiegelte.

3 Eine vierfache Aufgabe

Alles, was dem Entstehen unterliegt, unterliegt auch dem Aufhören.
– Saccasamyutta

Dies ist das Leiden, dies ist das Entstehen, dies ist das Aufhören, dies ist der Pfad: (jede Aufgabe) enthält unzählige Nuancen, unzählige Einzelheiten, unzählige Implikationen.
– Saccasamyutta

(1)

Im Alter von 29 Jahren, kurz nach der Geburt seines ersten Sohnes, verließ Gotama Kapilavatthu und begab sich auf seine Suche. »Obgleich meine Mutter und mein Vater sich anderes wünschten und mit tränenüberströmten Gesichtern weinten«, erinnerte er sich, »schor ich mir Haare und Bart, legte ein gelbes Gewand an und zog von zu Hause fort in die Hauslosigkeit.«[1] Diese Suche wurde von Fragen getrieben, die er nicht länger unbeachtet lassen konnte:

»Was ist die Freude (*assādo*) des Lebens?
Was ist die Tragik (*ādhinavo*) des Lebens?
Was ist die Emanzipation (*nissaraṇa*) des Lebens?«[2]

Das Leben, wie er es bis dahin kennengelernt hatte, war »mit Staub bedeckt«, seine Bedeutung unter Schichten vertrauter Gedanken und geistiger Gewohnheiten verdeckt, seine Lebendigkeit durch tagtägliche Annehmlichkeiten und Anhaftungen gedrosselt. Im Gegensatz dazu empfand er das »Leben als Hinausgezogener als offen und weit«, als anregend und reich an Möglichkeiten.[3]

Der Überlieferung zufolge dauerte es ungefähr sechs Jahre, bis er zu einer zufriedenstellenden Lösung dieser Fragen gelangte. Was er entdeckte, offenbarte sich ihm nicht in einer einzelnen, erschütternden Erleuchtungserfahrung; er realisierte nicht unversehens das Wesen einer Wahrheit oder eines Gottes. Sein Erwachen beschreibt er als einen Prozess, nicht als einen Zustand, als eine Geschichte, nicht als eine Aussage. Er schildert es auf unterschiedliche Art und Weise, so wie man eine Reise aus verschiedenen Perspektiven erzählen könnte, die jede eine andere Facette oder Dimension der gesamten Erfahrung aufzeigt. Wenn er sich entsinnt, wie er zu der Lösung seiner drei Fragen gelangte, beschreibt er dies als das Erkennen von: »Fröhlichkeit und Glück, die bedingt durch das Leben entstehen: Das ist die Freude des Lebens; dass das Leben unbeständig, beschwerlich und sich wandelnd ist: das ist die Tragik des Lebens; die Beseitigung und Aufgabe des Greifens (*chandarāga*) nach Leben: das ist die Emanzipation des Lebens.« Erst als sein Verständnis in diesen drei Aspekten klar geworden war, konnte er für sich beanspruchen, »ein in dieser Welt beispielloses Erwachen entdeckt zu haben«.[4]

In *Die Edle Suche*, das Gelehrte als die vielleicht früheste überlieferte Schilderung des Erwachens ansehen, spricht Gotama nicht davon, eine Reihe von Antworten auf existentielle

Fragen gefunden zu haben, sondern von einem radikalen Perspektivenwechsel.[5] Er beschreibt diesen Wechsel als einen, der zum Dharma selbst hinführt:

> Dieser Dharma, zu dem ich gelangt bin, ist tiefgründig, schwer zu erkennen, schwierig ist es, dazu zu erwachen, er ist still und erhaben, nicht durch Denken begrenzt, subtil, von den Weisen erfahrbar. Doch die Menschen lieben ihren Platz (*ālaya*): sie erfreuen sich an ihrem Platz und schwelgen darin. Es ist schwer für diejenigen, die ihren Platz lieben, sich an ihm erfreuen und in ihm schwelgen, diesen Grund (*ṭhāna*) zu sehen: ›Wegen-diesem‹-Bedingtheit (*idappaccayatā*), bedingtes Entstehen (*paṭiccasamuppāda*). Und ebenfalls schwer zu erkennen dieser Grund: das Stillwerden der Neigungen, das Aufgeben der Brennstoffe, das Verblassen der Reaktivität, Wunschlosigkeit, Aufhören, Nirvana.[6]

Somit war der Dharma, zu dem er gelangt war, ein Grund mit zwei Dimensionen, die eine nennt er bedingtes Entstehen und die andere Nirvana. Diese beiden Dimensionen sind gleichermaßen elementar und ursprünglich. Während das bedingte Entstehen die kausale Entfaltung des Lebens aufzeigt, offenbart Nirvana die Möglichkeit eines Lebens, das nicht länger von Reaktivität oder gewohnten Neigungen bestimmt ist.

Diesen Grund könnte man mit einer Lichtung im Wald vergleichen: ein offener Raum, frei von Blattwerk, das die Sicht verdeckt wie auch das Licht abhält. Ein solch freier Raum ermöglicht es einer Person, klarer zu sehen und sich gleichzeitig freier zu bewegen. Seine Leere gestattet das Auftauchen neuer Möglichkeiten des Verstehens und Verhaltens.

Die Gleichsetzung des Dharma mit bedingtem Entstehen wird von Sāriputta klar konstatiert, der den Buddha mit den Worten zitiert: »Wer bedingtes Entstehen sieht, der sieht den Dharma; und wer den Dharma sieht, der sieht bedingtes Entstehen.«[7] Eine knappe Definition der Bedingtheit findet sich in einem Gespräch mit einem Wanderer namens Udāyin. Dessen eigentliche Frage über die Erinnerung an vergangene Leben und die Vorhersage zukünftiger Leben wischt Gotama zur Seite und sagt:

> Lass die Vergangenheit sein, Udāyin, lass die Zukunft sein. Ich zeige dir den Dharma: Wenn dieses ist, wird jenes; mit dem Entstehen von diesem, entsteht jenes. Wenn dieses nicht ist, wird jenes nicht; mit dem Aufhören von diesem, erlischt jenes.[8]

Eine der Bedeutungen von Dharma ist »Gesetz«. Bedingtes Entstehen ist eine Art und Weise, den gesetzmäßigen Prozess von Ursache und Wirkung zu beschreiben. Wir könnten versucht sein, zu folgern, dass der Buddha eine metaphysische Behauptung kausaler Gesetzmäßigkeiten geltend machen will, welche die Art, wie die natürliche Welt funktioniert, untermauern soll. Wir sollten aber bedenken, dass Gotamas primäres Anliegen pragmatischer Natur ist. Beim »Erkennen des Dharma« wird kein abstraktes Prinzip erblickt. Es geht vielmehr um ein Verständnis dafür, wie frühere Entscheidungen, Handlungen und Umstände die eigene derzeitige Lage hervorgebracht haben und welche gegenwärtigen Entscheidungen und Handlungen in eine blühendere und weniger beengte Zukunft führen könnten. Auf diese Weise liefert Gotama den Schlüssel zum Wissen um vergangene und zukünftige Leben. Die eigene Vergangenheit lässt sich am besten durch die Betrachtung der Qualität des gegenwärtigen Erlebens verstehen, während die fruchtbarste Vorbereitung auf die Zukunft darin liegt, die Qualität der eigenen Gedanken, Worte und Taten im Umgang mit der momentanen Situation genau zu betrachten.

Sich der Bedingtheit bewusst sein, legt die existentiellen Horizonte unseres zeitgebundenen Lebens auf der Erde offen. In der Gegenwart zu verweilen bedeutet nicht, sich in ein punktuelles Jetzt einzuschließen, abgetrennt von Vergangenheit und Zukunft. Es bedeutet, sich klar und gelassen niederzulassen, gleichermaßen offen für die eigene persönliche und die gemeinschaftliche Geschichte wie für zukünftige Vorhaben, die in der verbliebenen Zeit bis zum Tode, wie lang diese auch immer sein mag, verwirklicht werden können. In einem Projekt aber, so der Buddha, sind alle anderen zusammengefasst, und zwar dem Projekt eines endlichen und zeitlich begrenzten Selbst, verankert in einer endlichen und zeitlich begrenzten Welt.

Eine Strophe aus der *Dhammapada* drückt diese Vorstellung aus:

> So wie ein Bauer ein Feld bewässert,
> Ein Pfeilmacher einen Pfeil formt
> Und ein Zimmermann ein Stück Holz bearbeitet,
> So zähmt der Weise sein Selbst.[9]

Diese Bilder sind den täglichen Mühen einer Gemeinschaft von Bauern und Handwerkern entnommen. Der Begriff »Selbst« (*atta*) wird hier in einem ganz naturalistischen Sinn verwendet. Er ist lediglich ein anderes Wort für Person, für Individuum. Gotama vergleicht jeden von uns mit einem ausgedorrten Feld, das bewässert werden muss, mit den Teilen eines Pfeils, die zusammengefügt werden müssen, mit einem rohen Holzblock, der bearbeitet werden muss. Seine Vorstellung von einer Person ist die eines unvollendeten Projektes, eines noch im Werden Befindlichen.

Ein solches Projekt zu verwirklichen bedeutet, dass das eigene Leben genauso wie ein Feld, das reiche Ernte bringt, zur Entfaltung kommt. Ein solches Leben ist auf seine Ziele konzentriert wie ein gut ausgerichteter Pfeil und für den einzelnen wie für andere so wertvoll wie ein schön geformter Balken oder eine Schale.

Gegen Ende seines Lebens betont Gotama, dass das eigene Selbst und der Dharma die einzig wahre Zuflucht seien. Er bezieht das Selbst mit ein, denn das Verinnerlichen des Dharma in Herz und Seele macht einen Menschen so eigenständig und sicher wie eine Insel, so strahlend und leuchtend wie eine Lampe (das Pali-Wort *dipa* bedeutet zugleich »Insel« und »Lampe«). »Es gibt keine andere Zuflucht«, erklärte Buddha, als die Integration des Dharma in das eigene Leben.[10] Kein Priester, keine Lehrerin, keine Kirche, kein Tempel, kein heiliger Text kann bei der Konfrontation mit den existentiellen Fragen helfen, die das eigene Leben und der eigene Tod aufwerfen.

Die Gesetzmäßigkeit des bedingten Entstehens bedeutet, dass ein im Einklang mit dem Dharma geführtes Leben ein Leben ist, das sich auf Vernunft gründet. Der Satz: »Wenn dieses ist, wird jenes« stellt die Behauptung auf, dass wenn bestimmte Bedingungen in der Welt vorherrschen, daraus bestimmte Resultate folgen werden, aber er ist auch eine Beschreibung der logischen Verknüpfung: »wenn p, dann q«. Der Dharma, den Gotama erlangte, eröffnete die Möglichkeit, ein Leben entsprechend den Grundprinzipien der Vernunft zu führen statt jenen der Konvention oder der Gebräuche. Gotamas Lehrreden bezeugen seine Kunstfertigkeit in dialektischer Argumentation. Seine Autorität ist nicht die eines Gurus, der seinen Anhängerinnen und Anhängern seine Ansichten aufzwingt, weil diese an seine Erleuchtung glauben. Er diskutiert mit seinen Gesprächspartnern und überzeugt sie durch die konsequente Anwendung der Vernunft. Da es sein Anliegen ist, die Lebensweise der Menschen zu ändern, sind seine Argumente eher praktischer denn theoretischer Natur. Um anderen bei ihren Entscheidungen zu helfen, wie sie denken, sprechen und handeln können, benutzt er Argumente. Er hat kein Interesse daran, abstrakte Thesen zu verfolgen, um eine rein theoretische Wahrheit aufzuzeigen. Seine praktische Vernunft ist eine ethische. Ihr erster Grundsatz könnte folgendermaßen lauten:

> Tue nichts Böses,
> Nimm an, was gut ist,
> Reinige den Geist –
> Dies ist die Lehre der Buddhas.[11]

Indem er das bedingte Entstehen als »Grund« begreift, deutet Gotama an, dass das Erkennen der Bedingtheit »Gründe« zum Handeln liefert. So wie das deutsche Wort *Grund* bedeutet auch das Pali-Wort *ṭhāna* »ein Grund«, etwas zu tun. Im Lexikon findet sich folgende Definition für *ṭhāna*: »Grund zur Annahme, Vernunft, Voraussetzung, Grundsatz, spez. eine fundierte Schlussfolgerung, Logik, Plausibilität.«[12] Ein Leben zu leben, das sich auf etwas gründet, bedeutet also, ein auf praktischer Vernunft basierendes Leben zu leben.

Solange Menschen sich in erster Linie um ihren Ort oder Platz in der Welt sorgen, werden die Gründe für ihr Verhalten sich daran orientieren, wie sie ihre eigene gesellschaftliche Position aufrechterhalten, ihr Ansehen am Arbeitsplatz erhöhen oder ihre Schwächen beim Golfspielen verbessern können. Egal, ob sie es sich eingestehen oder nicht, dies sind die Gründe oder Motive, aus denen sich die Art ihrer Handlungen ergeben. Dharma-Praktizierende dagegen werden andere Gründe für ihr Tun wählen. Sie sind sich der neuen Möglichkeiten, die sich in einer bedingten und veränderlichen Welt auftun, deutlich bewusst und versuchen diese auf eine Weise zu verwirklichen, die nicht auf gewohnter Reaktivität beruht. Bedingtheit und Nirvana werden so zu den zugrundeliegenden Gründen oder Motiven, aus denen sie tun, was sie tun.

Wir dürfen nicht vergessen, dass der Dharma, zu dem Gotama gelangt war, ein *zweifacher* Grund ist. Er enthält »das Stillwerden der Neigungen« und das »Verblassen der Reaktivität«, welche gleichbedeutend mit »Nirvana« sind. In einer der *Gruppierten Lehrreden* definiert er Nirvana in knappen Worten als das »Enden von Begehren, Enden von Hass, Enden von Verblendung« (*rāgakkhayo dosakkhayo mohakkhayo*).[13] Doch da Nirvana – wie der Dharma – auch als »unmittelbar, klar sichtbar, einladend, erhebend und von den Weisen persönlich erfahrbar« beschrieben wird, kann *khayo* (enden) nicht bedeuten, dass Begehren, Hass und Verblendung für Praktizierende vorüber sind und nicht mehr vorkommen.[14]

Als ein Wanderer namens Sīvaka fragte, was es denn in Hinblick auf den Dharma heiße, »klar sichtbar« (*sandiṭṭhiko*) zu sein, antwortete Gotama mit einer Gegenfrage:

> Was meinst du, Sīvaka: Wenn Gier in dir ist, weißt du, »da ist Gier in mir«, und wenn keine Gier in dir ist, weißt du, »da ist keine Gier in mir«?
> Ja.
> Mit Hass, Verblendung und jenen Gemütszuständen, die mit Gier, Hass und Verblendung verbunden sind, wenn diese in dir sind, weißt du, dass sie anwesend sind? Und wenn sie nicht in dir sind, weißt du, dass sie abwesend sind?
> Ja.
> Es ist auf diese Weise, Sīvaka, dass der Dharma klar sichtbar, unmittelbar, einladend, erhebend und von den Weisen persönlich erfahrbar ist.[15]

Indem er einem nicht-buddhistischen Wanderer zeigt, wie der Dharma jedes Mal deutlich sichtbar wird, wenn sich Gier, Hass und Verblendung nicht in dessen Geist regen, veranschaulicht Gotama, dass Nirvana nichts ist, das allein von gläubigen Buddhisten und Buddhistinnen verwirklicht werden kann, die lange Jahre in der Einsamkeit meditiert haben. Sein Erwachen offenbarte ihm, dass Nirvana unmittelbar hier in diesem Augenblick als ein Grund gegenwärtig ist, auf dem sich das Leben in dieser Welt leben lässt. Wie er dem Brahmanen Jāṇussoṇī darlegte, wird ein Mensch, der seine Reaktivität losgelassen hat, »weder vorhaben, sich selbst zu schaden, noch anderen, noch sich und anderen; und er erfährt kein Leiden und keinen Kummer in seinem Geiste. Auf diese Weise ist Nirvana klar sichtbar, Brahmane.«[16]

Nirvana kann mit einem Raum im eigenen Erleben verglichen werden, der sich jäh eröffnet, wenn die eigenen angeborenen Neigungen schwächer werden und die Reaktivität allmählich nachlässt. In solchen Momenten können wir flüchtig erkennen, inwiefern es uns frei steht, in einer nicht durch Reaktivität bestimmten Weise zu handeln. Und das ermöglicht uns, uns aus praktischer Vernunft heraus für eine andere Art von Zukunft zu entscheiden. Doch diese Augenblicke nirvanischer Leerheit neigen dazu, so abrupt zu entschwinden wie sie auftauchen.

Gotamas Erwachen ließ ihn erkennen, was menschliches Gedeihen möglich macht, und auch, was es hemmt. Ein auf den Dharma gegründetes Leben sah er darin, eine klare Vorstellung der eigenen Sterblichkeit und Bedingtheit zu kultivieren, sich einem Pfad praktischer Vernunft zu verpflichten und danach zu streben, sich auf das Leben einzulassen, ohne sich durch Reaktivität bestimmen zu lassen. Er verstand jedoch auch, dass es »schwer ist für Menschen, die ihren Platz lieben, sich an ihm erfreuen und in ihm schwelgen«, die Dinge so zu sehen. Solange Individuen mit dem Platz (*ālaya*) beschäftigt bleiben, werden sie für den Grund (*ṭhāna*) blind sein. Obschon Gotama erklärte, dass dieser Grund »klar sichtbar« sei, räumte er ein, dass er »schwer zu erkennen« (*dudaso*) sei.

Da die Begriffe *ālaya* (Platz) und *ṭhāna* (Grund) im Pali eine ähnliche Wortbedeutung haben, spielte Gotama hier vielleicht mit den Worten. Was die Menschen als ihren Grund ansehen, so Gotama, erweist sich keineswegs als Grund, sondern lediglich als ein vorläufiger Platz, an den sie sich in der vergeblichen Hoffnung klammern, existentielle Sicherheit in einer zutiefst unsicheren Welt zu finden.

Die Plätze, denen ich angehöre, sind vielgestaltig: eine Rasse, ein Geschlecht, eine Ethnie, eine Kultur, eine Nation, eine Großstadt, eine Kleinstadt oder ein Dorf, eine gesellschaftliche Stellung, ein Arbeitsverhältnis, eine politische Partei, eine Religionszugehörigkeit (oder das Fehlen einer solchen), ganz abgesehen von der seelischen und emotionalen Identität eines »Ichs«. Zu unterschiedlichen Zeiten ertappe ich mich dabei, wie ich mich all dieser Dinge erfreue und darin schwelge. Hier bin ich: Ein weißer, männlicher Europäer aus Schottland, der in einem Dorf nahe Bordeaux lebt, ein Bildungsbürger der Mittelschicht, ein Schriftsteller und Lehrer, politisch liberal und grün orientiert, ein säkularer Buddhist, der viel Zeit damit zubringt, über sich und seine Geschichte nachzudenken, sie sich immer wieder zu erzählen, zu überarbeiten und sich zu sorgen.

Es ist unmöglich, sich selbst *nicht* in solchen Begriffen anzuschauen. Vielleicht war sein Platz nicht länger etwas, an dem der Buddha sich erfreute oder in dem er schwelgte, doch während seiner Lebzeit gehörte er der Sonnenabstammungslinie an, war König Pasenadi von Kosala untertan, der Vater seines Sohnes (Rahula), ein Adliger aus der Stadt Kapilavatthu, Cousin des Oberhauptes der Sakiyer, Mahānāma. Und weil er weiterhin denselben Körper bewohnte, mit dem gleichen Nervensystem und Gehirn, mit dem er geboren worden war, vermag ich keinen Grund zu erkennen, warum sich sein primäres intuitives Empfinden, das Individuum zu sein, das er war, erheblich verändert haben sollte.

»Von zu Hause fort in die Hauslosigkeit zu ziehen«, ein wandernder Mendikant zu werden, bedeutet also durchaus nicht, die eigene Heimat, den eigenen Platz abzulehnen, sondern nur eine bestimmte Art und Weise, in der man sich auf diesen bezieht, aufzugeben. Wie viele idealistische junge Männer (so auch mein jüngeres Selbst) haben in einer großartigen Demonstration ihrer Entsagung Familie und Heimatland hinter sich gelassen und sind in einem fremden Land Mönch geworden, bloß um festzustellen, dass sie all ihr Vergnügen und Schwelgen an einen exotischeren Platz verlegt haben? Einen Platz zu verabscheuen, nur um an einem anderen Vergnügen zu finden, bringt aus Gotamas Sicht keine Lösung. Ohne einen aufrichtigen Sinneswandel in Bezug auf die eigene grundsätzliche Beziehung zum Leben selbst wird es Zeitvergeudung sein, einer »spirituellen« Berufung nachzugehen.

Welche Annehmlichkeiten und welche Geborgenheit uns die Identifikation mit einem Platz auch immer verschaffen mögen, sie werden um den Preis der Entfremdung vom eigenen Grund erkauft. Ein Platz ist etwas Verführerisches, denn er bietet relative Beständigkeit und Verlässlichkeit in einer unbeständigen und unzuverlässigen Welt. Mit meinem Gefühl, einen Platz zu haben, versichere ich mich meiner selbst, und werde darin sowohl durch den fortlaufenden Monolog in meinem Kopf als auch durch die Art, wie andere mich ansprechen und mit mir umgehen, unaufhörlich bestätigt. Erst wenn der eigene Ort oder Platz gefährdet ist – sei es durch das Scheitern einer Ehe, den Verlust des Arbeitsplatzes, die Besetzung des Heimatlandes, eine Glaubenskrise, gravierende gesundheitliche Probleme, einen seelischen Zusammenbruch –, realisiert man, wie zerbrechlich, wie vorläufig er doch ist. In solchen Momenten kann uns ein flüchtiger Blick in den faszinierenden und furchterregenden Abgrund des eigenen Grundes überwältigen.

Gotama beschreibt bedingtes Entstehen, Nirvana und den Dharma als Dinge, die er erkennt (*dasati*), zeigt (*deseti*) und sichtbar macht. Sein Erwachen geschah nicht durch den Erwerb eines privilegierten Wissens einer letzten Wahrheit, sondern durch eine radikal andere Sicht auf sich selbst und die Welt.

Die existentielle Verschiebung, die er durchlebte, könnte als Umspringbild verstanden werden, wie wenn man plötzlich zwei Gesichter im Profil und keine Vase mehr sieht oder, wie in Wittgensteins Beispiel, einen Hasen anstelle einer Ente.[17] Platz und Grund sind keine getrennten Zustände, sondern zwei verschiedene Wege, dasselbe Leben zu gestalten. Ich kann mich als einen Menschen ausformen, der sich seiner Identität und seines Platzes sicher ist und der, ohne zu zögern, dem Geheiß seiner Gewohnheitsreaktionen folgt, oder ich kann mich zu einem Menschen entwickeln, der auf einem sich bewegenden, veränderlichen Grund balanciert und auf die einzigartigen Anforderungen jedweder Situation antworten möchte, ohne sich von Reaktivität bestimmen zu lassen. Die Herausforderung in der Praxis des Dharma liegt darin zu entdecken, wie die optimalen Bedingungen geschaffen werden können, unter denen das menschliche Leben von seinem Grunde her erblühen kann.

(2)

Gotama beschrieb den Wechsel vom Platz zum Grund, der sein Erwachen erzeugte, als *paṭisotagāmi*, »sich gegen den Strom bewegen«.[18] Die Erfahrung einer solchen Verschiebung des eigenen existentiellen Schwerpunktes ähnelt der Erfahrung, in einem Fluss stromabwärts zu schwimmen, sich herumzudrehen und nunmehr stromaufwärts zu schwimmen. Statt leicht von der Strömung weitergetragen zu werden, ist es nun ein Kampf, überhaupt voranzukommen. Ein flüchtiger Blick auf die Bäume am Ufer macht klar, dass man trotz vermehrten Bemühens abgetrieben worden ist. Und anstatt vom Fluss im gleichen Maße mitgerissen zu werden wie all das Treibgut, das auf seiner Wasseroberfläche tanzt, wird man nun unentwegt von kleinen Wellen, Zweigen und sonstigem Unrat getroffen.

Sich gegen den Strom zu bewegen heißt, gegen die geballte Kraft angeborener Reaktivität anzugehen. Diese Kraft wird im Mythos als »Māras Armee« bezeichnet, die sich zusammensetzt aus »sinnlichem Begehren, Unzufriedenheit, Hunger und Durst, heftigem Verlangen, Faulheit und Trägheit, Furcht; Zweifel, Heuchelei und Sturheit, Bereicherung, Ansehen, Ehre und unrechtmäßigem Ruhm, dem Preisen seiner selbst und der Herabsetzung anderer«.[19] Heute würden wir diese Kräfte als Teil des Erbes der biologischen Evolution verstehen, als tief verankerte Instinkte und Triebe, die unsere Ahnen in die Lage versetzten, im Wettstreit um knappe Ressourcen erfolgreich zu sein und zu überleben. Im Kanon werden sie als die »drei Feuer von Gier, Hass und Verblendung« zusammengefasst oder als die »Ausflüsse (*āsava*) von sinnlichem Begehren, Daseinslust, Ansicht und Unwissenheit«.

Es heißt, Gotamas Erwachen habe das »Stillwerden« und »Verblassen« dieser reaktiven Kräfte und Triebe mit sich gebracht. Doch wenn solche Instinkte neurobiologische Funktionen unseres Organismus sind, ist es schwer zu begreifen, wie wir sie systematisch überwinden können – »abgeschnitten einem Palmstumpf gleich, werden sie nie wieder entstehen«, wie viele der Lehrreden behaupten. Obgleich die buddhistische Orthodoxie darauf beharrt, dass diese Kräfte und Triebe in Arahants und Buddhas eliminiert worden seien, bietet ein weniger bekannter Faden des Kanons eine einleuchtendere Darstellung an, wie es zum Aufhören der Reaktivität kommt.

Nicht nur, dass der Dharma, den Gotama erlangt hatte, sich gegen den Strom bewegte, er zeigte ihm auch, wie er ruhig und klar bleiben konnte angesichts des reißenden, tosenden Wassers um ihn herum. Ein kurzer Text im *Sutta-Nipāta* gibt wieder, wie Gotama das Wort an seine mythische Nemesis Māra richtet und einen Entschluss kundtut:

> Diese deine Armee, die Welt und Götter gemeinsam nicht überwinden können, werde ich mit Weisheit (*paññā*) zerstören, so wie ein Kieselstein ein ungebranntes Gefäß (zerschmettert). Indem ich meine Gedanken unter Kontrolle gebracht und Achtsamkeit hergestellt habe, werde ich Land um Land durchwandern und viele, die mir folgen, schulen.[20]

Diese Textstelle räumt ein, dass Māras Armee nicht mit herkömmlicher oder gar göttlicher Macht besiegt werden kann. Dem Buddha ist vollkommen bewusst, dass diese Kräfte nicht durch irgendeine Art spiritueller Lobotomie herausgeschnitten werden können. Der Schlüssel zur Bezwingung Māras liegt im Anwenden der eigenen Intelligenz: in unserer Fähigkeit, das eigene Denken und Vorstellen zu verändern. Wenn wir Māras Mächte als eindringende Armee ansehen, dann sind wir dafür anfällig, uns als verletzlich und wehrlos zu begreifen. Stellen wir sie uns jedoch als ungebrannte Gefäße vor, verändern wir unser Bild von uns selbst. Aus duckenden Schwächlingen könnten wir Individuen werden, die versiert darin sind, gezielt Steine zu werfen.

Die Psychologie, die diese Metapher untermauert, berührt unmittelbar Gotamas Vision vom menschlichen Potential. Indem wir lernen, wie wir unsere Aufmerksamkeit stabilisieren und in einem klaren Raum nicht-reaktiven Gewahrseins verweilen können, gewinnen wir die Freiheit, Māras Mächte als

Gedanken, Gefühle, Emotionen, Überzeugungen und Geschichten anzusehen, die völlig natürlich, infolge der Einwirkung der Umgebung auf die Sinne in einem bewussten Geschöpf entstehen. Aus diesem Blickwinkel sehen wir eine Kaskade kurzlebiger, unpersönlicher Begebenheiten, die – vorausgesetzt wir geben ihnen keine Energie, indem wir uns mit ihnen identifizieren – verblassen werden, sobald ihre Kraft sich erschöpft hat. Sie lassen sich nicht durch Zerstörung überwinden, sondern wir müssen vielmehr begreifen, wie sie entstehen und wirken. Der Dharma erfordert mithin, die eigenen launenhaften Gedanken unter Kontrolle zu bringen, Achtsamkeit und Konzentration aufzubauen und dann daranzugehen, die eigenen Ziele in der Welt umzusetzen.

Eine weitere Metapher, die den Text abschließt, weist noch eindringlicher auf diesen Punkt hin. Vom Buddha gedemütigt, schleicht Māra von dannen und grübelt über seinen Misserfolg nach. Er vergleicht sich mit einer Krähe, die über einem am Boden liegenden Klumpen schwebt und meint, es handle sich um einen saftigen Nahrungsbrocken. Doch als der Vogel mit seinem Schnabel in den Happen pickt, entpuppt dieser sich als Stein. Angewidert fliegt die Krähe davon. »Wie eine Krähe, die einen Stein angreift und mutlos wird«, sagt Māra zu sich selbst, »greife ich Gotama an und gerate in Verzweiflung.«[21]

Māra, die Verkörperung der Reaktivität, wird nicht dadurch besiegt, indem wir restlos jede Reaktion des eigenen Geistes ausschalten, sondern indem wir herausfinden, wie wir für seine Angriffe unzugänglich werden. Wir erlangen Freiheit von Reaktivität, gleichwohl stellt sich Reaktivität weiterhin ein. Sofern wir diese Impulse nur bemerken, ohne sie zu nähren, werden sie mit der Zeit schwächer und ihre Häufigkeit verringert sich. Aber dieser Text zeigt deutlich, dass Gotama weiterhin den Angriffen Māras ausgesetzt war, auch nach seinem Erwachen. Solange wir ein Leib aus Fleisch, Blut und Nerven sind, wird Reaktivität ein wesentlicher Bestandteil dessen sein, was menschliches Sein mit sich bringt.

Ich bezweifle, dass der Buddha aus Versehen dasselbe Wort *sota* (Strom) in zwei sich widersprechenden Sinnzusammenhängen verwendet hat. Hier sagt er, das Üben des Dharma »bewege sich gegen den Strom«, doch im vorausgehenden Kapitel sahen wir, wie er einen Dharma-Praktizierenden als jemand beschreibt, der oder die »in den Strom eintritt«. Im erstgenannten Fall bezeichnet *sota* den Strom der Reaktivität, im zweiten verweist es auf den Strom des achtfachen Pfades. Durch das Kombinieren beider Metaphern ergibt sich das Bild zweier Wasserströme, die frontal aufeinandertreffen: Der Strom des achtfachen Pfades fließt in den Strom der Reaktivität hinein und steuert ihm entgegen. Das Resultat sind Turbulenzen.

(3)

Irgendwann musste Gotama sich der Herausforderung stellen, das von ihm Erkannte in Worte zu fassen. Ob wir den überlieferten Bericht gelten lassen, sein Erwachen habe sich in einer mondhellen Nacht unter einem Feigenbaum in Uruvelā (Bodhgayā) ereignet, oder ob wir von einer stufenweise Entwicklung ausgehen, die ich für wahrscheinlicher halte, und die sich über viele Jahre des Studierens, Lernens, Reflektierens, Diskutierens, Streitens und Meditierens in verschiedenen Hainen und Städten überall im Norden Indiens vollzog, in jedem Fall musste er die Entscheidung treffen, die Rolle eines Lehrers anzunehmen und sich selbst nicht länger als einen Suchenden zu verstehen.

In der Schilderung seines Erwachens zu einem zweifachen Grund in *Die Edle Suche* sinniert Gotama abschließend: »Sollte ich den Dharma lehren und keiner würde mich verstehen, wäre das anstrengend und ärgerlich für mich … Wenn ich es recht bedenke, tendiert mein Geist eher zum Nichttun, denn zum Tun.«[22] In diesem Zögern klingt ein Misston an. Er steht zudem im Widerspruch zu dem in Kapitel 1 zitierten Abschnitt aus dem Mūlasarvāstavāda Vinaya, in dem er Māra kurz nach dem Erwachen deutlich seinen Entschluss verkündet, eine viergliedrige Gruppe bestehend aus weiblichen und männlichen Mendikanten sowie weiblichen und männlichen Anhängern aufzubauen, die den Dharma versteht, praktiziert und lehrt. Da auf diese Episode in der Pali-Version von *Die große Lehrrede über das Ableben* Bezug genommen wird, muss sie ursprünglich Teil jener Überlieferung gewesen sein, nur um dann später zugunsten der in *Die Edle Suche* bewahrten Erzählung unterdrückt worden zu sein.[23]

In *Die Edle Suche* ist Gotamas vermeintliches Widerstreben zu lehren anscheinend der Grund für den Gott Brahmā Sahampati, aus seinem Schlaf zu erwachen. Der Buddha ruft sich in Erinnerung, wie dieser Gott »in seinem Geiste um die Gedanken in meinem Geist weiß«, und: »Ebenso rasch, wie ein starker Mann seinen gebeugten Arm ausstrecken könnte, entschwand er der Brahma-Welt und erschien vor mir.« Sobald der Gott seine Kleider geordnet hatte, befahl er: »Der Lehrer offenbare den Dharma! Es gibt Wesen, deren Augen mit nur wenig Staub bedeckt sind, und sie verkümmern, wenn sie den Dharma nicht hören!«[24]

Mit ihrem Anruf einer göttlichen Instanz bietet diese Erzählung ein eklatantes Beispiel für die Brahmanisierung der frühen buddhistischen Gemeinschaft. Nach Gotamas Tod, in einer Welt, in der sich die sozialen und religiösen Normen des Brahmanismus etabliert hatten, hätte das zufällige Auftreten Brahmās überzeugend erklärt, warum sich Gotama an die verblendete Welt wenden und den Dharma lehren wollte. Der Pali-Kommentar zu dieser Passage geht einen Schritt weiter und sagt, dass Gotama »den Wunsch hatte, Brahmā möge ihn inständig bitten zu lehren, sodass die den Brahmā verehrenden Menschen erkennen würden, wie unschätzbar wertvoll der Dharma ist und danach verlangen würden, ihn zu hören«.[25] Frei heraus: Der Dharma ist deshalb seriös, weil ein Gott ihn gebilligt hat.

Das Erscheinen und Befehligen einer Gottheit einzuführen bedeutet, dass die anschließenden Schritte des Buddha dem Drehbuch eines göttlich inspirierten Szenarios folgen; sie stellen kein menschliches Ringen dar, den Dharma auszudrücken. *Die Edle Suche* schildert dann Gotamas Abreise aus Uruvelā, seine Ankunft im Wildpark von Isipatana nahe Benares, seine Begegnung mit den fünf ehemaligen Gefährten aus den Jahren der Askese, das Wiedergewinnen ihres Vertrauens und seine wiederholte Erklärung: »Das Todlose ist erlangt!« Jeder Wanderer oder Brahmane aus jener Zeit wird diese Äußerung als Kurzformel verstanden haben, dass dieser Mensch sein Ziel erreicht hat. Sie sagt nichts Charakteristisches über das aus, was Gotama erkannt hatte. Der Text versucht Gotama in einer brahmanisierten Welt zu legitimieren, vermeidet jedoch, die erwartungswidrige Natur seines Erwachens zu erwähnen. Und anstatt einen Bericht über das, was er lehrte, zu liefern, heißt es im Text nur: »Es gelang mir, die Gruppe der fünf Mendikanten zu überzeugen.«[26]

Lediglich ein Detail dieser Erzählung könnte sich auf eine historische Begebenheit beziehen. Kurz nachdem er sich auf den Weg nach Benares gemacht hatte, traf Gotama einen Wanderer namens Upaka aus der fatalistischen Ājīvaka-Schule. »Deine Fähigkeiten sind offensichtlich«, bemerkte Upaka. »Deine Haut ist rein und leuchtend. Wer ist dein Lehrer? Zu wessen Dharma bekennst du dich?« Gotama gab ihm zur Antwort (in einer Reihe bombastischer Verse), dass er keinen Lehrer oder Gegenüber habe und dass niemand die Dinge so wie er verstehe. Upaka erwiderte: »Möge es so sein, Freund.« Dann schlug er einen Seitenpfad ein und entfernte sich kopfschüttelnd.[27] Diese Episode zeigt Gotama in keinem gänzlich positiven Licht, und da die Ausdrucksweise teilweise in einer altertümlichen Form des Pali gehalten ist, legt beides zusammen nahe, dass eine solche Begegnung stattgefunden haben könnte. In ihrem ironischen Tonfall verspottet die Geschichte charismatische Autorität. Gotama bleibt gedemütigt zurück. Er hatte Upaka mit seiner Präsenz beeindruckt, jedoch eindeutig versagt, ihn mit seinen Worten zu beeindrucken. Als er den Mund auftat, muss er sich angehört haben wie irgendein Guru seiner (oder unserer) Zeit: einer jener tendenziell charismatischen Individuen, deren Anspruch auf Erleuchtung nur auf ihrer eigenen Behauptung oder der ihrer Anhängerinnen und Anhänger beruht.

Sich daran erinnernd, wie er »sich aufmachte, in Etappen nach Benares zu wandern«, schildert Gotama, dass er Upaka auf der Straße zwischen Uruvelā und der Stadt Gayā traf. Doch Gayā liegt 19 Kilometer nordöstlich von Uruvelā, wohingegen Benares sich gut 240 Kilometer fast genau westlich befindet.

Warum sollte jemand auf dem Weg nach Benares in nahezu entgegengesetzte Richtung aufbrechen? Und wenn wir uns in Erinnerung rufen, dass Gotama kurz zuvor aufgrund des Verzehrs reichhaltiger Speisen ernsthaft krank gewesen war, scheint es nicht glaubhaft, dass er auch noch eine lange Reise unternommen haben soll, zu einer Zeit, in der die Hitze des Vormonsuns ihren Höhepunkt erreicht haben dürfte. Als ein Umherwandernder muss ihm überdies wohlbekannt gewesen sein, dass sich die Straßen mit Beginn der Regenzeit in Morast verwandeln würden. All diese Überlegungen werfen die Frage auf, ob er überhaupt nach Benares gegangen ist.[28]

Ab dem Erscheinen Brahmās liest sich diese Episode wie ein Versuch, den Buddha als jemanden darzustellen, der sich den kulturellen und religiösen Normen des Brahmanismus beugt. Nicht nur galt Benares als die große, heilige Stadt der Brahmanen, sondern auch die fünf Asketen, mit denen Gotama einst den asketischen Grundsätzen gefolgt war, sollen Brahmanen gewesen sein. Das Kurioseste an der Geschichte ist jedoch, dass er drei Monate später mit sechzig Konvertiten aus Benares zurückkehrte, um an genau dem Ort zu landen, von wo er aufgebrochen war, nämlich Uruvelā, bevor er sich (wieder) auf den Weg nach Gayā machte. Dort hielt er nach der Bekehrung einer großen Zahl von filzhaarigen Feueranbetern auf einem Hügel außerhalb der Stadt die Rede *Über Feuer*. Warum sollte er einen Umweg von rund 480 Kilometern nach Westen machen, um dann seine Reise nach Gayā und anschließend nach Rajagāha im Osten fortzusetzen? In *Die Edle Suche* wird folgender Grund angegeben: »Mit dem göttlichen Auge, das gereinigt ist und das menschliche Auge übersteigt, konnte ich sehen, dass (die fünf Asketen) im Wildpark von Isipatana in Benares lebten.«[29] Dieses Sichberufen auf Hellseherei, um eine Erklärungslücke zu füllen, lässt bei heutigen Lesern weitere Zweifel an der Glaubwürdigkeit der Geschichte aufkommen.

Als sich die Brahmanisierung im Gebiet des Ganges-Beckens durchsetzte, hielten die Menschen das brahmanische Weltbild schließlich für selbstverständlich. Selbst wenn die Reise nach Benares und der Aufenthalt im Wildpark niemals stattgefunden haben sollten, hätte es ihnen vollkommen eingeleuchtet, dass die erste Rede, die Gotama hielt, an einem heiligen brahmanischen Ort erfolgte, vor Brahmanen gehalten wurde und sich auf einen unverkennbaren Wahrheitsanspruch gründete – das heißt auf die Vier Edlen Wahrheiten.

Ein weitaus wahrscheinlicheres Szenario ist, dass der Buddha es nach seinem Erwachen vorzog, die Regenzeit in einer kleinen Gemeinschaft von Asketen zuzubringen, mit denen er unlängst jenseits des Flusses Nerañjarā in den nahegelegenen Hügeln gelebt hatte. Vermutlich waren es diese Männer, denen er vortrug, was uns als die ersten beiden Reden überliefert wurde: *Die Vier Aufgaben* und *Über Nicht-Selbst.* In ihrem effizienten Aufbau und der verfeinerten Argumentation weisen *Die Vier Aufgaben* die Kennzeichen eines Textes auf, der über eine lange Zeit erarbeitet und überarbeitet worden ist. Die unterschiedlichen Versionen, die in Pali, Sanskrit, Chinesisch und Tibetisch vorliegen, deuten darauf hin, dass die Bearbeitung lange nach dem Tod des Buddha fortgesetzt wurde. Da ihre Kernaussage jedoch das Herzstück der Vision Gotamas beinhaltet, gab es möglicherweise eine vereinfachte Form der Rede – zusammengefasst etwa in dem Spruch: »Alles, was dem Entstehen unterliegt, unterliegt auch dem Aufhören« –, die bereits in einer sehr frühen Periode als Lehrinstrument verwendet wurde. Wir hören zum Beispiel, dass Sāriputta diesen Spruch bei seinem erstmaligen Einblick in den Dharma geäußert haben soll, als der Buddha mit seiner Schar bekehrter Feueranbeter in Rājagaha eintraf.[30]

Auf der Basis dessen, was wir aus *Die Edle Suche* über das Erwachen wissen, dürfte es Gotamas wichtigste Herausforderung als Lehrer gewesen sein, seine Vision des Dharma als zweifachen Grund in eine Dharmapraxis als Lebensform zu übersetzen. Er hatte die Erkenntnis von bedingtem Entstehen und Nirvana in eine ethische, kontemplative und philosophische Disziplin zu übertragen. Er musste etwas Privates, Intuitives und Unfertiges in eine Form bringen, die für andere zugänglich, sorgfältig durchdacht und pragmatisch gegliedert sein würde. Meine Hypothese ist, dass er irgendwann den zweifachen Grund als vierfache Aufgabe begriff.

In klassischer Terminologie lautet die vierfache Aufgabe wie folgt:

> Leiden (*dukkha*) soll umfassend verstanden (*pariññā*) werden.
> Das Entstehen (*samudaya*) soll losgelassen (*pahāna*) werden.
> Das Aufhören (*nirodha*) soll betrachtet (*sacchikāta*) werden.
> Der Pfad (*magga*) soll kultiviert (*bhāvanā*) werden.

Umgangssprachlich kann die Aufgabe als eine Reihe von Anweisungen zusammenfasst werden:

Umarme das Leben.
Lass alles Entstehende los.
Sieh sein Aufhören.
Handle!

(4)
Leiden (*dukkha*) soll umfassend verstanden (*pariññā*) werden.

Der erste Schritt in der Bewegung von der Vision eines zweifachen Grundes zur Praxis einer vierfachen Aufgabe ist Gotama zufolge die Entwicklung eines umfassendes Verstehens: *pariññā* – wörtlich »allumfassendes Kennen«. Die Vorsilbe *pari* (total) bedeutet »ringsumher, rundherum, überall, das heißt vollständig, gänzlich«.[31] Bei einem derartigen Kennen geht es nicht um die Aneignung von Wissen über etwas Spezielles, sondern um ein ganzheitliches, allumfassendes Verstehen einer Situation zu einem bestimmten Zeitpunkt. Die Aufgabe des Verstehens erfordert, die eigene Situation von einer Reihe verschiedener Standpunkte und Perspektiven aus zu betrachten.

Hier nun die klassische Definition von *dukkha* (Leiden), das umfassend verstanden werden soll:

> Geburt ist *dukkha*, Altern ist *dukkha*, Krankheit ist *dukkha*, Tod ist *dukkha*, mit Unliebem vereint sein ist *dukkha*, von Liebem getrennt sein ist *dukkha*, das Gewünschte nicht bekommen ist *dukkha*. Kurzum, diese fünf Bündel des Anhaftens sind *dukkha*.[32]

Weil *pariññā* Geburt, Altern, Krankheit und Tod umfasst oder umarmt, ist es seinem Wesen nach eindeutig existentiell. Jene, die über *pariññā* verfügen, sind sich vollständig darüber im Klaren, mit der Geburt in diese Welt geworfen und immer anfällig für Krankheit und Zusammenbruch zu sein; sie wissen, dass jeder Atemzug möglicherweise der letzte ist. Das umfassende Verstehen des Leidens ist unsentimental und realistisch: Es erkennt, dass wir immer wieder auf das treffen, was uns nicht gefällt, dass wir verlieren, was uns lieb ist, und dass uns misslingt zu bekommen, was wir ersehnen. Und es ist allumfassend: Es enthält jeden Aspekt der wahrnehmbaren Welt – was wir sehen, hören, riechen, schmecken und berühren – sowie unser subjektives Empfinden der Welt und unser Antworten auf diese Welt: unsere Gefühle, Wahrnehmungen, Neigungen und Bewusstsein – also die »fünf Bündel des Anhaftens«.[33]

Wenn *dukkha* der anerkannten Definition gemäß ein derart umfangreiches Erfahrungsfeld umfasst, dann ist »Leiden« eine unzulängliche und irreführende Übersetzung. Als ein Adliger der Licchavi mit Namen Mahāli Gotama verwundert fragte, ob er meine, das Leben sei Leiden, bekam er folgende Antwort:

> Mahāli, wenn Formen, Gefühle, Wahrnehmungen, Neigungen und Bewusstsein ausschließlich leidvoll (*dukkha*) wären und von Leiden durchdrungen, wenn sie nicht ebenso von Vergnügen (*sukha*) durchdrungen wären, wären die Wesen nicht von ihnen angetan. Doch weil diese Dinge angenehm sind, sind die Wesen von ihnen angetan. Indem sie von ihnen angetan sind, werden sie von ihnen gefangen, und indem sie von ihnen gefangen werden, sind sie davon geplagt (*sankilissanti*).[34]

Mahāli konnte das Andersartige der Lehre Gotamas nicht erfassen. Er ging davon aus, wie es auch heutzutage zweifellos noch viele tun würden, dass der Buddha vom »erleuchteten« Standpunkt eines Menschen aus sprach, der die »richtige« Einsicht in die Natur der Dinge gewonnen hat. Diese Passage zeigt, dass der Buddha nicht daran interessiert war, zu beschreiben, was Realität *ist*. Er ist kein Metaphysiker oder Ontologe. Er möchte, dass die Menschen beginnen, den Merkmalen ihrer Erfahrung Aufmerksamkeit zu schenken, die sie für gewöhnlich übersehen oder ignorieren. Der Grund dafür ist gänzlich pragmatisch: Indem wir der tragischen Dimension des Lebens keine Beachtung schenken, sind wir von dem angetan, was lediglich angenehm ist, werden verführt und gefangen, woraus Kreisläufe reaktiven und süchtigen Verhaltens entstehen, die uns unausgesetzt festhalten, frustrieren und plagen. Umfassendes Verstehen hingegen umfasst die Gesamtheit dessen, was geschieht: Es umarmt das Leben, das gleichermaßen von Schmerz *und* Vergnügen, Leiden *und* Freude durchdrungen ist.

Um eine Situation in ihrer Gesamtheit sehen zu können, ist es erforderlich, solche weitverbreiteten buddhistischen Überzeugungen wie »Leben ist Leiden« und »Begehren ist der Ursprung des Leidens« zur Seite zu legen und sich der Vieldeutigkeit, Unheimlichkeit und Unbeschreibbarkeit des Lebens zu öffnen, wie es sich Moment für Moment zu erkennen gibt und wieder entzieht.

Bei zahlreichen Gelegenheiten vergleicht Gotama die Praxis des Dharma mit der sachkundigen Tätigkeit eines Arbeiters oder Handwerkers. Wir haben gesehen, wie er Praktizierende mit einem Bauern verglich, der ein Feld bewässert, mit einem Pfeilmacher, der einen Pfeil formt, mit einem Tischler, der ein Stück

Holz bearbeitet.[35] In einer anderen Passage unterweist er seine Schülerinnen und Schüler darin, Konzentration (*samādhi*), Bemühen (*paggaha*) und Gelassenheit (*upekkhā*) zu entwickeln so wie »ein Goldschmied einen Schmelzofen vorbereiten würde, den Tiegel anheizte, mit der Zange etwas Gold nähme und in den Tiegel legte. Hin und wieder würde er es anpusten, ab und zu mit Wasser besprenkeln und dann wieder nur zusehen.«[36] Er vergleicht Praktizierende, die Atemachtsamkeit üben, mit »einem geschickten Drechsler«, der »beim Ausführen einer langen Drehung weiß: ›Jetzt mache ich eine lange Drehung‹, und der beim Ausführen einer kurzen Drehung weiß: ›Jetzt mache ich eine kurze Drehung.‹« Meditierende, die die Bestandteile ihres Körpers analysieren, vergleicht er mit einem »geübten Metzger, der eine Kuh getötet hat und sie an einer Straßenkreuzung sitzend zerlegt«.[38] Der Buddha bewundert bei Handwerkern erworbene Fertigkeiten, die sie mühelos und effektiv anwenden. Um den Dharma gleichermaßen zu meistern, bedarf es mehr, als nur ein theoretisches Wissen über die Lehren zu erlangen. Um den Dharma zu praktizieren, bedarf es eines Know-how.

Das Leben in umfassendem Verstehen zu umarmen schließt Bewältigungsstrategien ein. Es geht mehr darum, wie wir unter die Leute gehen, Konflikte austragen, Möglichkeiten realisieren und uns mit anderen auseinandersetzen als darum, uns Kenntnisse über die Natur des Geistes oder der Wirklichkeit anzueignen. Umfassendes Verstehen verlangt das Gegenteil von Distanziertheit; es verlangt, in eine Kultur eingebettet zu sein, in eine Sprache, eine Gesellschaft, ganz zu schweigen von einem Körper aus Fleisch und Blut, der einatmet und ausatmet, trinkt und isst, pisst und scheißt.

Die Art von Kenntnis, die *pariññā* mit sich bringt, ist daher eher mit *kennen* als mit *wissen* oder mit *connaître* als mit *savoir* verwandt, um einen Vergleich aus dem Französischen heranzuziehen. Das Kennen von *pariññā* gleicht der Art und Weise, wie wir einen Menschen kennen, ein Musikstück, einen Weg, eine Stadt. Es entwickelt sich, indem wir mit jemandem leben oder arbeiten, in einer Landschaft viele Jahreszeiten verbringen oder allmählich ein Kunstwerk zu schätzen beginnen. *Dukkha* umfassend zu verstehen heißt, das Leben in inniger und ironischer Weise zu verstehen, in all seinen Paradoxien und Launen, seinen Schrecken und witzigen Momenten, seiner Erhabenheit und Banalität. Wie wir bei dem Austausch zwischen Buddha und Mahānāma in der Herberge von Bharaṇḍu gesehen haben, hat dieses Verstehen mit sinnlichem Begehren, mit der physischen Welt und mit Gefühlen zu tun.[39] Von daher erstreckt es sich weit über den Rahmen des Eigenen hinaus und bezieht andere Menschen, Vierbeiner, Vögel, Insekten, Gräser, Mikroorganismen ein – die gesamte Biosphäre.

Einmal stellte Gotama in Sāvatthi die rhetorische Frage: »Und was, *bhikkhus*, ist umfassendes Verstehen (*pariññā*)?«, und antwortete selbst darauf: »Das Enden von Gier, das Enden von Hass, das Enden von Verblendung. Das wird ›umfassendes Verstehen‹ genannt.«[40] Ein solches Verstehen wird durch die gewohnheitsmäßige Reaktivität, gierig, hasserfüllt oder verblendet zu sein, weder verbogen noch bestimmt. Positiv formuliert könnten wir es als ein Verstehen beschreiben, das offenherzig, klar denkend, mitfühlend und gelassen ist.

Wir haben bereits gesehen, dass der Satz »das Enden von Gier, das Enden von Hass, das Enden von Verblendung« die Definition von Nirvana ist.[41] Sofern »umfassendes Verstehen« und »Nirvana« Synonyme sind, müssen sich die vier Aufgaben überschneiden. Wenn die erste Aufgabe, das Leiden umfassend zu verstehen, gleichbedeutend ist mit dem Enden von Gier, Hass und Verblendung, wie unterscheidet sie sich dann von der dritten Aufgabe, das Aufhören (von Gier, Hass, Verblendung) zu betrachten – sprich Nirvana zu erreichen? Die Aufgaben betonen verschiedene Facetten einer einzigen Erfahrung. Bisweilen konzentrieren wir uns vielleicht darauf, die Welt, in die wir eingebettet sind, umfassend zu verstehen, und zu anderen Zeiten darauf, uns dessen bewusst zu sein, dass umfassendes Verstehen frei ist von Anhaftung, Abneigung und Eitelkeit. Aus diesem Grund ziehe ich es vor, mir die Aufgaben als in einer einzigen vierfachen Aufgabe vereint vorzustellen.

(5)
Das Entstehen (*samudaya*) soll losgelassen (*pahāna*) werden.

Wir sind Geschöpfe, die reagieren, wenn sie mittels ihrer Sinne in Kontakt mit der Welt kommen. Wenn uns etwas begegnet, das sich angenehm anfühlt, reagieren wir mit Angezogensein; wenn es sich unangenehm anfühlt, reagieren wir mit Abneigung; wenn es sich weder angenehm noch unangenehm anfühlt, reagieren wir mit Unruhe oder Langeweile. Diesen Reaktionen könnten wir Schuldgefühle, Selbstzweifel, Eitelkeit, ein Gefühl der Unzulänglichkeit, Angst, Selbstüberschätzung, Paranoia, Erwartung, Wunschdenken und viele weitere hinzufügen. Derartige Reaktionen sind völlig natürlich. Sie sind weder gut noch schlecht. Genau genommen gehören sie »uns« nicht einmal. Sie sind einfach das, was geschieht, wenn ein Organismus mit seiner Umwelt interagiert. Sie sind das, *was entsteht.*

Der zweite Aspekt der vierfachen Aufgabe ist, das, was entsteht, loszulassen. Das mag widersprüchlich erscheinen. Wenn das, was als Reaktion auf die Welt entsteht, lediglich ein weiteres natürliches Merkmal der Welt ist, dann fällt es sicherlich in den Bereich des ersten Aspektes der vierfachen Aufgabe als etwas Weiteres, das es umfassend zu verstehen und anzunehmen gilt. Wie, könnte zu Recht gefragt werden, lässt sich eine Reaktion gleichzeitig annehmen *und* loslassen? Ein Vers der *Dhammapada* gibt einen Hinweis:

> Der Weise bewegt sich durch ein Dorf,
> So wie die Biene Pollen sammelt
> Und fortfliegt, ohne Schaden zuzufügen
> Der Blüte, ihrer Farbe oder ihrem Duft.[42]

Der Weise nimmt sich das, was für sein Überleben notwendig ist, doch er ist so feinfühlig in seiner Berührung, dass er keine Spuren der Zerstörung hinterlässt. Jemand, der Reaktivität loslässt, scheut nicht davor zurück, Teil der Welt zu sein, aber er bewegt sich geschickt und leicht in ihr.

Das Wort, welches ich mit »Reaktivität« übersetze, ist *taṇhā*, dem Wortsinn nach »Durst« oder »heftiges Verlangen«. Hier nun die Definition von *taṇhā*, die sich in *Die Vier Aufgaben* finden lässt:

> Dies ist das Entstehen (*samudaya*): Es ist Verlangen (*taṇhā*), welches sich beständig wiederholt, in Anhaftung und Gier schwelgt, sich wie besessen in diesem und jenem ergeht: Verlangen nach Stimulierung, Verlangen nach Dasein, Verlangen nach Nicht-Dasein.[43]

Taṇhā ist eine Idee von der gleichen Komplexität wie *dukkha*. Ebenso wie »Leiden« den vollständigen Sinn von *dukkha* nur unzureichend vermittelt, so vermittelt auch »Verlangen« den vollständigen Sinn von *taṇhā* unzureichend. Wenn wir *dukkha* als Kürzel für »Leben« begreifen, können wir *taṇhā* als Kürzel für die unzähligen Reaktionen nehmen, die das Leben in uns hervorruft. In beiden Fällen markieren die Begriffe ein zentrales Merkmal dessen, was sie bezeichnen (das Tragische im Falle von *dukkha*; das Verlangen im Falle von *taṇhā*). Dieses eine Merkmal reicht aber nicht aus, um das gesamte Bedeutungsspektrum dieser Begriffe hinlänglich einzufangen.

Taṇhā ist eines der Elemente in der klassischen Lehre der Zwölf Glieder der Bedingtheit und entsteht in Reaktion auf die Gefühle, die aus dem Sinneskontakt eines bewussten Wesens mit der differenzierten Welt (*nāmarūpa*) entstehen. Die Reaktionen beinhalten Hass und Gleichgültigkeit, Abscheu und Langeweile wie auch Begehren und Sehnsucht. Das Entstehen von *taṇhā* ist aber keine Reihe vereinzelter Vorkommnisse; es ist ein sich selbst verstärkender Kreislauf. Ein bewusstes Wesen »schwelgt« und »ergeht sich« in Sorgen, Ängsten, Obsessionen und Phantasien. Als Antwort auf ein nagendes Mangelgefühl fördert *taṇhā* ein Verlangen nach immer intensiverer Stimulierung, um die innere Leere zu füllen. Verwurzelt in Gefühlen existentieller Unvollständigkeit und Unzulänglichkeit, bläht es das Ich auf und untermauert die eigene Bedeutung in der Welt. Und wann immer diese Strategien misslingen, verfällt es in eine Sehnsucht nach Rausch, Vergessen und sogar nach dem Tod.

Gotama beschreibt Gier, Hass und Verblendung als Feuer. Das zeugt von seinem Wissen darüber, dass Reaktivität auflodert, wann immer ein Funke sie entzündet. Sobald sie aufgelodert ist, neigt der Mensch dazu, an sie zu glauben und ihr nachzugeben und dadurch das Feuer weiter anzufachen. Auf diese Weise *verstärkt* Reaktivität den anfänglich erfahrenen Schmerz und *löst* zugleich rege Gedankentätigkeit *aus* (*papañca*). Der Buddha verglich physischen Schmerz mit dem Getroffenwerden von einem Pfeil, der dann unnötigerweise durch einen zweiten Pfeil aus mentaler Unruhe und Pein verstärkt wird.[44] In einer anderen Darstellung der Glieder der Bedingtheit sprach er darüber, wie freudvolle und schmerzhafte Gefühle Wahrnehmungen entstehen lassen, aus denen Gedanken folgen, die sich endlos vermehren.[45]

Gotama erkannte, dass menschliche Wesen übermäßig viel Zeit mit dem Verstärken und Ausweiten der Reaktivität verbringen. Er spricht von diesen Reaktionen als den »Schlingen« und »Angelhaken« Māras. Ist jemand erst einmal darin gefangen oder hängengeblieben, ist es schwierig, schmerzhaft und vergeblich, darum zu kämpfen, sich loszureißen, denn dieser Kampf ist wahrscheinlich eine weitere Variante eben der Reaktivität, gegen die man ankämpft. Die Schlinge zieht sich nur fester zu oder treibt die Widerhaken tiefer ins Fleisch. Die Menschen sind außerstande zu verstehen, warum und inwiefern sie immer wieder von den »schönen und abscheulichen Gebilden« »hinters Licht geführt« werden, die Māra herbeizaubert.[46] Und im Nichtverstehen werden sie »einem Knäuel aus verhedderten Schnüren gleich«.[47]

Indem sie im Bann sich beständig wiederholender, obsessiver Reaktionen bleiben, werden Menschen überdies zunehmend eitel und egozentrisch. Derartige Reaktivität (*taṇhā*) erzeugt gemäß der traditionellen zwölfgliedrigen Reihenfolge der Bedingtheit Anhaftung (*upādāna*). In den *Lehrreden der*

Gruppierten Sammlung gibt es einen Text, in dem Ānanda das Anhaften dargelegt wird, was zu seiner Konversion führt. Der Redner ist sein Lehrer, ein Mann namens Puṇṇa Mantāniputta.

> Es geschieht durch Anhaften, Ānanda, dass »Ich bin« auftritt, nicht ohne Anhaften. Es geschieht durch Anhaften an Formen, Gefühlen, Wahrnehmungen, Neigungen und Bewusstsein, dass »Ich bin« auftritt, nicht ohne Anhaften. Angenommen ein eitler, junger Mensch würde sein Gesicht in einem Spiegel begutachten oder in einer Schale reinen, klaren Wassers: Er würde mit Anhaftung hinschauen, nicht ohne Anhaftung. Ebenso geschieht es durch Anhaften an Formen, Gefühle, Wahrnehmungen, Neigungen und Bewusstsein, dass »Ich bin« auftritt, nicht ohne Anhaften.[48]

Puṇṇa beschreibt hier kein »Ich bin« im alltäglichen Sinne, sondern die zwanghafte Selbstsucht des Narzissten, eines Menschen, der die Welt allein in Hinblick auf seine eigenen Wünsche und Ängste wahrnimmt. Wohin solch eine selbstsüchtige Person auch schaut, sie nimmt nur das reflektierte Bild ihrer selbst wahr. Da sie andere lediglich als Mittel betrachtet, um ihre eigenen Ziele zu verwirklichen, verliert sie ihre Fähigkeit, Mitgefühl zu empfinden, wodurch sie in eine Spirale aus Entfremdung, Einsamkeit und Verzweiflung gerät.

Ichbezogene Isolation ist ein Zustand innerer »Dürre« (*khila*). Die Rede *Über die Dürre des Herzens* stellt diese Dürre als das genaue Gegenteil des Stromeintritts dar.[49] Menschen, die daran leiden, sind wie gelähmt durch die Zweifel an ihrem Lehrer (*satthar*), am Dharma und an der Gemeinschaft (das heißt ihren zentralen Werten) und empfinden Ärger und Missmut gegenüber ihren Weggefährten. Eine Person hingegen, die sich auf den achtfachen Pfad begeben hat, gilt als jemand, die in einen Strom eingetreten ist (eine unzweideutige Metapher für ein gedeihendes Leben). Dagegen erfährt jemand, der in Reaktivität verwickelt bleibt, eine Ödnis, in der nichts wächst. In den *Reden der Gruppierten Sammlung* schildert ein kurzer Text Dürre als etwas Dreifaches: »die Dürre der Gier, die Dürre des Hasses und die Dürre der Verblendung«. In der Terminologie der vierfachen Aufgabe wird hier erklärt, wie der achtfache Pfad entwickelt werden muss, um *umfassend zu verstehen* und alle drei *loszulassen.*[50] Da das Enden der reaktiven Triade der Definition Gotamas zufolge sowohl umfassendes Verstehen als auch Nirvana bedeutet, impliziert diese Lehrrede, dass ein Leben, gegründet auf einer nirvanischen Umarmung von *dukkha*, nicht länger verdorrt, sondern zu einem Leben der Fülle wird.

Ich muss mich ständig selbst daran erinnern, dass die Sprache der Lehrreden nicht ganz so selbstverständlich zwischen einem erlebenden Subjekt und einer objektiven Welt trennt, so wie spätere buddhistische Denker und wie wir es heute tun. Gotama zergliederte menschliche Erfahrung nicht auf diese Weise. Aus praktischen Erwägungen (wie in seinen Unterweisungen zur Achtsamkeit) mag er zwischen einem »inneren« und »äußeren« Fokus der Aufmerksamkeit unterscheiden, doch Begriffe wie »Subjekt« und »Objekt« kommen in den Reden nicht vor. Deshalb sollten wir nicht davon ausgehen, dass es sich bei Reaktivität oder Dürre um rein psychische Phänomene handelt, die sich nur auf unser Innenleben beziehen. Auf die Gefahr hin, zu viel in eine Vorsilbe hineinzulesen, möchte ich darauf hinweisen, dass das Wort *samudaya* (entstehen) wörtlich als »mitentstehen« übersetzt werden könnte, während das tibetische

Pendant *kun 'byung* wortgetreu »all-entstehen« bedeutet. Beide Begriffe legen nahe, dass das Entstehen eines reaktiven Musters wie Hass eine den ganzen Organismus durchdringende Emotion der Wut auslöst und gleichzeitig eine Welt aufbaut, die als an sich hassenswert und beängstigend erscheint.

Wir neigen dazu, das Erscheinungsbild solch einer beängstigenden Welt als Projektion unserer Gemütsverfassung anzusehen. Doch diese Lesart der Situation beruht auf der kulturellen Gepflogenheit, Erfahrungen psychologisch zu interpretieren. Ganz gleich, wie sehr wir uns selbst einreden, dass die Schrecken der Welt lediglich eine Projektion seien – eine derartige Vergewisserung verändert weder wesentlich, wie die Welt uns erscheint, noch wie wir sie empfinden. Aus der Perspektive eines Dharma-Praktizierenden erfordert die Aufgabe, »das loszulassen, was entsteht«, das ganze Bild loszulassen: wütendes-ich-begegne-feindlicher-Situation. Loslassen ist nicht einfach eine Frage des tiefen Atmens, um meinen aufgewühlten Geist zu beruhigen; ich muss die Pforten meiner Wahrnehmung reinigen. Dafür ist es erforderlich, von der standardmäßigen Gewohnheit abzulassen, die Welt als feindlich, reizvoll oder langweilig zu sehen. Einer der effektivsten Wege, von dieser Gewohnheit abzulassen ist, sich darin zu schulen, die Welt als eine Welt unendlichen Leidens zu begreifen.

Es besteht eine Symbiose zwischen »das Leiden/Leben umfassend verstehen« und »Reaktivität loslassen«. Die vierfache Aufgabe beinhaltet, ein Umarmen zu entwickeln, das ebenso ein Loslassen ist. Dies ähnelt einem Tanz, bei dem beide Partner einander halten, sodass sich beide mit bestmöglicher Freiheit und Anmut bewegen können. Je vollständiger wir die prekäre und mysteriöse Lage, in der wir uns befinden, verstehen, desto eher wird unsere egozentrische Reaktivität entweder von sich aus nachlassen oder uns zunehmend belanglos und absurd anmuten. Und je weniger wir den Geschichten, die unsere zwanghaften mentalen Gewohnheiten uns unaufhörlich erzählen, Glauben schenken, desto mehr wird die Welt sich uns in all ihrer Schmerzlichkeit, Tragik und Erhabenheit offenbaren.

Reaktivität loslassen ist eine Folge des umfassenden Verstehens von Reaktivität. In vielen Dialogen mit Māra schließt der Buddha mit den Worten: »Ich kenne dich, Māra«, woraufhin Māra verschwindet. Aufgrund eines derartigen umfassenden Verstehens (hier explizit mit dem Kennen einer Person verglichen) sehen Praktizierende die trickreichen Schliche der Reaktivität als das, was sie sind: das verführerische, infantile Spiel eines Organismus, der in erster Linie – und zumeist überflüssigerweise – mit seinem biologischen Überleben beschäftigt ist. In einem Austausch erklärt Māra dem Buddha: »Das Leben ist lang; lebe wie ein Baby, das an der Brust nuckelt!« Gotama erwidert scharf: »Das Leben ist kurz; lebe, als ob dein Kopf in Flammen stünde!«[51] Diese Passage hebt das instinktgesteuerte reaktive Verhalten hervor, das so lange fortbestehen wird, wie wir den Körper, mit dem wir geboren wurden, bewohnen. Dieses Verhalten loszulassen erfordert ein umfassendes, reifes Verstehen der eigenen Sterblichkeit – davon, wie jeder fragile Moment auf dem Pumpen eines Muskels und dem Atemholen beruht.

(6)
Das Aufhören (*nirodha*) soll betrachtet (*sacchikāta*) werden.

Der dritte Aspekt der vierfachen Aufgabe ist das »Aufhören betrachten« (*nirodhaṃ sacchikaroti*), was gleichbedeutend ist mit dem Gewahrwerden von Nirvana. Hier nun die klassische Definition von »Aufhören«:

> Dies ist das Aufhören: das spurlose Verblassen und Aufhören jener Reaktivität (*taṇhā*), ihr Loslassen und Aufgeben, die Freiheit und Unabhängigkeit von ihr.[52]

Diese knappe Beschreibung ermöglicht es, Nirvana auf zweierlei Art zu verstehen: entweder als das Aufhören von *taṇhā* oder als Freiheit und Unabhängigkeit von *taṇhā*.

Bei der ersten Art wird Nirvana traditionell als quasi mystische Erfahrung verstanden, in der verwirklichte Praktizierende ausreichend Ruhe (*samatha*) und Einsicht (*vipassanā*) erlangen, um ihre Reaktivität vollständig zum Erliegen zu bringen. Folgt man dieser Interpretation, wird Nirvana nur für geübte Meditierende zugänglich und steht demnach im Widerspruch zu der Beschreibung von Nirvana als »unmittelbar, klar sichtbar, einladend, erhebend und von den Weisen persönlich erfahrbar«.[53] Überdies lässt Gotamas Unterhaltung mit Sīvaka darauf schließen, dass Nirvana wahrgenommen werden kann, *wann immer* Gier, Hass und Verblendung für einen Moment ruhen – ungeachtet dessen, ob man sich selbst als Buddhist sieht oder Meditation praktiziert.[54]

Um Nirvana im zweitmöglichen Sinn als Freiheit *von* Reaktivität zu verstehen, müssen wir uns wieder den Dialogen mit Māra zuwenden. Darin wird Nirvana immer dann als erfahrbar bezeichnet, wenn die Reaktivität als solche erkannt wird, und man sich so ihrer Kontrolle entzieht. In diesem Fall wird die Erfahrung von Nirvana sogar inmitten von Reaktivität möglich.

Es wäre schwierig zu verstehen, wie »Aufhören betrachten« ein wesentlicher Bestandteil einer vierfachen, allen offenstehenden Aufgabe sein soll, wenn wir Nirvana nicht als etwas auffassen, das für normale Menschen klar sichtbar und ihnen als Perspektive zugänglich ist, aus der heraus sie ihren Alltag leben können. *Aufhören betrachten* und somit Nirvana gewahr werden bedeutet, bewusst jene Momente zu bestätigen und aufzuwerten, in der wir die Freiheit erfahren, in einer nicht von Reaktivität bestimmten Weise zu denken, zu sprechen und zu handeln. Nirvana ist ein moralischer Möglichkeitsraum, das Tor zu einem ethischen Leben. Diese »Dharma-Pforte« (wie die Chinesen sie nennen) ist stets offen, doch häufig durch die herbeigezauberten Trugbilder Māras verstellt und der Sicht entzogen. Dieser »Lichtung« im Dschungel der Reaktivität inne zu werden und sie im Auge zu behalten ist eine genauso anspruchsvolle und mühsame Aufgabe wie jene, *dukkha* umfassend zu verstehen und *taṇhā* loszulassen.

Nirvana ist in dem Augenblick klar sichtbar, in dem die Reaktivität endet. *Sacchikaroti* (betrachten) bedeutet wörtlich, etwas »beäugen«, »selbst schauen«. Zum Abschluss der *Vier Aufgaben* heißt es, das »Dharma-Auge« eines der fünf Asketen, Koṇḍañña, habe sich geöffnet, was ihn zu dem Satz bewegte: »Alles, was dem Entstehen unterliegt, unterliegt auch dem Aufhören.« Die Öffnung des Dharma-Auges ist gleichbedeutend mit dem Stromeintritt. Koṇḍaññas Schau von Nirvana ereignete sich, als er erkannte, dass Reaktionen genauso, wie sie entstehen, unabdingbar auch wieder aufhören.

Eine Reihe von Texten in den *Lehrreden der Angereihten Sammlung* benennt einundzwanzig Haushälter und Anhänger (darunter auch Mahānāma sowie Jīvaka, den wir in Kapitel 8 antreffen werden), die im *tathāgata* Erfüllung gefunden haben, Seher des Todlosen geworden sind und in diesem Bewusstsein nun leben. Es heißt, sie hätten dies kraft der Verkörperung von sechs Qualitäten erreicht: »klares Vertrauen« in den Buddha, den Dharma und die Gemeinschaft sowie »edle Tugend, edles Verstehen und edle Befreiung«.[55] »Das Todlose« (*amata*) wird auch als das »Enden von Gier, Hass und Verblendung« definiert und ist folglich gleichbedeutend mit »Nirvana« als auch mit »umfassendem Verstehen«.[56] Diese Passage bekräftigt, dass Menschen, die ganz der Welt zugewandt sind, als »Seher des Todlosen« nicht nur Nirvana gewahr sind, sondern ihr Leben aus dieser Perspektive heraus leben.

Dieser Text hat traditionellen Kommentatoren Schwierigkeiten bereitet, denn er schildert Haushälter, die über ein Maß an Einsicht und Freiheit verfügen, der für gewöhnlich Arahants vorbehalten ist, die laut orthodoxem Glauben zölibatäre Mendikanten sein müssen. Doch aus Sicht einer historisch-kritischen Analyse lässt die Schwierigkeit, eine kanonische Schrift mit der Orthodoxie in Einklang zu bringen, darauf schließen, dass der Buddha mit hoher Wahrscheinlichkeit die Worte selbst so gesagt hat – aus dem einfachen Grund, dass ein späteres Hinzufügen den Interessen der Orthodoxie nicht dienlich gewesen wäre. Diese einundzwanzig relativ obskuren Figuren, die in dieser Art herausgehoben werden, bieten uns konkrete Beispiele von Menschen, die inmitten des geschäftigen Alltagstreibens im fünften Jahrhundert v. u. Z. in Indien die vierfache Aufgabe erkannten, ausführten und vollbrachten.

»Das Todlose« (*amata*) ist eine andere Bezeichnung für ein Leben in Fülle. Wenn wir Māra mit dem Tod gleichsetzen (die Worte *amata* und *māra* haben beide ihre Wurzel im vedischen *mṛ* = Tod), dann bedeutet, nicht länger durch seine Armeen genötigt zu werden, dass wir befreit sind, unser Leben ungehindert zu leben. Das Todlose steht für Gotama nicht für Unsterblichkeit – wie der Begriff im Brahmanismus verstanden wird –, sondern bezeichnet die positive Abwesenheit von Reaktivität. Vielleicht spielt der Buddha hier auch mit der mythischen Bedeutung von *amata* (wie *amṛta* im Sanskrit oder das ihm verwandte griechische *ambrosia*) als göttlichem Nektar, der ewiges Leben verleiht.

Ein Mensch, der des Todlosen gewahr ist, ist jemand, der in Leerheit weilt. In *Die kürzere Lehrrede über Leerheit* hören wir von einem Mann, der sich in einen Wald zurückzieht und die ganze Skala tiefer meditativer Bewusstseinszustände durchläuft, um dann letztendlich zu erkennen, dass all diese Bewusstseinszustände konditioniert und konstruiert sind. »Indem er dies erkannte und sah, wurde sein Herz frei von den Ausflüssen (*āsava*) des sinnlichen Begehrens, der Daseinslust und der Unwissenheit.« Dies ist eine weitere Möglichkeit, Nirvana zu beschreiben. Doch damit nicht genug. »Ohne all die Ängste, ausgelöst von den Ausflüssen«, überlegte der Mann, »bin ich immer noch anfällig für die Angst, die daraus entsteht, dass ich die sechs Sinnesbereiche eines lebenden Körpers habe. Dieses Gewahrsein ist leer von jenen Ausflüssen. Was nicht leer ist, ist dieses: die sechs Sinnesbereiche eines lebenden Körpers.«[57]

Nirvana wahrzunehmen heißt zu erkennen, dass man den Eingebungen des sinnlichen Begehrens, der Daseinslust und der Unwissenheit nicht verpflichtet ist. Doch die Freiheit, die dieser nicht-reaktive Raum ermöglicht, ereignet sich nicht in einem Vakuum, sondern im Rahmen »der sechs Sinnesbereiche eines lebenden Körpers«, die nicht etwa leer sind, sondern die mit Ängsten wie mit Möglichkeiten gefüllt sind. Die Herausforderung, »das, was aufhört, zu betrachten«, besteht darin zu lernen, wie man *in* und *aus* der Perspektive einer solchen Leerheit leben kann – die »Bleibe«, wie Gotama es ausdrückt, »des Großen Menschen« – und währenddessen in einer Welt aktiv ist, die unentwegt und unvorhersehbar auf die eigenen Sinne einstürmt und dadurch Kaskaden von Reaktivitäten auslöst.[58]

In einer der ältesten Passagen des Schriftkanons, aus dem das obenstehende Beispiel einer skeptischen Stimme im *Achter-Kapitel (Aṭṭhakavagga)* zitiert wurde, heißt es:

> Leute mit irrtümlicher Denkweise äußern Meinungen.
> Leute mit auf Wahrheit ausgerichteter Denkweise tun dies auch.
> Wird eine Meinung dargelegt, lässt sich der Weise nicht hineinziehen –
> Es gibt nichts Vertrocknetes an einem Weisen.[59]

Der Weise (*muni*) hat nicht nur mit dem zu tun, was auf seine physische Sinne einwirkt, sondern auch mit Worten und Vorstellungen, die auf seinen Geist einwirken. Er ist auf der Hut vor verführerischen Vorstellungen, vor unwiderstehlichen »Bildern« der Welt, die alles zu erklären scheinen, und vor Überzeugungen, die herzerwärmenden Trost bieten. Das Problematische derartiger Vorstellungen, Bilder und Überzeugungen liegt nicht darin, ob sie »wahr« oder »falsch« sind. Allein schon die Art, wie eine Vorstellung strukturiert ist, begrenzt uns und sperrt uns ein. »Ein Bild hielt uns gefangen«, sagt Wittgenstein in seinen *Philosophischen Untersuchungen.* »Und heraus konnten wir nicht, denn es lag in unserer Sprache, und sie schien es uns nur unerbittlich zu wiederholen.«[60] Es hat etwas Fruchtloses und Ödes, an irgendeiner Position festzuhalten, selbst wenn sie eine buddhistische oder eine Wittgensteinsche ist.

Dieser gesunde Argwohn Meinungen gegenüber bewahrt den Weisen davor, sich in einen Disput über geäußerte Ansichten hineinziehen zu lassen, ihnen zuzustimmen oder nicht. Er mag das Gesagte hinsichtlich seiner Brauchbarkeit überdenken – ob es sich eignet, mit einer jeweiligen Situation umzugehen oder ein spezielles Dilemma zu lösen –, er wird sich aber nicht zu einer Auseinandersetzung verlocken lassen, in der es darum geht, ob es in einem letztendlichen, metaphysischen Sinne wahr oder falsch ist. Der Weise hat die Dürre des »Platzes« hinter sich gelassen; er sucht nicht länger Gewissheit und Endgültigkeit, um die Sicherheit seines Ichs zu stützen. Ein Weiser lebt aus der Fruchtbarkeit eines »Grundes«, der auf die sich entfaltenden Gegebenheiten des Lebens schöpferisch und spontan antwortet.

(7)
Der Pfad (*magga*) soll kultiviert (*bhāvanā*) werden.

Was wir bisher behandelt haben – *dukkha* umfassend verstehen, Reaktivität loslassen und ihr Aufhören betrachten –, sind bereits alles Aspekte, den Pfad zu kultivieren. Dies unterstreicht noch einmal, dass die vierfache Aufgabe ebenso sehr ein Zusammenwirken aufeinander bezogener Handlungen wie eine kausale Aufeinanderfolge von Praktiken ist. Der von Gotama als »mittlerer« oder »zentrierter« Weg bezeichnete Pfad umreißt eine Daseinsform, die jeden Aspekt der Menschlichkeit einer Person umfasst. Hier nun die klassische Definition:

> Und dies ist der Pfad, ein Pfad mit acht Zweigen: umfassende Sicht, umfassende Absicht, umfassendes Sprechen, umfassendes Handeln, umfassender Lebenserwerb, umfassendes Bemühen, umfassende Achtsamkeit, umfassende Konzentration.[61]

Sammā übersetze ich lieber mit »umfassend« als mit dem eher üblichen »recht«. »Umfassend« besitzt keinen moralistischen Unterton wie »recht« und deutet darauf hin, wie jedes Element des Pfades ein integraler Bestandteil des Ganzen werden kann (»integral« stammt vom lateinischen *integer* = ganz). Der achtfache Pfad ist ein Modell für ein zentriertes Leben, das ausgeglichen, harmonisch und ganzheitlich ist, anstatt unausgeglichen, unharmonisch und zersplittert. Er ist kein Rezept für ein frommes, buddhistisches Dasein, in dem Praktizierende alles richtig machen und niemals falsch liegen.

Das Ziel der vierfachen Aufgabe liegt meiner Meinung nach darin, ein ganzheitliches Leben zu führen. Vielleicht wurde die Entwicklung des achtfachen Pfades aus diesem Grund als vierter Aspekt dieser Aufgabe dargelegt, obwohl er bereits in den anderen dreien enthalten ist. Ein ganzheitliches Leben resultiert logischerweise aus dem umfassenden Verstehen der leiderfüllten Welt, dem Loslassen der Reaktivität und dem Betrachten des Aufhörens der Reaktivität. Aus diesem ruhigen und leeren Raum heraus kann dann intuitiv mit Gedanken, Intentionen, Worten und Handlungen *geantwortet* werden, die nicht durch Reaktivität bestimmt sind. In der Praxis allerdings ist der Moment, in dem Reaktivität erlischt, auch der Moment, der eine »umfassende Sicht« (den ersten Zweig des Pfades) auftauchen lässt.

Aus dem Kanon habe ich die Rede *An Kaccānagotta* als primäre Quelle über »umfassende Sicht« ausgewählt. Es ist unklar, wer dieser Kaccānagotta – »der aus der Kaccāna-Linie« – ist. Da er den Buddha als *Bhante* anredet, können wir davon ausgehen, dass es sich um einen seiner Schüler handelt. Zunächst stellt er die Frage: »Ihr sagt ›umfassende Sicht‹, ›umfassende Sicht‹. Was ist diese umfassende Sicht?« Gotama antwortet:

> Im Großen und Ganzen, Kaccāna, baut diese Welt auf die Dualität von »es ist« und »es ist nicht«. Jemand aber, der das Entstehen der Welt, während es geschieht, mit umfassender Weisheit betrachtet, hat nicht das Empfinden von »es ist nicht« bezüglich der Welt. Und jemand, der das Aufhören der Welt, während es geschieht, mit umfassender Weisheit betrachtet, hat nicht das Empfinden von »es ist« bezüglich der Welt.[62]

Diese Passage verwendet zwei der Schlüsselbegriffe der vierfachen Aufgabe: »entstehen« (*samudaya*) und »aufhören« (*nirodha*). Hier beziehen sie sich auf das Sichtbarwerden und Verschwinden der Welt (*loka*) – anders gesagt, auf die fließenden und ungewissen Prozesse des Lebens selbst. Jemand, der dieses bedingte Entstehen und Aufhören aus der Perspektive umfassender Weisheit (*sammappaññā*) wahrnimmt, versteht, inwiefern zwei der grundlegenden sprachlichen Begriffe – »es ist« (*atthī*) und »es ist nicht« (*natthī*) – das unbeschreibbare Auftauchen und Weggleiten der Welt nicht zu erfassen imstande sind. Diese Weisheit bezieht sich meiner Meinung nach auf das Enden der »Verblendung« (*moha*) in der Triade von Gier, Hass und Verblendung. Von daher scheint »Weisheit« ein weiteres Synonym für »umfassendes Verstehen« und »Nirvana« zu sein.

In diesem Sinne verwirrt zu sein heißt, durch die Mittel der Sprache »verhext« zu werden, wie Wittgenstein es ausdrückt. Menschen in der Welt »stützen sich«, so Gotama, auf die dualistischen Formeln »es ist« und »es ist nicht«, um ihrer inneren und äußeren Welt Sinn zu verleihen. Sie glauben, dass Dinge entweder existieren oder nicht existieren. Wenn man jedoch aufmerksam auf einen Gedanken, auf das Einatmen, einen Schmerz im Knie oder auf die Zypresse im Hof achtet, lassen sich alle diese Dinge nicht auf entweder »seiend« oder »nicht seiend« reduzieren. Denn sie kommen und gehen. Sie bewegen und wandeln sich. Sie gleiten und rutschen. Sie verschwimmen ineinander. Es ist nicht möglich, eine akkurate Linie zu ziehen, die markiert, wo oder wann beispielsweise das Einatmen beginnt oder aufhört. Derartige Unterscheidungen sind nützliche Übereinkünfte, aber gänzlich ungeeignet, um das tatsächliche Wirken der Natur aufzuzeigen. Die Verhexung von *moha* geschieht, sobald wir unbewusst der Auffassung zustimmen, dass Worte wie »ich« ein entsprechendes Ding (mich) beschreiben, das in einem eigenen Bereich existiert, unabhängig von der verwendeten sprachlichen Bezeichnung.

Da wir Sprache andauernd benutzen, halten wir Wörter für die exakte Abbildung der Realität. Umfassende Weisheit erliegt indes nicht länger dem bequemen Denken in Gegensätzen, sondern ist offen für die Unmittelbarkeit und das Potential dessen, was sich in jedem Augenblick ereignet. Die Begrenztheit der Sprache wird deutlich, wenn wir uns darin schulen, dem wirklichen Pulsieren des Lebens in uns und um uns herum innige und im Körper verankerte Aufmerksamkeit zu schenken. Entstehen und Sichentfalten einer Sache mitzuerleben lässt die Vorstellung von »es ist nicht« absurd werden. Gleichermaßen schwächt das Nachsinnen über ihr Verblassen und Verschwinden jede Vorstellung von »es ist«.

Eine derartige »umfassende Sicht« aufrechtzuerhalten ist eine anspruchsvolle Aufgabe. Sie erfordert ein erhebliches Maß an Disziplin und Anstrengung, um dahin zu kommen, die Welt und sich selbst in dieser Weise zu sehen, denn das läuft unserem konditionierten Sehen und Denken zuwider. »Im Großen und Ganzen, Kaccāna«, führt der Buddha seine Antwort weiter aus, »ist diese Welt gebunden an ihre Vorurteile und Gewohnheiten.« Aber, so sagt er, jemand der zu dieser Sicht gelangt sei, »verfängt sich nicht in Gewohnheiten, Fixierungen, Vorurteilen oder Vorlieben des Geistes. Er ist nicht auf ›mein Selbst‹ fixiert. Wenn etwas geschieht, zweifelt er nicht daran, dass es geschieht, und wenn etwas ein Ende gefunden hat, dass es ein Ende gefunden hat. Sein Erkennen ist unabhängig von anderen. In dieser Hinsicht ist seine Sicht umfassend.«[63]

Es fällt auf, dass der Buddha zwischen etwas »Geschehendem« (*uppajjati*) oder »Zu-Ende-Gehendem« (*nirujjhati*) einerseits und dessen »Sein« (*atthi*) oder »Nicht-Sein« (*natthi*) andererseits unterscheidet. Ihm ist eine prozesshafte Sprache angenehm, die Sprache der Ontologie weist er zurück.

Die Aussage, der achtfache Pfad solle kultiviert (*bhāvanā*) werden, meint, dass er von Augenblick zu Augenblick geschaffen und bewahrt werden muss. Der Pfad erstreckt sich nicht vor uns in die Ferne, darauf wartend, dass wir gemächlich auf ihm entlang schlendern. Er bedarf kontinuierlicher Pflege und Anwendung. Mit einer möglichst umfassenden Sicht als Grundlage streben Praktizierende danach, in der auf die jeweiligen Lebenssituationen angemessenen Art und Weise zu denken, zu sprechen und zu handeln. Dieses sind die Aufgaben der Konvertiten, der in den Strom Eingetretenen, jener, die sich den achtfachen Pfad zu eigen gemacht haben. Die Aufgaben sind Ausdruck einer grundsätzlichen Verpflichtung, die Werte des Erwachens, des Dharma und der Gemeinschaft zu verwirklichen, in welche die auf dem Weg Befindlichen »klares Vertrauen« gewonnen haben.

Eine andere Tradition des frühen Kanons präsentiert die Konversion hingegen nicht im Sinne des gewonnenen Vertrauens oder der erreichten Tugenden, sondern im Sinne der abgeschüttelten »Bindungen« oder »Fesseln« (*saṃyojana*). Für »in den Strom Eingetretene« kann der Lebensstrom frei fließen, er ist nicht länger blockiert oder gehindert durch die Fesseln der Eitelkeit (*sakkāyadiṭṭhi*), des Zweifels (*vicikicchā*) und moralischer Vorschriften (*sīlabbata*).[64] Da Ich-Bezogenheit jemandem fremd ist, der »nicht fixiert ist auf ›mein Selbst‹«, und da Zweifel im Gegensatz zu klarem Vertrauen steht, ist es recht einfach zu sehen, wie derartige Fesseln von jenen abfallen, die Nirvana erblicken und sich einem Pfad des Erwachens verpflichten. Doch inwiefern sind moralische Vorschriften als Bindung oder Fessel aufzufassen?

Für jemanden, der nicht länger in Begriffen von »es ist« und »es ist nicht« denkt, kann es für die Ethik keine ontologische Basis geben. Im Kontrast dazu beruht ein legalistischer Moralkodex eher auf der Annahme, dass böse Handlungen einen bestimmten Wesenskern besäßen, während gute Handlungen von ganz anderer Wesensart seien. Diejenigen, die moralisch sind, folgen daher den Regeln, die in diesem Kodex angelegt sind, mit der selbstgefälligen Sicherheit zu wissen, dass sie »Recht« haben. Jene aber, die in den Strom des Pfades eingetreten sind, sind »unabhängig von anderen« geworden. An keinen Verhaltenskodex gebunden, der von anderen zusammengestellt wurde, werden sie auf jedwedes moralische Dilemma, das ihnen begegnen mag, in unvorhersehbarer Weise antworten. Das wird mit Empathie, Intelligenz und Mitgefühl geschehen und nicht, indem sie zunächst in einem moralischen Regelwerk nachschauen, was erlaubt ist. Sie werden erkennen, wie sich jedes moralische Dilemma aus einer einzigartigen Mischung komplexer Bedingungen ergibt. Ihre Ethik ist somit eine eher situative denn eine legalistische. Sie sind bereit, eine ihrer Auffassung nach angemessene Antwort zu geben, wobei sie sich der Tatsache durchaus bewusst sind, dass sie die Dinge womöglich falsch verstehen und verschlimmern. Sie sind nicht länger durch moralische Regeln »gebunden«, sondern haben eine Ethik der Sorge und der Wagnis angenommen.

(8)

In der Rede »Die Stadt« bittet Gotama seine Zuhörer sich vorzustellen, wie ein Mann durch einen Wald geht

> und einen Pfad aus alter Zeit entdeckt, auf dem Menschen in der Vergangenheit umherwanderten. Er folgt ihm und entdeckt eine alte, einst bewohnte Stadt mit Parks, Hainen, Weihern und Wallanlagen, ein wunderbarer Ort. Der Mann verständigt daraufhin den König oder einen königlichen Minister: »Herr, wisset, dass ich einen alten Pfad entdeckt habe, als ich durch den Wald wanderte. Ich folgte ihm und erblickte eine alte Stadt. Baut diese Stadt wieder auf, mein Herr!« Daraufhin würde der König oder königliche Gesandte die Stadt wieder aufbauen lassen und einige Zeit später würde sie zu Blüte und Wohlstand kommen, von vielen Menschen bewohnt werden, zu Wachsum und Expansion gelangen.[65]

Dann erklärt er, was die Parabel bedeutet. Er vergleicht sich selbst mit dem Mann im Wald und den alten Pfad mit jenem, der »von den Buddhas der Vergangenheit begangen wurde«. »Und was ist dieser alte Pfad?«, fragt er. »Es ist schlicht der edle achtfache Pfad, also: umfassende Sicht, umfassende Absicht, umfassende Rede, umfassendes Handeln, umfassender Lebenserwerb, umfassendes Bemühen, umfassende Achtsamkeit und umfassende Konzentration.«[66]

Gotama sieht sich selbst nicht als jemanden, der irgendetwas Neues lehrt, das aus einer ihm eigenen, besonderen Einsicht oder Schöpferkraft erwachsen wäre. In Anerkennung der »Buddhas der Vergangenheit« weiß er, dass er sowohl etwas Universelles wie Zugängliches entdeckt hat: eine völlig menschliche Lebensweise, die im Umarmen von *dukkha* gründet, im Loslassen der Reaktivität und dem Gewahrsein ihres Aufhörens. Und es ist nicht nur der Pfad, den er wiederentdeckt hat. Sondern er ist auch dem Pfad gefolgt, und dieser führte ihn zu den Ruinen einer alten Stadt. Wofür steht diese alte Stadt? Der Text verfällt an dieser Stelle in standardisierte, lehrhafte Formeln, aber das Wesentliche dieser Passage ist klar. Die Stadt symbolisiert ein blühendes, kommunales Leben, das auf dem Prinzip der Bedingtheit basiert, wie es von jeder Facette der vierfachen Aufgabe gespiegelt wird.

Gotama stellt sich eher eine Stadt der Kontingenz vor, denn eine Stadt Gottes. Für ihren Aufbau (oder Wiederaufbau) wendet er sich um Hilfe an den »König oder königlichen Gesandten«, der für die Mittel sorgen und Arbeitskräfte für die Aufgabe bereitstellen möge. Die Parabel zeigt, dass es Gotama ein Anliegen ist, eine Gesellschaftsform zu bilden. Vielleicht möchte er mit seiner »Versammlung« (*parisā*) aus Anhängern und Mendikanten ein Modell bieten, wie eine solche Gesellschaft funktionieren könnte, doch um seine Vision in die Wirklichkeit umsetzen zu können, muss er die Machthaber seiner Zeit hinzuziehen. Er sucht die Herrscher nicht zu stürzen oder zu ersetzen, sondern sie für seine Vision zu gewinnen. Er tritt nicht für eine Revolution ein, sondern für die Reformierung und Entwicklung eines bestehenden Gemeinwesens. Gegen Ende seines Lebens spricht er sich für eine republikanische Regierungsform aus als Modell für seine Gemeinschaft, doch in den zahlreichen Beziehungen, die er sein Leben lang zu Oberhäuptern, Versammlungen und Königen unterhalten hat, scheint er alle Herrschaftssysteme, die sie repräsentieren, zu akzeptieren.

Wenn wir die vierfache Aufgabe und das Gleichnis der Stadt als Abbildung einer Abfolge von Schritten betrachten, sieht das Ergebnis so aus:

Dukkha umfassend verstehen –
Reaktivität loslassen –
das Aufhören der Reaktivität betrachten –
den achtfachen Pfad kultivieren –
die Stadt aufbauen

Die Aufgaben beschreiben einen kausalen Prozess, der in einer Gesellschaftsform kulminiert. Umarmten wir die existentielle Lebenswirklichkeit vollauf, würde das zu einem Loslassen der gewohnten Reaktivität führen. Ließen wir die Reaktivität los, würde uns das befähigen, das Aufhören der Reaktivität zu sehen. Hörten wir auf zu reagieren, würde dies die Möglichkeit einer Lebensweise zulassen, die nicht durch Reaktivität bedingt ist. Und lebten wir alle auf solche Weise, würde das die Tür zu einer anderen Art von Gesellschaft öffnen.

Ich glaube, Gotama hat in dieser Weise seine Vision eines zweifachen Grundes aus Bedingtheit und Nirvana in eine Lebensweise übersetzt, die sich an der vierfachen Aufgabe orientiert. Bedingtheit und Nirvana bieten die tieferliegende Begründung, um in der Welt in einer die individuelle Integrität und die Erneuerung der Gemeinschaft fördernden Weise zu leben. Indem der Buddha das Ziel seiner Lehre mit dem Wiederaufbau einer alten Stadt vergleicht, präsentiert er es als etwas gänzlich Säkulares. Gemäß buddhistischer Orthodoxie führt das Beschreiten des achtfachen Pfades zum vollständigen Ende des Leidens, indem der Kreislauf aus Tod und Wiedergeburt beendet wird. Im Gegensatz dazu führt das Beschreiten des achtfachen Pfades hier zum Auftauchen einer Stadt: eines gemeinschaftlichen städtischen Lebens in *dieser* Welt.

4 Pasenadi: der König

König Pasenadi von Kosala weiß: »Der Wanderer Gotama ging aus dem benachbarten Clan der Sakiyer hervor.« Nun sind die Sakiyer Vasallen des Königs von Kosala. Demütig bieten sie ihre Dienste an und grüßen ihn, erheben sich wieder und huldigen ihm und erweisen ihre angemessenen Dienste. Und genauso, wie die Sakiyer dem König demütig ihre Dienste anbieten, genauso bietet der König demütig seine Dienste dem tathāgata *an, mit dem Gedanken: »Wenn der Wanderer Gotama hochwohlgeboren ist, dann bin ich niedrig geboren; wenn der Wanderer Gotama stark ist, dann bin ich schwach; wenn der Wanderer Gotama gut aussehend ist, dann bin ich hässlich; wenn der Wanderer Gotama einflussreich ist, dann habe ich wenig Einfluss.«*

– Aggañña Sutta

(1)

Gotama. Ānanda. Mahānāma. Pasenadi. Wer sind diese Menschen? Wer *waren* sie? Betrachte ich sie als historische Figuren, als Menschen, deren Herzen genau wie meines schlagen, die über die Erde geschritten sind mit Gicht in den Zehen oder Schmerzen in der Hüfte: fehlbare, alternde Kreaturen, Krankheiten, Ängsten und dem Tod ausgeliefert? Oder, in Abwesenheit irgendeines handfesten Beweises, dass sie je existiert haben –

keine Schriften, keine Gegenstände, die von ihren Händen gefertigt wurden, keine zeitgenössischen Inschriften in Felsen, keine Erwähnung ihrer Existenz außerhalb der buddhistischen Quellen – betrachte ich sie als reine Chiffren, die allgemeine menschliche Typen repräsentieren: Gotama, der Weise; Ānanda, der Schüler; Mahānāma, der Genussmensch; Pasenadi, der Herrscher? Oder liegt die Wahrheit über sie woanders?

Sollte ich sie behandeln wie Charaktere in einem Roman? Wenn ich von ihren Taten lese und über ihre Worte nachdenke, verbanne ich dann willentlich meinen Zweifel an ihrer Existenz aus Fleisch und Blut als Preis dafür, dass sie die Merkmale unseres gemeinsamen Menschseins erhellen und eine Orientierungshilfe bieten, wie wir in diesem gegenwärtigen Leben gedeihen können? Ist Gotama nicht mehr oder weniger real wie Don Quixote oder Leopold Bloom? Dies würden Buddhistinnen und Buddhisten nur schwer akzeptieren können, ebenso wie es Christen in Bezug auf Jesus, Muslime in Bezug auf Mohammed oder Daoisten in Bezug auf Zhuangzi könnten, denn er ist eine Figur, von deren Existenz Millionen von Menschen jahrhundertelang ausgingen und die das verkörpert, was womöglich tief verwurzelte Überzeugungen sind. Ich kann nicht akzeptieren, dass Gotama eine Erfindung ist, erdacht durch zynische Priester, um mich durch Täuschung (zu meinem Besten) zu bewegen, an ihn zu glauben. Für mich muss er mehr sein als eine Chiffre, aber ich wünsche mir auch, dass er mehr ist als bloß ein Mensch.

Der Teufel liegt bekanntlich im Detail. Auf der Basis kümmerlicher Anhaltspunkte versuche ich das Leben des Mannes, der als Siddhattha Gotama (Siddhartha Gautama) bekannt ist, und den Dharma, den er gelehrt hat, zu rekonstruieren. In beiden Fällen versuche ich, in meiner Vorstellung die Welt des Indien im fünften Jh. v. u. Z. wieder aufleben zu lassen, um einen Einblick in das Wesen des historischen Gotama zu gewinnen, bevor er zum quasi-göttlichen Buddha mutierte, und in die zentralen Elemente seiner Lehren, bevor sie zu den verschiedenen Orthodoxien des Buddhismus mutierten. In beiden Fällen konzentriere ich mich oft auf widersprüchliche Textelemente, die nicht so recht in die Lehrreden, in die sie eingebettet sind, passen wollen. Solche schwierigen und unterbrochenen Passagen sehe ich eher als ursprünglich an als den Rest des Kanons und folge darin den Kriterien einer historisch-kritischen Betrachtung, wie sie von Bibelgelehrten etabliert wurden. Da diese Stellen den anerkannten Ansichten der späteren buddhistischen Schulen widersprechen, ist es weniger wahrscheinlich, dass sie später durch Vertreter dieser Schulen hinzugefügt wurden.

Die Spannungen zwischen Gotama und dem Buddha und zwischen dem Dharma und dem Buddhismus könnten bereits zu Gotamas Lebzeiten begonnen haben. Die Lehrreden selbst liefern reichlich Beispiele, wie Gotama von einem menschlichen Wesen in ein quasi göttliches und wie der Dharma von einer praktischen Ethik in eine metaphysische Doktrin verwandelt wurden. Die Texte des frühen Kanons teilen also nicht dasselbe Alter, sondern müssen als Produkte der lehrmäßigen und literarischen mindestens drei Jahrhunderte andauernden Evolution einer Tradition verstanden werden.

(2)

König Pasenadi von Kosala und Kāsi, um ihm seinen vollen Titel zu geben, war der Anhänger, mit dem Gotama die meisten

Dialoge geführt hat. Das dritte Kapitel der *Saṃyutta Nikāya*, das aus fünfundzwanzig Lehrreden besteht, ist ihren Gesprächen gewidmet, genauso wie vier aufeinanderfolgende Lehrreden in der *Majjhima Nikāya* (Nr. 87–90). Aber trotz des relativen Materialreichtums blieb Pasenadi in der Geschichte des Buddhismus eine obskure Figur. Der König, der am engsten mit Gotama verbunden war, scheint Bimbisāra gewesen zu sein, der Herrscher von Magadha. Doch die einzigen Gespräche zwischen Gotama und Bimbisāra betreffen rechtliche Fragen in Bezug auf Vorschriften. Nirgendwo wird erwähnt, dass die beiden Männer ein Gespräch über den Dharma hatten. Überraschenderweise wird Bimbisāra jedoch als jemand bezeichnet, der beim ersten Hören der Lehre Gotamas in den Strom eintrat, während Pasenadi, der ziemlich häufig persönliche Unterweisungen erhielt, keinerlei Fortschritte auf dem Weg gemacht haben soll.

Hier gibt es eine eigenartige Parallele zu Ānanda, Gotamas jüngerem Vetter und hingebungsvollem Anhänger. Von zahlreichen Nebenfiguren wird erzählt, dass sie nach einmaligem Hören der Lehre des Buddha *arahants* wurden, doch Ānanda wie auch Pasenadi gelang es nicht, irgendetwas Vergleichbares zu erreichen, obwohl sie viele Jahre engen Kontakt mit seinen Lehren hatten und zwei seiner engsten Vertrauten waren. Ānanda wird von Gotama oft gepriesen und eingeladen, Lehrreden für die anderen Mendikanten zu halten, aber er gelangte nie über das Stadium eines In-den-Strom-Eingetretenen hinaus. Was Ānanda und Pasenadi eint, ist, dass beide am weltlichen Geschehen teilhaben: Ānanda als Gotamas Begleiter in den letzten fünfundzwanzig Jahre seines Lebens und Pasenadi als Herrscher über Gotamas Heimat Kosala. War es vielleicht dieser Makel der Weltlichkeit, der bei denjenigen, die den Kanon zusammenstellten, ein Unbehagen auslöste, sie in die Reihen der spirituell Verwirklichten aufzunehmen? Ist es ein Zufall, dass zwei der menschlichsten Charaktere, von denen wir viele Einzelheiten kennen, der Heiligkeit nicht für würdig befunden werden, während viele andere, über die wir fast nichts wissen, als gesichtslose Heilige präsentiert werden?

Lassen Sie uns, bevor ich mit meiner Darstellung des Charakters und Lebens von Pasenadi fortfahre, zunächst unser Augenmerk darauf richten, wie der Buddha die Rolle des Königtums betrachtete, sowohl im wörtlichen als auch im metaphorischen Sinne. *Die kürzere Lehrrede an Saccaka* handelt von einem Gespräch mit einem angesehenen Lehrer des Jainismus in Vesālī, genannt Saccaka. Als Antwort auf Saccakas Behauptung, dass »dieser Körper mein Selbst ist, diese Gefühle mein Selbst sind, Wahrnehmungen mein Selbst sind, Neigungen mein Selbst sind und dieses Bewusstsein mein Selbst ist«, fragt Gotama:

> Was glaubst du, Saccaka? Würde ein gesalbter König – zum Beispiel König Pasenadi von Kosala oder König Ajātasattu von Magadha – die Macht in seinem eigenen Reich ausüben, um diejenigen hinzurichten, die hingerichtet werden sollten, um diejenigen zu bestrafen, die bestraft werden sollten, um diejenigen zu verbannen, die verbannt werden sollten?[1]

Saccaka antwortet, wenn Gemeinschaften (*sangha*) und Gesellschaften, die immer noch als oligarchische Republiken funktionieren wie die der Mallāns und der Vajjians, das Recht haben, diese Dinge zu tun, dann sollte »umso mehr« ein König wie Pasenadi von Kosala eine solche Macht haben.[2]

Der Buddha stimmt zu. Er akzeptiert, dass Könige das Recht haben, hinzurichten, Strafen zu verhängen, Menschen zu verbannen. Das ist es, was Könige (und demokratisch gewählte Führer) tun: ihre Pflicht ist es, die Unversehrtheit des Reiches vor denen zu schützen, die diese zu untergraben suchen. Nicht ein einziges Mal in den Dialogen mit Pasenadi versucht Gotama den König davon abzubringen, eine Strafe zu verhängen, sogar wenn Pasenadi ihn mit Erzählungen seines eigenen gewalttätigen Verhaltens provoziert. Gotama erkennt an, dass bei einem König, der sich selbst als Anhänger des Dharma bezeichnet, der Tugend der Gewaltlosigkeit bei der Ausübung der königlichen Autorität nicht Folge geleistet werden muss. Diese Anerkennung einer Ausnahme wirft eine heikle Frage auf: Wie könnte ein König oder Herrscher die erste Übung, kein Leben zu nehmen, praktizieren? Des Buddhas unkritische Akzeptanz der königlichen Pflicht könnte auch zur Rechtfertigung des Arguments benutzt werden, dass ein Anhänger des Dharma die Autorität und die Institutionen des Staates nicht in Frage stellen sollte.

Aber Gewaltlosigkeit ist gar nicht der Kern des Dialoges. Das Beispiel vom Recht des Königs, seine Macht in seinem Herrschaftsbereich auszuüben, wird hier aufgeführt, um der Aussage Saccakas entgegenzutreten, dass er identisch sei mit seinen fünf psychosomatischen Bündeln: Form, Gefühl, Wahrnehmung, Neigung und Bewusstsein. Gotama fährt fort: »Was glaubst du, Saccaka? Wenn du sagst: ›Dieser Körper ist mein Selbst‹, übst du solch eine Macht aus, dass du auch sagen könntest: ›Lass meinen Körper so sein; lass meinen Körper nicht so sein.‹ Als das gesagt wurde, war Saccaka still.«[3]

Wir neigen zu einer stark überhöhten Vorstellung von unserer Macht über unseren Körper und unseren Geist. Wenn wir unsere physischen und mentalen Bestandteile für unser »Ich« oder für »mein« halten, gehen wir naiverweise von einer Art Herrschaft über eine komplexe Ansammlung von vorübergehenden, unzuverlässigen und unpersönlichen Prozessen aus. In seiner Antwort auf Saccaka folgt Gotama genau der gleichen Argumentation wie in *Über Nicht-Selbst*, was seine zweite Lehrrede gewesen sein soll.[4] Bei dieser Lehrrede ist es ganz offenkundig, dass Gotama über die mangelnde Fähigkeit spricht, die eigenen inneren körperlichen Prozesse zu kontrollieren. Es ist unmöglich, stellt er klar, dem Körper zu befehlen, gesund statt krank zu sein, oder den Gefühlen, angenehm statt unangenehm zu sein. Anders als ein König, der seinen Untertanen Befehle erteilen und erwarten kann, dass diese befolgt werden, erfahren wir uns selbst als machtlos gegenüber unserem eigenen Empfindungsvermögen – eine Situation, die mit dem tief verwurzelten Gefühl, verantwortlich für das zu sein, was vor sich geht, in Widerspruch steht.

Gotamas Vorstellung von Herrschaft ist ambivalent. In weltlichen Dingen, erkennt er die Autorität und die Pflichten der Könige an und ist nicht darum bemüht, Ihnen Ratschläge zu erteilen, anders zu handeln. Im metaphorischen Sinne ermutigt er jedoch die Menschen, anders zu handeln, als ihrer angeborenen Reaktivität zu folgen, obwohl er anerkennt, dass niemand Herrschaft über seine eigenen Erfahrungen auszuüben vermag.

Der Buddha vergleicht Saccaka mit einem Mann, der auf der Suche nach Kernholz mit einer Axt zu dem großen Stamm einer Platane geht. »Wenn er ihn an der Wurzel fällte, die Krone abschnitte und die Blätterhülle aufrollte, würde er doch niemals an das Kernholz, an den Kern kommen, solange er auch fortführe, sie aufzurollen.« Diese Analogie legt nicht nur die Hohlheit von Saccakas Position bloß, sondern sie enthüllt auch die Unauffindbarkeit eines inneren Kern-Selbst. Wenn man dahin kommt, den Körper mit umfassendem Verstehen zu sehen, realisiert man, dass »dieser nicht mein ist, dass ich nicht dies bin, dass dies nicht mein Selbst ist«. Durch dieses Loslassen und Nicht-Anhaften ist eine Person von Reaktivität befreit und erreicht »unübertreffliche Sicht, das Beschreiten-des-Pfades (*patipada*) und Freiheit«. [5]

Die Unmöglichkeit, ein herrschaftliches Selbst unter den Elementen der eigenen Erfahrung zu finden, heißt nicht, dass es überhaupt kein Selbst gebe und man aufgrund dessen ein geistloser Automat sei, unfähig Entscheidungen zu treffen und ihnen gemäß handeln. Die Freiheit, die aus dieser Einsicht gewonnen wird, ist die Freiheit, die Dinge klar zu sehen und den Lebensweg weise zu gehen. In den Dialogen Gotamas mit anderen erleben wir eine Person, die von solch einer befreiten Perspektive aus spricht und handelt. Statt einem quasi allwissenden Hellseher begegnen wir einem Menschen im Spannungsfeld mehrdeutiger und unvorhersehbarer menschlicher Interaktionen.

In der *Gruppierten Sammlung der Lehrreden an die Leute von Kosala* treffen wir Pasenadi und Gotama während einer vermutlich religiösen Zeremonie. Der König erhebt sich von seinem Sitz, kniet auf der Erde vor den versammelten Brahmanen und Wanderern nieder und lobt sie überschwänglich. Dann kehrt er zurück an Gotamas Seite und erklärt: »Nun, diese sollten sicherlich zu den Menschen in der Welt zählen, die Heilige (*arahants*) sind.« Gotama antwortet: »Das ist schwierig zu sagen.«

> Nur durch das Zusammenleben mit jemandem wird seine Tugend bekannt, und das erst nach langer Zeit durch jemanden, der aufmerksam und weise ist. Nur wenn man mit jemandem zu tun hat, wird seine Aufrichtigkeit bekannt … Nur wenn man Zeuge wird, wie er sich angesichts von Widrigkeiten verhält, wird sein Mut bekannt … Nur durch Gespräche mit ihm wird sein Verständnis bekannt.[6]

Dieser pragmatische Ratschlag zerstört nicht nur die Idee, dass Gotama auf wundersame Weise die Gedanken anderer Leute lesen könnte, sondern warnt auch davor, sich vorschnell Meinungen über andere zu bilden, die nur auf ersten Eindrücken basieren. Nur weil jemand einen geschorenen Kopf hat, Roben trägt und einen abgeklärten Eindruck macht, können wir daraus nicht auf seinen wahren Charakter schließen. Ganz im Gegenteil, egal wie »erleuchtet« eine andere Person sein mag, es braucht Zeit, Aufmerksamkeit und Urteilsvermögen, um sie einzuschätzen.

Aber der König versucht, Gotama hinters Licht zu führen, um ihn zu testen. Er gibt zu, dass all diese Männer in der Tat seine als Wanderer und Asketen verkleideten Spione sind.[7] Gotama bleibt gelassen. Er kritisiert den König nicht für den Versuch, ihn oder andere in die Irre zu führen, indem er die Spione als Wanderer verkleidet. Vielleicht hat er Pasenadi bereits verdächtigt, Spione in seine eigene Gemeinschaft von Mendikanten eingeschleust zu haben. Wenn nicht, wird er das jetzt tun. Dieser Austausch zeigt Gotamas Geschick, mit einem wankelmütigen und mächtigen Charakter umzugehen. Weder kann er es sich leisten, etwas zu sagen oder zu tun, was diesen wichtigsten Wohltäter dazu bringen könnte, seine Unterstützung zurückzuziehen, noch kann er als ein willensschwacher Ja-Sager erscheinen, wenn er sich den Respekt des Königs bewahren will.

(3)

Pasenadi wird, wie sein Vasall Mahānāma in Sakiya, als ein Mann voller Konflikte zwischen seinen öffentlichen Pflichten und seinen spirituellen Sehnsüchten beschrieben. Während sich beide zu den von Gotama gelehrten Werten hingezogen fühlen, hat keiner von ihnen die Absicht, sich aus der Politik zurückzuziehen und sich einem Leben in ruhiger Kontemplation zu verschreiben. Aber beide haben den Dharma ausreichend verinnerlicht, um sich bewusst zu sein, dass das Eintauchen in weltliche Angelegenheiten dem Streben nach Erwachen im Weg zu stehen scheint. Nach einer Periode einsamen Rückzugs teilt Pasenadi Gotama eine erlangte Einsicht mit. »Es gibt wenige Menschen in der Welt«, sagt er, »die, wenn sie großen Reichtum erlangen, nicht dadurch vergiftet und achtlos werden, der Gier nach Sinnenfreuden nachgeben und andere schlecht behandeln.« Im gegebenen Zusammenhang ist es unwahrscheinlich, dass Pasenadi einfach nur eine bedeutungslose Beobachtung über den korrumpierenden Einfluss von Geld und Macht wiedergibt. Er scheint eine dieser unbequemen Selbsterkenntnisse zu beschreiben, die er in einem Moment ruhiger Besinnung gewonnen hat. Er erkennt, dass er selbst durch seine Position vergiftet, achtlos, gierig geworden ist und beleidigend gegenüber anderen. Gotama bietet ihm keinen Trost. Er stimmt einfach zu.[8]

In dieser Textstelle wird der starke Einfluss äußerer Bedingungen auf die innere Geisteshaltung anerkannt. Egal wie sehr man sich danach sehnen mag, nicht achtlos und gierig zu sein, der Druck der sozialen Umstände kann die besten Intentionen beiseite schieben und zu einer Verhaltensschwäche führen, die man später bereut. Wir können uns vorstellen, dass eine solche Einsicht bei einem intelligenten und empfindsamen Menschen wie Pasenadi zu Selbsthass und Schuldgefühlen führt.

In einem Abschnitt aus der Lehrrede *Über die Anfänge,* zitiert im Vorspann zu diesem Kapitel, vergleicht sich Pasenadi in jeder möglichen Weise unvorteilhaft mit Gotama.[9] Auch wenn wir das als hochtrabende Rhetorik abtun könnten, stimmen die Worte mit anderen Berichten über Pasenadis Charakter überein. In einer Textstelle erfahren wir, wie er mit fünf seiner Anführer ernsthaft darüber diskutiert, welches Sinnesorgan das größte Vergnügen bereitet.[10] An einer anderen Stelle wird er als Vielfraß bezeichnet. »Unfähig, die Benommenheit, die durch eine übermäßige Mahlzeit hervorgerufen war, abzuschütteln, ging er zu Gotama und lief mit mattem Blick vor ihm hin und her.« Als er gefragt wurde, was los sei, antwortete er, dass er jedes Mal nach einer Mahlzeit Schmerzen habe. Gotama half ihm, seine Ernährungsweise umzustellen, wodurch der König weniger Nahrung zu sich nahm, was zu Gewichtsverlust und einem wachen Geist führte.[11]

Pasenadis Interesse am Dharma könnte ursprünglich durch den Einfluss seiner Frau Mallikā entstanden sein, der Tochter von Mahānāmas Verwalter, die Pasenadi bei einem Jagdausflug in Sakiya getroffen hatte. Nachdem sie Königin geworden war, gebar sie eine Tochter, Vajirā, und danach einen Sohn, Viḍūḍabha, der später Thronfolger in Kosala wurde.

Eines Tages hörte Pasenadi von einem Streit, der durch Äußerungen Gotamas entbrannt war. Der einzige Sohn eines Haushälters war gestorben. »Nach dem Tod seines Sohnes hatte er kein Bedürfnis mehr zu arbeiten oder zu essen. Er ging immer wieder zum Friedhof und weinte: ›Mein einziges Kind, wo bist du?‹« In seiner Verzweiflung suchte der Haushälter Rat bei Gotama. Anstatt ihm Trost zu spenden, sagte Gotama ihm in aller Klarheit, dass er die Kontrolle über seinen Geist verloren habe und sein Erkenntnisvermögen gestört sei. Was erwartete der Mann? Es liegt in der Natur der Dinge, dass »Sorge, Klage, Schmerz, Trauer und Verzweiflung durch die hervorgerufen werden, die wir lieben«. Den Haushälter schockiert diese unsentimentale Bewertung der menschlichen Verfassung. »Nein«, antwortet er, »Glück und Freude werden durch die, die wir lieben, hervorgerufen!« Abgestoßen von den Worten Gotamas stand er auf und ging.

Als Pasenadi diese Geschichte Mallikā erzählte, antwortete sie, wenn es das gewesen sei, was der Buddha erzählt habe, dann müsse es wahr sein. Voller Wut über ihre Bemerkung schrie Pasenadi: »Ganz egal, was dieser Gotama sagt, du applaudierst ihm, ganz wie eine Schülerin, die blind allem zustimmt, was ihr Lehrer (*acariya*) sagt. Fort mit dir!« Pasenadi scheint aus zwei Gründen wütend zu sein: einmal wegen Gotamas Behauptung, dann wegen der unkritischen Billigung durch seine Frau. Als er sich beruhigt und Mallikā Zeit gehabt hat, über das von ihr Gesagte nachzudenken, geht sie zu ihm und fragt ihn sanft, wie er sich fühlen würde, wenn eine seiner Frauen oder eines seiner Kinder erkrankte oder stürbe. Sie fragt, wie er sich fühlen würde, wenn Kosala und Kāsi ein Unglück ereilte. In jedem dieser Fälle erkennt Pasenadi, dass es ihn tief treffen würde, wenn diesen Menschen oder Orten, die ihm ans Herz gewachsen waren, etwas passierte. »Wie«, erkennt er, »könnten Sorge, Klage, Schmerz, Trauer und Verzweiflung nicht in mir aufsteigen?«[12]

Indem Mallikā die Aufmerksamkeit des Königs auf seine eigenen Familienmitglieder und sein eigenes Reich lenkt, ermöglicht sie ihm, Gotamas Feststellung in eine Serie von persönlichen Einsichten zu übersetzen. Diese Beispiele aus Fleisch und Blut transformieren eine abstrakte Wahrheitsbehauptung (»Sorge wird durch die hervorgerufen, die uns teuer sind«), die endlos diskutiert werden kann, in konkrete Vorstellungen, die dazu führen, dass Pasenadi das ganz persönliches *dukkha* seiner Familie und seines Landes annimmt. Er nimmt den Dharma an, weil er seine alltägliche Welt aus einer neuen Perspektive sieht, und nicht, weil er einer Reihe metaphysischer Annahmen zustimmt.

Diese Interpretation des Textes beinhaltet auch, dass die gegenteilige Behauptung – »Glück und Freude werden durch die, die wir lieben, hervorgerufen!« – in gleicher Weise behandelt werden könnte. Wenn ein Mann darauf bestünde, dass »Sorge, Trauer, Klage durch die hervorgerufen werden, die wir lieben,« könnte man der Annahme widersprechen, indem man fragt, wie er sich fühlen würde, wenn seine Frau, sein Sohn oder seine Tochter Erfolg oder plötzlich großen Reichtum erlangten. Wenn die Person zugäbe, dass deren großes Glück sie ebenfalls glücklich und freudig machte, hätte man demonstriert, dass diejenigen, die uns teuer sind, eine Quelle des Glücks und der Freude sein können.

Diese Episode aus *Über die Anfänge* illustriert den Unterschied zwischen einer dogmatischen und einer pragmatischen Annäherung an das Verständnis von Wahrheitsbehauptungen. Eine orthodoxe Lesart dieses Textes würde ihn so interpretieren, dass Gotamas Aussage, dass »Sorge durch die verursacht wird, die uns teuer sind« wahr und richtig, die entgegengesetzte Annahme »Glück und Freude kommt von denen, die uns teuer sind« aber falsch sei. Sobald man sich entscheidet, einer der beiden Aussagen zu glauben, gerät man in einen unlösbaren Widerspruch. Aber im Gegensatz zu dem Dogmatiker, der auf einer Position beharrt und versucht, diese gegen alle Einwände zu behaupten, wird die Pragmatikerin ihre Gültigkeit im Lichte einzelner Fälle betrachten.

Die Sorge für das, was einem am Herzen liegt, ist der Gegenstand eines anderen Dialogs zwischen Pasenadi und Mallikā, den beide eines Morgens auf der oberen Terrasse des Palastes führen. »Gibt es irgendjemanden«, fragt der König seine Frau, »der dir lieber ist als du selbst?« Mallikā antwortet: »Es gibt niemanden, der mir lieber ist als ich selbst.« Dann fügt sie hinzu: »Gibt es irgendjemanden, der dir lieber ist als du selbst?« Pasenadi ist gezwungen anzuerkennen, dass das Gleiche für ihn gilt. Der König berichtet Gotama von diesem Gespräch und dieser bestätigt Mallikās Argument: Wo auch immer man hingehe in dieser Welt, werde man nie irgendjemanden finden, der sich selbst nicht am teuersten sei. Dann zieht er einen unerwarteten Schluss: »Also sollte derjenige, der sich selbst liebt, andere nicht verletzen.«[13]

Es gibt bemerkenswerte Parallelen zwischen diesem Dialog und der folgenden Textsstelle in der *Bṛhadāranyaka Upaniṣad*: »Das Selbst ist lieber als ein Sohn, lieber als Reichtum, lieber als irgendetwas anderes und ist im Innersten … Demjenigen, der nur das Selbst als lieb ansieht, wird das, was ihm lieb ist, nicht verderben.«[14] Da die *Bṛhadāranyaka Upaniṣad* ein prä-buddhistischer Text ist, der teilweise im benachbarten Videha zusammengestellt wurde, wäre es möglich, dass Gotamas Antwort auf Pasenadi eine stillschweigende Kritik dieser Doktrin des Selbst ist. Statt das Selbst als Illusion abzutun, wie es einige buddhistische Orthodoxien nahelegen könnten, akzeptiert Gotama ganz und gar, dass jede Person ihr Selbst am meisten schätzt. Aber er zieht einen radikal anderen Schluss aus dieser Beobachtung, als es die *Upaniṣad* tut. Während diese das Gewahrsein des innersten Selbst als einen Hinweis auf die göttliche Unsterblichkeit betrachtet, sieht Gotama es als die Begründung für eine Ethik des Nicht-Verletzens (*ahiṃsa*) an.

Diese Idee wird noch prägnanter in dem *Großen Kapitel* der *Sutta-Nipāta* formuliert (in der Übersetzung von K. R. Norman):

> »Wie ich (bin), so [sind] sie; so wie sie [sind], so [bin] ich.« Sich [mit anderen] vergleichend, sollte er nicht töten noch veranlassen zu töten.[15]

Gotamas Ethik des Nicht-Verletzens gründet sich auf die Fähigkeit des Mitfühlens mit anderen, darauf, ihr Leiden zu fühlen als wäre es das eigene. Solch eine Ethik wäre inkohärent, wenn man den Anderen nicht als ein Selbst anerkennen würde, genauso wie das eigene Selbst. Denn wirklich einfühlen kann man sich nur in andere einzigartige Personen. Die eigene Liebe zur »Menschheit« oder zu »allen fühlenden Wesen« zu erklären ist bedeutungslos, wenn sie nicht auf tatsächlichen Begegnungen mit konkreten lebenden Wesen basiert. Gotama erkennt an, dass jedes Selbst durch das wechselnde Zusammenspiel von unwiederholbaren physischen und mentalen Abläufen vollständig bedingt ist, und stimmt der scheinbaren Beständigkeit des Selbst nicht zu (wie es der Autor der *Upaniṣad* tut). Dies ist eine Weiterentwicklung seiner Vorstellung des Selbst als vergänglich, verletzlich und tragisch. Die Aufgabe, das Leiden umfassend zu verstehen beinhaltet, das *dukkha* des Anderen mit Mitgefühl ausdrücklich zu umarmen. Und den Anderen zu umarmen bedeutet, ihn vollständig als menschliches Wesen zu erkennen und zu akzeptieren. Wie Śāntideva es in der *Bodhicaryāvatāra* formuliert:

> Wenn sowohl ich als auch andere
> uns ähneln in dem Wunsch, glücklich zu sein,
> warum bin ich dann so einzigartig?
> Warum strebe ich nach Glück nur für mich?
> Und wenn sowohl ich als auch andere
> uns ähneln in dem Wunsch, nicht zu leiden,
> warum bin ich dann so einzigartig?
> Warum schütze ich mich und nicht andere?[16]

Mallikā ist ein im Kanon selten auftauchendes Beispiel einer Frau, die sich an weltlichen Angelegenheiten beteiligt und aktiv die von Gotama gelehrten Werte verkörpert. Als Mädchen wuchs sie bei einem Bergvolk auf, war nach dem Tod ihres Vaters gezwungen, im Haushalt Mahānāmas zu dienen, und war dadurch eine Außenseiterin. Eine merkwürdige Episode, die im Pali *Dhammapada-Kommentar* berichtet, wird, zeigt sie als Genussmensch und Schwindlerin, die mit ihrem Ehemann im Badehaus erotische Spiele spielt.[17] Da sie nur wenige Male auftaucht, gibt es nur unzureichendes Material, um ihren Charakter genauer zu verstehen. Es scheint, dass sie jung und plötzlich gestorben ist. Pasenadi war mit Gotama im Jetahain, als ein Bote erschien und ihm die Nachricht von ihrem Tod ins Ohr flüsterte. »Als er das hörte, war König Pasenadi voller Schmerz und Trauer und er saß da mit hängenden Schultern, den Blick nach unten gerichtet, niedergedrückt und sprachlos.«[18]

(4)

Bei einer Gelegenheit fragt Pasenadi Gotama: »Gibt es eine Sache, die beide Arten des Guten (*attha*) sichert, das Gute diese Welt betreffend (*diṭṭhadhammika*) und das Gute, welches nach dem Tod (*samparāyika*) folgt, betreffend?« »Ja«, antwortet Gotama. »Das gibt es: Sorge (*appamāda*). Genauso wie die Fußstapfen aller Lebewesen in die Fußstapfen eines Elefanten passen«, erklärt er, »genauso sichert Sorge beide Arten des Guten.«[19]

Gotamas Antwort kennzeichnet die eine herausragende Tugend, die alle anderen umfasst. An anderer Stelle sagt er, dass alle hilfreichen Zustände »in Sorge wurzeln und darin zusammenströmen und Sorge unter ihnen als der bedeutendste gilt.«[20] Die Frage könnte auch anders gestellt werden: »Was stellt im Dharma das höchste Gut dar?« Dass Gotama die Sorge als das höchste Gut betrachtet, stimmt mit seinen berühmten letzten Worten überein: »Die Dinge fallen auseinander; geht den Weg mit Sorge.«

Appamāda (Sorge) ist ein Begriff, der schwierig zu übersetzen ist. Gewöhnlich wird er mit »Sorgfalt«, »Aufmerksamkeit«, »Wachsamkeit« übersetzt. Meine Übersetzung ist von Martin Heideggers Auffassung von Sorge in *Sein und Zeit* beeinflusst. Heidegger vertritt, dass das »Sein-in-der-Welt im wesentlichen Sorge ist« und betrachtet Sorge von daher, wie *appamāda,* als eine »ursprüngliche Strukturganzheit« der Existenz und nicht als eine bestimmte Geisteshaltung.[21] Während Heideggers Auffassung von Sorge moralisch neutral ist, wird *appamāda* im Buddhismus durchgängig als Tugend angesehen. In einer deutschen Übersetzung von Śāntidevas *Bodhicaryāvatāra* gibt der

Gelehrte Ernst Steinkellner den Begriff mit *wachsame Sorge* wieder und betont damit dessen Schlüsselrolle auf dem Weg des Erwachens.[22]

All diese Übersetzungsversuche (»Sorge« eingeschlossen) vermitteln nicht, dass *appamāda* ein *negativer* Begriff ist, so wie auch das englische »impeccability« eine Negation ist (*im/in* = ohne + *peccare* = sündigen), [das deutsche Wort für impeccability, »Unfehlbarkeit«, ist durch die Vorsilbe »Un-« ebenfalls eine Negation, Anm. d. Ü]. Dennoch nehmen wir das Negative meist nicht wahr, sondern betrachten Unfehlbarkeit als ein gänzlich positives Attribut. Das erste *a-* in *appamāda* ist ebenfalls eine Negation (»nicht«); *pamāda* bedeutet so etwas wie »Vernachlässigung« oder »Trägheit« und wird oft verglichen mit einem Zustand der Verwirrung oder Trunkenheit. Diesen Zustand von »Betäubt-und-achtlos«-Sein hat Pasenadi einmal als unausweichliche Folge des Besitzes von Macht und Reichtum identifiziert. Er deutet an, dass wir einen Großteil der Zeit verwirrt umherstolpern, von einem Gedanken zum nächsten springen und vergessen, was wir eigentlich tun wollten, sobald etwas Unterhaltsameres auftaucht.

Wenn *appamāda* mit »Sorge« wiedergegeben wird, können wir verstehen, dass es sowohl eine wachsame Aufmerksamkeit (sorgsam sein), als auch ein von Herzen kommendes, sich um das Wohlergehen von sich selbst und anderen Kümmern ist (fürsorglich sein), während *pamāda*, sein Gegenteil, sowohl ohne Sorgsamkeit wie ohne Fürsorge sein bedeutet. Zusätzlich verweist *appamāda* auf das, *um* das wir uns am meisten *sorgen*, was Buddhistinnen und Buddhisten als die drei Grundwerte – Buddha, Dharma und Sangha – zusammenfassen würden. Ein In-den-Strom-Eingetretener ist folglich jemand, der sich um das Erwachen sorgt, um die Praxis des Dharma und um die Gestaltung und den Erhalt der Gemeinschaft.

Das Gegenteil von Sorge – *pamāda* – ist also vergleichbar mit einem anderen Schlüsselbegriff, *āsava*, den ich mit »Ausfluss« übersetzt habe. Auch das weist darauf hin, dass wir eine tiefsitzende Tendenz haben, unwürdigen Impulsen zu verfallen, die unkontrollierbar aus uns heraussickern, egal wie edel unsere Intentionen sein mögen. Es gibt vier *āsava* – sinnliche Begierde, Daseinslust, Ansichten und Unwissenheit –, die alle zu einer Art geistig-emotionaler Inkontinenz führen. Dieser Zustand ist dem griechischen *akrasia* nicht unähnlich, einem weiteren negativen Begriff. *Akrasia* bedeutet »ohne Kontrolle«. Mit anderen Worten, wir werden immer wieder von unserer gewohnten Impulsivität mitgerissen und handeln entgegen dem, was wir nach reiflicher Prüfung für vorteilhafter gehalten haben.

»Ich verstehe nicht, was ich tue«, schrieb Paulus in seinem *Brief an die Römer*. »Denn das, was ich tun möchte, tue ich nicht, aber das, was ich hasse zu tun, tue ich … Denn ich habe den Wunsch, Gutes zu tun, aber ich kann es nicht ausführen. Denn ich tue nicht das Gute, welches ich tun möchte, sondern das Schlechte, welches ich nicht tun möchte – das fahre ich fort zu tun.«[23] Oder, wie Śāntideva es acht Jahrhunderte später in Indien schreibt: »Obwohl die Menschen frei von Unglück sein möchten, rennen sie darauf zu. Obwohl sie Glückseligkeit haben möchten, zerstören sie sie unwissentlich wie einen Feind.«[24] Für Paulus ist diese angeborene Tendenz ein Zeichen für die Sündhaftigkeit des Menschen. In der buddhistischen Tradition wird dieses Verhalten in Māra personifiziert, der durchgängig versucht, unsere guten Absichten zu unterminieren und so wird es auch hier als »böse« (*pāpa*) charakterisiert.

Sorge – *appamāda* – bezieht sich auf das genaue Gegenteil von träge, abgelenkt, reaktiv, verwirrt, widersprüchlich, unklar und inkontinent sein. Im Einklang mit der buddhistischen Tendenz, Tugenden in negativen Begriffen zu beschreiben, scheint Sorge dann zu entstehen, wenn der allgemeine »pamadische« Zustand der menschlichen Wesen durch ethische Verantwortung, Meditation und Verständnis gebändigt ist. Es ist von daher ein sorgsames, klares und zurückhaltendes Sorgen für die eigene Situation und die von anderen.

Sorge ist also eher die übergreifende Perspektive von Dharma-Praktizierenden als ein bestimmter geistiger Zustand. In der *längeren Lehrrede vom Gleichnis von der Elefantenspur* greift Sāriputta die gleiche Metapher vom Fußabdruck eines Elefanten auf, um nicht auf Sorge, sondern auf die vierfache Aufgabe hinzuweisen. Das stützt die Vorstellung, dass Sorge die Sensibilität ist, die unsere Beziehung zum Leben als Ganzem leitet.[25] Sorge liegt im Herzen der vier Aufgaben selbst, durchdringt und motiviert uns, jede einzelne von ihnen anzugehen. Aufrichtig für die Welt zu sorgen heißt, deren Leiden zu umarmen, die eigene selbstsüchtige Reaktivität loszulassen, das Aufhören solcher Reaktivität zu beobachten und einen ganzheitlichen Lebensweg zu kultivieren. An einer anderen Stelle in den *Numerischen Lehrreden,* wird diese Art der Sorge mit der Sonne an einem wolkenlosen Herbsthimmel verglichen, die »alle Dunkelheit aus dem Weltraum vertreibt, indem sie scheint und leuchtet und strahlt«.[26]

»Sorge«, heißt es in einem Vers in der *Dhammapada,* »ist der Weg zum Todlosen; Sorglosigkeit (*pamāda*) ist der Weg zum Tod. Die Sorgenden sterben nicht; die Nicht-Sorgenden sind so, als wären sie bereits tot.«[27] Sich sorgen ist in diesem

Sinn gleichbedeutend mit den Weg selbst gehen. Und den Weg gehen – in den Strom eintreten und fließen – bedeutet vollständig lebendig sein, nicht länger begrenzt und behindert durch die Kräfte des Stillstandes und des Todes. Um so zu leben, muss man gewissenhaft sein, stets wachsam gegenüber den Anforderungen und Herausforderungen des Lebens und auch gegenüber den eigenen Reaktionen auf diese. In der Sprache der buddhistischen Moralpsychologie ist Sorge das, »welches alles, was gut ist, wertschätzt, während sie gleichzeitig den Geist dagegen schützt, in leidhaften Zuständen zu verharren«.[28] Solche Sorge kommt dem, was wir »Gewissen« nennen, nahe.

Dass Sorge nicht eine einzelgängerische, sondern eine soziale Tugend ist, zeigt folgendes Gespräch zwischen Pasenadi und Gotama in der *Gruppierten Sammlung der Lehrreden an die Leute von Kosala.* Wieder einmal kommt Pasenadi zu Gotama, um von einer Einsicht zu berichten, die ihm gekommen war, als er allein in Abgeschiedenheit weilte. »Obwohl der Dharma durch dich gut dargelegt wurde«, sagt er, »geschah dies für solche mit wahren Freunden und nicht für solche mit falschen Freunden.«[29] Pasenadi hat erkannt, dass eine fruchtbare Praxis des Pfades von der Gesellschaft, die man pflegt, abhängt. Sie ist ein öffentliches Tun, eingebettet in die Beziehungen mit anderen Männern und Frauen und nicht etwas, das wir allein mit uns im privaten Bereich unserer innersten Gefühle und Gedanken ausmachen,

Gotama stimmt zu und ruft eine Begebenheit ins Gedächtnis, als er sich in der Stadt Nāgaraka in Sakiya aufhielt. »Damals kam Ānanda auf mich zu und erklärte: ›Wahre Freundschaft, wahre Gemeinschaft, wahre Kameradschaft: das ist die Hälfte des spirituellen Lebens.‹ Ich sagte ihm: ›So nicht, so nicht, Ānanda! Wahre Freundschaft ist das Ganze des spirituellen Lebens. Denn hat man einen wahren Freund, wird man den edlen achtfachen Pfad entwickeln und kultivieren …‹ Daher, großer König, solltest du dich in dieser Weise üben: ›Ich werde jemand sein, der solche wahren Freunde hat.‹ Und wenn du diese wahren Freunde hast, solltest du in engem Vertrauen zu einer Sache leben: die Sorge um hilfreiche Zustände.«[30]

Wie dieser Abschnitt nahelegt, wird die Sorge durch ein Netz von Beziehungen mit jenen unterstützt, die der Verwirklichung von ähnlichen Werten in ihrem Leben verpflichtet sind. Sorge ist etwas, was man lernt, indem man das Leben sorgsamer/fürsorglicher Menschen beobachtet. Es ist keine Qualität, die aus den Texten der Moralpsychologie oder der buddhistischen Ethik gelernt werden kann, sondern nur im Umgang und Zusammenleben mit menschlichen Wesen, die diese in ihrer Sprache und ihren Handlungen verkörpern. Und wenn jeder sein eigenes Leben in einer fürsorglichen und sorgsamen Weise lebt, wird das andere inspirieren, sich ebenso zu verhalten. Gotama schließt: »Wenn du, großer König, mit Sorge lebst, werden die Frauen deines Harems, deine Lehnsmänner, deine Soldaten, deine Untertanen in Stadt und Land denken: ›Der König lebt mit Sorge, mit engem Vertrauen zur Sorge. Also nun, lasst uns genauso leben.‹« Als Ergebnis solcher Gegenseitigkeit, »werden du selbst, dein Harem, deine Schätze und deine Lagerhäuser sicher und geschützt sein«.[31]

Wenn Sie Sorge für etwas tragen, werden Sie es sichern und schützen. Ob das Objekt Ihrer Sorge eine moralische Tugend ist, ein Kind oder eine gefährdete Spezies, in jedem Fall zeigt sich Ihre Sorge als ein Bemühen um dessen Sicherheit und Leidfreiheit. In diesem Sinne ist Sorge gleichbedeutend mit dem Prinzip des Kein-Leiden-Zufügens (*ahiṃsa*), das im Herzen der buddhistischen Ethik liegt.

(5)

Die Tatsache, dass einige der zentralen Werte des Dharma – sich um andere kümmern wie um sich selbst, Sorge und Freundschaft – in Dialogen mit Pasenadi besprochen und vertieft werden, spricht dafür, dass der König ein Gesprächspartner gewesen sein könnte, mit dem Gotama einigen seiner wichtigsten ethischen Ideen nachging und sie entwickelte. Wenn wir diese Texte lesen, bekommen wir den Eindruck, dass diese beiden Männer sich gut kannten und frei und offen über eine große Bandbreite von Themen sprachen. Wie wir gesehen haben, ist es oft Pasenadi, der die Einsicht liefert, die dann von Gotama entweder bestätigt oder zusammengefasst wird.

Eine der längeren Passagen mit Pasenadis eigener Stimme betrifft sein Verständnis, was es bedeutet, sich selbst ein Freund zu sein. So sagt er zu Gotama:

> Die, welche unethisch leben, behandeln sich selbst wie einen Feind, obwohl sie sagen: »Wir schätzen uns selbst sehr.« Warum? Weil sie sich behandeln, wie ein Feind einen Feind behandeln würde. Aber die, welche ethisch leben, behandeln sich selbst mit Wertschätzung, obwohl sie sagen mögen: »Wir betrachten uns selbst als unsere Feinde.« Warum? Weil sie sich selbst behandeln, wie eine liebevolle Person sich einer geliebten Person gegenüber verhalten würde.[32]

In einem folgenden Abschnitt beschreibt der König Gotama eine andere Einsicht über die Bedeutung von Sicherheit und folgt dabei einer ähnlichen Argumentationslinie:

> Diejenigen, die unethisch leben, überlassen sich der Schutzlosigkeit. Obwohl eine Armee sie schützt, sind sie dennoch schutzlos. Warum? Weil dieser Schutz äußerlich, nicht innerlich ist. Aber diejenigen, die ethisch leben, schützen sich selbst, obwohl es keine Armee gibt, die sie schützt. Warum? Weil dieser Schutz innerlich ist, nicht äußerlich.[33]

Gotama bestätigt die Antworten des Königs auf beide Aussagen und fasst anschließend die Moral der Geschichte in Versen zusammen.

Obwohl der Buddha allgemein als Autor der im Kanon gesammelten Lehrreden gilt, bezeugt und bestätigt er bei zahlreichen Gelegenheiten einfach nur die Worte anderer – sogar wie in diesem Fall – die Worte eines weltlichen Mannes, der nicht einmal als ein In-den-Strom-Eingetretener gilt. So ist das »Wort des Buddha« *buddhavacana,* nicht gleichbedeutend mit dem Wort des Gotama. Die Lehrreden, aus denen sich die verschiedenen *Nikāyas* zusammensetzen, werden alle als *buddhavacana* bezeichnet, aber nicht alle wurden von Gotama gesprochen. Demnach bezieht sich das »Wort des Buddha« auf alles, was gut gesagt ist, auf jede Äußerung, die mit der Praxis des Dharma übereinstimmt und sie unterstützt, ganz gleich, wer sie äußert.

Die Gespräche mit Pasenadi erlauben uns einen ersten Einblick in Gotamas Haltung zu wirtschaftlichen Aktivitäten. Eines Tages erklärt Pasenadi Gotama, dass kürzlich ein lokaler Finanzier ohne Testament gestorben sei, weshalb er sich laut

Gesetz um die Überführung seines Vermögens an den Palast kümmern müsse. Obwohl der Finanzier ein sehr reicher Mann gewesen war, hatte er nur Speisen von schlechtester Qualität gegessen, billige Kleidung getragen und ließ sich in einem maroden Wagen umherfahren. Anstatt den Finanzier dafür zu loben, ein einfaches Leben geführt zu haben, beklagt Gotama sein Verhalten. »Wenn ein rangniedriger Mann zu unermesslichem Reichtum gelangt, macht er sich selbst, seine Familie, seine Sklaven, seine Diener oder seine Angestellten nicht glücklich … Dieser Reichtum, der nicht angemessen verwendet wird, verdirbt und wird nicht genutzt.«[34] Er stellt diesem das Verhalten eines besseren Menschen gegenüber, der seinen Reichtum nutzt, indem er ihn weise verteilt. Dieser Dialog zeigt, dass Gotama Reichtum als etwas ansah, was geschickt und großzügig einer guten Verwendung zugeführt werden sollte. Verdammt er hier nur Geiz? Oder kritisiert er die Praxis des Wuchers, bei der sich Bankiers durch die Erhebung von Kreditzinsen bereichern, ohne selbst arbeiten zu müssen? In jedem Fall scheint Gotama Geld als etwas zu betrachten, was eher zirkulieren als angehäuft werden sollte.

Während manche Äußerungen Pasenadis von Gotama gepriesen werden, ist das bei einigen anderen seiner Aktivitäten nicht der Fall. Bei einer Gelegenheit hatte Pasenadi befohlen, eine große Gruppe von Menschen mit Seilen und Ketten zu fesseln.[35] Bei einer anderen Gelegenheit wurde ein großer Opferaltar vorbereitet und zahlreiche Tiere dorthin geführt, um geopfert zu werden.[36] Beide Male kritisiert Gotama solche Praktiken, als er davon hörte, und leitet daraus eine moralische Belehrung ab, aber er äußert seine Einwände nicht dem König persönlich gegenüber.

Das einzige Mal, dass Gotama dem König selbst mit Kritik begegnet, findet sich im letzten Abschnitt der *Gruppierten Sammlung der Lehrreden an die Leute von Kosala*. Pasenadi erzählt ihm, dass er gerade in die Art gewalttätigen Verhaltens verwickelt war, die für solch mächtige Herrscher wie ihn unvermeidbar sei.[37] Aus der Lehrrede wird nicht deutlich, was er getan hat, aber den Kommentarschriften zufolge hat der König eine Bande Rebellen aufgespießt, die versucht hatten, ihm aufzulauern und das Königreich an sich zu reißen. Der Kommentator vermerkt: »Der Buddha dachte: ›Wenn ich ihn für solch eine schreckliche Tat tadele, wird er zu bestürzt sein, um weiterhin eng mit mir zu verkehren. Stattdessen möchte ich ihn durch eine indirekte Methode belehren.‹« Moderne Gelehrte haben bemerkt, dass diese Erklärung »nicht gut passt« (Caroline Rhys Davids) und »von der ernsthaften Würde der Lehrreden des Buddha« (Bhikkhu Bodhi) ablenkt.[38] Solche Bemerkungen offenbaren eher eine vorgefasste Sichtweise vom Buddha als einem Vorbild weltfremder Perfektion, anstatt ihn als einen Mann zu sehen, der die Folgen seiner Worte für das Überleben seines Dharma und seiner Gemeinschaft im Kosala des fünften Jahrhunderts v. u. Z. abwägen musste.

Gotama antwortet mit einem Gleichnis. Er bittet Pasenadi, sich vier vertrauenswürdige Personen vorzustellen; einer kommt zu ihm aus dem Norden, einer aus dem Süden, einer aus dem Osten und einer aus dem Westen, und jeder berichtet, dass er »einen großen Berg gesehen habe, so hoch wie die Wolken, der auf uns zukommt und alle lebenden Wesen zerdrückt«. Und »wenn solch eine große Gefahr drohe,« fragt Gotama, »eine solch schreckliche Zerstörung des menschlichen Lebens, wenn der menschliche Zustand so schwierig zu erhalten wäre, was sollte getan werden?« Pasenadi antwortet: »Was sollte anderes getan werden, als nach dem Dharma zu leben, ruhig zu leben und kundige und gute Taten zu vollbringen?« Gotama sagt: »Majestät, Alter und Tod kommen auf Euch zu. Wenn Alter und Tod auf Euch zukommen, was sollte getan werden?« Pasenadi stimmt zu, dass seine Armee völlig nutzlos im Kampf gegen das Alter und den Tod wäre, seine Berater unfähig wären, sie durch Tricks aufzuhalten, und alle Goldbarren in den Gewölben nicht ausreichten, um sich freizukaufen. Nur die Praxis des Dharma wäre in solch einer Zeit von Nutzen.[39]

In seiner Auseinandersetzung mit Pasenadi verfolgt Gotama die Strategie, die Gedanken des Königs von der unmittelbaren Krise abzulenken und ihn zu ermutigen, sich stattdessen die Zerbrechlichkeit seiner eigenen Verfassung und seinen bevorstehenden Tod zu vergegenwärtigen. Er sagt dem König nicht, was er tun soll, aber er stellt das Problem in den Zusammenhang einer umfassenderen, existentiellen Perspektive und ermöglicht ihm so eine neue Sicht. Er konfrontiert ihn mit einer Frage, aus der Pasenadi in seiner Antwort selbst den angemessenen Schluss ziehen kann. Gotama geht es darum, Pasenadi für die grundlegenden Werte des Dharma zu sensibilisieren und ihn so mit jenen inneren Ressourcen zu versehen, die den König in seinen Entscheidungen und Handlungen von anderen unabhängig werden lassen. Er möchte, dass der König die Verantwortung für seine eigenen Handlungen übernimmt und zu seinen eigenen Entscheidungen findet. Gotama sieht es nicht als seine Rolle an, ihm zu sagen, wie er in der jeweiligen Situation handeln sollte.

(6)

Es mag tröstlich sein, sich Gotama als einen Mann vorzustellen, der weit entfernt von den Sorgen der Welt die staubigen Straßen im Tal des Ganges entlangwandert, begleitet von seinen in safranfarbene Roben gekleideten Mendikanten, regelmäßig verweilend, um inspirierende Lehrreden über den Dharma zu halten, und der einen großen Teil seiner Zeit ruhig meditierend in den Wäldern verbringt. Doch die Geschichte, die wir aus dem Kanon zusammensetzen können, ist viel komplexer. Wir erleben hier einen Mann, der eng mit den mächtigsten Personen seiner Zeit verbunden war, viele von ihnen brutal, unzuverlässig und unvorberechenbar, die ihm wohl gesinnt bleiben mussten, damit er sein Projekt, den »Dharma und die Gemeinschaft zu etablieren« in dieser Welt verwirklichen konnte. Dass er mehr als vierzig Jahre lang diesen feinen Balanceakt erfolgreich vollbrachte, ist genauso seinen politischen Instinkten und sozialen Fähigkeiten wie seiner »Erleuchtung« geschuldet.

Gotama gehörte zu einer Generation junger Männer, aufgewachsen in einer Welt, die auf allen Ebenen von Veränderungen erschüttert wurde: politisch, sozial, wirtschaftlich und religiös. Neben Pasenadi gab es zwei weitere hochgestellte Persönlichkeiten, Bandhula, der Sohn des Herrschers von Mallā (der oligarchischen Republik südlich von Sakiya), der General in der Armee von Pasenadi wurde, und Mahāli, ein Prinz der Licchavi, des mächtigsten Clans innerhalb der Vajjianischen Konförderation. Von Pasenadi, Bandhula und Mahāli wird gesagt, dass sie Staatskunst und Kriegskünste in Taxilā in Gandhāra studiert haben, um sich für ihre Rollen in dieser neu entstehenden Welt vorzubereiten. Ob Gotama als Sohn eines anderen prominenten Oberhauptes in der Region auch in Taxilā mit ihnen studiert hat, wird nirgendwo erwähnt, aber es scheint nicht unwahrscheinlich zu sein, wenn man die sozialen Kreise, in denen er sich bewegte, und die Ambitionen, die sein Vater für ihn gehabt haben wird, berücksichtigt.[40] Der offene und vertraute Ton in seinen Gesprächen mit Pasenadi würde sich auch dadurch erklären lassen, dass die beiden miteinander studiert hatten. Selbst wenn er tatsächlich keinen Fuß nach Taxilā gesetzt haben sollte, wird er wohl seine Kultur und Bildung von denen, die einige seiner engsten Unterstützer waren, aufgesogen haben (so wie von Jīvaka, dem Arzt am Hofe in Magadha).

In dem Eröffnungsdialog der *Gruppierten Sammlung der Lehrreden an die Leute von Kosala* warnt Gotama Pasenadi vor der Gefahr, die für Herrscher von ehrgeizigen jungen Prinzen ausgeht. In der Rückschau gleicht es einer Prophezeihung. Wir haben schon gesehen, dass König Viḍūḍabha, der Sohn Pasenadis und Mallikās, gegen Ende von Gotamas Leben in Sakiya einmarschiert ist, um die Sakiyer für ihren Mangel an Respekt ihm gegenüber zu bestrafen. Aber bevor Viḍūḍabha diesen Angriff starten konnte, musste er seinen Vater von der Macht verdrängen. Als Anhänger des Dharma, auf den »Alter und Tod zukamen«, wäre Pasenadi wahrscheinlich nicht willens gewesen, seine Armeen auf die schutzlosen Verwandten seines Lehrers loszulassen. Viḍūḍabha handelte nicht allein, als er seinen Vater absetzte. Er machte gemeinsame Sache mit Digha Kārāyana, dem General aus Mallā in der Armee Pasenadis, der seine eigenen, ganz anderen Gründe für Rache hatte.

In einem anderen Text in der *Gruppierten Sammlung der Lehrreden an die Leute von Kosala* berichtet Pasenadi Gotama, dass er gerade Zeuge geworden sei, wie die Richter des hohen Gerichts von Savatthi »bewusst Lügen« zu ihrem eigenen Vorteil »gesprochen hatten«. Um diese Korruption auszumerzen, entlässt er alle und ernennt »den Schönen«, die Rechtsprechung zu übernehmen.[41] »Der Schöne« scheint der Kosename seines Freundes Bandhula zu sein, des Oberhauptes von Mallā und General der Armee. Der Text schließt mit einer nichtssagenden Antwort Gotamas, der die Richter mit Fischen vergleicht, die in einem Netz gefangen worden sind und als Resultat ihrer Missetaten bittere Früchte ernten werden. Wir müssen nun zum Pali *Dhammapada-Kommentar* übergehen, um etwas über die Folgen von Pasenadis Handlungen zu erfahren.[42]

Die entlassenen Richter streuten das Gerücht, dass der mächtige Bandhula, der jetzt für die Armee und die Gerichtsbarkeit verantwortlich war, zusammen mit seinem Sohn einen Staatsstreich geplant habe, um Pasenadi zu entmachten. Wir wissen nicht, ob dies tatsächlich der Fall war oder nicht, aber Pasenadi glaubt der Geschichte. Er schickt Bandhula und dessen Söhne, um einen Aufstand an der Grenze des Königreiches niederzuschlagen. Bei ihrer Rückkehr in die Hauptstadt lässt er ihnen auflauern und sie abschlachten. Als er realisiert, dass er seinen alten Freund getötet hat, plagt ihn sein schlechtes Gewissen und er verschont Bandhulas Frau und deren Schwiegertochter und erlaubt ihnen, auf ihre Ländereien in der Stadt Kusinārā in Mallā zurückzukehren. Als ein Zeichen der Reue und des Vertrauens in die Mallāner trifft er die verhängnisvolle Entscheidung, Bandhulas Neffen Digha Kārāyana an Stelle seines Onkels als Heeresführer einzusetzen.

(7)

Das letzte Treffen zwischen Gotama und Pasenadi wird bewegend beschrieben in der Lehrrede *Schreine des Dharma.* Der Text beschreibt, wie der König und sein General Digha Kārāyana in der Stadt Nāgaraka in Sakiya waren. Pasenadi bittet Kārāyana, eine Kutsche bereit zu stellen, damit sie einen Park besuchen könnten.[43] Nāgaraka war ziemlich weit von Savatthi entfernt. Der genaue Standort ist unbekannt und wird nur zweimal im Kanon erwähnt. Es ist der Ort, an dem Gotama zu Ānanda sagte, dass »wahre Freundschaft das Ganze des spirituellen Lebens ist«,[44] und er »jetzt meist in Leerheit weilend lebe«.[45]

Was könnte den König von Kosala und den General seiner Armee zu diesem ansonsten unbekannten Ort gebracht haben? Der Text bleibt vage und klingt ausweichend. Es scheint, als hätten sich zwei der mächtigsten Männer Nordindiens eines Tages zufällig in Nāgaraka eingefunden und beschlossen, die Zeit bei einem Gang durch den Park totzuschlagen. Dort angekommen, errinnert Pasenadi die Szenerie an die ruhige ländliche Umgebung, wohin Gotama und seine Anhänger sich zur Meditation zurückziehen, und er fragt Kārāyana, ob dieser wisse, wo Gotama sich aufhalte. Der General erzählt ihm, dass er fünf Kilometer entfernt in einer Sakiya-Stadt namens Medaḷumpa sei. Das Tageslicht reiche noch aus, um dorthin zu gelangen.

Als sie in Medaḷumpa ankommen, sieht Pasenadi einige Mendikanten in einem Hain auf und ab schreiten und fragt sie, wo er Gotama finden könne. Nachdem er erfahren hat, wo Gotama sich aufhält, »übergibt Pasenadi sogleich Schwert und

Turban an Digha Kārāyana. Da dachte Digha Kārāyana: ›So geht nun der König in eine geheime Sitzung. Und ich muss hier alleine warten!‹«[46] Ohne auf seinen ungehaltenen General zu achten, geht Pasenadi ruhig zu Gotamas Behausung, betritt den Vorraum, räuspert sich und klopft an die Tür.

In dieser Textstelle wird das erste und einzige Mal in den Lehrreden Digha Kārāyana erwähnt. Sie liest sich wie das Fragment einer größeren Geschichte, die nicht erzählt wird. Da in der Lehrrede im Folgenden berichtet wird, dass Pasenadi und Gotama beide achtzig Jahre alt sind, können wir die Episode zumindest dem Ende der Lebzeit Gotamas zuordnen. Wieder einmal müssen wir uns dem *Dhammapada-Kommentar* zuwenden, um einen Einblick in den Kontext zu gewinnen, in dem diese Begebenheit eine kleine, aber zentrale Rolle spielt.[47] Dort erfahren wir, dass Kārāyana diesen Moment gewählt hat, um den Mord an seinem Onkel Bandhula zu rächen. Es scheint also wahrscheinlich, dass der General den Besuch als Teil seines eigenen Plans, den König zu stürzen, in die Wege geleitet hat. Er wusste nicht nur schon im voraus den Aufenthaltsort von Gotama, ihm war auch klar, dass Pasenadi ihm vor seinem Besuch Gotamas sein Schwert und seinen Turban – die Insignien seines Königtums – zur Verwahrung geben würde, und sich ihm so die Gelegenheit bieten würde, Prinz Viḍūḍabha an seiner Stelle zu krönen. Seine Empörung darüber, von dem Treffen ausgeschlossen zu sein, war vorgetäuscht, vielleicht um Pasenadi hinters Licht zu führen, sollte dieser argwöhnen, dass etwas Finsteres im Gange sei.

Nachdem Pasenadi die Behausung betreten hat, fällt er Gotama zu Füßen und bedeckt diese mit Küssen und Liebkosungen. Gotama scheint erstaunt und fragt ihn, warum er ihn in dieser Weise ehre und ihm solche Freundschaft erweise. Diese Frage veranlasst eine längere Lobrede seitens des Königs, in der er die außergewöhnlichen Qualitäten Gotamas, seiner Anhänger und seiner Lehren preist:

> Könige streiten mit Königen, Feudalherren mit Feudalherren, Brahmanen mit Brahmanen, Haushälter mit Haushälter; die Mutter streitet mit dem Kind, das Kind mit der Mutter, der Vater mit dem Kind, das Kind mit dem Vater; der Bruder streitet mit dem Bruder, der Bruder mit der Schwester, die Schwester mit dem Bruder, der Freund mit dem Freund. Aber hier sehe ich, dass Mendikanten in Eintracht leben, in gegenseitiger Wertschätzung, ohne Streit vermischen sie sich wie Milch und Wasser und betrachten einander mit freundlichen Augen.[48]

Eine Gemeinschaft, die eher in Harmonie als in ständigem Konflikt lebt, ist weit von Pasenadis Welt entfernt. Dann richtet er seine Aufmerksamkeit auf sich selbst:

> Ich bin in der Lage, diejenigen hinrichten zu lassen, die hingerichtet werden sollten, diejenigen mit Strafe zu belegen, die bestraft werden sollten, diejenigen zu verbannen, die verbannt werden sollten. Jedoch unterbrechen sie mich und reden dazwischen, wenn ich im Rat sitze. Auch wenn ich sie bitte, das nicht zu tun, unterbrechen sie mich doch und reden dazwischen. Aber hier sehe ich *bhikkhus*, die dir bei der Lehre des Dharma zuhören, und es gibt kein Geräusch von irgendjemandem, der hustet oder sich räuspert.[49]

Sollen wir diese Worte als ein weiteres Beispiel für übertriebene Lobeshymnen nehmen, die wir oft im Kanon finden, oder sind sie eine Klage oder ein langer Seufzer der Erleichterung? Gewähren sie einen kurzen Blick auf einen Herrscher, der die Kontrolle über sein Königreich verliert, einen alten Mann, der von seinen Untertanen kaltgestellt und verhöhnt wird, einen schwachen König, der sich darüber im Klaren ist, dass seine Tage an der Macht gezählt sind? Vielleicht ist er gar nicht so naiv und manipulierbar, wie Digha Kārāyana zu glauben scheint. Vielleicht realisiert er, dass das Spiel endgültig aus ist und er nicht länger den Willen oder die Kraft hat, denjenigen zu widerstehen, die ihn verdrängen wollen.

Er schließt: »Der Lehrer ist ein Herrscher und ich bin ein Herrscher; der Lehrer ist aus Kosala und ich bin aus Kosala; der Lehrer ist achtzig Jahre alt und ich bin achtzig Jahre alt. Da das so ist, denke ich, es ist angemessen, dem Lehrer solch hohe Ehre zu erweisen und solche Freundschaft zu zeigen.«[50]

Als Pasenadi Gotamas Behausung verlässt, entdeckt er, dass sein General ihn im Stich gelassen hat. Die Mendikanten sagen ihm, dass Digha Kārāyana die königlichen Insignien genommen habe und abgereist sei, um Viḍūḍabha zum König zu machen. Pasenadi beschließt, zur Sicherheit nach Rājagaha, der Hauptstadt von Magadha, zu fliehen. Noch nicht sehr weit gekommen, trifft er auf seine Frau Varshikā, die sich auf die Suche nach ihrem Ehemann gemacht hat, nachdem sie von dem Umsturz gehört hatte. Wir wissen so gut wie nichts über Varshikā. Wenn sie eine Schwester König Bimbisāras war, wie W. Woodville Rockhill vermutet, die mit Pasenadi als Teil des offiziellen Bündnisses zwischen Kosala und Magadha verheiratet worden war, dann wäre sie zu dieser Zeit schon eine alte Frau gewesen.[51] Es würde auch die Wahl Rājagahas als Ort des Exils erklären helfen, da Varshikā dann die Tante von Ajātasattu, dem König von Magadha, gewesen wäre. Die beiden reisen alleine, eine Strecke von ungefähr 320 Kilometer, in der Hoffnung, dass Ajātasattu sich ihrer erbarmen werde.

Diese Entscheidung offenbart deutlich ihre Verzweiflung. Ajātasattu war kein großer Freund von Kosala. In der *Gruppierten Sammlung der Lehrreden an die Leute von Kosala* ist zweimal die Rede davon, dass Pasenadi und Ajātasattu sich im Krieg miteinander befanden. Die Kämpfe, die sie ausfochten, endeten ergebnislos, beide beanspruchten mehrmals den Sieg für sich.[52] Als Teil eines Waffenstillstandes oder Friedensvertrages gab Pasenadi Ajātasattu Pali-Quellen zufolge Vajirā zur Frau, seine gemeinsame Tochter mit Mallikā.[53] In diesem Fall könnte es sein, dass er sich von Medaḷumpa nach Rājagaha mit der zusätzlichen Hoffnung begab, Ajātasattu werde wohl seinem eigenen Schwiegervater Zuflucht gewähren.

Als Pasenadi und Varshikā Rājagaha erreichen, lassen sie sich in einem der königlichen Parks nieder. Varshikā geht in die Stadt, um Ajātasattu von Pasenadis Ankunft zu unterrichten. Zuerst kann Ajātasattu nicht glauben, dass es der mächtige König von Kosala geschafft habe, unbemerkt in einen Park in der Nähe zu gelangen. Varshikā fragt ihn: »Aber Herr, wo soll seine Armee sein? Sein Sohn hat sich des Thrones bemächtigt und er ist alleine mit seiner Dienerin hierhergekommen.« In der Zeit, die Ajātasattu braucht, um diese Geschichte zu glauben und sich auf den Empfang des enthronten Königs vorzubereiten, erkrankt Pasenadi und zudem verwirrt ihn die Verzögerung. Hungrig wandert er in ein nahegelegenes Feld. Ein Bauer gibt ihm einige Rüben, die er mit Stumpf und Stiel verschlingt. Das macht ihn durstig und so trinkt er etwas Wasser aus einem Teich. »Plötzlich werden seine Hände steif und, von Bauchkrämpfen erfasst, fällt er auf die Straße und stirbt, erstickt an dem durch die Räder vorbeifahrender Fahrzeuge verursachten Staub.«[54]

5 Die Wahrheit loslassen

Ich sage nicht »das ist wahr«, wie es Narren zueinander sagen. Sie legen sich ihren eigenen Weg als wahr zurecht und betrachten demzufolge ihren Gegner als Narren.
– Aṭṭhakavagga

Seine Befreiung, auf Wahrheit gegründet, ist unerschütterlich ... Denn das, bhikkhu, *ist die höchste edle Wahrheit, nämlich Nirvana, die untrüglich ist.*
– Dhātuvibhanga Sutta

(1)

Der Dharma mag mit einem zweifachen Grund und einer vierfachen Aufgabe begonnen haben, aber der Buddhismus landete schließlich bei den Zwei Wahrheiten und den Vier Edlen Wahrheiten. In den autorisierten Quellen über den Buddhismus wird man keinerlei Hinweise auf einen »zweifachen Grund« oder eine »vierfache Aufgabe« finden. Sie sind Beispiele für Ideen, die entweder nicht »gezündet« haben oder vergessen, unterdrückt, an den Rand gedrängt wurden oder verloren gingen. Irgendwann in den Jahrhunderten nach Gotamas Tod scheint der Buddhismus eine metaphysische Wendung genommen zu haben. Der Buddhismus nahm eine Sprache der Wahrheit an und entwickelte sich so von einer engagierten Auseinandersetzung mit der Welt zu der theoretisierenden Haltung weltabgewandter Subjekte, die erkenntnistheoretische Objekte betrachten.[1] Sie debattierten eher über die Wahrheit von Lehrsätzen, um ihre eigenen Überzeugungen zu unterstützen, als dass sie darüber nachgedacht hätten, wie Leitsätze ihre ethischen Handlungen lenken könnten. Sie bewegten sich offensichtlich *en masse* mit wenig, wenn überhaupt irgendwelchem Widerstand von Ratschlägen zu Darstellungen, vom Pragmatismus zur Ontologie, vom Skeptizismus zum Dogmatismus.

Wie und warum geschah dies? Vielleicht machte sich die Spannung zwischen Aufgaben und Wahrheiten in der Gemeinschaft schon zu Lebzeiten des Buddha bemerkbar. Die beiden kanonischen Abschnitte im Vorspann dieses Kapitels illustrieren zum Beispiel gegensätzliche Haltungen zu dem Konzept der Wahrheit. Während der erste Text aus dem *Achter-Kapitel* behauptet, dass jeder, der für sich in Anspruch nimmt, dass »das wahr ist«, ein Narr sei, erklärt der zweite aus der *Darstellung der Elemente* Nirvana als die »höchste edle Wahrheit«. Da das *Achter-Kapitel* als einer der ältesten Texte im Pali weithin akzeptiert ist, will ich annehmen, dass es eine frühere Sichtweise repräsentiert. Aber von dort gelangen wir zu einer Lehrrede, die den Titel *Vibhanga* (Darstellung, Kommentar) trägt und den skeptischen, ironischen Ton des *Achter-Kapitels* durch die überzeugte Gewissheit des Gläubigen ersetzt.

Unmittelbar nach der *Darstellung der Elemente* finden wir eine andere Lehrrede ähnlicher Art, genannt *Darstellung der Wahrheiten.* In dieser Lehrrede wird erzählt, wie Gotama mit seinen Schülern Sāriputta und Moggallāna zum Wildpark bei Isipatana nahe Benares zurückkehrt, wo er wahrscheinlich seine erste Lehrrede gehalten hat. Nachdem er die beiden jeweils als »Mutter« und »Hebamme« seiner Gemeinschaft gepriesen hat, verkündet er, dass Sāriputta »in der Lage ist, die Vier Edlen Wahrheiten kund zu tun, zu lehren, zu beschreiben, zu begründen, zu enthüllen, darzulegen und darzustellen«.[2] Dann zieht sich der Buddha zurück und überlässt es Sariputta, eine Lehrrede zu diesem Thema zu halten. Sāriputta präsentiert die standardmäßigen Definitionen jeder der vier Wahrheiten, wie sie in *Die Vier Aufgaben* zu finden sind, aber er kommt zu einem jähen Halt. Er fährt nicht damit fort zu erklären, wie es in *Die Vier Aufgaben* geschieht, dass *dukkha* umfassend verstanden, Reaktivität losgelassen, das Aufhören betrachtet und der Pfad kultiviert werden muss. Die vier Aufgaben werden insgesamt weggelassen.

Die Lehrreden selbst ermöglichen uns zu beobachten, wie die Differenzen und Konflikte innerhalb der frühen Gemeinschaft verliefen. Wenn, wie Gelehrte glauben, der Pali-Kanon ungefähr vierhundert Jahre nach dem Tod des Buddha »geschlossen« wurde (das heißt, kein neues Material mehr inkorperiert wurde), dann lässt dies eine einleuchtende Schätzung für den Zeitraum des Streits um eine kanonische Dominanz zu. Im gleichen Zeitraum hat sich der Brahmanismus als prägender Rahmen des sozialen, religiösen und metaphysischen Lebens im gesamten Gangesbecken, wo Gotama gelebt und gelehrt hat, etabliert. Es scheint, dass diese beiden Entwicklungen eng verbunden waren. Mit der Akzeptanz des Brahmanismus als normativ wurden Elemente dieser Weltsicht auch in nicht-brahmanischen Gemeinschaften als selbstverständlich angesehen. Die Brahmanen bestanden nicht nur auf ihrer gottgewollten Autorität im Hier und Jetzt, sondern sie »kolonialisierten auch die Vergangenheit«, wie es Johannes Bronkhort treffend formuliert.[3] Sie begannen ihrer eigenen Propaganda zu glauben, dass der Brahmanismus die angestammte Philosophie und Praxis in Indien seit Anbeginn der Zeiten gewesen sei.

In diesem Umfeld mutierte der Buddhismus von einer pragmatischen ethischen Philosophie zu einer indischen Religion, die mit den Brahmanen, Jains und anderen um die Loyalität und Unterstützung mächtiger, wohlhabender Herren wetteiferte. Um ihre Ziele zu verwirklichen, musste jede Schule zwingende Argumente dafür finden, dass ihre besondere Version der Wahrheit glaubhafter sei als jene ihrer Wettbewerber. Aber anders als der Brahmanismus und Jainismus hatte Gotama nie die Existenz eines dauerhaften *ātman* noch eines Bewusstseins postuliert, das die Welt von einem nicht-bedingten Standpunkt aus beobachtete und beurteilte. Ein transzendentales Subjekt liefert den »Blick von Nirgendwo«, der notwendig ist, um metaphysische Aussagen zu machen, die angeblich die Natur der Wirklichkeit beschreiben.[4] Derartige Wahrheitsbehauptungen aufzustellen erfordert eine distanzierte Haltung. Ansonsten könnte ein Gegner alles Gesagte als das reine Produkt der eigenen relativistischen Sichtweise abtun. Ab einem bestimmten Punkt müssen Buddhisten sich gezwungen gesehen haben, die Wahrheitsrhetorik anzunehmen.

(2)

Abgesehen davon, dass der Begriff »Wahrheit« (*sacca*) in der allgegenwärtigen Phrase der »Vier Edlen Wahrheiten« auftaucht, bezieht sich der Begriff in den Pali-Lehrreden hauptsächlich auf die Tugend, wahrhaftig, ehrlich, loyal und aufrecht zu sein. Wahrheit wird eher als eine ethische Praxis denn als eine metaphysische Behauptung gesehen; sie ist etwas, was man tun, nicht etwas, was man glauben, geschweige denn, worüber man erleuchtet sein muss. Dieser Sprachgebrauch überlebt in der theravadisch-buddhistischen Doktrin der zehn »Vervollkommnungen« (*pāramī*), einer post-kanonischen Liste der für ein Erwachen nötigen Tugenden. Die siebte von ihnen ist *sacca pāramī*: die Vervollkommnung der Wahrheit. Gleichermaßen liefert der buddhistische Herrscher Aśoka eine knappe Definition von dem, was den Dharma ausmacht: »wenig Böses, viel Gutes, Freundlichkeit, Großzügigkeit, Wahrheit (in Maghadi: *sace*) und Reinheit.«[5]

Zeitgenössische Übersetzer übersetzen *sacca* in diesen Zusammenhängen eher mit »Wahrhaftigkeit« als mit »Wahrheit«. Während diese Wahl zu dem üblichen Gebrauch des Begriffs »Wahrheit« im orthodoxen Buddhismus passt, offenbart sie unabsichtlich, wie ein Wort, das ursprünglich die Tugend der Ehrlichkeit bezeichnete, nun so etwas wie »Realität« oder »Wirklichkeit« bezeichnet. Wir können sehen, wie das geschehen konnte. Eine wahre Behauptung ist eine genaue, wörtliche Wiedergabe dessen, was in der Realität der Fall ist – von Tatsachen. Es scheint, dass im Laufe der Zeit »Wahrheit« sowohl für die Tatsachen selbst verwandt wurde als auch für korrekte Aussagen über diese Tatsachen. Eine Behauptung ist »wahr«, weil sie mit der »Wahrheit« übereinstimmt, und die Person, die solche Aussagen macht, wird als »wahrhaftig« bezeichnet.

Eine solche korrespondierende Theorie der Wahrheit wurde im buddhistisch philosophischen Denken als gegeben angenommen genauso wie in den meisten westlich philosophischen Richtungen. Pragmatische Philosophen wie William James, John Dewey und Richard Rorty und Phänomenologen wie Martin Heidegger und Gianni Vattimo haben diese Auffassung von Wahrheit jedoch in Frage gestellt. Eine der Gefahren einer solchen Sichtweise sehen sie darin, dass sie leicht zu einer Grundlage für Gewissheiten über das, was die »Wahrheit« ausmacht, erhoben wird. Für Rorty wird sie ein Kürzel für etwas wie ein »natürlicher Endpunkt der Forschung, ein eigentliches Sosein der Dinge, und dass die Einsicht in dieses Sosein Aufschluss darüber gibt, was wir mit uns anfangen sollen«.[6] Die Wahrheit wird durch diese unterstellten Qualitäten der Grundsätzlichkeit und Endgültigkeit zu einer rhetorischen Waffe im Arsenal religiöser, politischer und wissenschaftlicher Fundamentalisten. Aber Philosophen wie Rorty »glauben nicht, dass es einen solchen Endpunkt gibt. Aus unserer Sicht ist ›Forschung‹ nur eine andere Bezeichnug für das Lösen von Problemen; und wir können uns nicht vorstellen, dass die Untersuchung der Frage, wie die Menschen leben und welches Selbstverständnis wir haben sollten, einen Abschluss findet. Denn die Lösungen alter Probleme werden neue Probleme auslösen, und so geht es immer weiter.«[7]

Rortys Sichtweise verträgt sich gut mit Gotamas pragmatischer Betonung von Vergänglichkeit, *dukkha,* und Nicht-Selbst als Mittel, das fortlaufende Projekt des menschlichen Gedeihens zu verwirklichen, nicht dagegen aber mit dem buddhistischen Anspruch, die Dinge zu kennen, »wie sie wirklich sind«, als Mittel, um zu einer endgültigen Wahrheit zu gelangen, einem Erlösung garantierenden Wissen. Der italienische Philosoph Gianni Vattimo hat eine ähnliche Ansicht wie Rorty. »Wir erreichen keine Einigkeit, wenn wir die Wahrheit gefunden haben«, bemerkt er. »Wir sagen, dass wir die Wahrheit gefunden haben, wenn wir uns geeinigt haben.« Auf elegante Weise weist Vattimo eine Metaphysik der Wahrheit zugunsten einer Ethik der Wahrheit zurück und entdeckt Wahrheit dadurch wieder als eine Tugend der gesprochenen Sprache in menschlichen Wechselbeziehungen. Solange wir auf der Vorannahme bestehen, dass ich Recht habe und Sie nicht, solange werden wir uns nicht mit vollständigem Mitgefühl, mit Großzügigkeit, Ehrlichkeit und Toleranz aufeinander beziehen können. »Es ist in diesem Sinne«, schließt Vattimo, »dass ein Schatten der Gewalt geworfen wird, wenn das Wort ›Wahrheit‹ geäußert wird.«[8]

In unserer Sprache sind wir an diesen Gebrauch von »Wahrheit« derart gewöhnt, dass wir das normalerweise nicht bemerken. In der Einleitung zu seiner Übersetzung der *Saṃyutta Nikāya* schreibt Bhikkhu Bodhi, dass die Lehrreden »die radikalen Einsichten des Buddha in die Natur der Realität« enthüllen und »von vitaler Bedeutung für Meditierende sind, die nach dem untrüglichen Wissen darüber, wie die Dinge wirklich sind, streben«.[9] In seinem berühmten Werk *Was der Buddha gelehrt hat* übersetzt Walpola Rahula *Dhammacakka* (Rad des Dharma) mit »Rad der Wahrheit«,[10] während Ajahn Thanissaro, ein anderer produktiver Übersetzer von Pali-Texten, erklärt, dass der Dharma »die von Buddha gelehrte Wahrheit [ist, welche] sich allmählich durch fortwährende Praxis enthüllt«.[11] Das sind Beispiele einer weit verbreiteten Tendenz, den Dharma selbst mit »Wahrheit« gleichzusetzen, obwohl die Lehrreden die Begriffe *sacca* und *dhamma* keinesfalls als Synonyme behandeln. An anderer Stelle finden wir das Wort »Wahrheit«, obwohl das Pali-Wort *sacca* gar nicht vorkommt. In der Übersetzung Bhikkhu Nanamolis und Bhikkhu Bodhis von *Die edle Suche,* lesen wir: »Es ist schwierig, für solch eine Generation diese Wahrheit zu sehen, insbesondere die spezifische Bedingtheit, abhängiges Entstehen.«[12] Aber im Pali wird das nicht gesagt. Das Wort, das sie mit »Wahrheit« übersetzen, lautet nicht *sacca*, sondern *ṭhāna,* das ich mit »Grund« übersetzt habe. Wie wir in Kapitel 3 gesehen haben, hat *ṭhāna* eine weite Bandbreite von Bedeutungen, aber »Wahrheit« fällt nicht darunter.

(3)

Als das Konzept der Wahrheit sich von einer Tugend in ein Synonym für Realität verwandelte, hatte das einen tiefen und bleibenden Einfluss auf das Verständnis von Buddhistinnen und Buddhisten bezüglich des Wesens und dem Zweck ihrer Praxis. Besonders deutlich wird das in der Art und Weise, wie *Die Vier Aufgaben* zu uns gekommen sind. Wie wir gesehen haben, präsentiert diese Lehrrede die vierfache Aufgabe, die im Zentrum der Vision des Buddha steht: indem er sie erfüllte, beanspruchte er, zu »unvergleichlichem Erwachen« gelangt zu sein. Als sich der Text der Lehrrede im Laufe der Zeit weiterentwickelte, wurden diese vier Aufgaben mehr und mehr durch die Doktrin der Vier Edlen Wahrheiten verschleiert und von ihr überlagert. Glücklicherweise wird es uns durch eine genaue Textlektüre möglich zu sehen, wie sich diese Verlagerung von Aufgaben zu Wahrheiten vollzogen hat.

Die folgenden Zeilen aus *Die Vier Aufgaben* verdeutlichen in Bhikkhu Bodhis Übersetzung das Wesen jeder Aufgabe:

> Diese edle Wahrheit vom Leiden muss vollständig verstanden werden …
> Diese edle Wahrheit vom Ursprungs des Leidens muss aufgegeben werden …

> Diese edle Wahrheit vom Aufhören des Leidens muss verwirklicht werden …
> Diese edle Wahrheit über den Weg, der zum Ende des Leidens führt, muss kultiviert werden.[13]

Ich habe kein Problem mit der Übersetzung. Das ist tatsächlich das, was der Pali-Text sagt. Das Problem ist, dass diese vier Aussagen unmöglich das bedeuten können, was sie sagen.

F. L. Woodward war der erste, der in seiner englischen Übersetzung von *Die Vier Aufgaben* aus dem Jahr 1930 die Unstimmigkeit erkannte. Ihn irritierte die zweite Aussage, »Diese edle Wahrheit vom Ursprung des Leidens muss aufgegeben werden.« Er übersetzte sie mit: »Dieses Entstehen des Bösen muss beiseite geräumt werden.« Abgesehen von seiner Begriffswahl (»Entstehen« anstelle von »Ursprung«, »Böses« anstelle von »Leiden«, »beiseite räumen« anstelle von »aufgeben«), erstaunt es am meisten, dass er den Ausdruck »diese edle Wahrheit« weglässt. In einer Fußnote bringt er seine Gründe vor. Nachdem er angemerkt hat, dass in der burmesischen Ausgabe des Pali-Textes das Wort *ariya* (edel) in diesem Abschnitt fehlt, fährt er fort:

> Aber wir müssen *ariya-saccaṃ* (edle Wahrheit) weglassen; anderenfalls würde der Text bedeuten »die ariyanische Wahrheit über das Entstehen des Bösen muss aus dem Weg geräumt werden.« *Begierde* muss beiseite geräumt werden. Der Rahmen hat hier das Bild verschleiert.[14]

Woodwords Argument ist einfach. Was *aufgegeben, beiseite geräumt,* oder wie ich es vorziehe, *losgelassen* werden muss, ist das Begehren oder Verlangen, also Reaktivität (*taṇhā*). Ich bezweifle, dass irgendjemand in Frage stellen würde, dass genau das der Text meint, aber es ist nicht das, was der Text sagt. Der Text sagt, »diese edle Wahrheit« müsse losgelassen werden. Die zweite edle Wahrheit bliebe jedoch wahr, gleichgültig, ob man das Begehren aufgegeben hätte oder nicht. Gemäß der Tradition hat der Arahant *taṇhā* für immer hinter sich gelassen, aber er hat dadurch nicht die zweite edle Wahrheit aufgegeben. Mit seiner aus persönlicher Erfahrung geborenen Überzeugung und Autorität würde der Arahant sie weiterhin lehren und bekräftigen. Die zweite edle Wahrheit loszulassen wäre in keinem Fall sinnvoll.

Trotz dieser Überlegung, die Woodward dazu brachte, diesen Abschnitt eher seinem Bedeutungsgehalt und nicht seiner wörtlichen Aussage gemäß zu übersetzen, versäumt er zu bemerken, dass genau das gleiche Problem auf alle vier edlen Wahrheiten zutrifft. Nehmen wir Nummer vier: »Diese edle Wahrheit über den Weg, der zum Ende des Leidens führt, muss kultiviert werden.« (In Woodwards Übersetzung: »Diese ariyanische Wahrheit über die Übung, die zum Ende des Kranken führt, muss kultiviert werden.«) Aber eine edle Wahrheit zu kultivieren ist genauso absurd wie sie loszulassen. Würde es die vierte edle Wahrheit edler werden lassen, wenn sie stärker kultiviert würde? Oder wahrer? Oder beides? Oder keines von beiden? Wieder *meint* der Text, dass der »Weg«, der achtfache Pfad, kultiviert werden muss, aber er *sagt,* dass die edle Wahrheit kultiviert werden muss.

Warum diese Unstimmigkeit bei der ersten Aufgabe weniger offensichtlich ist (»Diese edle Wahrheit vom Leiden muss vollständig verstanden werden«), liegt daran, dass wir das Verb

»verstehen« gewohnterweise sowohl in Bezug auf die Wahrheit als auch auf das Leiden verwenden: »Ich verstehe vollständig die Wahrheit dessen, was du sagst«, und »Ich verstehe vollständig das Leiden, in dem du dich befindest.« Das ist auch bei der dritten Aufgabe der Fall (»Diese edle Wahrheit vom Aufhören des Leidens muss erkannt werden«). Wir können sowohl sagen, »Ich erkannte die Wahrheit dessen, was du gesagt hast«, als auch »Ich erkannte das Aufhören«. In beiden Fällen erlaubt uns die Zweideutigkeit der durch den Übersetzer gewählten Begriffe, die syntaktische Absurdität der Palisätze zu ignorieren.

Diese Überlegungen sind nicht nur ein semantisches Spiel. Sie haben Implikationen für unser reales Leben. Wir müssen nicht die *edle Wahrheit* vom Leiden verstehen, sondern *das Leiden* selbst. Es ist eine Sache, eine Wahrheit zu verstehen, aber etwas ganz anderes ist es, den Schmerz und die Trauer einer Person zu verstehen. Jemand könnte alles über die Wahrheit des Leidens verstehen, aber daran scheitern, die eigene existentielle Not zu begreifen oder die Qualen eines anderen nachzuempfinden. Indem in der buddhistischen Tradition der Schwerpunkt von Aufgaben zu Wahrheiten verschoben wurde, hat sie stillschweigend begonnen, das abstrakte Wissen gegenüber der gefühlten Erfahrung zu bevorzugen. Solange buddhistische Lehrende weiterhin von »edlen Wahrheiten« sprechen, unterstützen sie gedankenlos die Vorherrschaft der Glaubenslehre über die praktische Anwendung.

In seiner Schrift von 1982 *Die vier edlen Wahrheiten* würdigt der herausragende Philologe des Pali K. R. Norman die »sehr scharfsinnige Bemerkung« Woodwards über die zweite edle Wahrheit. Er behauptet auch, dass Woodward »nicht weit genug gegangen ist«, da »er die Entfernung des Wortes *ariya-*

saccaṃ (edle Wahrheit)« bei allen vier Aussagen »hätte vorschlagen sollen«. Auf dieser Grundlage und weiterer detaillierter Textanalyse kommt Norman zu dem erstaunlichen Schluss, dass die »früheste Form dieses Diskurses nicht das Wort *ariyasaccaṃ* enthalten hat«.[15] Das ist gleichbedeutend mit der Aussage, dass das, was weithin als grundlegende Doktrin des Buddhismus betrachtet wird, *auf vorhandene Lehren aufgepfropft* wurde. Woodward sind die immer noch sichtbaren Spuren ins Auge gefallen, die jene anonymen Hände hinterlassen haben, welche die Formulierung »edle Wahrheit« unfachmännisch eingefügt hatten.

Im Laufe der Zeit verdrängte die Doktrin von den Vier Edlen Wahrheiten die Lehre von den vier Aufgaben. Der Rahmen, um Woodwards überzeugende Metapher zu folgen, verschleierte immer mehr das Bild. Die Vier Edlen Wahrheiten verschleierten immer mehr die vierfachen Aufgaben. Wir haben jetzt einen Punkt erreicht, an dem der Buddhismus stolz seinen vergoldeten und geschmückten Rahmen präsentiert, während man sich an das Bild nur noch schwach erinnert.

(4)

Die Verlagerung von Aufgaben zu Wahrheiten, von Erfahrung zu Wissen hatte die Verfälschung einiger der frühesten Texte zur Folge. Fahren wir mit der Untersuchung der buddhistischen Lehre der Vier Edlen Wahrheiten fort, werden weitere Anomalien deutlich. Nehmen wir den Begriff *samudaya.* Woodward und ich übersetzen ihn mit »Entstehen«. I. B. Horner übersetzt ihn mit »Sich-Erheben« Aber die standardmäßige Übersetzung, die von Walpola Rahula, Maurice Walshe, Bhikkhu Bodhi und anderen verwendet wird, ist »Ursprung« [im dt. wird häufig der Begriff »Ursache« verwendet A. d. Ü.]. Auf den ersten Blick scheint »Ursprung« auch die richtige Wahl zu sein. Schließlich besteht die auf den Vier Edlen Wahrheiten basierende buddhistische Orthodoxie darauf, dass *taṇhā* (Verlangen/Reaktivität) der Ursprung des Leidens ist – *dukkha samudaya.* Offenbar bedeutet das, dass Verlangen die Hauptursache des Leidens ist, die Bedingung, ohne die es kein Leiden gäbe. Da Leiden definiert wird als Geburt, Altern, Krankheit und Tod – »kurz, diese fünf Bündel des Anhaftens« – wird Verlangen zu der kausalen Ursache von allem, was wir als menschliche Wesen erfahren. Daraus folgt logischerweise, dass man das verursachende Verlangen beenden muss, um das Leiden (und damit auch das Leben) zu beenden. Nur auf diese Weise ist es möglich, den endlosen Zyklus von Tod und Wiedergeburt zu beenden, der vollständig in einem endgültigen Nirvana ausgelöscht werden wird. Dies ist, kurz zusammengefasst, die metaphysische Grundlage des Buddhismus.

Wenn Gotama wirklich hätte behaupten wollen, dass Verlangen die Ursache des Leidens ist, warum hat er dann nicht einen Begriff wie *hetu* oder *paccaya* gewählt, die gebräuchlichen Pali-Begriffe für »Ursache« oder »Bedingung«? In dem Ausdruck »Verlangen ist der Ursprung des Leidens« scheint *samudaya* das einzige Mal im Kanon in einer kausalen Bedeutung verwendet worden zu sein. In anderen Passagen wird der Begriff in genau gegensätzlicher Bedeutung benutzt. In der Lehrrede *An Lohicca* zum Beispiel spricht der Buddha mit dem Brahmanen Lohicca über einen, der »sich der Früchte und der Einkünfte« eines Dorfes namens Sālavatikā »erfreut«.[16] Das Pali-Wort, das mit »Früchte« übersetzt wird, ist *samudaya.* Solche Früchte sind offensichtlich das *Resultat* einer Sachlage und nicht seine

Ursache. Sie sind das, was in Folge guter Verwaltung und Betriebsleitung »entsteht«.

Gleichermaßen ist Reaktivität das, was entsteht, wenn ein lebendiger, fühlender Organismus mit seiner Umgebung in Kontakt kommt. Das wird durch einen anderen klassischen buddhistischen Lehrsatz bestätigt: die Zwölf Glieder des bedingten Entstehens. Hier heißt es über Reaktivität (*taṇhā*), dass sie durch Fühlen (*vedanā*) verursacht wird, welches wiederum durch Kontakt (*phassa*) hervorgerufen wird. Diese Verknüpfungen sind eher pragmatisch als dogmatisch. Es geht nicht darum, eine wahre Darstellung der Realität zu liefern, sondern einen wirksamen Rahmen für die Bewältigung einer Aufgabe zu beschreiben. Nimmt man wahr, wie man instinktiv auf durch Kontakt hervorgerufene Gefühle reagiert, kann man solche Reaktivität durch die Wahrnehmung ihres Entstehens und Aufhörens leichter loslassen, statt sich darin zu verfangen. Um diese Aufgabe erfolgreich zu erfüllen, ist es unerheblich, ob Verlangen der Ursprung des Leidens ist oder nicht. Man lässt die im eigenen Geist entstehenden Kaskaden von Gedanken und Emotionen los, weil sie das Haupthindernis für das Eintreten in den Strom des Pfades sind. Reaktivität ist problematisch, nicht weil sie Leiden erzeugt – was in der Tat oft geschieht –, sondern weil sie echtes menschliches Gedeihen verhindert.

»Verlangen ist der Ursprung des Leidens«, ist ein metaphysisches Dogma ähnlich wie »Gott hat Himmel und Erde erschaffen«. Es erhebt den Anspruch, eine grundlegende Wahrheit über die Quelle aller Erfahrung zu benennen, eine Wahrheit, die unmöglich verifiziert oder falsifiziert werden kann. Als der Buddhismus eine indische Religion wurde, wurde dieses Dogma eine seiner grundlegenden Lehrsätze.

Am Ende der *Vier Aufgaben* wird von einem der fünf Asketen, Koṇḍañña, gesagt, dass er verstanden habe, was Buddha lehrte. Er drückte seine Einsicht in dem Satz aus: »Alles, was dem Entstehen unterliegt, unterliegt auch dem Aufhören.« Da Gotama in der Lehrrede davon sprach, dass das, was aufhört (*nirodha*), Reaktivität ist, ist es offensichtlich, dass das, was entsteht (*samudaya*), sich ebenfalls auf Reaktivität beziehen muss. Die dritte edle Wahrheit wird jedoch die edle Wahrheit des Aufhörens von *Leiden* genannt, während die vierte als die edle Wahrheit bezeichnet wird, die zum Aufhören von *Leiden* führt. Das Ziel des Dharma ist nicht mehr die Entwicklung einer ganzheitlichen Lebensweise, sondern ein vollständiges Aufhören von Leiden, von Geburt, Krankheit, Altern, Tod. Was als vierfache Aufgabe begonnen hatte, um mit *dukkha* zurechtzukommen, hat sich in eine vierteilige Metaphysik verwandelt, um *dukkha* zu erklären und zu überwinden. Eine Praxis, in der es um das Gedeihen des Lebens ging, hat sich in eine Theorie verwandelt, in der es um das Beenden des Lebens geht.

Hier eine Hypothese, wie das geschehen sein könnte. Beginnen wir mit den vier Hauptbegriffen, die sowohl die vier Aufgaben als auch die vier Wahrheiten untermauern:

Das Leiden (*dukkha*)
Das Entstehen (*samudaya*)
Das Aufhören (*nirodha*)
Der Pfad (*magga*)

Diese Liste liefert uns einen Überblick über die primären Bereiche menschlicher Erfahrung, auf die Gotama sich in seinem Lehren ausgerichtet hat. »Leiden« bezeichnet sowohl die Gesamtheit unserer menschlichen Bedingungen – Geburt, Krankheit, Altern und Tod – als auch die physische Welt, unseren Körper, unsere Gefühle, Wahrnehmungen, Neigungen und unser Bewusstsein. »Das Entstehen« bezeichnet Verlangen, Gier, Hass und Verblendung und die Ausflüsse – die Reaktivität, die je nach Kontakt mit der Welt in uns ausgelöst wird. »Das Aufhören« bezeichnet das Ende dieser Reaktivität, was gleichbedeutend ist mit Nirvana, dem Todlosen und Nicht-Bedingten. Und »der Pfad« bezeichnet den achtfachen Pfad, der mit dem Eintritt in den Strom beginnt und sich auf all unsere ethischen, kontemplativen und intelligenten Antworten auf das Leben erstreckt. Einmal definiert wird jeder diese vier Bereiche der Ort für spezifische Dharma-Praktiken.

Der nächste Schritt ist, die Praktiken, die für jeden Bereich angewendet werden müssen, kenntlich zu machen. Wie wir in Kapitel 3 gesehen haben, sind es:

Das *Leiden* umfassend verstehen
Das *Entstehen* loslassen
Das *Aufhören* betrachten
Den *Pfad* kultivieren

Diese Praktiken können als eine vierfache Aufgabe angesehen werden, wobei sich die einzelnen Aspekte überschneiden und gegenseitig unterstützen, oder als eine Folge von vier Aufgaben, wobei jede Übung als Voraussetzung für die nächste dient, als Teil einer permanenten positiven Rückkopplungsschleife.

Irgendwann wurden diese vier Begriffe jedoch verwendet, um eine Theorie zu entwickeln, wie Leiden entsteht und wie es überwunden werden kann. So wurden sie zu:

Das *Leiden*
Das *Entstehen* des Leidens
Das *Aufhören* des Leidens
Der *Pfad,* der zum Aufhören des Leidens führt

Obwohl ursprünglich »das Leiden« nur ein Begriff unter vieren war, wurde er nun genutzt, um jeden der anderen Begriffe zu bewerten und zu definieren. Dieser Wandel führte zu zwei Problemen. Das erste war, wie wir gesehen haben, damit verbunden, dass dem Wort *samudaya* (das Entstehen) eine ursächliche Bedeutung gegeben wurde. Das zweite war, dass eine Art Ungleichheit in die klassischen Definitionen der Vier Edlen Wahrheiten eingeführt wurde, wie es sich in *Die Vier Aufgaben* zeigt.

In diesem Text und im ganzen Kanon werden die erste, die zweite und die vierte Wahrheit ausnahmslos durch eine Umschreibung definiert. »Leiden« bedeutet somit Geburt, Krankheit, Altern, Tod und so weiter. Das »Entstehen des Leidens« bedeutet Verlangen/Reaktivität in seinen verschiedenen Ausgestaltungen; und der »Pfad, der zum Aufhören des Leidens führt« bezeichnet den Pfad mit acht Zweigen. Bei der dritten Wahrheit jedoch, dem »Aufhören des Leidens«, gibt es eine solche Umschreibung nicht. Stattdessen erfahren wir, dass sie »das spurlose Verblassen und Aufhören dieser Reaktivität (*taṇhā*) ist, ihr Loslassen und Preisgeben, die Freiheit und Unabhängigkeit von ihr«. Da uns schon gesagt wurde, dass »Leiden« ein Kürzel für die Gesamtheit der existentiellen Beschaffenheit von allem ist, von der Geburt bis zum Tod, könnten wir eine Definition seines Aufhörens erwarten, die erklärt, was es für die existentielle Beschaffenheit bedeutet, aufzuhören. Aber der Text beschreibt nur, was das Aufhören der Reaktivität bedeutet.

Wir wissen, dass unzählige Menschen aller Lebenswege zu Gotamas Zeit nicht nur das Aufhören der Reaktivität betrachteten, sondern auch ihr Leben aus dieser Perspektive lebten. Demnach kann es ihre Erfahrung nicht gewesen sein, dass das Aufhören des Leidens auch das Aufhören ihrer menschlichen Existenz war, aus dem einfachen Grund, da sie selbst alle noch ausgesprochen lebendig waren. Der Buddha selbst beklagt sich über körperliche Beschwerden, über die Frustration, eine Organisation leiten zu müssen, über die Unannehmlichkeiten des hohen Alters und den Schmerz des Sterbens. Solange wir einen physischen Körper haben, werden wir Leiden erfahren. Wir mögen zeitweise solche Schmerzen und Frustrationen vermeiden können, indem wir in meditative Versenkung eintauchen – wie Gotama es seiner Aussage zufolge getan hat, um mit seiner letzten Krankheit zurechtzukommen –, aber wenn wir aus einem solchen Zustand auftauchen, kehren wir zurück in diese unvollkommene Welt mit all ihren Irritationen und Unannehmlichkeiten.

Was Buddhistinnen und Buddhisten als das »Ende des Leidens« verkünden, kann folglich nicht das bedeuten, was es sagt. Es ist nicht nur wenig sinnvoll; die Lehrreden selbst machen überdies ganz klar, dass es das Ende der Reaktivität bedeutet. Die Reaktivität loszulassen und ihr Aufhören zu betrachten ist sicher keine einfache Aufgabe, aber zumindest ist es etwas, das wir anstreben können, während das Ende des Leidens ein frommer Wunsch bleiben wird, solange wir pulsierende, atmende, Nahrung aufnehmende, verdauende und ausscheidende Körper sind.

Die unpassende Definition vom »Aufhören des Leidens« weist erneut auf das Vorhandensein von anonymen Händen hin, die sich an den frühen Lehrreden zu schaffen machten. Wesentlich bei der Verwandlung von Aufgaben in Wahrheiten scheint gewesen zu sein, den Begriff »Leiden« anzufügen, um die anderen drei Begriffe (»Entstehen«, »Aufhören« und »Pfad«) zu kennzeichnen. Dann musste nur noch der ergreifende Titel »edle Wahrheit« hinzugefügt werden, um mit dieser Liste zu enden:

Die edle Wahrheit vom *Leiden*
Die edle Wahrheit vom *Entstehen* des Leidens
Die edle Wahrheit vom *Erlöschen* des Leidens
Die edle Wahrheit vom *Pfad,* der zum Erlöschen des Leidens führt

Obwohl an den vier Aufgaben in dem Text über *Die Vier Aufgaben* festgehalten wurde, wurden sie zu syntaktisch absurden Anhängseln der vier Wahrheiten. Zu dem Zeitpunkt von Sariputtas *Darstellung der Wahrheiten* – laut Kanon zu Buddhas Lebzeiten – waren sie völlig entbehrlich geworden.[17]

(5)

Indem die Buddhistinnen und Buddhisten sich einer metaphysischen Sicht der Wahrheit zuwandten, bewegten sie sich von einer Betonung praktischer Kenntnisse hin zu einer Betonung von Wissen. Sie beschäftigten sich immer stärker damit, eine Geisteshaltung zu erlangen, die ihnen ein unfehlbares Wissen über die Wahrheit oder Realität ermöglichen würde.

Einer der ersten Maßnahmen in diesem Prozess war es, dem Buddha Allwissenheit zuzuschreiben. Gotama selbst hat nicht nur verneint, solch eine Fähigkeit zu besitzen, sondern er machte sich auch über seinen Zeitgenossen Nātaputta (Māhavīra) lustig, der sie für sich in Anspruch nahm. Diejenigen, die ihn als allwissend bezeichneten, so sagt er, »stellen mich falsch dar, mit dem, was nicht wahr ist und nicht den Gegebenheiten entspricht«.[18] Nichtsdestotrotz lässt ihn dieselbe Rede einräumen, drei Arten des Wissens zu besitzen (*tevijja*): (1) Die Erinnerung an viele vergangene Leben; (2) das göttliche Auge, welches das Ableben und die Wiedergeburt der Wesen gemäß ihren Handlungen sehen kann; und (3) ein direktes Wissen von der Zerstörung der Ausflüsse. Zusammen mögen diese drei nicht auf eine komplette Allwissenheit hinauslaufen, aber solche Arten des Wissens (besonders die ersten beiden) gehen über das hinaus, was jedem gewöhnlichen Sterblichen möglich ist. Ob wir diese Passage nun wörtlich nehmen oder sie symbolisch interpretieren, in beiden Fällen lassen wir uns durch die Annahme leiten, dass den Buddha das Erlangen eines privilegierten Wissens über die Art, wie die Dinge wirklich sind, auszeichnete.

Meiner Ansicht nach zeichnete den Buddha aus, dass er die Welt als Schauplatz für den Vollzug einer Reihe von Aufgaben ansah und das Selbst als eine fortwährende Aufgabe. Er ermutigte seine Anhängerinnen und Anhänger, sich auf diese Aufgabe einzulassen, um sowohl die Welt als auch sich selbst zu transformieren. Er hob sich nicht von seinesgleichen ab, weil sein Wissen über die Realität irgendwie genauer oder besser als ihres war. Doch vielleicht war es unvermeidlich, dass sich eine kognitive Hierarchie, die von Unwissenheit zu Allwissenheit reichte, herausbildete, sobald das Erwachen als Erlangen einer besonderen Art des Wissens über die Wahrheit verstanden wurde. Die Doktrin des dreifachen Wissens kann gut ein Schritt in diese Richtung gewesen sein. In der späteren Geschichte der buddhistischen Epistemologie, Philosophie und Metaphysik nehmen die Diskussionen über solche Themen wie *pramāṇa* (gültige Erkenntnis), *anumana* (logische Schlussfolgerung) und *yogipratyakṣa* (yogische Wahrnehmung) viel Raum ein, Begriffe, die den Lehrreden fremd sind. Ohne den Reichtum der philosophischen und anderen Einsichten durch diese Entwicklungen schmälern zu wollen, vermute ich doch, dass dadurch das Verständnis für den skeptischen und ethischen Pragmatismus von Gotamas Dharma verloren ging.

Es würde den Rahmen dieses Buches sprengen (und die Kompetenz seines Autors), eine zusammenhängende Darstellung aller historischen, kulturellen und philosophischen Gründe zu liefern, warum und wie sich das buddhistische Denken in der Weise entwickelt hat, wie es der Fall war. Stattdessen lassen Sie mich auf die Einführung einer anderen Doktrin konzentrieren, die wie die Vier Edlen Wahrheiten zu einer fatalen Abzweigung auf der Straße der buddhistischen Tradition wurde. Dies ist die Doktrin von den Zwei Wahrheiten: höchste, letztendliche oder absolute Wahrheit (*paramattha sacca*; Sanskrit: *paramārtha satya*) und konventionelle oder relative Wahrheit (*sammuti sacca*; Sanskrit: *samvṛti satya*). Der Keim für diese Idee mag aus Buddhas Vision eines zweifachen Grundes herrühren, das heißt bedingtes Entstehen und Nirvana. Wie wir im Vorspann zu diesem Kapitel gesehen haben, nennt die *Dhātuvibhanga Sutta* Nirvana die »höchste edle Wahrheit« (*parama ariyasacca*).[19] In drei anderen Beispielen finden wir den Begriff »höchste Wahrheit« (*parama sacca*), um das zu bezeichnen, was Praktizierende am Ende »körperlich betrachten« und »mit Verstehen durchdringen« werden.[20] Im Pali ist »höchste« (*parama*), etymologisch eng verwandt mit »endgültig« (*paramattha*; wörtlich: »höchste Bedeutung«). Nirgendwo jedoch finden wir bedingtes Entstehen als konventionelle Wahrheit bezeichnet.

Vereinfacht gesagt ist die Lehre von den beiden Wahrheiten ein Weg, um zwischen der konventionellen Wahrheit des alltäglichen Lebens, die wir brauchen, um als sozial und moralisch Handelnde zu funktionieren, und der höchsten Wahrheit zu unterscheiden. Indem wir direkte, nicht-konzeptionelle Einsicht in die letztere gewinnen, erlangen wir das erlösende Wissen, das uns von Leiden und Wiedergeburt befreit. Es gibt verschiedene buddhistische Interpretationen, was die höchste oder letztendliche Wahrheit beinhaltet, aber für die Madhyamaka-Tradition, in der ich geschult wurde, bezieht sich der Begriff ausschließlich auf die Leerheit von inhärenter Existenz. Diese Leerheit ist bleibend und unreduzierbar wahr; alles andere in der eigenen Erfahrung ist höchstens in konventionellem Sinne wahr.

Der jetzige Dalai Lama wurde einmal gefragt, welchen Rat er Neulingen geben würde, die die Bedeutung des Buddhismus verstehen wollten. Würde er sie ermutigen zu überlegen, was es bedeute, Zuflucht in Buddha, Dharma und Sangha zu nehmen? Oder empfehle er ihnen, die Vier Edlen Wahrheiten zu studieren? Als Antwort schlug der Dalai Lama vor, dass »für viele im heutigen Westen die beiden Wahrheiten – die konventionelle und die letztendliche Wahrheit – der beste Ort sei, um anzufangen.«[21] Der Dalai Lama gab keinerlei Gründe für diesen Vorschlag an. Vielleicht glaubte er, diese Lehre spreche den rationalen, wissenschaftlichen Geist gebildeter Westler an. Oder seine Empfehlung könnte einfach seine persönliche Überzeugung wiedergeben. Schließlich wird die zentrale Stellung dieser Lehre durch einen der größten buddhistischen Denker betont,

Nāgārjuna, der darauf besteht, dass »diejenigen, welche die Teilung in Zwei Wahrheiten nicht verstehen, den tiefen Sinn von Buddhas Lehren nicht verstehen können«.[22]

Die Theravada-Tradition, deren Lehren auf dem Palikanon basieren, kennt eine ähnliche Sicht. Der verstorbene britische Gelehrte Maurice Walshe erklärt in der Einleitung zu seiner Übersetzung der *langen Lehrreden (Digha Nikāya):*

> Ein wichtiger und oft übersehener Aspekt der buddhistischen Lehren betrifft die Ebenen der Wahrheit, dessen fehlende Wertschätzung zu vielen Irrtümern geführt hat. In den Suttas spricht der Buddha oft in Begriffen von konventioneller oder relativer Wahrheit (*sammuti-* oder *vohārasacca*), derzufolge Menschen und Dinge so existieren, wie sie dem naiven Verständnis erscheinen. An anderer Stelle jedoch, wenn er vor einer Zuhörerschaft spricht, die fähig ist seine Absicht zu verstehen, spricht er von höchster Wahrheit (*paramattha-sacca*).[23]

Wenn wir Walshes Text lesen, könnten wir leicht den Eindruck gewinnen, dass der Buddha selbst in seinen Lehrreden von diesen beiden Wahrheiten gesprochen hat. Aber nirgends, kein einziges Mal in den hunderten von Lehrreden, die Gotama im Palikanon zugeschrieben werden, ist die Rede von *sammutisacca* oder von *paramattha-sacca.* Gotama hat nicht lediglich versäumt, diese spezielle Terminologie zu benutzen; er hat ganz einfach nicht in dieser Weise gedacht. Sobald »Wahrheit« in dieser zweifachen Art zergliedert ist, wird es schwierig, nicht in eine ontologische Geisteshaltung zu verfallen. »Höchste Wahrheit« wird zum Ausdruck dessen, was *wirklich* ist, während

»konventionelle Wahrheit« einfach nur das bezeichnet, was Menschen übereinstimmend als wahr und nützlich ansehen.

Möglicherweise findet sich die erste Erwähnung der beiden Wahrheiten in *Kontroverse Punkte (Kathāvatthu)*, einer polemischen buddhistischen Abhandlung, zusammengestellt in den Jahrhunderten nach Gotamas Tod. Der Buddha, erklärt der Autor:

> sprach über zwei Wahrheiten, eine konventionelle und eine höchste – man wird auf keine dritte stoßen; eine konventionelle Aussage ist wahr aufgrund der Konvention und eine letztendliche Aussage ist wahr, da sie den wirklichen Charakter der Dinge (enthüllt).[24]

Zu behaupten, dass »letztendliche Aussagen« die Art beschreiben, wie die Dinge wirklich sind, im Gegensatz dazu, wie sie herkömmlicherweise erscheinen, ist Ontologie. Aber der Buddha, zu dem ich mich in seinen frühen Lehrreden hingezogen fühle, ist kein Anhänger der Ontologie. Er hat kein Interesse, eine genaue und endgültige Beschreibung des Wesens von »Wahrheit« oder »Realität« zu geben. Wiederholt warnt er vor der Gefahr, durch metaphysische Spekulationen jedweder Art abgelenkt zu werden und sich, wie er es nennt, im »Dickicht der Meinungen« zu verfangen.

Was Gotama über diejenigen denkt, die über das »Höchste« (*parama*) sprechen, erfahren wir im *Achter-Kapitel*, dem Text, den ich bereits an früherer Stelle als Beispiel einer skeptischen Stimme im frühen Kanon zitiert habe:

Der Priester ohne Begrenzungen
beharrt nicht auf dem, was er weiß oder betrachtet hat.
Nicht leidenschaftlich, nicht leidenschaftslos,
ernennt er nichts zum Höchsten.
Einer, der in »höchsten« Sichtweisen verharrt
und sie als endgültig vorstellt,
wird alle anderen Ansichten als »geringer« ansehen –
nicht überwunden hat er Streitigkeiten.[25]

Auf der Grundlage solcher Verse ist es schwierig zu verstehen, wie Gotamas Anhänger nicht nur eine Theorie der höchsten Wahrheit entwickeln, sondern sie auch noch zu einer zentralen Säule seiner Lehren machen konnten. Im Laufe der Zeit ignorierten sie zudem den vorausschauenden Ratschlag, andere Ansichten nicht als »geringer« (*hina*) zu bezeichnen. Mahāyāna-Buddhisten gingen dazu über, alles, was im Palikanon gelehrt wurde, als zum »geringeren Fahrzeug« (Hinayana-Buddhismus) gehörend zu betrachten.

Sobald sich die Lehre von den Zwei Wahrheiten etabliert hatte, waren die Voraussetzungen dafür geschaffen, dass der Buddhismus sich in die uns heute bekannte Richtung entwickelte. Obwohl Gotama niemals die Begriffe *sammuti* und *paramattha* benutzte, hat jede Schule des Buddhismus diese Art des Denkens über die Wahrheit übernommen. Wenn Walshe erklärt, dass »der Buddha in den Suttas sehr oft in den Begriffen von konventioneller oder relativer Wahrheit spricht«, drückt er einfach sein unbewusstes Bekenntnis zur buddhistischen Theravada-Orthodoxie aus. Die Rede von den Zwei Wahrheiten ist in den tibetischen und ostasiatischen Traditionen gleichermaßen so verankert, dass es höchst unwahrscheinlich wäre, wenn jemand auch nur daran denken würde, ihre Legitimität infrage zu stellen.

Wir wissen nicht genau wann, wie oder warum Buddhistinnen und Buddhisten die schicksalhafte Wahl getroffen haben, sich die Lehre von den Zwei Wahrheiten zu eigen zu machen. Damit haben sie mehr als nur eine einfache Theorie übernommen. Die Zwei Wahrheiten wurden die Brille, durch die der Buddhismus sich selbst, seine Lehren und seine Institutionen zu sehen begann. Hatten sich die Augen einmal daran gewöhnt, die Dinge auf diese Weise zu sehen, vergaßen die Buddhistinnen und Buddhisten, dass sie eine Brille trugen. Die Welt, die sie durch diese Gläser sahen, wurde ihnen so vertraut und selbstverständlich, dass sie sie als gegeben ansahen: die Dinge waren einfach so und waren immer so gewesen.

Ein Teil der Anziehungskraft der Theorie von den Zwei Wahrheiten besteht darin, dass sie das Leben geradliniger und eindeutiger zu machen scheint. Die »Erwachten« können jetzt als die verstanden werden, die ein direktes Verständnis der höchsten Wahrheit erlangt haben, während die »Unerwachten« in den mehrdeutigen Wahrheiten von Sitten und Konventionen verstrickt bleiben. Auf diese Weise wird das Erlangen der Erleuchtung zur privaten Angelegenheit einer Person, die eine privilegierte mystische Erkenntnis der Wahrheit gewonnen hat.

So zu denken und zu sprechen fördert die Tendenz, das, was real ist, in singulären Begriffen wahrzunehmen – Nirvana, das Nichtbedingte, das Todlose, Leerheit, Nicht-Dualität, Buddha-Natur – und treibt den Buddhismus dadurch in eine zunehmend absolutistische Haltung. In Indien wurde es immer schwieriger, die buddhistische höchste Wahrheit von jener höchsten Wahrheit zu unterscheiden, wie sie in den Lehren des monistischen

Advaita-Vedānta, gegründet durch den brahmanischen Reformer und erklärten Anti-Buddhisten Śaṅkarācārya aus dem achten Jahrhundert, beschrieben wurde. Einer der Gründe, warum sich indische Buddhistinnen und Buddhisten, insbesondere ehemalige Brahmanen, instinktiv zu der Lehre von den Zwei Wahrheiten hingezogen gefühlt haben, könnte tatsächlich darin zu finden sein, dass sie die vertraute Teilung in die absolute, einzigartige Realität des Brahman (Gott) und die Welt der Vielfältigkeit, des Leidens und der Illusion (*māyā*) widerspiegelte. Doch einer der Hauptgründe für das Verschwinden des Buddhismus vom indischen Subkontinent lag darin, dass er mit dem frommen, philosophischen und mystischen Hinduismus zu verschwimmen und so seine unverwechselbare Identität zu verlieren begann.

Die Doktrin von den Zwei Wahrheiten hat nicht nur die Tür für die Ontologie (das Wesen dessen, was ist) geöffnet, sondern auch für die Epistemologie (wie wir wissen, was ist) und die Logik (wie wir von dem, was ist, denken und sprechen). Buddhistische Gelehrte wie Vasubandhu, Dignāga und Dharmakḷrti haben entscheidende Beiträge auf all diesen Gebieten des indischen Denkens geleistet, das über Jahrhunderte die hellsten Köpfe über das gesamte religiöse Spektrum hinweg beschäftigt hat. Der Höhepunkt und, wie sich zeigte, letzte Triumph des buddhistischen Denkens in Indien fand in der großen monastischen Universität von Nālanda im heutigen Bihar statt. Was der Dalai Lama die »Nālanda-Tradition« genannt hat, diente als wichtigste Quelle für die buddhistischen Schulen, die später quer durch Ost- und Zentralasien erblühten. Meine eigene Schulung als junger, tibetisch-buddhistischer Mönch war im Prinzip die aufgefrischte Version einer Nalanda-Ausbildung.

Ein weiterer Vorteil der Doktrin von den Zwei Wahrheiten lag darin, dass sie dem Buddhismus als Vorlage für klerikale Macht diente. Religiöse Autorität konnte nun als Privileg derjenigen verstanden werden, die persönliche Einsicht in die Natur der höchsten Wahrheit gewonnen hatten. Das Verständnis dessen, was diese Wahrheit beinhaltete, wurde zunehmend Gegenstand von immer subtileren philosophischen und epistemologischen Betrachtungen, die nur in einer höchst technischen Sprache ausgedrückt werden konnten, in der Art, wie sie zum Beispiel von Lamas der Gelug-Tradition verwendet wurde. Gewöhnliche Anhängerinnen und Anhänger sahen sich von der Teilnahme an diesem Diskurs ausgeschlossen und waren dadurch von der Möglichkeit (zumindest in diesem Leben) abgeschnitten, solch exklusive, in der Gemeinschaft Autorität verschaffende Kenntnisse zu erwerben. Andererseits legitimierten sich diejenigen, die an der Macht waren, durch ihren Anspruch, theoretische und empirische Einsicht in die höchste Wahrheit zu besitzen. Die Folge ist, dass buddhistische Institutionen heutzutage oftmals von einem professionellen und zutiefst konservativen Klerus beherrscht werden, der jeglichem Versuch von Seiten der Machtlosen (insbesondere Frauen), ihre Autorität in Frage zu stellen, widersteht.

Eine weitere, obwohl vielleicht nicht beabsichtigte Funktion der Doktrin der beiden Wahrheiten bestand darin, dualistische Denkweisen zu verstärken und zu legitimieren, die sich immer wieder in der einen oder anderen Form in menschlichen Kulturen entwickeln. Beispiele sind:

Das Heilige gegen das Profane
Das Ewige gegen das Vergängliche
Das Nichtbedingte gegen das Bedingte
Die Realität gegen die Erscheinungswelt

Wo immer sich religiöse oder quasi religiöse Dogmen verwurzeln, scheinen die Menschen in Begriffen einer höheren, rechtschaffenen Wirklichkeit zu denken beginnen, wohingegen sie niedere, verdorbene Bereiche bewohnen. Ob diese Dualität in Begriffen von Schöpfer und Schöpfung oder Nirvana und *saṃsāra* ausgedrückt wird, macht keinen großen Unterschied. Unter dem Einfluss eines solchen gegensätzlichen Denkens wird das Leben säuberlich in einen spirituellen und einen weltlichen Bereich getrennt. Der erstere wird mit allem, was gut, ewig und wahr ist, assoziiert, während der zweite üblicherweise als unwert, beschämend und flüchtig betrachtet wird. In der Geschichte des Buddhismus hat dieser Dualismus zu einer immer wiederkehrenden Betonung der immanenten Reinheit des Geistes im Gegensatz zu der verschmutzten, unsauberen Natur des Körpers geführt.

Buddhistische Philosophen waren sich der problematischen Natur der Doktrin von den Zwei Wahrheiten bewusst und bemühten sich, ihr einen Sinn zu verleihen, der mit dem Rest ihres Dharma-Verständnisses zusammenpasste. Die grundsätzliche Schwierigkeit lag darin zu erklären, in welcher Beziehung die beiden Wahrheiten zueinander standen. Manche postulierten, dass die höchste Wahrheit sich von allen konventionellen Wahrheiten vollständig unterschied und in einem eigenen transzendenten Raum existierte. Aber wenn dies der Fall war, wie konnte eine Person in dieser geistig dunklen, relativen Welt irgendeinen Zugang dazu haben? (Ein ähnliches Problem in der Theologie betrifft die Frage, wie oder ob man jemals Gott kennen kann.) Aber wenn die zwei Wahrheiten sich nicht voneinander unterscheiden, worin liegt dann der Sinn, überhaupt erst einen Unterschied zwischen ihnen zu machen? (In der Theologie führt dies zum Pantheismus.)

Die berühmteste buddhistische »Lösung« dieses Dilemmas findet sich im *Herz-Sutra* des Mahāyāna, wo Bodhisattva Avalokiteśvara Sāriputta erklärt:

> Form ist Leerheit und Leerheit ist Form. Form ist nichts anderes als Leerheit und Leerheit ist nichts anderes als Form.

Von allen buddhistischen Texten, die in westliche Sprachen übersetzt wurden, ist dieser Abschnitt einer der am häufigsten zitierten und überdachten. Für viele westliche Buddhistinnen und Buddhisten mag es die einzige dem Buddha zugeschriebene Lehrrede sein, die sie jemals gelesen haben (obwohl der Buddha während des ganzen Sutra in tiefer Meditation versunken da sitzt und nur am Ende sagt: »Gut gesagt, gut gesagt.«). Aber nur wenige von denen, die seine paradoxe, Zen-ähnliche Prägnanz bewundern, sind sich darüber im Klaren, dass es ein Versuch ist, ein unnötiges Problem zu lösen, das erst durch die Einführung der Doktrin von den Zwei Wahrheiten in den Buddhismus entstanden ist. Der Verfasser des *Herz-Sutra* nimmt es als gegeben an, dass »Leerheit« und »Form« zwei fundamentale Elemente oder Bereiche der Realität benennen, eine Annahme, die den frühen Lehrreden ziemlich fremd ist. Avalokiteśvaras Aufgabe ist es, dem begriffsstutzigen Sāriputta zu erklären, wie diese beiden Bereiche miteinander in Übereinstimmung gebracht werden können. Einfach zu behaupten, dass die konventionellen Wahrheiten der Welt mit der höchsten Wahrheit der Leerheit identisch seien, erklärt gar nichts. Es drückt nur die Bevorzugung einer dualistischen Alternative (Gleichheit) über ihr Gegenteil (Verschiedenheit) aus. Die wesentliche Frage, *wie* diese Wahrheiten identisch sind, wird offen gelassen.

Die Lösung, die von meinen Gelug-Lehrern für diese Frage angeboten wurde, war raffinierter. Sie erklärten, dass die beiden Wahrheiten »natürlicherweise eins« (*ngo bo gcig*), aber »konzeptuell verschieden« (*ldog pa tha dad*) seien, und versuchten so auf einem Mittelweg zwischen der Scylla der Identität und der Charybdis der Verschiedenheit hindurchzusteuern. Sie sagen, dass die Doktrin von den Zwei Wahrheiten ein unverzichtbares pädagogisches Instrument sei, aber dass ihr jegliche erkenntnistheoretische Grundlage in der unmittelbar erfahrenen Wahrnehmung fehle. Es ist mit anderen Worten wesentlich, solch eine Unterscheidung zum Zwecke der Befreiung zu treffen, aber es ist nicht die Art von Unterscheidung (wie die zwischen rot und weiß), die direkt mit unseren Sinnen erfahrbar ist. Leerheit ist die *Beschaffenheit* der Form (die Abwesenheit einer innewohnenden Existenz), die realisiert werden muss, um die Gewohnheit der Verdinglichung loszulassen. Aber Leerheit getrennt von Form ist sinnlos. Vernichte die Form und du vernichtest die Leerheit der innewohnenden Existenz.

Die letzte zu überwindende kognitive Schwäche, bevor eine Person den allwissenden Geist eines Buddha erreicht, liege, versichern die Gelugpa, in der Unfähigkeit zu verstehen, inwiefern die beiden Wahrheiten einander nicht widersprechen. So tief verwurzelt ist die Gewohnheit, alle Dinge als inhärent existierend zu sehen, dass nur ein Buddha, so behaupten sie, in der

Lage sei »gleichzeitig und direkt die Leerheit aller Phänomene und die Phänomene selbst zu erkennen«.[26] Sich auf die Autorität von Buddhas Allwissenheit zu berufen ist aber nichts anderes, als zu behaupten, dass Gott allein solche Mysterien verstehe.

Es ist unwahrscheinlich, dass irgendeines dieser Probleme entstanden wäre, wenn die buddhistische Tradition die Doktrin von den Zwei Wahrheiten nicht angenommen hätte. Weder für die Behauptungen des *Herz-Sutra* noch für das haarspalterische Grübeln gebildeter Geshes hätte es einen Bedarf gegeben. Die Geschichte des buddhistischen Denkens zu diesem Thema ist in den Worten eines wohlbekannten Kinderreimes festgehalten:

> Humpty Dumpty saß auf einer Mauer.
> Humpty Dumpty fiel tief hinunter.
> Alle Pferde des Königs und all seine Mannen
> Konnten Humpty nicht mehr zusammensetzen.

Ist es immer noch möglich, einen präorthodoxen Dharma wiederherzustellen, einen, der vor der Doktrin von den Zwei Wahrheiten existierte, und auf diesem Fundament eine ethische, kontemplative und philosophische Praxis aufzubauen, die das menschliche Gedeihen in einem säkularen Zeitalter verbessern könnte?

(6)

> Mönche, es gibt ein Ungeborenes, Ungewordenes, Ungeschaffenes, Unzusammengesetztes (*ajātaṃ abhūtaṃ akataṃ asaṅkhataṃ*). Wenn es dieses Ungeborene … nicht gäbe …, dann wäre hier keine Befreiung von dem, was geboren, ge-

> worden, erschaffen, zusammengesetzt wurde, erkennbar. Aber da es ein **U**ngeborenes, **U**ngewordenes, **U**ngeschaffenes, **U**nzusammengesetztes *gibt*, ist eine Befreiung von dem, was geboren, geworden, erschaffen, zusammengesetzt ist, erkennbar.[27]

Hier haben wir eine Passage aus einer unzweifelhaft frühen Quelle, die allem zu widersprechen scheint, was eben gesagt wurde. Sie wird oft zitiert, um zu zeigen, dass der Buddha die Anwesenheit einer unbeschreibbaren, höchsten Wirklichkeit, die jenseits der herkömmlichen Welt der bedingten, flüchtigen und schmerzhaften Ereignisse existiert, *anerkannt hat*. Ein anderer Begriff, der hier nicht erwähnt, aber häufig als Synonym gebraucht wird, ist *amata*, »das Todlose«. Das heißt, das Ziel des Buddhismus, Nirvana, wird nicht nur negativ definiert als das Ende der drei Feuer des Begehrens, des Hasses und der Verblendung, sondern auch positiv als das Erreichen von etwas Ewigem und Transzendentem, das die Realisierung der Todlosigkeit begleitet, beschrieben – subjektiv erfahrbar als die »höchste Glückseligkeit« (*paramaṃ sukhaṃ*).[28] Befreiung in ihrem wahrsten Sinne ist mehr als die innere Freiheit von Reaktivität. Es ist die vollständige Emanzipation von der bedingten Welt durch die direkte Erfahrung des **U**ngeborenen, **U**ngewordenen, **U**ngeschaffenen, **U**nzusammengesetzten.

Maurice Walshe, dessen Übersetzung ich zitiert habe, schreibt, dass diese Textstelle »vielleicht die beste Antwort ist, die wir in Bezug auf den *ātman* der *Upaniṣad* geben könen«:

> Der Buddhismus lehrt so etwas nicht – dennoch könnte das obige Zitat sicherlich auf *Ātman* angewendet werden,

> wie es in der Vedānta verstanden wird, oder sogar auf das christliche Konzept von Gott. Allerdings wäre dies für die Anhänger dieser Glaubensrichtungen eine ungenügende Beschreibung und das, was sie hinzufügen würden, könnten zum größten Teil die Buddhisten wiederum nicht akzeptieren. Es kann jedoch behauptet werden, dass diese Aussage die grundlegende Basis aller Religionen, die diesen Namen verdienen, wiedergibt, sowie ein Kriterium liefert, das wahre Religion von solchen Surrogaten wie Marxismus, Humanismus und Ähnlichem unterscheidet.[29]

Zu beachten ist die Ambivalenz in Walshes den *ātman* betreffenden Bemerkungen. Der eindringlichen Aussage, dass »der Buddhismus so etwas nicht lehrt«, folgt eine Serie von diese wieder zurücknehmenden Merkmalen, die nicht nur mit der Übereinstimmung enden, dass der Buddhismus mit Vedānta und Christentum die Vorstellung einer höchsten Wahrheit teile, vereinbar mit deren Idee von *ātman* und Gott, sondern es wird noch weitergehend postuliert, dass dies die »grundlegende Basis« einer »wahren Religion« sei. Der Buddhismus ist damit kein unbequemer Außenseiter inmitten der Weltreligionen mehr, da er keine Verwendung für Gott hat, sondern kann jetzt als ein wahrer Glaube neben den anderen bestehen.

Um dieses Argument glaubhafter erscheinen zu lassen, hat Walshe sich die Freiheit genommen, in seine englische Übersetzung eine Unterscheidung einzuführen, die im Pali nicht möglich ist. Im Pali gibt es keine Großbuchstaben. Zwischen dem »Ungeborenen« (Großbuchstaben) und dem »Geborenen« (Kleinbuchstaben) zu unterscheiden, wie es Walshe tut, ist philologisch nicht gerechtfertigt. Wahrscheinlich spiegelt es seinen Wunsch wider, dem Ungeborenen mehr ontologisches Gewicht zu geben, um es eher wie Gott oder das Absolute aussehen zu lassen. Dabei entlarvt es nur das ideologische Vorurteil des Übersetzers.

Trotz der Popularität dieser berühmten Passage kommt sie nur zweimal im Palikanon vor: in der *Udāna* und in der *Itivuttaka*, zwei Texte aus dem *Khuddaka Nikāya*, in dem alle kürzeren Reden zusammengefasst sind. Während das für sich genommen kein Grund ist, ihre Autorität anzuzweifeln, wirft es ein Licht darauf, wie ein marginales Zitat (ähnlich wie der Abschnitt »Form ist Leerheit« im *Herz-Sutra*) in der westlich buddhistischen Welt zu Berühmtheit und Popularität gelangen kann. Warum zieht es Menschen zu solchen Texten hin?

Ich würde (provisorisch) antworten: weil viele, die kürzlich zum Buddhismus konvertiert sind, es schwierig finden, ihre Verbundenheit mit Gott oder einem seiner Surrogate, wie Transzendenz, das Absolute, das Eine, das Nicht-Duale, die Höchste Wahrheit und das Reine Gewahrsein, aufzugeben, trotz ihrer angeblichen Ablehnung des jüdischen oder christlichen Monotheismus, egal wie sehr sie (wie Maurice Walshe) über den klassischen buddhistischen Texten gebrütet haben, und unabhängig davon, wie viele Jahre sie meditiert haben.

Keine der Lehrreden, die Gotamas Erwachen beschreiben, erwähnen irgendein Ungeborenes, Ungewordenes, Ungeschaffenes, Unzusammengesetztes, ganz zu schweigen davon, dass deren Verwirklichung sein Erwachen begründet hätte. Und der Buddha selbst hat ausdrücklich erklärt, dass das, wozu er erwacht sei, »bedingtes Entstehen« war – das genaue Gegenteil von dem, was Ungeboren, Ungeworden und so weiter ist. Und dann haben wir die Lehrrede über *Das Alles (Sabbe Sutta)*. »Hört zu *bhikkhus*«, sagt Gotama,

> Ich will euch das Alles lehren. Und was ist das Alles? Das Auge und die Formen, das Ohr und die Töne, die Nase und die Gerüche, die Zunge und die Geschmacksempfindungen, der Körper und die Empfindungen, der Geist und seine Inhalte. Das wird das Alles genannt. Wenn irgendjemand sagen sollte: »Nachdem ich dieses Alles zurückgewiesen habe, werde ich ein anderes Alles bekannt machen«, dann wäre das nur leere Prahlerei von dessen Seite. Würde er befragt werden, könnte er nicht antworten und wäre zusätzlich am Ende frustriert. Warum? Weil dieses Alles nicht innerhalb seines Wirkungsbereiches läge. [30]

Gotamas »Alles« ist eine unsentimentale Bestandsaufnahme von flüchtigen, tragischen, unpersönlichen Erfahrungen. Eine Person, die behauptet, dass es mehr als dieses »Alles« gebe, würde sich wichtig machen, würde »eine leere Prahlerei« von sich geben. Wenn der Buddha bestätigt, dass *jenseits* dieses »Alles« nichts gefunden werden kann, wie könnte man dann *in ihm* ein **U**ngeborenes, **U**ngewordenes, **U**ngeschaffenes, **U**nzusammengesetztes finden? Es gibt nur eine Möglichkeit: unter den *dhammas*, welche die Inhalte des Geistes (*mano*) ausmachen. Diese Kategorie schließt alles ein, was subjektiv gewusst werden kann ohne die Vermittlung eines physischen Sinnesorgans. Sie beinhaltet also Gefühle, Gedanken, Konzepte, Ideen – alle Bedingungen, unter denen geistiges Bewusstsein (*manoviññāṇa*) entsteht. In diesem Fall ist es schwer vorstellbar, wie ein **U**ngeborenes, **U**ngewordenes, **U**ngeschaffenes, **U**nzusammengesetztes mehr sein könnte als ein Konzept oder eine Idee – das heißt die einfache Negation von Geboren, Geworden und so weiter.

Aber sicherlich muss das **U**ngeborene mehr sein als einfach nur eine Idee oder eine Negation. Beginnt der Abschnitt nicht mit der Erklärung »*Es gibt* ein **U**ngeborenes, **U**ngewordenes, **U**ngeschaffenes, **U**nzusammengesetztes«? Maurice Walshe spricht wieder den universalen Zweck der Doktrin der Zwei Wahrheiten an. »Das **U**ngeborene«, erklärt er, »›existiert‹ nicht (relativ gesehen), sondern es IST.«[31] Das **U**ngeborene kommt damit so etwas wie dem durch sich selbst Seiendem nahe (*esse ipsum*), um einen Ausdruck zu verwenden, den Thomas von Aquin gebraucht hat, um Gott zu definieren. Es erinnert mich auch an Meister Eckharts mystische Lehren: »In der Seele gibt es etwas, was Gott so ähnlich ist, dass es eins mit IHM ist … Es hat nichts gemein mit jeglichem Geschaffenen« – eine Aussage, die auch im Vedānta nicht fehl am Platz wäre. (Man darf nicht vergessen, dass Walshe auch ein Gelehrter des mittelalterlichen Deutsch war und Eckharts Reden ins Englische übersetzt hat.)

Sobald das **U**ngeborene – oder jede andere höchste Wahrheit – außerhalb der Reichweite des normalen geistigen Erkenntnisvermögens (*mano* und *manoviññaṇa*) liegt, müssen wir eine spezielle Art von nicht-weltlichem Bewusstsein annehmen, das es »wissen« kann.

> Denn dort wo Erde, Wasser, Feuer und Luft keinen tragfähigen Boden mehr finden,
> Dort sind sowohl lang als auch kurz, klein und groß, schön und garstig –
> Dort sind »Name-und-Form« vollständig zerstört.
> Mit dem Aufhören des (weltlichen) Bewusstseins ist dies alles zerstört.[32]

Indem der Übersetzer das Bewusstsein, das aufhört, als »weltlich« kennzeichnet, bestätigt er stillschweigend die Existenz eines nicht-weltlichen Bewusstseins, das frei von der alltäglichen, sinnlichen Erfahrung von »Name-und-Form« dahintreibt. Es ist kaum vorstellbar, wie solch ein »zeichenloses, grenzenloses, all-erleuchtetes Bewusstsein« sich vom *ātman* der *Upaniṣad* oder des Vedānta unterscheiden sollte.

Wie könnte eine Erklärung über etwas Ungeborenes, das mit einem transzendentalen Gott verwandt zu sein scheint, mit Gotamas Ansatz eines mittleren Weges bei der Lehre des Dharma vereinbar sein? Als der Buddha von Kāccana nach der Bedeutung von »umfassender Sicht« (*sāmma diṭṭhi*) gefragt wird, antwortet er: »Im Großen und Ganzen, Kāccana, beruht diese Welt auf der Dualität von ›es ist‹ (*atthī*) und ›es ist nicht‹ (*natthī*).« Er endet:

> »Alles ist (*sabbam-atthi*)«, Kāccana, ist die eine Sackgasse. »Alles ist nicht (*sabbam-natthi*)«, ist die andere Sackgasse. Der *tathāgata* enthüllt den Dharma der Mitte, der beide Sackgassen vermeidet.[33]

Diejenigen, die erklären, dass »*es* ein Ungeborenes *gibt*« und so weiter, scheinen Opfer eines reduktiven, der Sprache selbst innewohnenden Dualismus geworden zu sein, vor dem Gotama seine Anhängerinnen und Anhänger warnt. Sie schreiben dem Ungeborenen eine verdinglichte, unabhängige Existenz als höchste Wahrheit zu, in scharfem Gegensatz zu den Wahrheiten der sich verändernden, leidenden Welt alltäglicher Erfahrung. Solch eine Ansicht wäre ein klares Beispiel für die Sackgasse (*anta*) des Eternalismus (*sasatavada*), die der Buddha seine Anhängerinnen und Anhänger wiederholt zu meiden drängte.

(7)

> Mönche, es gibt ein Ungeborenes, ein Nicht-Gewordenes, ein Nicht-Geschaffenes, ein Nicht-Zusammengesetztes. Mönche, wenn es dieses Ungeborene … nicht gäbe, gäbe es augenscheinlich kein Entkommen aus dem, was hier geboren, geworden, geschaffen, zusammengesetzt ist. Aber da, Mönche, es ein Ungeborenes, Nicht-Gewordenes, Nicht-Geschaffenes, Nicht-Zusammengesetztes gibt … ist das Entkommen aus dem, was hier geboren … (und) zusammengesetzt ist, offensichtlich.[34]

Dies ist eine andere Übersetzung desselben Abschnitts, eine der ersten, die auf Englisch erschienen ist. Sie ist von F. L. Woodward, demselben Übersetzer, der die Unstimmigkeit bezüglich der »edlen Wahrheit« in den *Vier Aufgaben* aufdeckte. Der Band, in dem sie sich befindet, enthält eine Einleitung von Caroline Rhys Davids, der Präsidentin der Gesellschaft für Pali-Texte und Wortführerin der Pali-Studien ihrer Zeit. Rhys Davids hat eine völlig andere Haltung gegenüber diesem Text als Maurice Walshe. Statt in ihr »die grundlegende Basis aller Religionen, die diesen Namen verdienen«, zu sehen, läuft die Textstelle für sie auf einen deprimierend »mönchischen« Blick hinaus, nach dem es »kein Entkommen vom Leben gäbe, wenn nicht etwas vorhanden wäre, was auf Nicht-Leben hinausliefe«. Sie fährt fort: »Ich habe gesehen, wie das mit Zustimmung zitiert wurde, aber was für ein armseliger Stoff ist das für des

Menschen Wachstum und ›Erhebung‹! Wirklich eine Lehre im Geringeren.« Sie spekuliert, dass es ein »entstellter Auswuchs« eines Verses aus den *Upaniṣad* sein könnte, und zitiert ein Beispiel aus den *Kaṭha Upaniṣaḍ*:

> Wenn die Erkenntnisse der fünf Sinne erlöschen
> zusammen mit dem Geist,
> und der Intellekt (*buddhi*) sich nicht bewegt –
> das, sagen sie, ist der höchste Weg.

Sie vermerkt auch, dass dieser Vers stark die Zeilen aus *An Kevaddha* über das »all-erleuchtete Bewusstsein« widerspiegelt.[35]

In Woodwards Übersetzung von 1935 ist das Englisch schwerfälliger, aber es unterscheidet sich nicht wesentlich von Walshes aus dem Jahr 1987. Anders als Walshe schreibt Woodward das »Ungeborene« und die weiteren Begriffe nicht mit Großbuchstaben. Noch setzt er das »gibt« in der Zeile »Aber, Mönche, da es ein Ungeborenes gibt« kursiv. Und anstelle von Walshes: »eine Befreiung ist erkennbar …«, sagt er: »das Entkommen … ist offensichtlich.« Ansonsten stimmen die beiden Übersetzer in ihrer Interpretation des Textes überein.

Aber warum diese *vier* Begriffe: »ungeboren, nicht-geworden, nicht-geschaffen, nicht-zusammengesetzt«? Gemäß dem Pali-Kommentar zu dem Abschnitt, dem *Udāna-aṭṭhakathā*, sind das vier verschiedene Weisen, das Gleiche zu sagen. (Es ist eine übliche und ermüdende Besonderheit von buddhistischen Texten, lange Listen von Synonymen als nähere Bestimmungen zu liefern.) Alle Begriffe beziehen sich hier auf die »nichtbedingte« Beschaffenheit des Nirvana.

Sowohl John D. Irelands Wiedergabe 1997 als auch Bhikkhu

Bodhis Begriffswahl folgend, werde ich nun *asaṅkhata* mit »nichtbedingt« statt mit »nicht-zusammengesetzt« übersetzen. *Saṅkhata* (»compounded«, gestaltet) bedeutet wörtlich »zusammen gemacht« oder, wie wir idiomatisch sagen würden, »zusammengesetzt«. Es bezieht sich auf etwas, das hergestellt, konstruiert oder zusammengesetzt wurde. »Compounded« hat noch eine andere Bedeutung: Es leitet sich ab aus dem Lateinischen *com*, »zusammen«, und *ponere*, »platzieren«. Während »compounded« als wörtliche Übersetzung gut funktioniert, passt es weniger gut in den Kontext buddhistischer Praxis. Gotama suchte nach einer dynamischen Art und Weise der Beschreibung, wie bestimmte Bedingungen im Laufe der Zeit andere hervorrufen, und nicht nach einer statischen Beschreibung, wie sich etwas zu einem bestimmten Zeitpunkt zusammensetzt. Ein Schlüsselbegriff in seiner Analyse ist *sankhāra* – wörtlich, das, was »zusammenbringt« oder »konstruiert« oder »herstellt«. Wesentlich unter den Dingen, die dieses »Zusammenbringen« bewirken, sind Begehren, Hass und Verblendung, zusammen mit den Worten und Taten, die zu sagen und zu tun sie uns veranlassen. *Sankhāra* sind also die »bedingenden Faktoren«, welche die Erfahrung des durch sie »Bedingtseins« (*saṅkhata*) hervorrufen. Der Begriff *sankhāra* ist bekanntlich schwierig zu übersetzen; normalerweise finden wir so etwas wie »geistige Gebilde« (Walshe) oder »Willensregungen« (Bodhi). Meine bevorzugte Übersetzung ist »Neigungen«.

Mit dem im Hinterkopf ist es leichter zu verstehen, was Gotama mit *asaṅkhata*, »nichtbedingt«, meint. Doch muss man die Frage stellen, wodurch genau Nirvana *nicht* bedingt ist? Wenn Sie annehmen, dass das Nichtbedingte einfach eine andere Art ist, über das Absolute zu sprechen, dann ist es unwahrscheinlich, dass sich Ihnen eine solche Frage stellt. Denn Absolutes ist laut Definition absolut: wie Gott ist es weder von irgendetwas anderem abhängig, noch ist es bedingt. Es scheint naheliegend, dass das Nichtbedingte schlicht nicht durch *irgendetwas* bedingt ist – und ganz sicher nicht durch etwas innerhalb der bedingten Welt, von der ein Entkommen, wie der Text zu sagen scheint, genau das ist, was die Verwirklichung des Nichtbedingten möglich macht.

Glücklicherweise drückt Gotama sehr klar aus, was er mit »nichtbedingt« meint:

> *Bhikkhus*, ich werde euch das Nichtbedingte und den Weg, der zum Nichtbedingten führt, lehren. Hört zu.
> Und was, *bhikkhus*, ist das Nichtbedingte? Ein Enden von Begehren, ein Enden von Hass, ein Enden von Verblendung: Das ist das Nichtbedingte.
> Und was, *bhikkhus*, ist der Pfad, der zum Nichtbedingten führt? Achtsamkeit, die auf den Körper ausgerichtet ist: So wird der Pfad genannt, der zum Nichtbedingten führt.[36]

Das Nichtbedingte ist ein Aufhören der drei Neigungen (*sankhāra*): Begehren, Hass und Verblendung. Zu bemerken ist, dass Gotama es *nicht* als ein Aufhören von (oder Entkommen aus) dem definiert, was als solches bedingt ist. Stattdessen betont er die Möglichkeit, dass man, beginnend mit der Achtsamkeit auf den Körper, lernen kann, sein Leben *nicht* bedingt durch Begehren, Hass oder Verblendung zu führen. Mit anderen Worten: Statt blind seinen Neigungen zu folgen, die einen drängen, den eigenen Wünschen und Ängsten gemäß zu handeln, übt man sich in einer ruhigen und klaren Geistesverfassung, die nicht mehr in solche Richtungen geneigt ist. In diesem Sinne könnte man *asaṅkhata* eher mit »ungeneigt« statt mit »nichtbedingt« übersetzen.

Gotama nimmt ein Substantiv »das Nichtbedingte« und behandelt es wie ein Verb: »nicht bedingt sein« durch etwas. Gotama scheint sich der *relationalen* Natur der Sprache äußerst bewusst zu sein. Zum Beispiel gibt es so etwas wie Freiheit per se nicht. Es gibt nur die Freiheit *von* Einschränkungen oder die Freiheit, auf eine Art zu handeln, die aufgrund dieser Einschränkungen nicht möglich war. Noch gibt es irgendein Erwachen per se, sondern nur ein Erwachen *aus* dem »Schlaf« der Verblendung oder ein Erwachen *zu* der Gegenwart anderer, die leiden. Und so etwas wie das Nichtbedingte gibt es nicht, nur die Möglichkeit, *durch* etwas nicht bedingt zu sein.

Nirvana bezieht sich infolgedessen nicht auf das Erreichen eines transzendenten, absoluten Zustandes, getrennt von den Bedingungen des Lebens, sondern auf die Möglichkeit, im Hier und Jetzt zu leben, gelöst von den Neigungen des Begehrens, des Hasses und der Verblendung. Ein Leben, das *nicht* durch diese Instinkte und Triebe bedingt wird, wäre um einiges reicher. Man wäre nicht länger das Opfer lähmender Gewohnheiten; man wäre frei, auf äußere Umstände in frischer, ungehinderter Weise einzugehen.

Wie wir (in Kapitel 3) schon gesehen haben, wird derselbe Pali-Satz *rāgakkhayo dosakkhayo mohakkhayo* (das Enden von Begehren, das Enden von Hass, das Enden von Verblendung), welcher das Nichtbedingte (*asaṅkhata*) definiert, auch für die Definition anderer Schlüsselbegriffe wie zum Beispiel Nirvana[37], das Todlose (*amata*)[38] und das umfassende Verstehen (*pariññā*)[39] verwendet. Während es nicht verwunderlich ist, das

»Nichtbedingte« als ein Synonym für das »Todlose« und für »Nirvana« zu sehen, ist es weniger klar, wie es ein Synonym für das »umfassende Verstehen« sein kann. Hier ist der Text:

> *Bhikkhus*, ich werde euch lehren, was umfassend verstanden werden muss und was umfassendes Verstehen ist. Hört zu:
> Und was muss umfassend verstanden werden? Form, Gefühl, Wahrnehmung, Neigungen und Bewusstsein: Das ist es, »was umfassend verstanden werden muss«.
> Und was ist umfassendes Verstehen? Ein Enden von Begehren, ein Enden von Hass, ein Enden von Verblendung: das ist »umfassendes Verstehen«.[40]

Die Struktur dieses Abschnitts ist mit der Struktur des Abschnitts über das oben zitierte Nichtbedingte identisch. Wenn »nichtbedingt« bedeutet, nicht *durch* Reaktivität bedingt zu sein, dann muss »umfassendes Verstehen« bedeuten, sich selbst und die Welt in einer Weise zu verstehen, die *nicht* durch Reaktivität *gefärbt ist.*

»Was umfassend verstanden werden muss«, ist nicht das Nichtbedingte, sondern diese bedingte Welt selbst: die unmittelbare Erfahrung dessen, was in diesem Moment auf unsere Sinne einwirkt, die Gefühle, die durch ein solches Aufeinandertreffen ausgelöst werden, die wahrnehmende Strukturierung dieser Daten, unsere Neigungen, als Antwort darauf etwas zu sagen oder zu tun, und unser allgemeines Bewusstsein des ganzen Geschehens. Mit anderen Worten, es gilt, die fünf »Bündel« umfassend zu verstehen, die den empirischen Rahmen für die Verwirklichung der vier Aufgaben liefern. Aber wenn umfassendes Verstehen (synonym mit dem Nichtbedingten) eine direkte Einsicht in die Erfahrung der Bedingtheit beinhaltet, wie kann es als »Befreiung« *von* Bedingtem verstanden werden oder als »Entkommen«?

(8)

> Da gibt es, Mönche, ein Ungeborenes, Nicht-Gewordenes, Nicht-Geschaffenes, Unzusammengesetztes und wenn es, Mönche, dieses Ungeborene, Nicht-Gewordene, Nicht-Geschaffene, Unzusammengesetzte nicht gäbe, könnte hier kein Entkommen aufgezeigt werden für das, was geboren, geworden, geschaffen, zusammengesetzt ist. Aber da es, Mönche, ein Ungeborenes, Nicht-Gewordenes, Nicht-Geschaffenes, Unzusammengesetztes gibt, kann ein Entkommen aufgezeigt werden für das, was geboren, geworden, geschaffen, zusammengesetzt ist.[41]

Anstatt von einem Entkommen *aus* dem, was geboren, geworden und bedingt ist, zu reden, spricht die Pali-Gelehrte I. B. Horner in dieser 1954 veröffentlichten Übersetzung von einem Entkommen *für* das, was geboren, geworden, bedingt ist. Unter allen Übersetzern dieses Abschnittes ist sie darin allein. Für sie beinhaltet der Text, dass ein Entkommen oder eine Befreiung, da es ein Nichtbedingtes gibt, *für jene, die geboren und bedingt sind* möglich ist. Indem sie »für« anstatt »aus« sagt, ändert sie die gesamte Bedeutung des Abschnitts.

Bei unserer Fokussierung auf den Begriff »nichtbedingt« haben wir den Begriff »Entkommen« (Woodward, Horner) oder »Befreiung« (Walshe) übersehen. Das Pali-Wort ist *nissaraṇa*, das ich im Folgenden mit »Emanzipation« übersetzen werde.

Um zu verstehen, wie es in diesem Abschnitt verwendet wird, lassen Sie uns ins Gedächtnis rufen, wie es an anderer Stelle des Kanons benutzt wird. Im Folgenden noch einmal Gotamas Darstellung der Fragen, die er nicht mehr ignorieren konnte und die ihn zu seiner Suche trieben:

> Als ich noch ein Bodhisattva war, stellte sich mir die Frage: Was ist die Freude des Leben? Was ist die Tragik des Lebens? Was ist die Emanzipation des Lebens? Da, *bhikkhus*, kam mir Folgendes in den Sinn: Glück und Freude, die bedingt durch das Leben entstehen, das ist die Freude des Lebens; dass das Leben unbeständig, beschwerlich und sich wandelnd ist, das ist die Tragik des Lebens; die Beseitigung und Aufgabe des Greifens nach dem Leben, das ist die Emanzipation des Lebens.[42]

Ich benutze das Wort »Leben« – für welches es kein exaktes Äquivalent im Pali gibt – als Kürzel für die sechs Sinne und ihre Objekte, was Gotama »das Alles« nennt. In dem oben zitierten Text beginnt er mit der Frage: »Was ist die Freude, die Tragik und die Emanzipation des Auges«, dann wiederholt er die gleiche Frage und Antwort für jeden der anderen Sinne und ihre Objekte und endet mit *dhamma* (Geistesinhalte). In jedem Fall stehen die Worte »Auge«, »Ohr«, »Nase« und so weiter im Genitiv: Freude *des* Auges, Tragik *des* Auges, Emanzipation *des* Auges. Es ist deutlich, dass Emanzipation (*nissaraṇa*) *des* Auges und der anderen Sinne ihre Emanzipation vom Greifen (*chandarāga*) bedeutet – einem Begriff, der mehr oder weniger synonym mit »Reaktivität« (*taṇhā*) ist.

Als Schlussfolgerung erklärt Gotama: »Solange ich die

Freude, die Tragik und die Emanzipation des Lebens nicht kannte, beanspruchte ich nicht, ein in dieser Welt beispielloses Erwachen entdeckt zu haben.« Das zeigt nicht nur, dass das Erwachen vollständig im Kontext der empirischen Erfahrung (»des Alles«) entsteht, sondern es zeigt auch, dass das Erwachen eher aus einer dreifachen Umorientierung von Erfahrung besteht als aus einer einzigen privilegierten Einsicht in eine höchste Wahrheit wie das Nichtbedingte. Eine solche Umorientierung erkennt zudem an, dass die tragische Natur des Lebens nicht den Reichtum und die Freude des Lebens negiert. Der Schlüssel zu solch einem Erwachen liegt in der eigenen Emanzipation von der schädlichen Gewohnheit des Greifens, welche das eigene Leben in einen frustrierenden und sinnlosen Kampf verwandelt, um das zu bewahren, was erfreulich ist, und gleichzeitig das zu verbannen und zu ignorieren, was tragisch ist.

In der obigen Lehrrede sehen wir, dass *saṅkhata* (bedingt), genauso wie »Auge«, »Ohr«, »Nase«, auch im Genitiv (*saṅkhatassa*) steht. Deshalb erscheint es gerechtfertigt, dass I. B. Horner es als »Emanzipation *des* Bedingten« (das heißt *für*) versteht und nicht als Emanzipation *von* oder *aus* Bedingtem. Also was ist es, *von* dem diejenigen, die geboren und bedingt sind, befreit sind? Angesichts dessen, was Gotama unter »nichtbedingt« versteht, scheint es offensichtlich zu sein, dass sie von der Reaktivität befreit sind.

Im Folgenden nun meine eigene paraphrasierte Version des Abschnittes:

> Es ist möglich, nicht durch Reaktivität bedingt zu sein. Wäre das nicht möglich, wäre Emanzipation hier für diejenigen, die durch Reaktivität bedingt sind, nicht zu verstehen. Aber

da es möglich ist, nicht durch Reaktivität bedingt zu sein, ist die Emanzipation derjenigen, die durch sie bedingt sind, zu verstehen.

Gotama scheint zu sagen, dass die Vorstellung einer Emanzipation in dieser Welt *nur dann sinnvoll ist*, wenn es Menschen möglich ist, sich von der bedingenden Macht ihres Begehrens, ihres Hasses und ihrer Verblendung zu befreien.

Horner liefert eher eine *ethische* als eine metaphysische Übersetzung dieser Textstelle. Für sie ist sie ein Vorschlag für eine radikal andere Lebensweise in dieser Welt und nicht als Erlösungsangebot, durch das man Zugang zu einem nichtbedingten Zustand jenseits dieser Welt bekommt. Sobald dieser Abschnitt ethisch interpretiert wird, rechtfertigt er nicht mehr Maurice Walshes Begeisterung für das Ewige oder provoziert nicht mehr Caroline Rhys Davids Schauder der Abneigung gegenüber seinem Nihilismus. Es ist eher eine Art der Bestätigung, dass man das eigene Leben *hier* auf eine Weise leben kann, bei der die Emanzipation im Herzen des Lebens selbst verortet ist.

Diese ethische Lesart zeigt, dass es nicht nötig ist, an einen absoluten Zustand, genannt das »Nichtbedingte« oder das »Ungeborene«, zu glauben. Das Nichtbedingte ist ganz einfach eine Negation: nicht bedingt. Als ein Objekt des Geistes (*dhamma*) hat es seinen Platz in »dem Alles«. Es ist einfach eine Idee – eine unverzichtbare für die Dharmapraxis, aber nichtsdestoweniger eine Idee. Sie bezieht sich auf nicht mehr als die bloße Abwesenheit – entweder momentan oder von längerer Dauer – der Reaktivität in der menschlichen Erfahrung. Solch eine Abwesenheit enthüllt nicht eine vorher verborgene absolute Wahrheit jenseits der Welt. Sie emanzipiert einen Menschen, nicht durch solche Neigungen beschränkt in dieser Welt zu leben.

(9)

Für Gotama ist es wichtiger, auf eine den Bedürfnissen der augenblicklichen Situation entsprechenden Weise zu sprechen als auf eine Wahrheit unabhängig von jeglichem spezifischen Kontext zu bestehen. Bemerkenswert an seiner Art des Lehrens ist, dass sie eher ethisch als metaphysisch, eher pragmatisch als dogmatisch, eher verordnend als beschreibend ist. Diese Unterscheidungen erlauben es uns, weitere Rückschlüsse zu ziehen, wie das Wort »Wahrheit« – *sacca* – in den Lehrreden benutzt wird. Wie schon erwähnt, wird der Begriff *sacca,* abgesehen von seinem Vorkommen in dem allgegenwärtigen Ausdruck »vier edle Wahrheiten«, überwiegend verwendet, um die Tugend der Wahrhaftigkeit im eigenen Sprechen zu benennen. Übertragen auf die Lebensweise, würde dies bedeuten, dem eigenen Potential treu zu bleiben, den eigenen tiefsten Intentionen treu, den eigenen Werten treu, den Freundinnen und Freunden treu, und – als Buddhistin oder Buddhist – dem Grundprinzip (*ṭhāna*) des Dharma treu. Im Englischen finden wir einen Widerhall dieser Verwendung in Ausdrücken wie »twelve men good and true« [»zwölf Männer, gut und getreu« d. Ü.], der klassischen Bezeichnung einer Jury. In diesem Sinne »treu« sein reicht über eine verbale Ausdrucksweise hinaus: Es hat damit zu tun, ein integres, transparentes und aufrichtiges Leben zu führen, bei dem es keinen Raum für Scheinheiligkeit, Verrat oder Heuchelei gibt. Und eine solche Person könnte als ein »treuer Freund« (*kalyāṇamitta*) bezeichnet werden: als jemand, der oder die sowohl durch Worte als auch durch das eigene Beispiel zeigt, wie man in den Strom des achtfachen Pfades eintreten kann.

In einer Lehrrede in den *Aṇguttara Nikāya* legt Gotama den Mendikanten dar:

> Wie der *tathāgata* spricht, so handelt er; wie er handelt, so spricht er. Da er handelt wie er spricht, und spricht, wie er handelt, deshalb wird er *tathāgata* genannt.[43]

Dieser Abschnitt gibt Aufschluss über den seltsamen Begriff *tathāgata*, der lange Zeit sowohl Kommentatoren wie Übersetzer vor ein Rätsel gestellt hat. Der Begriff ist aus zwei Teilen zusammengesetzt: *tathā*, was in Pali einfach »dadurch« oder »wie dieses« bedeutet, und *gata*, was »gegangen« bedeutet. Diese Zusammensetzung hat zu extrem buchstabengetreuen Übersetzungen geführt wie beispielsweise: »Einer, der in die Soheit gegangen ist.« Caroline Rhys Davids fasst die Bedeutung folgendermaßen auf: »Er, der zur Wahrheit hindurchgedrungen ist.«[44] Beide Fälle folgen der zugrundeliegenden Annahme, dass der Buddha als eine Person betrachtet werden muss, die privilegierten Zugang zu einer höheren Wirklichkeit erlangt hat. Wie Richard Gombrich aufgezeigt hat, legen diese Lesarten zu viel Gewicht auf die Funktion von *gata*, »gegangen«, was hier einfach »ist«[45] bedeutet. *Tathāgata* bedeutet also »einer, der einfach so ist«. Im Lichte des hier zitierten Abschnitts ist ein *tathāgata* jemand, der nicht heuchelt oder etwas vortäuscht. Dieser Begriff wird fast ausschließlich in Bezug auf den Buddha (oder einen Buddha) verwendet und das bedeutet, dass eine der ihn definierenden Eigenschaften im »nichts vortäuschen« liegt. »Da er handelt, wie er spricht, und spricht, wie er handelt«, heißt es im Text, »*deshalb* wird er *tathāgata* genannt.«

In dem *Gleichnis von der Schlange* verwendet Gotama den Begriff *tathāgata,* um auf jeden beliebigen Mendikanten zu verweisen, dessen Geist befreit ist, dessen Bewusstsein sich auf nichts stützt: »Der *tathāgata* ist hier und jetzt nicht auffindbar.«[46] Wie wir in Kapitel 2 gesehen haben, beschreibt Gotama seinen Vetter Mahānāma als einen »Haushälter«, der Erfüllung im *tathāgata* gefunden hat, der ein Seher des Todlosen geworden ist und dauernd darüber redet, das Todlose erblickt zu haben. In diesem Kontext ist es zweifelhaft, dass der Begriff *tathāgata* sich auf die Person Gotama bezieht, in den Mahānāma Vertrauen gewonnen und demzufolge Erfüllung gefunden habe – obgleich man diesen Abschnitt so verstehen könnte. Es wäre hier sinnvoller zu sagen, dass Mahānāma Erfüllung in seiner eigenen Fähigkeit fand, auf das Leben aus der von Buddha entdeckten und gelehrten nirvanischen Perspektive einzugehen; dadurch konnte er sein Leben getreu seiner tiefsten Werte und Ziele leben.

6 Sunakkhatta: der Verräter

Damals nun hatte Sunakkhatta, Sohn der Licchavi, Dharma und Disziplin jüngst den Rücken gekehrt. Vor der Versammlung der Vesālī gab er diese Erklärung ab:

> *»Gotama, der Wanderer, hat keinerlei übernatürliche Bewusstseinszustände, er zeichnet sich durch kein Wissen aus, und er hat keine Sicht, die eines Edlen würdig wäre. Gotama, der Wanderer, lehrt einen durch logisches Denken ausgearbeiteten Dharma, geht seinen Fragen nach, wie es ihm beliebt, und wenn er jemanden im Dharma unterweist, führt es denjenigen, wenn er praktiziert, zum vollständigen Ende des Leidens.«*

[Als er dies von Sāriputta hörte, erwiderte der Buddha:]

> *»Sāriputta, dieser verblendete Mensch Sunakkhatta ist zornig, und Zorn lässt ihn so sprechen. Er glaubt mich in Verruf zu bringen, in Wirklichkeit lobt er mich, denn es ist ein Lob, über mich zu sagen: ›Unterweist er jemanden im Dharma, führt es denjenigen, wenn er praktiziert, zum vollständigen Ende des Leidens.‹«*
>
> – Mahāsihanāda Sutta

(1)

Will man ein Gefühl für den historischen Buddha bekommen, ist eine der Herausforderungen, dass man man sich von dem idealisierten und archetypischen Bild Gotamas, das die buddhistische Ikonographie vermittelt, lösen muss. Einige der frühesten Überlieferungen berichten von zweiunddreißig außergewöhnlichen physischen Merkmalen, die er gehabt haben soll, darunter einen fleischlichen Auswuchs auf seinem Kopf, tausendspeichige Räder auf den Fußsohlen, vorspringende Fersen, überlange Finger und Zehen, vierzig ebenmäßige, lückenfreie Zähne.[1] Auch wenn heute nur wenige eine solche Beschreibung wörtlich nehmen würden, so beschäftigt sie dennoch weiterhin die Vorstellungskraft. Der Kanon ist hinsichtlich der Erscheinung Gotamas ambivalent. Manchmal erscheint er wie eine ganz normale Person; bei anderer Gelegenheit wird er als gleichsam göttliches Wesen beschrieben, das kaum etwas Menschliches aufweist. Diese Spannung wird durch die Geschichte von Pukkhusāti illustriert.

Pukkhusāti war ein Adliger aus Taxilā, der sich entschied, Gotamas Anhänger zu werden, als er von seinen Unterweisungen hörte. Er reiste nach Rājagaha, um den berühmten Mann zu treffen. Als er in der Hauptstadt Magadhas ankam, fand er eine Unterkunft in einer Töpferwerkstatt. Ein weiterer Mendikant traf ein und fragte Pukkhusāti, ob er nicht ebenfalls dort unterkommen könne. Pukkhusāti hieß ihn willkommen und forderte ihn auf zu bleiben. Der Neuankömmling richtete sich eine Grasmatte her und verbrachte fast die ganze Nacht in Meditation sitzend.[2]

Am nächsten Morgen fragte der Fremde, welchen Dharma Pukkhusāti praktiziere und wer ihn unterrichte. Pukkhusāti antwortete, er sei ein Anhänger des Wanderers Gotama, dessen Lehren er folge. Auf die Frage, wo Gotama lebe, antwortete Pukkhusāti, dass dieser in der Stadt Sāvatthi im Norden lebe. Der Fremde hielt dann Pukkhusāti eine Lehrrede über die Elemente des Daseins, bei deren Ende Pukkhusāti erkannte, dass der Mann niemand anderer als Gotama selbst sein konnte.[3]

Diese seltsame Geschichte erzählt uns zweierlei: Gotama unterschied sich rein äußerlich nicht von anderen Mendikanten oder Wandereren seiner Zeit, und er hatte Sinn für Humor und fand Vergnügen daran, Pukkhusāti auf den Arm zu nehmen. Doch dieser vermenschlichende Blick auf Gotama ist für die buddhistische Tradition sehr unangenehm. Vermutlich um zu vermeiden, dass die Vorstellung erweckt werden könnte, Gotama habe sich unwahrhaftig geäußert, indem er Pukkhusāti sinnloserweise fragte, wo dessen Lehrer lebe, erklärt der Hauptkommentar zu diesem Text (*Majjhima Nikāya Aṭṭhakathā*), dass Gotama mit seinen hellseherischen Fähigkeiten »Pukkhusāti erblickt und dessen Vermögen erkannt hatte, die Pfade und deren Früchte zu erreichen, und allein zu Fuß nach Rājagaha ging, um diesen zu treffen«.[4] Die Entfernung zwischen Sāvatthi und Rājagaha beträgt etwa 320 Kilometer.

Ein noch größeres Problem für den Kommentator ist, dass Pukkhusāti (und auch der Töpfer) einen Mann nicht erkannte, der aufgrund seiner zweiunddreißig außergewöhnlichen physischen Merkmale unter allen anderen hervorstach. Um diese Schwierigkeit zu umgehen, behauptet der Kommentar, »der Buddha habe durch einen Willensakt seine besonderen physischen Zeichen verborgen, sodass er genauso wie ein gewöhnlicher umherwandernder *bhikkhu* wirkte«, was sich für den heutigen Leser etwa so anhört, als hätte sich Superman in Clark Kent zurückverwandelt.[5]

Im Laufe der Geschichte haben die meisten Buddhistinnen und Buddhisten es für selbstverständlich gehalten, dass sie, wäre ihnen der Buddha in natura begegnet, ein mit all diesen Merkmalen ausgestattetes Wesen erblickt hätten. Ein solches Individuum würde einem beim besten Willen nicht wie ein gewöhnlicher Mensch vorkommen. Ein Gott war er aber eigentlich auch nicht. Irgendwann, entweder zu Lebzeiten des Buddha oder danach, griff die Gemeinschaft einen brahmanischen Mythos – der sich in den vorhandenen Schriften des Hinduismus nicht mehr finden lässt – über den Großen Menschen auf, der durch den Besitz der genannten zweiunddreißig Zeichen erkannt werden würde. Diese messianische Prophezeiung sagt vorher, dass in einer zukünftigen Zeit ein Retter erscheinen und die Welt erlösen werde, indem er entweder zu einem mächtigen, »Rad drehenden« Herrscher würde oder zu einem spirituellen Führer, bekannt als ein »Buddha«.

Die Lehrrede *An Sela* aus dem Palikanon schildert, wie ein Brahmane mit Namen Sela von dem Auftauchen eines solchen »Großen Menschen« hört und sich auf den Weg macht, um sich zu vergewissern, ob dieser die zweiunddreißig Merkmale besitze. Als er Gotama aufspürt, untersucht er dessen Körper, findet aber lediglich dreißig der vorhergesagten Merkmale. Die beiden nicht sichtbaren waren der in einer Umhüllung befindliche Penis und die ungewöhnlich lange Zunge. Also »vollbrachte« der Buddha »aus übernatürlicher Kraft ein Kunststück, damit der Brahmane Sela sehen konnte, dass sich der Penis des Lehrers in einer Umhüllung befand«. Dann »streckte« Gotama »seine

Zunge heraus und berührte mehrmals beide Ohröffnungen und die Nasenlöcher und bedeckte danach seine ganze Stirn mit der Zunge«.[6]

Heutige Leser werden diese Passage entweder absurd oder komisch finden oder beides. Doch *An Sela* gehört zu derselben Lehrredensammlung, in der wir Erörterungen voll klarer ethischer Orientierung, scharfsinniger psychologischer Erkenntnisse und wirksamer kontemplativer Praktiken finden, die noch heute zu uns und unseren Gegebenheiten sprechen. Zahlreiche gebildete und intelligente Leser vergangener Zeiten haben diesen Text als ebenso maßgeblich angesehen wie jene anderen Reden, die wir heutzutage selektiv bewundern.

Dass der Mythos des Großen Menschen dem Kanon später hinzugefügt wurde, lässt sich daran erkennen, dass die Geschichte von Sela benutzt wurde, um mit ihr die Stellung und Autorität der Brahmanen zu legitimieren. Auf den ersten Blick scheint Gotama triumphierend aus der Begegnung hervorzugehen. Er demonstriert Sela nicht nur, dass er alle Merkmale besitzt, sondern Sela ist zudem derart beeindruckt von ihm, dass er darum bittet, dem Orden als Mendikant beizutreten zu dürfen, mithin seinen privilegierten gesellschaftlichen Status als Brahmane aufzugeben. Kurze Zeit später, »allein und zurückgezogen lebend, sorgsam, eifrig und entschlossen«, wird Sela zu einem Arahant. Allerdings stärkt die Episode unausgesprochen die Autorität brahmanischer Glaubensvorstellungen. Man sieht, dass alle Beteiligten, darunter Gotama, den brahmanischen Mythos des Großen Menschen unhinterfragt anerkennen. Gotama gewinnt vielleicht diesen einen Kampf in der Schlacht zwischen Brahmanen und Buddhisten um die Vormachtstellung in Indien, doch auf lange Sicht wurde seine Gemeinschaft durch ihre allmähliche und stillschweigende Zustimmung zu den Normen und Werten brahmanischer Kultur unwiderruflich geschwächt.

Eine weitere Möglichkeit, dieses Material zu betrachten, liegt darin zu erkennen, dass es während der Entwicklung des Kanons wenigstens einige gegeben haben dürfte, die beim Hören einzelner Texte keine kognitive oder moralische Dissonanz empfanden. So wie manche Menschen Selas Geschichte, in der er Gotamas Leib auf magische Zeichen hin untersuchte, ohne Schwierigkeiten aufgenommen haben werden, wird es für andere kein Problem gewesen sein, dass Gotama Pukkhusāti als ein gänzlich unauffälliges Individuum erschien. Der Kanon ist eine gewaltige Collage aus widersprüchlichen Texten, die, einzeln oder als Sammlungen, von verschiedenen Gruppen von Anhängern ehrenvoll in Erinnerung gehalten wurden. Diese Gruppen können ohne ein Wissen voneinander in verschiedenen geschichtlichen Epochen und in unterschiedlichen Regionen des indischen Subkontinents gelebt haben. Irgendwann wurden diese vielfältigen Texte zusammengetragen und als Teil des Kanons anerkannt. Von da an scheinen die Rezitatoren (*bhāṇaka*) des Kanons sich einzig des Erinnerns derjenigen Texte verpflichtet zu haben, mit denen sie betraut waren. Es wird nicht weiter von Belang gewesen sein, ob sie bei bestimmten Passagen irgendeine kognitive oder moralische Dissonanz empfanden. Ihre Aufgabe war es, das Tradierte zu bewahren; den Kommentatoren oblag es, die inneren Diskrepanzen und Widersprüche aufzulösen.

(2)

Sunakkhatta, dessen Leben in diesem Kapitel erzählt wird, war ein Idealist, der sich nach mystischen Erfahrungen und metaphysischen Gewissheiten sehnte. Obwohl er dem Buddha viele Jahre lang nahe war, konnte er das Charakteristische und Befreiende des Dharma nicht erfassen. Gotama – aus Fleisch und Blut – unterminierte fortwährend seine wirklichkeitsfremden Projektionen.

Sunakkhatta taucht in den Lehrreden des Palikanons lediglich viermal auf. Bei jeder dieser Gelegenheiten wird er als »Sohn der Licchavi« (*licchaviputta*) vorgestellt.[7] Wenn wir »Sohn« nicht nur als den Abkömmling eines bestimmten Volkes verstehen, sondern als jemanden, der die Eigenschaften und Werte dieses Volkes verkörpert, dann wies Sunakkhatta vielleicht einige der beschriebenen Merkmale der Licchavi-Jugendlichen auf: »leicht erregbare, ungehobelte und gierige Kerle; Geschenke, die von Angehörigen des Stammes geschickt werden – Zuckerrohr, Jujube-Früchte, Kuchen, Konfekt usw. – plündern und essen sie. Den Mädchen und Frauen ihres Stammes klopfen sie auf den Rücken.«[8] Die Licchavi werden außerdem als martialisch und begeisterte Jäger mit Pfeil und Bogen geschildert, die von kläffenden Hunden umgeben sind. Und sie hatten strenge moralische Maßstäbe: Es ist dokumentiert, dass die Versammlung einem Ehemann erlaubte, seine ihm untreu gewordene Frau zu töten.[9]

In anderen Darstellungen sind die Licchavi einander äußerst treu ergeben; sie treffen sich in ihren Häusern, um miteinander Zeremonien durchzuführen; sie sind höfliche und großzügige

Gastgeber; sie sind gutaussehend und ihre Kleidung ist bunt; sie sind wohlhabend, leben aber bescheiden, »als Kopfkissen benutzen sie Holzklötze«, und sie sind »sorgsam und eifrig Übende«. Dennoch warnt Gotama, sie seien in Gefahr, dem Luxus zu erliegen, zügellos und faul zu werden, wodurch sie sich angreifbar machten für ihren Feind, König Ajātasattu von Magadha.[10] Die Licchavi waren damals ein stolzer, unabhängiger und sehr alter Stamm, der Anzeichen von Verdorbenheit und Verfall zeigte, die vielleicht seinen Niedergang erklären.

Die Licchavi waren der dominierende Clan innerhalb der Vajji-Konföderation, die zusammen mit Mallā eine der letzten unabhängigen Republiken des nördlichen Indien im fünften Jahrhundert v. u. Z. darstellte. Statt eines höchsten Monarchen (*mahārājā*) regierte eine große Versammlung aus Oberhäuptern (*rājās*) von der Stadt Vesālī aus den Staatenbund. Die gesamte Lebenszeit Gotamas hindurch gelang es den Bürgern, diese alte repräsentative Regierungsform zu erhalten, ungeachtet des Eingezwängtseins zwischen den seinerzeit mächtigsten beiden Königreichen: im Norden das von Pasenadi regierte Kosala und auf der anderen Gangesseite Richtung Süden Magadha, regiert von Bimbisāra und später von seinem Sohn Ajātasattu. Die republikanische Regierungsform der Licchavi war zudem das Modell, nach dem der Buddha seine eigene Gemeinschaft aufbaute, die in ihrer Konzeption von einem unpersönlichen Gesetz (dem Dharma) regiert werden sollte und nicht von einem Rangältesten.

Rückblickend betrachtet waren die Licchavi kurz davor, wie die heutigen Tibeter zu werden: ein staatenloses Volk mit einem leidenschaftlichen Sinn für seine eigene Geschichte als unabhängige Nation. Sie wollten damals unbedingt vermeiden, dasselbe Schicksal wie die Sakiyer zu erleiden, die einst eine ebenso unabhängige Republik gewesen und nunmehr Vasallen des Königs von Kosala waren. Die Stärke Magadhas wurde durch die befestigte Stadt Pataliputta offenbar, welche die Licchavi auf der anderen Gangesseite sehen konnten. Die Stadt wurde tatsächlich zur ersten Hauptstadt eines geeinten Indiens, weniger als ein Jahrhundert nach dem Tode Gotamas. Doch wenn Magadha seine imperialen Ambitionen verwirklichen wollte, indem es seine Grenzen nach Norden in die Gebiete des rivalisierenden Königreichs Kosala hinein ausdehnte, musste es zunächst die ihm dabei im Wege stehenden Heere der Licchavi bezwingen. Sunakkhatta könnte genauso gut auch verzweifelt und verschreckt wie »verblendet« gewesen sein, als er den Wanderer Gotama vor der Vesālī-Versammlung anprangerte.

Obschon der Buddha viele berühmte Licchavi zu seinen Anhängern zählte, darunter das Oberhaupt Mahāli, General Sīha, und die Kurtisane Ambapālī, wurde er nicht überall geachtet. Sein Hauptkontrahent, Nigaṇṭha Nātaputta – heute bekannt als Mahāvīra, der Gründer des Jainismus –, stammte aus Vesālī, er wurde im nahegelegenen Dorf Kundala geboren. Obwohl selber kein Licchavi, gehörte Nātaputta – Sohn der Nāta – innerhalb des Staatenbündnisses dem Stamm der Nāta an. Nigaṇṭha ist ein Beiname und bedeutet »Ungebundener«, womit diejenigen bezeichnet wurden, die den Lehren und dem Beispiel des Tirthaṇtaka Pārśva folgten, der etwa zweihundertfünfzig Jahre früher gelebt hatte. Nātaputta wurde in Vesālī nicht nur als Sohn des Landes verehrt, sondern auch als beeindruckender Asket, der offensichtlich selbst Mücken nichts zuleide tat, ein Heiliger, der als allwissend galt, ein Lehrer, der versicherte, dass seine

Linie zweiundzwanzig Tirthaṇtakas zurückreiche, die es vor Pārśva gegeben hatte.

Die Nigaṇṭhas taten Gotama als »dem Luxus verfallen« und »in Täuschung befindlich« ab; der Buddha beschrieb die Doktrinen Nātaputtas als »schlecht verkündet, unerbaulich dargestellt und unwirksam im Stillen des Geistes, denn ihr Verkünder war nicht voll erwacht«.[11] Eine dermaßen drastische Ausdrucksweise deutet auf eine heftige Rivalität zwischen den beiden Männern und ihren jeweiligen Anhängern hin. Die Buddhisten warfen den Jainas vor, in den Praktiken der Selbstkasteiung zu weit zu gehen; die Jainas bezichtigten die Buddhisten, sich nicht der strapaziösen Aufgabe zu verpflichten, dauerhaft freizuwerden von der Bürde des Karma, das die Seele (*jīva*) an den Kreislauf der Geburten (*saṃsāra*) binde. Dennoch konkurrierten beide Gruppen um denselben potentiellen Unterstützerkreis und bedienten sich einer ähnlichen Terminologie, um die Leute von der Stichhaltigkeit ihrer jeweiligen Lehrmeinung zu überzeugen. Beide verwenden die Begriffe *buddha*, *arahant* und *tathāgata*, um auf die Gestalt eines erleuchteten Menschen zu verweisen, und die Begriffe *nirvāṇa* und *mokṣa*, wenn sie sich auf das Ziel der Praxis beziehen. Māra – das »Teuflische« – wird von beiden als Personifikation dessen gesehen, was es auf dem Pfad des Erwachens zu überwinden gelte. Obwohl die Details voneinander abweichen, treten beide dafür ein, »fünf Grundsätze« zu übernehmen und sich den »drei Juwelen« anzuvertrauen. Desgleichen begründeten beide eine »vierfache Gemeinschaft«, die sich aus weiblichen und männlichen Mendikanten sowie aus weiblichen und männlichen Anhängern zusammensetzte.[12]

Die kürzere Rede an Saccaka gewährt einen Blick darauf,

wie die Rivalität zwischen den beiden Lehrern die Licchavi entzweite. Da von Ajātasattu als dem König von Magadha in diesem Text die Rede ist, muss sich die erzählte Episode in den letzten acht Lebensjahren Gotamas zugetragen haben. Saccaka, »Sohn der Nigaṇṭha«, wird als »ein von vielen als Heiliger angesehener Debattierer und kluger Redner« beschrieben, der die Licchavi bei einer Zusammenkunft in der Versammlungshalle dazu einlädt, mit ihm zu kommen, um eine Debatte zwischen ihm und dem Wanderer Gotama mitzuerleben.[13] Die Einladung löst unverzüglich eine Diskussion unter den Versammelten aus, von denen einige darauf beharren, dass Saccakas Argumente sich durchsetzen werden, während andere den Wanderer Gotama als Sieger sehen. Als sie sich dem Buddha nähern, der im nahe gelegenen Wald unter einem Baum sitzt, erweisen ihm nur »einige« der Licchavi Respekt, bevor sie ihre Plätze einnehmen.

In einem buddhistischen Text überrascht es nicht, dass Gotama Saccaka zunächst umkreist, bemerkenswert aber ist, dass Saccaka sich zum Schluss dieses wie auch eines längeren Gesprächs nicht geschlagen gibt und sich nicht zum Anhänger des Buddha erklärt, welches das übliche Ergebnis eines derartigen Schlagabtausches gewesen wäre.[14] Im Kontrast dazu steht der Ausgang mit General Sīha, vorher ein prominenter Unterstützer der Nigaṇṭha, der zum Dharma konvertierte, nachdem er den Buddha gehört hatte. Vermutlich um jegliches sektiererische Ressentiment nach dem Verlust eines solchen freigebigen Gönners zu verhindern, akzeptiert Gotama den General nur unter der Voraussetzung als Anhänger, dass dieser den Nigaṇṭha auch zukünftig Almosen spende, eine Bedingung, die Sīhas Wertschätzung für ihn noch steigert.[15] Diese Episoden legen nahe, dass der Wanderer Gotama, noch bevor Sunakkhatta ihn bei den Licchavi in Vesālī verunglimpfte, eine polarisierende Figur war, jemand, der vorsichtig vorgehen musste, um diejenigen nicht zu beleidigen, die gegen ihn waren.

(3)

Die Passagen des Kanons, in denen Sunakkhatta vorkommt, bieten uns ausreichend Informationen für die Erstellung einer Chronologie seiner Beziehung zum Buddha. Diese Begebenheiten zeigen uns Sunakkhatta als einen Wankelmütigen und Idealisten, einen Mann, dem es ungeachtet seiner Nähe zu Gotama wiederholt nicht zu verstehen gelingt, was das Charakteristische an der Lehre Gotamas ist.

Die Lehrrede *An Sunakkhatta* erzählt, wie die beiden Männer sich erstmalig in Vesālī treffen, nachdem Sunakkhatta davon gehört hatte, dass einige von Gotamas Mendikanten behaupteten, »in der Gegenwart des Lehrers das höchste Wissen« erlangt zu haben. Diesen Behauptungen skeptisch gegenüberstehend, geht er zu Gotama, um zu fragen, ob dies wahr sei oder diese Mendikanten sich überschätzten. Gotama räumt ein, dass sie sich in der Tat überschätzten und bemerkt kritisch, in solchen Zeiten müsse er den Dharma lehren, um sie zu korrigieren.[16]

Der Buddha erklärt Sunakkhatta, dass die Dinge, denen man sich widme (*ādhimutti*), die Eigenwahrnehmung eines Menschen bestimmen. »Wenn sich ein Mensch weltlichen Dingen widmet, möchte er allein über diese sprechen, er sinniert und denkt über nichts anderes nach, und er pflegt mit ähnlichen Menschen Umgang.«[17] Solange jemand durch seine Hingabe an derlei Dinge »gefesselt« sei, werde er unfähig sein, sich für irgendetwas anderes zu interessieren, und er werde in dieser Geistesverfassung und dieser Gesellschaft stecken bleiben. Sobald er jedoch von alltäglichen Angelegenheiten desillusioniert sei, könne sich dieser Mensch der Verwirklichung innerer Unerschütterlichkeit (*āneñja/āṇañja*) widmen, wodurch sein Interesse an weltlichen Belangen verloren ginge.[18] Es ist ein ganz natürlicher Prozess: Wenn sich das eigene Interesse nicht länger weltlichen Angelegenheiten zuwende, sondern spirituellen, so Gotama, werden die früheren Anliegen von einem abfallen wie »goldgelbes Herbstlaub«. Doch die eigene Aufmerksamkeit lediglich von den Freuden der Welt auf jene der meditativen Vertiefung zu verschieben bedeutet, weiterhin gefangen zu sein. Sogar wenn ein Mensch solche subtilen, ungegenständlichen Bewusstseinszustände erreicht wie den »Grund der Nichtsheit« oder den »Grund der Weder-Wahrnehmung-noch-Nicht-Wahrnehmung«, bleibt er durch sie gefesselt, was ihn daran hindert, sich dem zu widmen, worauf es für den Buddha wirklich ankommt: das Erleben von Nirvana.

Weder in dieser noch in anderen Lehrreden erklärt Gotama, was er unter »Unerschütterlichkeit« versteht. Die Paliwörter *āneñja* oder *āṇañja*, die er verwendet, finden sich im Kanon nur selten. In diesem Kontext scheint es ein allgemeiner Begriff für die innere Stille zu sein, die diejenigen suchen, die spirituelles Wohlbefinden anstreben, im Gegensatz zu den starken Reizen, die jene ersehnen, die im Bann der Sinnesfreuden stehen. Da aber der Buddhismus innere Stille gemeinhin als Qualität betrachtet, deren Entwicklung es dringend bedarf – umfassende Konzentration (*sammā samādhi*) als letzte Stufe auf dem achtchen Pfad –, was also kann hier gemeint sein? Ohne jede kanonische Rechtfertigung erläutern die Kommentare, dass sich

»Unerschütterlichkeit« auf die vierte, fünfte und sechste Vertiefung (*jhāna*) beziehe.[19] In *Die kürzere Lehrrede über Leerheit* haben wir gesehen, dass die geistigen Vertiefungen bestenfalls als Zerstreuung angesehen werden, während Gotama in *Die Edle Suche* die beiden letzten von ihnen entschieden ablehnt (den Grund der Nichtsheit und den Grund der Weder-Wahrnehmung-noch-Nicht-Wahrnehmung), denn sie »führen nicht zu Frieden, Erwachen oder Nirvana«.[20] In der Lehrrede *Über Furcht und Angst* wird das Erreichen der vierten Vertiefung allerdings als notwendiger Schritt auf dem Pfad zum Erwachen dargestellt, da sie den Bodhisattva befähige, die übernatürliche Kraft (*iddhi*) zu erwerben, sich an alle seine vergangenen Leben zu erinnern.[21]

Das Vorhandensein derart widerstreitender Stimmen im Kanon über die Bedeutung der *jhānas* deutet darauf hin, dass die frühe Gemeinschaft sich über diese Thematik nicht einig war. Angesichts der vielen Textpassagen, in denen die Praxis aller acht *jhānas* für lobenswert gehalten wird, überrascht es, dass Gotama einige von ihnen hier als »Fesseln« bezeichnet, ein Ausdruck, der normalerweise Eitelkeit, Zweifel, Anhaftung, Stolz und anderen negativen Emotionen vorbehalten bleibt.[22] Eine Möglichkeit, diesen Konflikt zu lösen, ist anzuerkennen, dass, obwohl sie an und für sich nicht zum Erwachen oder zu Einsicht führen, die *jhānas* für Praktizierende mit einer Veranlagung zur inneren Sammlung ein effektives Mittel sein können, den Geist zu beruhigen und zu fokussieren, und sie so die vierfache Aufgabe besser bewältigen können. Andere allerdings sollten die *jhānas* umgehen, sofern diese womöglich Anhaftung an und Abhängigkeit von den ekstatischen, aber losgelösten Erfahrungen fördern, die sie erzeugen.

Bei der Unterweisung Sunakkhattas scheint Gotama *sowohl* die Hingabe an sinnlichen Genuss *als auch* die Hingabe an die *jhānas*, die zu veränderten Bewusstseinszuständen führen, zu vermeiden. Sein Anliegen ist es, Sunakkhattas Aufmerksamkeit auf das Aufhören der Reaktivität zu richten, das Nirvana bedeutet. Denn »im Betrachten des Todlosen« werde es ihm möglich sein, in den Strom des Pfades einzutreten und dadurch als »gesunde« Person zu gedeihen. Wenn Sunakkhatta sich erst einmal Nirvana widme, werde er sich einzig und allein dafür interessieren und die Fesseln der höheren *jhānas* würden vollständig durchtrennt.[23]

Es ist durchaus möglich, dass Menschen sich selbst über ihr Hingegebensein an Nirvana täuschen. Gotama räumt ein, dass es Mendikanten geben kann, die der Ansicht sind: »Reaktivität (*taṇhā*) wurde von dem Wanderer als Pfeil bezeichnet. Durch Begehren, Gier und Feindseligkeit breitet sich die giftige Gemütsverfassung der Unwissenheit aus. Dieser Pfeil der Reaktivität wurde aus mir entfernt, das Gift der Unwissenheit ausgetrieben. Ich bin einer, der sich vollkommen dem Nirvana hingibt.«[24] Jedoch ist ein solcher Mensch womöglich ein Phantast, der sich selbst für »erleuchtet« hält, während er weiterhin bereitwillig sinnlichen und geistigen Freuden nachgeht, die lediglich Begehren, Gier und Feindseligkeit nähren, welche er überwunden zu haben glaubt. Es scheint so zu sein (der Text erwähnt es nicht ausdrücklich), dass Gotama solche Menschen im Sinn hatte, als er von Mendikanten sprach, die »sich selbst überschätzten«.

Die »Freiheit von Reaktivität« zu verwirklichen, die Nirvana bedeutet, ist etwas, das beträchtliche Sorgfalt und Aufmerksamkeit erfordert. Der Buddha erklärt Sunakkhatta, Praktizierende des Dharma seien wie ein Mann, der »von einem giftigen Pfeil verwundet wird, worauf seine Freunde und Angehörigen einen Wundarzt holen, der mit einem Messer um die Wunde herum schneidet, die Pfeilspitze mit einer Sonde untersucht, dann den Pfeil herauszieht und das Gift austreibt.«[25] Nirvana werde erreicht, indem man den Pfeil der Reaktivität entfernt, sodass keine Spur des Gifts der Unwissenheit im Körper verbleibt. Diese Operation wird ausgeführt mittels Anwendung der »Sonde« Achtsamkeit (*sati*) und des »Messers« Weisheit (*paññā*), wie es der »Wundarzt« (der Buddha) lehrte. Keine Erwähnung findet hier, dass es erforderlich sei, Unerschütterlichkeit zu erlangen oder die *jhānas* zu praktizieren, um diese Aufgabe zu erfüllen, doch zweifellos ist ein ruhiger und konzentrierter Geist unverzichtbar, um derartige chirurgische Instrumente wirksam einzusetzen.

Wenn es nicht gelingt, durch die Operation wirklich jede Spur des Giftes zu entfernen, müsse der Arzt den Patienten anweisen, besonders sorgfältig auf Ernährung und Hygiene zu achten, sodass die Wunde heilen kann und sich nicht entzündet. Ignoriert der Patient diese Instruktionen jedoch, »wird die Wunde anschwellen und er erleidet den Tod oder eine tödliche Krankheit«.[26] Es könne glücken, den Pfeil der Reaktivität mit Achtsamkeit und Verständnis herauszuziehen und so für einen Augenblick Nirvana zu erfahren. Ohne sich aber Nirvana vollständig zu widmen, könne ein Mensch selbstzufrieden und nachlässig werden, was einmal mehr zur Schwelgerei in jenen geistigen Gewohnheiten führt, die in einen inneren »Tod« und Verzweiflung münden. Somit können diejenigen, die den Geschmack Nirvanas gekostet haben, sich immer noch über die Natur ihrer Verwirklichung täuschen und sich »überschätzen«.

Der Buddha geht noch einen Schritt weiter. Selbst wenn es dem Wundarzt glückt, das Gift bis auf den letzten Rest aus der Wunde zu entfernen, werde der Patient dennoch angewiesen, »nur geeignete Nahrung zu sich zu nehmen. Iss nichts Ungeeignetes, andernfalls kann die Wunde eitern. Reinige die Wunde gelegentlich und salbe ihre offene Stelle, damit sie nicht von Eiter und Blut bedeckt wird. Geh nicht bei Wind oder Sonnenschein spazieren, sonst kann sich die Wunde durch Schmutz entzünden.«[27] Denn wenn der Patient es versäumt, sich sorgfältig um die Wunde zu kümmern, könne sie verunreinigt werden und zu Leiden und Tod führen. Für Selbstzufriedenheit gebe es keinen Platz. Die Hingabe an Nirvana müsse aufrechterhalten werden, auch wenn Reaktivität und Unwissenheit beseitigt sind. Das bedeutet, dass selbst wenn Pfeil und Gift erfolgreich herausgezogen worden sind, der Patient gleichwohl durch die Operation traumatisiert sein könnte. So lange man noch darum ringt, das Leben mit der neuen Perspektive in Übereinstimmung zu bringen, sei es notwendig, achtsam und aufmerksam zu sein und sich nicht die tröstliche Vorstellung zu eigen zu machen, »erleuchtet« zu sein bedeute, es könne einem kein Unheil widerfahren.

Am Schluss der Rede erfahren wir, dass Sunakkhatta mit der Erklärung des Buddha zufrieden war.[28] Dies mag lediglich eine konventionelle Formel sein. Dessen ungeachtet lässt es darauf schließen, dass Sunakkhatta anders als Saccaka die Antwort Gotamas auf seine Frage verstand und akzeptierte. Bei seiner Entscheidung, dem Orden der Mendikanten beizutreten, könnte dies durchaus eine wesentliche Rolle gespielt haben. Möglicherweise ist er die Verpflichtung mit der warnenden Stimme im Ohr eingegangen, dass es erforderlich sei, vor der

Faszination für spezielle Meditationszustände, vor spirituellem Ehrgeiz mit der dazugehörigen Aufblähung, vor Nachlässigkeit und Selbstgefälligkeit und der allgegenwärtigen Gefahr der Selbsttäuschung beständig auf der Hut zu sein.

(4)

Das nächste Mal hören wir von Sunakkhatta aus dem Munde des Licchavi-Oberhauptes Mahāli. Gotama hält sich erneut in Vesālī auf, er meditiert allein in Klausur, und sein Begleiter tut sein Bestes, Besucher davon abzuhalten, ihn zu behelligen. Mahāli bedrängt aber einen der Novizen, und so gelingt es ihm schließlich, zusammen mit einem großen Aufgebot neugieriger Brahmanen vorgelassen zu werden, Mahāli erklärt Gotama, er spreche im Namen Sunakkhattas zu ihm, der ihm wenige Tage zuvor erzählt habe, dass es ihm zwar nach der dreijährigen Schulung beim Buddha gelungen sei, göttliche Visionen zu erleben, er bisher aber keine göttlichen Klänge gehört habe. »Mein Herr«, fragt er, »gibt es überhaupt solche Klänge, die Sunakkhatta nicht hören kann, oder gibt es sie nicht?« Gotama erwidert (ermüdet, aber höflich, nehme ich an), dass zwar derartige Klänge existierten, die man in der Meditation hören könne, »aber es gibt andere Dinge, höher und vollkommener als diese, um derentwillen Mendikanten unter mir ein spirituelles Leben führen«.[29]

Trotz allem, was Gotama ihm früher nahebrachte, scheint Sunakkhatta geradezu besessen davon zu sein, beim Meditieren göttliche Klänge zu vernehmen, und ist frustriert, dass er nach drei Jahren der Praxis lediglich göttliche Visionen zu erschauen vermag. Mahāli – und die Brahmanen vermutlich mit ihm – scheint ebenfalls zu glauben, dass das Ziel der Meditation darin liege, derartige Bewusstseinsveränderungen zu erfahren, welche, soweit wir wissen, womöglich nichts anderes sind als visuelle und akustische Halluzinationen. Es ist die reine Ironie, dass der Buddha gezwungen ist, seine Klausur zu unterbrechen, um ihre Nachfragen zu beantworten, auf der anderen Seite ist es ernüchternd, sich klar zu machen, dass damals wie heute Menschen eine unwiderstehliche Faszination für solche exotischen Dinge empfinden.

Sunakkhatta wird als Mensch mit starren Ansichten dargestellt, der sich hartnäckig weigert, seine Meinung zu revidieren, ganz gleich, was Gotama ihm sagt. Sogar während er dem Buddha als Begleiter zur Seite steht – wir erfahren wieder nicht, für wie lange oder in welchem Alter –, wird er als blauäugig und für extreme Selbstbestrafungen empfänglich gezeigt – wie die von Korakkhattiya, dem »Hunde-Mann«, der »auf allen Vieren« herumlief, »sich auf dem Boden ausstreckte und seine Nahrung mit dem Mund allein zerkaute und aß«, und die des Asketen Kaḷāramuṭṭhaka, der ein lebenslanges Gelübde ablegte, »niemals Kleidung zu tragen, im Zölibat zu leben, sich nur von Alkohol und Fleisch zu ernähren, weder Reis noch Sauermilch anzurühren und nicht jenseits der vier Hauptschreine von Vesālī umherzuwandern«. Sowie Sunakkhatta diese Männer erblickt, meint er: »Also, das ist ein wirklicher Arahant«, woraufhin Gotama sich laut fragt, ob sein Begleiter noch immer zu seinen Schülern zähle. Empört erwidert Sunakkhatta scharf, dass der Buddha »anderen ihre Arahantschaft missgönnt«.[30]

Wir wissen nicht, wie viele Jahre Sunakkhatta als Mendikant verbrachte. Als er Gotama schließlich darüber verständigt, dass er beschlossen habe, den Orden zu verlassen, stellt ihm der Buddha eine Reihe von Fragen:

»Habe ich dir jemals gesagt: Komm, Sunakkhatta, unterstelle dich meiner Herrschaft?«

»Nein, mein Herr.«

»Oder hast du jemals gesagt: ›Mein Herr, ich werde mich Eurer Herrschaft unterstellen?‹«

»Nein, mein Herr.«

»Also, verblendeter Mann, wer bist du und was gibst du auf? Prüfe, inwieweit der Fehler bei dir liegt.«

»Nun, mein Herr, Ihr habt niemals irgendein Wunder vollbracht.«

»Und habe ich dir jemals gesagt: ›Komm, unterstelle dich meiner Herrschaft, und ich werde Wunder für dich vollbringen?‹«

»Nein, mein Herr.«

»Und hast du jemals gesagt: ›Mein Herr, ich werde mich Eurer Herrschaft unterstellen, wenn Ihr Wunder für mich vollbringt?‹«

»Nein, mein Herr.«

»Folglich scheint es so zu sein, dass ich keine derartigen Versprechungen gemacht habe und du keine derartigen Bedingungen gestellt hast. Was glaubst du? Ob Wunder vollbracht werden oder nicht, das Ziel meiner Unterweisungen im Dharma ist, jeden Praktizierenden zum vollständigen Ende des Leidens zu führen. Welchem Zweck also sollte das Vollbringen von Wundern dienen?«

»Aber, mein Herr, Ihr habt mir nichts über den ersten Anfang kundgetan.«

»Und habe ich dir jemals gesagt: ›Komm, unterstelle dich meiner Herrschaft, und ich werde dir etwas über den ersten Anfang kundtun?‹«

»Nein, mein Herr.«

»Also, verblendeter Mann, wer bist du und was gibst du auf?«[31]

Bei dieser Fallstudie einer Person, die sich aus den falschen Gründen vom Dharma angezogen fühlt, dient Sunakkhatta als rhetorischer Gegenpart, der es Gotama erlaubt, Punkt für Punkt darzulegen, was er *nicht* lehrt. Der Sohn der Licchavi muss zugeben, dass die angeführten Gründe für das Verlassen des Ordens in keiner Weise die Gründe tangieren, aus welchen auch immer er willens war, dem Orden beizutreten, ein Schritt, den er vollständig aus eigenem Entschluss unternahm, mit allen ihm unterbreiteten Einwänden in der nach ihm benannten Lehrrede *An Sunakkhatta*. Uns wird ein Mann gezeigt, der ungeachtet seiner Zustimmung zur Logik dessen, was der Buddha ihm sagt, weiterhin Sehnsüchte nach göttlichen Klängen, Wundern und metaphysischen Aussagen über die Ursprünge der Welt hegt.

Sunakkhatta mag eine etwas lächerliche Figur abgeben, er verkörpert aber Vorlieben, die viele von uns womöglich teilen. Tatsächlich geben all die mannigfaltigen Formen des Buddhismus, die wir heutzutage kennen, auf die eine oder andere Art solchem Begehren nach. Selbst die oben zitierte Lehrrede, die den freien und unverblümten Dialog zwischen Gotama und Sunakkhatta enthält, ist in diesen Fragen äußerst ambivalent. Nachdem im Text die Bedeutung übernatürlicher Kräfte gerade verworfen wurde, wird Gotama als jemand präsentiert, der die Zukunft vorhersagen, Wunder vollbringen und den ersten Anfang der Dinge erklären kann. Doch Gotamas Lehre unterscheidet sich radikal von den Lehren seiner Zeitgenossen, denn sie ist rational, sie gründet sich auf die genaue Beobachtung menschlicher Erfahrung und sie ist unsentimental. Es gibt keinen Raum für Spezialeffekte.

An anderer Stelle lehnt Gotama Wunder (*pāṭihāriya*) nicht rundweg ab, er macht sich den Begriff vielmehr für eigene Zwecke zunutze. Drei Arten von Wundern zählt er auf: jene aus übernatürlicher Kraft (*iddhi*), solche wie fliegen, den eigenen Körper vervielfachen, auf dem Wasser gehen, Telepathie (*ādesanā*) und Unterweisung (*anusāsani*). Obwohl er gelten lässt, dass übernatürliche Kräfte und Telepathie möglich seien, sagt er abschließend: »Ich sehe die Gefahr derartiger Wunder und lehne sie ab, ich verwerfe und verachte sie.«[32] Er billigt lediglich das »Wunder« der Unterweisung, welches einfach darin besteht zu sagen: »Betrachtet es auf diese Weise, nicht auf jene Weise, lenkt euren Geist hierher, nicht dorthin, gebt jenes auf, erringt dieses und bleibt darin beharrlich.«[33] Wirklich wundersam ist, dass menschliche Wesen lernen können, anders zu denken und zu handeln, und sich dadurch verwandeln.

Bei anderer Gelegenheit fragt Gotama einen Brahmanen, welches dieser drei Wunder »am vortrefflichsten und erhabensten« sei. Der Brahmane antwortet:

> Was die Wunder der übernatürlichen Kraft und Telepathie angeht, so wird ihre Wirkung nur derjenige erfahren, der die Wunder vollbringt; sie gehören ihm allein. Diese beiden Wunder erscheinen mir wie ein Zaubertrick, Herr Gotama. Was aber das Wunder der Unterweisung angeht – dieses erscheint mir als das Vortrefflichste und Erhabenste unter ihnen.

Der Buddha lobt die »bemerkenswert nützlichen Worte«.[34] Das wahre Wunder ist, dass Unterweisungen gegeben wurden, die jeden, der sie praktiziert, zur Erfahrung Nirvanas führen werden. Der Rest ist einfach Magie.

Wenn Sunakkhatta sich beklagt, ihm sei während seiner Zeit als Mendikant der erste Anfang der Welt nicht gelehrt worden, kritisiert er den Buddha, dieser habe die großen metaphysischen Fragen nicht angesprochen, die oftmals jene beschäftigten, welche religiöse oder philosophische Gewissheit zu erlangen trachten. Gotama schweigt zu diesen Fragen, denn sich dazu zu äußern hätte keine praktische Relevanz für die Entwicklung des Pfades, den er lehrt. Wie wir in Kapitel 1 gesehen haben, wird ein Mensch, der sich weigert, den Dharma zu praktizieren, bis er zufriedenstellende Antworten auf solche Fragen erhalten hat, mit jemandem verglichen, der von einem vergifteten Pfeil verwundet wird und sich weigert, ihn entfernen zu lassen, bis er alles über den Schützen, den Bogen, die Bogensehne und den Pfeil weiß.[35] Das Ziel des Dharma sei, so erläuterte Gotama es Sunakkhatta, den Pfeil der Reaktivität mit chirurgischer Präzision zu entfernen, um wieder gesund zu werden und ein ausgefülltes und blühendes Leben führen zu können.

Es hört sich wie ein allerletzter Versuch an, Sunakkhatta zu einem Sinneswandel zu bewegen, als Gotama ihn daran erinnert, dass er in der Vergangenheit zu den Vajjianern begeistert über den Buddha, seine Belehrungen und seine Gemeinschaft gesprochen habe. »Wenn du gehst«, warnt er ihn, »wird es jene geben, die sagen: ›Sunakkhatta, der Licchavi, war unfähig, das spirituelle Leben unter dem Wanderer Gotama zu führen, und da er unfähig war, brach er die Schulung ab.‹« Doch Sunakkhatta blieb ungerührt, und so »verließ er diesen Dharma und die Disziplin wie ein zur Hölle Verdammter.«[36]

(5)

Vieles von dem, was ich bislang über Mahānāma, Pasenadi und Sunakkhatta gesagt habe, wäre für mich weitaus mühseliger herauszufinden gewesen, gäbe es nicht die Pionierarbeit des ceylonesischen Gelehrten und Diplomaten G. P. Malalasekera (1899–1973). Insbesondere sein dreibändiges *Dictionary of Pāli Proper Names*, veröffentlicht im Jahr 1938, war ein Hilfsmittel von unschätzbarem Wert. In diesem Wörterbuch – heute würde man von einer Lexikon sprechen – findet sich zu jeder Person, jedem Ort und Text, die in der klassischen Pāli-Literatur erwähnt werden, ein Eintrag. Im Falle von Personen bietet Malalasekera eine kommentierte biographische Skizze, die es Forschern ermöglicht, jede Textpassage des Kanons, in der die betreffende Person vorkommt, aufzufinden. Sunakkhatta stellt er so vor:

> Ein Prinz der Licchavi aus Vesālī. Er gehörte einstmals dem Orden an und war persönlicher Begleiter des Buddha (*anibaddhaupatthāka*), später jedoch … ging er dazu über, den Buddha zu diffamieren, er äußerte, dieser habe nichts Übermenschliches an sich und unterscheide sich nicht von anderen Menschen, indem er einen rettenden Glauben verkünde: die von ihm verkündete Lehre führe nicht zur Vernichtung von Leiden etc. Sāriputta hörte all dies auf seinen Almosenrunden in Vesālī und berichtete es dem Buddha, der daraufhin das *Mahāsīhanāda Sutta* verkündete.[57]

Bei aller Gelehrtheit Malalasekeras enthält dieser Eintrag einen eklatanten Fehler. Denn Sunakkhatta beklagt *nicht*, dass Gotamas Lehre nicht »zur Vernichtung von Leiden führe«. Im Gegenteil, der Lehrrede zufolge teilt Sunakkhatta der Versammlung von Vesālī mit, dass der Dharma dies durchaus *tue*. Hätte er es nicht so gesagt, würde Buddhas Antwort an Sāriputta – »Er (Sunakkhatta) glaubt, mich in Verruf zu bringen, in Wirklichkeit lobt er mich, denn es ist Lob, über mich zu sagen: ›Unterweist er jemanden im Dharma, führt es denjenigen, wenn er praktiziert, zum vollständigen Ende des Leidens.‹« – keinen Sinn ergeben.

Wie konnte dieser bedeutende Pali-Gelehrte einen derart eindeutigen Satz falsch lesen, in einer Sprache, in der er ein berühmter Experte war? Es ist unwahrscheinlich, dass es sich bei dem Irrtum um ein Versehen oder einen Flüchtigkeitsfehler handelt, denn er wiederholt denselben Fehler in seinem Eintrag zum *Lomahamsa Jātaka*, einer Sage, in der eine Figur als frühere Inkarnation Sunakkhattas erkannt wird.

Ich vermute, dass Malalasekera sich durch gesunden Menschenverstand zu diesem Irrtum verleiten ließ. Seine unmittelbaren Erkenntnisse als Buddhist könnten ihn ebenfalls irregeleitet haben. Er hat seinen Augen nicht getraut. Den Wanderer Gotama anzuprangern, weil sein Dharma, sofern er praktiziert würde, zum vollständigen Ende des Leidens führe, wäre so, als ob man einen christlichen Prediger verunglimpfte, weil seine Glaubenslehre, sofern angewendet, ins Himmelreich führe, oder als ob man einen Marxisten widerlegte, weil seine in die Praxis umgesetzte Theorie ein kommunistisches Utopia realisiere. Es ist schwer vorstellbar, dass irgendjemand, ob im fünften Jahrhundert v. u. Z. in Indien oder heutzutage, eine Lehre ablehnen würde, weil sie zum Ende des Leidens führe. Eine solche Klage ist absurd. Es scheint mithin so zu sein, dass der uns überlieferte Text der Lehrrede beschädigt ist.

Darüber zu spekulieren, wie der Originaltext gelautet haben mag, ist ohne das Vorhandensein eines entsprechenden Dokuments reine Mutmaßung. Wir können aber sicher sein, dass sich die Lehrrede anstatt auf »das vollständige Ende des Leidens« auf ein Ziel bezogen haben muss, welches Sunakkhatta und seine Zuhörerschaft für unwürdig oder unzureichend hielten, Gotama hingegen für aller Bewunderung wert. Um was könnte es sich vernünftigerweise gehandelt haben?

Angesichts dessen, was wir über Sunakkhatta erfahren haben, dürfte ein naheliegender Kandidat für ein solches Ziel das vollständige Enden der Reaktivität (*taṇhā*) sein. Schließlich war dies der entscheidende Punkt in *An Sunakkhatta*, in dem Gotama dem jungen Licchavi einen Pfad skizzierte, der sowohl materiellen Genuss als auch meditative Vertiefung vermeidet, während er zur Erfahrung von Nirvana als Beseitigung des vergifteten Pfeils der Reaktivität führt. Doch trotz dieser eindeutigen Aufforderung, Reaktivität zu überwinden, war Sunakkhatta außerstande, seine Faszination für göttliche Klänge, Wunder und Metaphysik aufzugeben. Den Dharma des Buddha zu verwerfen bedeutete, dass er das Enden der Reaktivität als ein würdiges oder ausreichendes Ziel für ein menschliches Leben verwarf. Sunakkhatta scheint weitaus mehr erstrebt zu haben, als »nur« einer bestimmten Art des Begehrens ein Ende zu bereiten.

Diese Hypothese wird gestützt durch die Definition des »Aufhörens des Leidens«, die sich in *Die Vier Aufgaben* findet, wo wir lesen:

> Dies ist das Aufhören des Leidens: das restlose Verblassen und Aufhören jener Reaktivität (*taṇhā*), das Loslassen und Aufgeben hiervon, die Freiheit und Unabhängigkeit hiervon.[38]

Wir haben uns die Unstimmigkeit dieser Passage im vorigen Kapitel angesehen: Da Leiden in derselben Rede definiert wird als »Geburt, Krankheit, Altern und Tod«, müsste seine Beendigung folgerichtig das Aufhören von Geburt, Krankheit, Altern und Tod sein. Das kann aber so nicht sein. Denn wer auch immer »den Pfeil der Reaktivität herauszieht«, erfährt Nirvana, von dem es heißt, es sei »unmittelbar, klar sichtbar, einladend, erhebend und für die Weisen persönlich erfahrbar«. Jeder, der etwas erlebt, das »unmittelbar und klar sichtbar« ist, muss einen lebenden menschlichen Leib bewohnen und wie jeder andere Krankheit, Altern und Tod unterliegen. Demnach ist das, was hier »Aufhören des Leidens« genannt wird, tatsächlich *nicht* das Aufhören des Leidens, sondern das Aufhören der *Reaktivität.*

Der Ausspruch des Buddha: »Ich lehre das Leiden und das Ende des Leidens«, könnte somit umformuliert werden in: »Ich lehre das Leiden und das Ende der Reaktivität.« Ebenso würde Sunakkhattas Anprangerung mehr Sinn ergeben, wenn sie lautete:

> Der Wanderer Gotama lehrt einen durch logisches Denken ausgearbeiteten Dharma, geht seinen Fragen nach, wie es ihm beliebt, und wenn er jemanden im Dharma unterweist, führt es denjenigen, wenn er praktiziert, zum vollständigen Ende der Reaktivität.

Die Formulierung »durch logisches Denken ausgearbeiteten Dharma, geht seinen Fragen nach, wie es ihm beliebt« taucht in zwei weiteren Lehrreden auf, jeweils als herabsetzende Beschreibung eines Rationalisten (*takkī*) oder eines reinen Theoretikers (*vīmaṃsī*), über deren Äußerungen gesagt wird: »Einige sind wohl durchdacht und einige sind falsch durchdacht, einige sind wahr und einige sind es nicht.«[39] Auf jene, die einen Lehrer danach beurteilten, inwiefern er fähig war, Wunder zu vollbringen und aufwühlende Erklärungen über den Ursprung der Welt abzugeben, mag Gotama durchaus wie ein Rationalist oder wie ein reiner Theoretiker gewirkt haben. Schließlich gelangte Sunakkhatta zu dem Schluss, dass der Buddha einfach ein fehlbarer Intellektueller sei, der noch immer versuche, sich über die Dinge klar zu werden, und der sich nichts Erhabeneres oder Transzendenteres vorstellen könne, als das Enden der Reaktivität zu erstreben.

(6)

Die längere Lehrrede über das Löwengebrüll, die eingeleitet wird mit Sunakkhattas Verleumdung vor der Versammlung von Vesālī, schließt mit Buddhas ausführlicher Widerlegung der Beschuldigungen gegen ihn. Er beginnt seine Verteidigung, indem er Sāriputta anspricht: »Dieser verblendete Mensch wird niemals mit dem Dharma übereinstimmende Schlüsse über mich ziehen«, sagt er.

> Der Lehrer erfreut sich übernatürlicher Kräfte unterschiedlicher Art: Von Einem wird er zu Vielen; von Vielen wird er zu Einem; er erscheint und entschwindet; ungehindert geht

er durch eine Wand oder einen Berg, als wären sie Raum; er taucht in die Erde hinein und wieder auf, als wäre sie Wasser; er geht auf dem Wasser, ohne unterzugehen, als wäre es Erde; mit überkreuzten Beinen sitzend, durchquert er den Raum wie ein Vogel; mit seiner Hand berührt und streichelt er Sonne und Mond.

Danach erklärt er, dass »der Lehrer mit dem göttlichen Ohr sowohl göttliche als auch menschliche Klänge hört«, und dass er »mit seinem Geist den Geist anderer Wesen umspannt«.[40]

Was sollen wir davon halten? Die Wunder übernatürlicher Kräfte und Telepathie, die Gotama an anderer Stelle mit reinen »Zaubertricks« verglich und »ablehnte, verwarf und verachtete«, werden nunmehr als notwendige Fähigkeiten eines Buddha angesehen. Desgleichen wird das Vermögen, göttliche Klänge zu hören, über das er Mahāli gegenüber geäußert hatte: »Es gibt andere Dinge, höher und vollkommener als diese, um derentwillen Mendikante unter mir ein spirituelles Leben führen«, nun als sicheres Zeichen seiner eigenen allumfassenden Erleuchtung präsentiert. Welche der beiden Darstellungen sollen wir ernst nehmen?

Diese Textstellen zeigen erneut das Vorhandensein sich widersprechender Stimmen im Palikanon, von denen jede lautstark Gehör fordert. Aus der großen zeitlichen Distanz mag es sich als unmöglich erweisen zu erkennen, ob sie kontrastierende Ansichten der ursprünglichen Protagonisten wiedergeben oder sektiererische Meinungen gelehrter Mönche, die die Lehrreden in den Jahrzehnten nach Gotamas Tod überarbeiteten.

Wie dem auch sei, *Die längere Lehrrede über das Löwengebrüll* wirkt wie eine ungeschickte Übung in Schadensbegrenzung. Dass Sunakkhattas Verleumdung des Buddha überhaupt in Erinnerung geblieben ist und als Vorwand für eine defensive Lehrrede der Selbstrechtfertigung im *Majjhima Nikāya* bewahrt wurde, legt nahe, dass sie für die buddhistische Gemeinde ein ernsthafter Schlag und Verrat bedeutete. Dass die Licchavi der Versammlung ihn beim Wort nahmen, dürfte auch bedeuten, dass Sunakkhatta bei ihnen einiges Ansehen genoss – was noch unterstrichen würde durch die in seinem Auftrag erfolgte Belästigung des Buddha durch das Oberhaupt der Licchavi Mahāli. Die Tatsache, dass Sunakkhattas Anschuldigungen als besonders bedrohlich wahrgenommen wurden, würde ferner die Behauptung stützen, er habe dem Buddha als Begleiter nahegestanden und sein Vertrauen gewonnen. Statt der »verblendete Mann« zu sein, der als Gegenstand des Spottes präsentiert wurde, war er wohl ein langjähriger Mendikant von Rang, der innerhalb des Ordens einen gewissen Grad an Autorität und Prestige erlangt hatte. Da wir keine Kenntnis von weiteren prominenten Licchavi haben, die Mendikanten gewesen wären, könnte Sunakkhatta durchaus als führendes Mitglied seines Clans dem Orden beigetreten sein und somit als wichtige Verbindung zum Unterstützerkreis in Vesālī gedient haben.

Der einzige Anhaltspunkt für uns, dass Sunakkhatta einstmals zum inneren Anhängerkreis des Buddha zählte, findet sich im *Bhūridatta Jātaka* (Nr. 543), einer Sage über eines der früheren Leben des Buddha. Diese weitschweifige Geschichte erzählt von einem Herren mit Namen Samuddajā, der vier Söhne hatte: Datta, Sudassana, Subhaga und Arittha. Als im *Jātaka* die Identität dieser vier enthüllt wird, stellt sich heraus, dass es sich um den Buddha handelt (Datta) sowie um seine beiden wichtigsten Gefolgsleute, Sāriputta (Sudassana) und Moggallana (Subhaga), und um Sunakkhatta (Arittha). Der Form getreu wird Arittha (Sunakkhatta) von seinem Bruder Datta (dem Buddha) dafür kritisiert, dass er die Tugenden der Brahmanen preise und betone, wie wichtig es sei, Opfer darzubringen und die Veden zu erlernen.

(7)

Ohne den Hinweis G. P. Malalasekeras hätte ich womöglich ein aufschlussreiches Detail am Ende von *Die längere Lehrrede über das Löwengebrüll* übersehen, und zwar sagt der Buddha dort: »Ich bin nun alt, hochbetagt und komme in die letzte Lebensphase: Achtzig Jahre bin ich geworden.«[41] Dieser Verweis auf das Alter versetzt uns in die Lage, die Abtrünnigkeit Sunakkhattas in Gotamas letztem Lebensjahr anzusiedeln. Sunakkhatta würde also nicht nur einen Lehrer verunglimpft haben, dem er viele Jahre lang treu ergeben gewesen war, sondern einen gebrechlichen älteren Mann, dessen Welt zerfiel.

Die fünf Lehrreden, die uns erlauben, die zeitliche Abfolge der Ereignisse während dieses letzten Jahres zu rekonstruieren, machen deutlich, dass Sunakkhattas Zurückweisung seines Lehrers nur ein Element innerhalb einer weitaus größeren Tragödie war, welche die gesamte Region in einen Krieg zu stürzen drohte.[42] Wie wir bereits gesehen haben, erkennt König Pasenadi von Kosala nach seiner letzten Zusammenkunft mit Gotama, dass er verraten worden ist. Der Befehlshaber seiner Armee ist mit den königlichen Insignien abgereist, um Prinz Viḍūḍabha auf dem Thron von Kosala einzusetzen. Pasenadi flieht nach Süden ins Exil, und Viḍūḍabha bereitet den Angriff auf Sakiya vor. Nachdem es Gotama nicht gelungen ist, den neuen König von einer Invasion abzubringen, sieht auch er sich gezwungen, Sakiya in Richtung Süden zu verlassen. Anstatt wie Pasenadi nach Rājagaha zu gehen, macht sich Gotama auf den Weg in die vajjianische Hauptstadt Vesālī, die Heimatstadt Sunakkhattas.

Da der Buddha sowohl beim letzten Zusammentreffen mit Pasenadi in Sakiya als achtzigjährig bezeichnet wird als auch bei der Verunglimpfung durch Sunakkhatta in Vesālī, müssen diese beiden Ereignisse im Abstand weniger Monate stattgefunden haben. Mit dem Zurücklegen von sechzehn Kilometern pro Tag dürften der alte Mann und sein Gefolge nahezu einen Monat gebraucht haben, um die 320 Kilometer lange Strecke zwischen Sakiya und Vesālī zu durchmessen. Der Kanon erläutert nicht, warum Gotama die Vajji-Konföderation ansteuerte, doch vermutlich war dies der erste sichere Hafen jenseits der Grenzen von Kosala und Mallā.

Aller Wahrscheinlichkeit nach folgte Gotama der Nördlichen Straße, die als Hauptverkehrsader die beiden Königreiche Kosala und Magadha miteinander verband. Die erste Stadt, in die er nach dem Verlassen von Sakiya kam, dürfte Anupiya in der Republik Mallā gewesen sein. Nach Anupiya war er als junger Mann von neunundzwanzig Jahren nach seinem Weggang aus Sakiya als Erstes gegangen; dort hatte er Haare und Bart geschoren, ein gelbes Gewand angelegt und das Leben eines Wanderers aufgenommen. Einundfünfzig Jahre später informiert ihn nun in Anupiya ein Der-Welt-Entsagender namens Bhaggavagotta: »Vor ein paar Tagen kam der Licchavi Sunakkhatta zu mir und sagte: ›Bhaggava, ich habe den Lehrer verlassen. Ich lebe nicht länger unter seiner Ordensregel.‹«[43] Da wir wissen, dass Sunakkhatta, als er den Wanderer Gotama in Vesālī verunglimpfte, »Dharma und Disziplin« erst »jüngst den Rücken gekehrt hatte«, reiste er anscheinend ebenfalls von Sakiya aus nach Süden und kam vor Gotama durch Anupiya.[44] Dieser Ablauf wird dadurch bekräftigt, dass der Buddha Bhaggavagotta erzählt, Sunakkhatta habe ihm auch gerade »vor ein paar Tagen« mitgeteilt, er habe sich entschieden fortzugehen.[45]

Eine derart ungewöhnliche Ansammlung schlüssiger faktischer Details deutet darauf hin, dass Sunakkhatta zu den Mendikanten gehörte, die mit Gotama in Sakiya gewesen waren, bevor Gotama fortging. Sollte es so gewesen sein, dann dürfte Sunakkhatta seinem Lehrer in Sakiya mitgeteilt haben, dass er ihn verlassen werde. Warum hat er damals diese Entscheidung getroffen? Einerlei, ob Sunakkhatta tatsächlich an der Grenze Sakiyas zugegen war, als der Buddha versuchte, Viḍūḍabha von der Invasion abzubringen, und damit scheiterte, er wird die dortigen Ereignisse genau mitverfolgt haben. Das Schicksal der ganzen Gemeinschaft der Sakiyer stand auf dem Spiel. Wie wir gesehen haben, gelang es Gotama nicht, das Wunder zu vollbringen, das die zusammengezogenen Soldaten hätte umkehren lassen, und sein Volk vor ihrem Angriff zu retten.

Obschon spekulativ, erklärt dieses Szenario eine ganze Menge. Sunakkhatta verließ den Orden voller Empörung, weil der Buddha es nicht geschafft hatte, die Krise mit Kosala zu entschärfen und zu einem demütigenden Rückzug gezwungen worden war. Warum, mag Sunakkhatta sich gefragt haben, vervielfachte er seinen Körper nicht in einer Darbietung seiner übernatürlichen Kräfte vor den von Ehrfurcht ergriffenen Truppen? Warum tauchte er nicht in die Erde hinein oder flog durch den Raum, um seine Fähigkeiten zu demonstrieren, Wunder zu vollbringen? Sein Scheitern, den Streitfall entweder diplomatisch oder durch Zauberei beizulegen, entlarvte ihn als einen völlig normalen und fehlbaren Menschen. Also machte sich der enttäuschte Sunakkhatta auf den Heimweg nach Vesālī, er hielt unterwegs an und erzählte Bhaggavagotta von seiner Entscheidung, den Orden zu verlassen. Als er die Heimat erreicht, verbreitet er die Nachricht von der Niederlage des Buddha und prangert ihn vor der Versammlung an: »Gotama, der Wanderer, hat keinerlei übernatürliche Bewusstseinszustände, er zeichnet sich durch kein Wissen aus, und er hat keine Ansicht, die eines Edlen würdig wäre. Gotama, der Wanderer, lehrt einen durch logisches Denken ausgearbeiteten Dharma, geht seinen Fragen nach, wie es ihm beliebt. Und wozu das einzig und allein führt, ist das Enden der Reaktivität!«

(8)

In Vesālī findet Gotama keinen sicheren Hafen, stattdessen kommt er in eine Stadt, deren Einwohner sich bereits gegen ihn wenden. Angesichts der Abtrünnigkeit Sunakkhattas mag er wohl vorausgesehen haben, dass dies eintreten werde. Wir wissen nicht genau, wie viel Zeit er dort verbringt, lange kann es aber nicht gewesen sein.

Nachdem er vor der vajjianischen Versammlung verunglimpft worden ist, setzt Gotama seine Reise in Richtung Süden fort, überquert den Ganges und geht nach Rājagaha, der Hauptstadt Magadhas. Abermals erfahren wir nicht, warum. *Die große Lehrrede über das Ableben* beginnt unvermittelt mit den Worten: »Einstmals hielt sich der Lehrer auf dem Gipfel des Geierberges in Rājagaha auf. Gerade zu der Zeit wollte König Ajātasattu von Magadha die Vajjianer angreifen. Er sagte: ›Ich werde die so mächtigen und starken Vajjianer schlagen. Ich werde ihnen den Weg abschneiden und sie vernichten, ich werde ihren Ruin und Untergang herbeiführen!‹«[46] Gotama hatte die eine Konfliktzone verlassen, nur um sich nach einer langen und beschwerlichen Reise zu Fuß in einer anderen wiederzufinden.

König Ajātasattu macht sich zudem nicht die Mühe, den Buddha aufzusuchen, um ihm seine Pläne persönlich zu erläutern. Stattdessen schickt er seinen obersten Minister, den Brahmanen Vassakāra, der zum Gipfel des Geierbergs hinaufsteigt, um Gotama über die Vorhaben des Königs zu informieren. Als Antwort darauf wendet sich der Buddha an seinen Begleiter Ānanda, der ihm in der Hitze des Vormonsuns zufächelt, und rühmt die Vajjianer für ihre sieben Tugenden:

> Sie treffen sich regelmäßig und häufig zu Versammlungen.
> Sie führen ihre Geschäfte in Harmonie miteinander aus.
> Sie wahren ihre sehr alten Traditionen.
> Sie achten, grüßen und verehren die Älteren.
> Sie verschleppen und schänden die Frauen anderer nicht.
> Sie halten ihre geschätzten Schreine in Ehren.
> Sie versorgen die Heiligen (*Arahants*) anständig.

Allerdings schließt er mit einer warnenden Anmerkung. Nur so lange sie diese Bräuche bewahrten, erklärt er, »ist zu erwarten, dass sie gedeihen und keinen Niedergang erleiden«. Der leitende Minister hört aufmerksam zu und schlussfolgert daraus, dass die Vajjianer, so lange sie sich an solche Grundsätze hielten, »niemals durch Waffengewalt unterworfen werden, sondern nur mittels Propaganda und indem sie sich gegeneinander aufhetzen lassen.«[47]

Gotama erkennt, dass er auch in Rājagaha nicht besonders willkommen ist. Bei seinem letzten Aufenthalt in der Stadt kam König Ajātasattu persönlich in den Mangohain von Jīvaka, in dem sich Gotama aufhielt, und bekannte tränenreich seine Sünden.[48] Nun wird er nicht aufgesucht, um tröstenden oder erbaulichen Rat zu geben, sondern er wird benutzt, um Informationen zu liefern für eine Militärkampagne gegen ein Volk, das sich unmittelbar vorher gegen ihn gewandt hat. Zynisch weist der König seinen Minister an, Gotama auszufragen, weil er glaubt, dass »*tathāgatas* niemals lügen«.[49] Nachdem er seine ihm verbliebenen Anhänger ermahnt hat, das Beispiel der Vajjianer zu beherzigen und in Harmonie miteinander zu leben, geht der Buddha abermals fort. Diesmal sucht er keinen sicheren Hafen vor der Gewalt, die offenbar jederzeit ausbrechen kann, er geht vielmehr denselben Weg zurück nach Vesālī.

Warum wohl kehrt er an einen Ort zurück, an dem er kurz zuvor öffentlich verunglimpft worden und nicht länger willkommen war? Warum wissentlich dorthin gehen, wo die Gefahr der Invasion und Vernichtung bestand? Weder der Kanon noch die Kommentare bieten uns Antworten auf diese Fragen. Doch der Buddha scheint sich in seiner Entscheidung, von dem einen Ort zum anderen zu gehen, sicher gewesen zu sein. Er erweckt den Eindruck, ganz genau zu wissen, wohin er geht. Wenn Vesālī auf dem Weg zu seinem letzten Reiseziel lag und während der herannahenden Regenzeit Unterkunft bieten konnte, war dies vielleicht die bestmögliche Wahl.

Wenngleich *Die große Lehrrede über das Ableben* berichtet, dass der Buddha auf wundersame Weise »von dem einen Ufer des Ganges verschwand und mit seinen Mendikanten am anderen Ufer wieder erschien«, ist es wahrscheinlicher, dass die

Gruppe den Fluss, der Magadha von der Konföderation trennte, mit dem Boot überquerte und im Hafen von Ukkacelā an Land ging.[50] Hier richtet der Buddha das Wort an jene, die bei ihm sind: »Diese unsere Versammlung wirkt leer auf mich, nun da Sāriputta und Moggallāna ihr endgültiges Nirvana erreicht haben … Aber ist es möglich, dass etwas, was geboren wurde und dem Zerfall unterliegt, nicht auseinanderfällt? Das ist ausgeschlossen. Es ist, als ob die stärksten Äste eines großen Baumes abbrächen. So auch bei dem großen Baum der Gemeinschaft von Mendikanten, nun da Sāriputta und Moggallāna gegangen sind.«[51] Wir erfahren jetzt, dass zusätzlich zu allem anderen Ungemach die beiden Hauptschüler des Buddha während seines Aufenthalts in Magadha gestorben waren (Sāriputta eines natürlichen Todes, Moggallāna wurde ermordet), und die Gemeinschaft der Führungsgestalten mit ihrem guten Beispiel beraubt war.

Die dezimierte Gruppe macht sich von Ukkacelā auf den Weg in das Dorf Koṭi, dann in das Ziegelhaus in Nādikā, bevor sie die Außenbezirke Vesālīs erreicht, wo sie im Hain der Kurtisane Ambapālī bleibt. Nachdem sie von Gotamas Ankunft gehört haben, besteigen einige junge Licchavi, alle bunt gekleidet und geschminkt, ihre Kutschen und fahren zu dem Hain. Ostentativ sprechen sie eine Einladung aus, den Buddha am folgenden Tag beköstigen zu wollen, er aber lehnt ab, denn er hat Ambapālī bereits zugesagt, sich von ihr versorgen zu lassen. Die Licchavi schnippen unisono mit ihren Fingern und stimmen ein Lied an mit dem Refrain: »Geschlagen von der Mangofrau! Betrogen von der Mangofrau!« (*Amba* bedeutet im Pali »Mangobaum«). Dann fahren sie (in gehobener Stimmung, wie ich annehme) zurück in die Stadt.

Es gibt zwei leicht voneinander abweichende Versionen dieser bizarren Episode, eine in *Die große Lehrrede über das Ableben*[52], der ich hier gefolgt bin, und eine andere im Vinaya.[53] Beide Texte erzählen die Geschichte in der frommen Sprache des Kanons, ohne jeden Sinn für Ironie oder Tragik. Doch wir haben hier einen Mann vor uns, der in früheren Zeiten von Anhängern wie Mahāli, dem Oberhaupt der Licchavi, oder General Sīha empfangen worden wäre, die jetzt hier durch Abwesenheit glänzen. Der Buddha betritt weder die Stadt, noch logiert er im »Haus mit dem Giebeldach«, seiner üblichen Bleibe während seiner Besuche in der Konföderation. Wir gewinnen den Eindruck, dass sein Ansehen tatsächlich so tief gesunken ist, dass er nirgendwo mehr willkommen ist, außer in einem Mangohain, der einer Kurtisane gehört. Und als es an der Zeit ist, die dreimonatige Regenzeit-Klausur zu beginnen, beschließt er, in das »kleine Dorf« Beluva zu gehen, und sagt seinen Mendikanten: »Ihr solltet irgendwo in Vesālī bei Freunden, Verwandten oder Unterstützern bleiben und die Regenzeit dort verbringen.«[54]

Möglicherweise wird auf diese Art und Weise das ganze Ausmaß des moralischen Verfalls der Vajjianer gezeigt. Die frivolen, mit den Fingern schnippenden, bunt kostümierten Licchavi, die Unterkunft im Garten der Kurtisane, die fehlende Möglichkeit, während der Regenzeit irgendwo unterzukommen: das alles ist kaum die Art, »die Älteren zu achten, zu grüßen und zu verehren« oder »die Heiligen anständig zu versorgen«, zwei der Grundsätze, von denen der Buddha sagte, sie seien zu beherzigen, wenn die Vajjianer »gedeihen und keinen Niedergang erleiden« wollten. Diese Tugenden werden durch ein derartiges Gebaren verhöhnt.

Und was Sunakkhatta angeht, den Sohn der Licchavi, über ihn hören wir nichts mehr. Nachdem er den Buddha vor der Vesālī-Versammlung verunglimpft hat, verschwindet er aus den Aufzeichnungen.

7 Erfahrung

Wären Geist und Materie ich,
Würde ich kommen und gehen wie sie.
Wenn ich etwas anderes wäre,
Würden sie nichts über mich sagen.
– Nāgārjuna, Mūlamadhyamaka-kārikā

(1)

Nachdem Gotama nicht in einem brahmanischen Umfeld aufgewachsen war, ist es unwahrscheinlich, dass er als junger Mann mit Ideen wie der von einem transzendentalen Gott vertraut war. Die üblichen theistischen Annahmen wird er wohl nicht verinnerlicht gehabt haben. Doch seine Reisen durch Nordindien, seine Gespräche und Debatten mit anderen Wanderern und seine Begegnungen mit bekannten Lehrern werden ihn wahrscheinlich in Kontakt mit solchen Ideen gebracht haben. Um seine Lehre einer vierfachen Aufgabe zu vermitteln, muss er eine Vision von Mensch und Welt formuliert haben, die der Bewältigung der Aufgabe dienlich war. Dieses Projekt hatte zwei Seiten. Er musste diese Vorstellung zum einen von jener der Jainas und Brahmanen absetzen, die von einer ewigen, vorübergehend im Körper gefangenen Seele ausgingen, und gleichzeitig musste er einen stimmigen Rahmen postulieren, der die reale Welt der Phänomene der menschlichen

Erfahrung ohne Rückgriff auf eine solche Seele oder Gott beschreibt.

Gotama beschäftigt sich damit, wie eine Person gedeihen kann in der Gesamtheit ihres Sensoriums, die er »das Alles«[1] nennt. Als Pragmatiker hat er kein Interesse an Behauptungen wie »nichts existiert außerhalb der Erfahrung« oder »Gott existiert nicht«. Das sind metaphysische Aussagen, die genauso unhaltbar sind wie die metaphysischen Aussagen seiner Gegner. Eine atheistische Position einzunehmen würde ihm exakt die gleichen Anschuldigungen einbringen, die er gegen jene vorbringt, die er kritisiert. Anstatt eine Aussage über die Existenz oder Nichtexistenz eines transzendenten Bewusstseins oder einer Göttlichkeit zu machen, sagt Gotama, dass es unsinnig und für die Aufgabe der Dharmapraxis völlig irrelevant sei, zu behaupten, das Unerkennbare zu kennen und das Unsichtbare zu sehen.[2]

Dharmapraxis spielt sich ausschließlich innerhalb dieser »Sphäre« (*visaya*) ab, in der Welt der menschlichen Erfahrung, die aufs engste mit dem Körper und den Sinnen verknüpft ist. »Es ist nur in diesem, einen Klafter langen, sterblichen Rahmen, ausgestattet mit Wahrnehmung und Geist«, sagt Gotama, »dass ich die Welt erkenne.«[3] An einer anderen Stelle sagt er: »Sie wirbelt, sie wirbelt, daher heißt sie Welt.«[4] Ich habe versucht, hier das Wortspiel nachzuahmen. »Welt« ist *loka*, was der Buddha mit dem Verb *lujjati* verknüpft, das soviel heißt wie »zerfallen«, »sich auflösen«, »vergehen«. (Tatsächlich klingen die Wörter nur ähnlich und sind nicht direkt miteinander verwandt.) Für ihn bezieht sich *loka* nicht auf die Welt da draußen, die ich als distanzierter Zuschauer höre und beobachte, sondern ist ein Kürzel für, *was vor sich geht*. Die Welt ist das, was »zerfällt«, »sich auflöst«, »vorbei geht«. Im Französischen würde man sagen, »*C'est ce qui se passe*«: Sie ist, was passiert, was zerfällt, und was zur Vergangenheit wird. Das bezieht sich gleichermaßen auf Gefühle und Gedanken, die auftauchen und wieder verschwinden, wie auf Ereignisse außerhalb des Körpers.

»Das Alles« (*sabbe*), die »Sphäre« (*visaya*), und die »Welt« (*loka*) scheinen synonym zu sein. Zusammen bedeuten sie, dass die menschliche Erfahrung komplex, körperlich und vergänglich ist. Dazu können wir ein weiteres Synonym stellen: *dukkha* – »Leiden«. Das Leben ist etwas, das wir erleiden, aushalten, ertragen. Als fühlender Organismus in eine solche Welt geboren zu werden bringt mit sich, Krankheit, Alter und Tod ausgesetzt zu sein. *Dukkha* bezieht sich nicht nur auf Schmerz an sich, sondern auch auf das leise, schaudernde Unbehagen, das Glücklichsein begleitet. Selbst wenn wir uns gut fühlen, sind wir uns der Zerbrechlichkeit dieses Gefühls bewusst. Stillschweigend sind wir auf der Hut vor einem plötzlichen Ausbruch physischen Schmerzes oder einem verzweifelten Hilfeschrei, der es beenden könnte. Das Vergnügen an der Freude beinhaltet schon die schmerzliche Vorahnung ihres Endes. Statt diese beunruhigenden Tatsachen zu ignorieren, stellen wir uns der Herausforderung, sie zu verstehen.

Dukkha ist die tragische Dimension des Lebens, die unweigerlich in unserer Erfahrung enthalten ist, weil die Welt dauernd in Bewegung ist und sich in etwas anderes wandelt. *Dukkha* ist der Mollton des Lebens, sein bittersüßer Geschmack, sein ärgerlich flüchtiger Charme, seine faszinierende und erschreckende Erhabenheit. Der Ursprung von *dukkha* liegt in der bloßen Struktur der Welt, nicht in einer Emotion wie Begehren oder einer fehlerhaften Wahrnehmung wie Unwissenheit. Eine abhängige und vergängliche Welt so wie die unsere ist kein Platz, wo wir dauerhaftes Glück finden können. Und dennoch, je mehr wir uns dieser tragischen Dimension mit ganzem Herzen öffnen und sie umarmen, umso mehr schätzen wir die Schönheit, Freude und den Zauber der Welt: gerade *weil* sie flüchtig und dazu bestimmt sind, zu verschwinden.

Der wirbelnde Zerfall der Welt ist nur dann ein beklagenswerter Makel, wenn wir die Welt an der Ewigkeit, an der Perfektion und an der Einheit eines Absoluten messen. Wenn aber Gott oder ein Gottesersatz sich außerhalb unserer Sphäre befinden, dann ist die Welt einfach nur, was sie ist, weder etwas anderem vorzuziehen noch zugunsten von etwas anderem abzulehnen. Statt sich an die Welt zu klammern, um sie vor dem Zerfall zu bewahren, oder vor ihr zurückzuschrecken, um sie zu transzendieren, umfasst oder umarmt jemand, der den Dharma praktiziert, die Welt, um sie umfassend zu verstehen. Ein solches Annehmen fördert eine kontemplative Beziehung mit der Erfahrung. Die Hinwendung zu dem, was passiert, transformiert dessen Vergehen in einen fruchtbaren nirvanischen Raum, aus dem eine noch nicht da gewesene Antwort auf das *dukkha* der Welt entstehen kann.

(2)

Es gibt kein exaktes Äquivalent zu dem Begriff der »Erfahrung« in Pali oder einer anderen klassischen buddhistischen Sprache, zumindest nicht, wie wir das Wort heute verwenden.[5] Formal gesehen kann man Erfahrung als das bezeichnen, was von der Psychologie, Physiologie, und Medizin als »Sensorium« bezeichnet wird, also »die Gesamtheit der einzigartigen und veränderlichen von Individuen wahrgenommenen Sinneseindrücke«.[6] Sensorium plus Erfahrung ist gleichartig, wenn nicht identisch, zu dem, was der Buddha die »Sphäre« nennt, also die Sinnesorgane und ihre jeweiligen Sinnesbereiche.

Dharmapraxis bedeutet, durch die Entwicklung einer im Körper verankerten Aufmerksamkeit, Achtsamkeit, Konzentration, von Einfühlungsvermögen und Mitgefühl mit unserer Erfahrung selbst zurechtzukommen. Ein zentraler Teil dieses Prozesses erfordert die Überwindung gewisser Verzerrungen in der Wahrnehmung, welche zu Reaktionsmustern führen, die wiederum den Lauf des Pfades blockieren. Ob solche Korrekturen der Wahrnehmung dabei eine objektive »Wahrheit« offenbaren, ist nicht der Punkt. Was zählt ist, ob die Kultivierung des achtfachen Pfades durch das Aufgeben solcher verzerrter Wahrnehmungen gefördert wird. Erfahrung entsteht aus dem, was uns durch unsere Sinne (einschließlich unseres inneren geistigen Sinns) erscheint. Es hat nichts mit ontologischen Realitäten zu tun (Quantenfluktuationen, Atomen, subtilem Bewusstsein, Gott), die hinter dem, was uns erscheint, verborgen liegen.

Was wir als Erfahrung bezeichnen mögen, nannte Gotama fünf »Bündel des Anhaftens« (*upādāna-khandha*); oft übersetzt als »Gruppen des Anhaftens«. Das Wort *khandha* (Bündel) wurde ursprünglich dazu verwendet, um die »Masse« oder das »Ausmaß« von etwas zu bezeichnen. Der *Khanda* eines Elefanten bezieht sich beispielsweise auf die Körpergröße. Der Stamm eines Baumes wird gleichermaßen mit *khandha* bezeichnet. Der Ausdruck wurde auch metaphorisch verwendet, wie in *aggikhandha*, eine »Masse Feuer«, oder *udakakhandha*, eine »Wassermasse« (wie ein See oder Ozean).[7] Als Beschreibung von Erfahrung deutet *khandha* darauf hin, dass wir aus verschiedenen

»Körpern« zusammengesetzt sind – ein Körper der physischen und materiellen Komponenten, ein Körper der Gefühle, ein Körper der Wahrnehmungen und so weiter, die alle miteinander interagieren. Gäbe es da nicht die Gefahr der Verwechslung mit dem physischen Körper, würde ich das Wort »Körper« in diesem Sinn verwenden, um *khandha* zu übersetzen. Um dieses Durcheinander zu vermeiden, bleibe ich bei »Bündel«.

Unsere Vertrautheit mit der Formulierung »fünf Bündel« lässt uns vergessen, wie eigenartig diese ist. Warum fünf? Und warum *diese* fünf: Form (*rūpa*), Gefühl (*vedanā*), Wahrnehmung (*saññā*), Neigung (*sankhāra*), Bewusstsein (*viññāna*)? Warum sagt Gotama, dass er nicht von sich behaupten könne, Erwachen erlangt zu haben, bis er »direkt wusste, wie die fünf Bündel entstehen«?[8] Warum ist jemand, der in Bezug auf sie »Verblendung überwindet«, ein »In-den-Strom-Eingetretener«?[9] Und warum sind es die fünf Bündel, die »umfassend verstanden« werden müssen, um die erste der vier Aufgaben zu bewältigen?[10] Die fünf Bündel mit Erfahrung gleichzusetzen legt nahe, dass Gotamas Erwachen das Ergebnis einer unmittelbaren Kenntnis dessen ist, wie Erfahrung entsteht. Es beinhaltet, dass ein In-den-Strom-Eingetretener jemand ist, der sich nicht länger von Erfahrung verwirrt lässt, und dass die Hauptaufgabe der Dharmapraxis im umfassenden Verstehen von Erfahrung liegt.

Die Lehre der fünf Bündel ist nicht der Versuch, eine objektive, wertfreie Beschreibung der Realität zu geben. Wenn Gotamas Lehre pragmatisch ist, dann muss sein Zerlegen der Erfahrung in fünf Bündel zur Verwirklichung der Ziele seiner Lehre beitragen – so wie es die Zitate oben nahelegen.

Anstatt die fünf Bündel als fünf unterschiedliche Komponenten der Erfahrung zu verstehen, ist es hilfreicher, sie als ein ununterbrochenes Spektrum an Erfahrung zu sehen, das mit der physischen Welt (*rūpa*) anfängt und durch Gefühl, Wahrnehmung, Neigung bis zum Bewusstsein weiter geht. Die Bündel sind vergleichbar mit Martin Heideggers »In-der-Welt-Sein«: die Unmittelbarkeit dessen, was vor sich geht, vor der Trennung in Subjekt und Objekt, Geist und Materie oder andere Kategorien, die gewohnheitsmäßig der primären Erfahrung übergestülpt werden.

Eine Frage, die zu kommentieren Gotama sich weigerte, war, ob Körper (*sarīra*) und Seele (*jīva*) identisch oder verschieden seien. *Sarīra* bezieht sich auf die unbelebte Materie, aus der der Körper besteht, im Gegensatz zum lebenden und atmenden Körper (*kāya*). Später wurde der Begriff für die knöchernen und gegenständlichen Relikte verstorbener Mönche und Heiliger verwendet. Im Gegensatz dazu ist *jīva* (verwandt mit dem Englischen »quick«, schnell) das belebende Prinzip, das dumpfe Materie »beschleunigt«. Während diese Art des Dualismus im Einklang mit der brahmanischen Ansicht steht, dass die Seele grundsätzlich anders als die materielle Welt ist, nimmt keiner dieser Ausdrücke eine zentrale Stelle in Gotamas Wortschatz ein. Er hat sich geweigert, in Spekulationen über die Beziehung zwischen Körper und Seele hineingezogen zu werden, und sah eine solche dualistische Unterscheidung nicht als hilfreichen Ausgangspunkt für das umfassende Verstehen der menschlichen Existenz.

Auch hält Gotama das Bewusstsein für untrennbar vom Rest der physischen, emotionalen, Wahrnehmungs- und Neigungsbündel, von denen es ein integraler Bestandteil ist. Mit Nachdruck betont er: »Auch wenn jemand sagen mag: ›Außerhalb der Form, außerhalb des Gefühls, außerhalb der Wahrnehmung, außerhalb der Neigungen, werde ich das Kommen und Gehen des Bewusstseins verkünden, sein Vergehen und seine Wiedergeburt, sein Wachsen, Zunehmen und Ausdehnen‹ – das ist unmöglich.«[11] Im Gegensatz zu dem weit verbreiteten buddhistischen Glauben an das Gegenteil verweigert er dem Bewusstsein einen separaten oder privilegierten Status innerhalb der Erfahrung.

(3)

Nachdem die fünf Bündel in den Lehren Gotamas so zentral sind, überrascht es einen heutigen Leser, dass die Lehrreden so wenig über sie zu sagen haben. Dieser Mangel könnte bedeuten, dass die Begriffe weit verbreitet waren und in den *samana*-Gemeinschaften jener Zeit viel diskutiert wurden, sodass eine gebildete Zuhörerschaft keine weitere Erklärung ihrer Bedeutung vonnöten hätte. Eine der wenigen Textstellen im Kanon mit einer Definition der Bündel findet sich in der *Gruppierten Sammlung*, wo der Buddha jedes einzelne kurz erläutert. Sein Ziel besteht darin, wie wir sehen werden, ein umfassendes Verstehen der Bündel auf der Grundlage eigener Erfahung zu befördern und nicht eine exakte Definition der Begriffe zu liefern.

»Und warum nennen wir es Form (*rūpa*)?«, fragt er. »Weil es verformt (*ruppati*) ist, nennen wir es ›Form‹. Verformt von Kälte, Hitze, Hunger, Durst, vom Kontakt mit Fliegen, Moskitos, dem Wind, der Sonne und Schlangen, daher nennen wir es ›Form‹.«[12] Wie bei seiner Erläuterung des Begriffs *loka*, zeigt Gotama auch hier eine Vorliebe für etymologisch ungenaue Wortspiele. Obwohl es ähnlich klingt, hat das Verb *ruppati* nichts mit dem Substantiv *rūpa* zu tun. *Ruppati* bedeutet

»zerbrechen, verletzen oder verderben; verstört, erschlagen, geschunden, oder zerbrochen sein«. Daher ist eine Möglichkeit, dieses Wortspiel zu übertragen: »Weil es verformt ist, nennen wir es Form.« Gotama betont die tragische und verletzliche Natur der physischen Existenz, anstatt in einem abstrakten oder quasi wissenschaftlichen Sinn zu erklären, was Materie »ist«. Indem er seinem pragmatischen Ansatz treu bleibt, möchte er, dass seine Zuhörer und Zuhörerinnen betrachten, wie es sich anfühlt, in einer Welt verkörpert zu sein, die fortwährend in ihre Komfortzone einbricht und sie darin bedroht.

Dieser Textabschnitt suggeriert, dass *rūpa* sich in erster Linie auf den Körper bezieht, aber die Verwendung an anderen Stellen zeigt, dass es weit mehr als nur den physischen Organismus bezeichnet. Leider haben wir weder im Englischen [noch im Deutschen Anm. d. Ü.] einen Begriff, der die ganze Bandbreite an Bedeutungen abdeckt. Das liegt aber nicht nur an den Beschränkungen europäischer Sprachen. Gotama hatte dasselbe Problem. In Sanskrit und Pali bezieht sich der Begriff *rūpa* auf das, was mit den Augen gesehen werden kann, auf Farben und Formen. Wenn man nun *rūpa* mit »Form« übersetzt, dann erfasst das nicht einmal so viel, weil wir heute Farben nicht als Formen bezeichnen. Die Neurowissenschaft erklärt uns zudem, dass Farben auch keine Materie sind. Aber es wird noch schlimmer. *Rūpa* bezieht sich nicht nur auf das, was sichtbar ist, sondern auch auf das, was man hören, riechen, schmecken und berühren kann. Gotama hat den Begriff *rūpa* aus der visuellen Erfahrung entlehnt und dazu verwendet, all das zu bezeichnen, was wir sehen, hören, riechen, schmecken oder berühren können, wie auch unsere Sinnesorgane und unseren Körper. *Rūpa* bezeichnet unser physisches Sensorium in seiner Gesamtheit.

Aus einer Ich-Perspektive ist das physische Sensorium notwendig, aber noch nicht hinreichend, um die ganze Erfahrung zu erfassen, die Sie und ich in diesem Moment machen. Denn eine Erfahrung fühlt sich immer auf eine bestimmte Art an, ist auf eine Art sinnvoll und lässt uns dazu tendieren, eine Position gegenüber der Welt einzunehmen, die ganz und gar unsere eigene ist. So sieht die Sphäre oder der Bereich des mentalen Sinns (*mano indriya*) aus, von der Gotama spricht. Er führt keine gespenstische, körperlose *jīva* ein, sondern berichtet einfach, wie es ist, überhaupt etwas zu erfahren. Ob unsere Gefühle, Wahrnehmungen und Neigungen ein neurologisches Korrelat in unserer *sarīra* haben, ist von einem praktischen Standpunkt aus irrelevant.

Um zu erklären, was Gefühl (*vedanā*) bedeutet, sagt der Buddha: »Es fühlt sich an; daher nennen wir es ›Gefühl‹. Was fühlen wir? Wir fühlen Vergnügen, wir fühlen Schmerz, wir fühlen weder Vergnügen noch Schmerz.«[13] Wiederum lässt er sich nicht in eine abstrakte Diskussion über die Natur der Gefühle hineinziehen. Er bietet eine hinweisende Definition an: Er verweist auf das, was seine Zuhörer und Zuhörerinnen gerade fühlen, wie um zu sagen: »Ihr wisst doch, wie es ist, etwas zu fühlen, oder?«. Er weist dann darauf hin, dass das, was sie fühlen, entweder angenehm oder unangenehm, oder keines von beiden, ist. *Vedanā* bezieht sich auf das gesamte Spektrum an möglichen Gefühlen, von Agonie an einem Extrem bis zu Ekstase am anderen. Eine Gefühlstönung oder Stimmung mag äußerst offenkundig sein, ist aber kaum beschreibbar; sie ist im Körper verankert, doch fast unmöglich zu isolieren, geschweige denn zu definieren. Dennoch ist es eine spezifische, unbestreitbare Eigenschaft unserer Erfahrung zu jedem Zeitpunkt. Es ist die stille und ehrliche Antwort auf die Frage »Wie fühlst du dich jetzt?«. Lass deine Aufmerksamkeit hier ruhen, scheint Gotama zu sagen, und du wirst wissen, was es bedeutet zu fühlen.

Gotama bietet des weiteren eine hinweisende Definition von »Wahrnehmung« (*saññā*) an: »Es nimmt wahr; deswegen sagen wir ›Wahrnehmung‹. Und was nehmen wir wahr? Wir nehmen blau wahr, wir nehmen gelb wahr, wir nehmen rot wahr, wir nehmen weiß wahr.« *Saññā,* so zeigt er auf, bedeutet, dass Erfahrung sich immer in einer verständlichen Form ausdifferenziert. Anstatt eine Tür zu einem Raum zu öffnen und mit einer verwirrenden Vielfalt an Farben und Formen konfrontiert zu werden, die erst einzeln identifiziert und zu einem kohärenten Ganzen zusammengefügt werden müssen, sehe ich einen zum Essen gedeckten Tisch, an dem eine Gruppe von alten Freunden sitzt, die sich mir mit lächelnden Gesichtern zur Begrüßung zuwenden und hinter denen ein Erkerfenster zum Garten hin offensteht, durch das eine Brise Lavendelduft in den Raum hereinweht.

Unser Alltagsverstand sagt uns, dass die Bedeutung dieser Dinge und die Identität der Personen uns durch ihnen innewohnende Eigenschaften vermittelt werden, die irgendwie durch den Raum zu uns übertragen werden. Aber solche vermeintlichen Eigenschaften gibt es nicht »da draußen« in dem Raum, genausowenig wie der vermeintliche Raum »da draußen« existiert. Wir selbst haben gelernt, solch eine komplexe Erfahrung auf eine Art und Weise zu erkennen und zu ordnen, dass sie für uns unmittelbar »sinnvoll« ist. Gleichermaßen haben wir gelernt, aus schwarzen Schlangenlinien auf weißem Grund Worte und Sätze zu konstruieren. Hätte ich niemals lesen gelernt, sähe ich nur unverständliche Zeichen, die überhaupt keinen Sinn ergeben. In *Eine Anthropologin auf dem Mars* beschreibt Oliver Sacks mehrere Fälle von Personen, die blind geboren wurden und deren Augenlicht durch Operationen wieder hergestellt wurde.[15] Wenn die Bandagen entfernt werden und sie ihre Augen öffnen, sehen sie keine Ärzte, Schwestern oder Krankenzimmer, sondern nur ein verwirrendes Wirrwarr bedeutungsloser Daten. Sie brauchen mehrere Jahre, um Schritt für Schritt zu lernen, was alle diese Daten »bedeuten«. Nie erreichen sie die volle Wahrnehmungsfähigkeit, die jene, die von Geburt an sehen können, als selbstverständlich ansehen.

So wie *vedanā* uns eröffnet, wie sich eine Erfahrung anfühlt, und *saññā*, was sie für uns bedeutet, eröffnet uns *sankhāra* (Neigung) die Einstellung, die wir zu ihr einnehmen. Erfahrung besteht nicht nur aus Sinneseindrücken und Stimuli, die sich auf eine bestimmte Weise anfühlen und Sinn ergeben, sondern auch aus unseren verschiedenen Reaktionen auf das, was passiert.

In der Erläuterung, die der Buddha zu den Neigungen gibt, geraten wir jedoch in weitere semantische Schwierigkeiten. »Weil Neigungen (*sankhāra*) neigen (*abhisankharonti*), was geneigt ist (*saṅkhataṃ*), werden sie Neigungen genannt«,[16], sagt er. Das ergibt wenig Sinn, wenn wir uns nicht an die Diskussion in Kapitel 5 erinnern, wo wir gesehen haben, dass *sankhāra* (Neigungen) wörtlich das bezeichnet, was etwas anderes »zusammensetzt« oder »bedingt«. Neigungen sind daher »bedingende Faktoren«, die das »bedingen«, was »bedingt« ist. An dieser Stelle verweist »bedingt« auf die Gesamtheit unserer Erfahrung, die in Gotamas Aufzählung bedingte Formen, bedingte Gefühle, bedingte Wahrnehmungen, bedingte Neigungen und bedingtes Bewusstsein beinhält – die fünf Bündel selbst. Wenn wir Neigungen als Muster gewohnheitsmäßigen Verhaltens verstehen, die durch die Begegnung mit der Welt wiederholt ausgelöst werden, können wir sehen, dass es nicht bloß isolierte Reaktionen sind, die in der Privatsphäre unseres Geistes auftauchen; sie färben auch die anderen Aspekte unserer Erfahrung. Und nachdem Neigungen die Neigungen bedingen sollen, weist dies auf die sich selbst-verstärkende und wiederholende Natur dieser Reaktivität hin. Mit anderen Worten heißt das, je mehr wir auf eine bestimmte Weise reagieren, umso mehr werden wir geneigt sein, erneut auf diese Weise zu reagieren.

In einer anderen Lehrrede setzt Gotama Neigung mit Absicht (*cetanā*) gleich.[17] Es gibt, sagt er, sechs Arten von Absichten: jene bezogen auf Formen, jene bezogen auf Geräusche, jene bezogen auf Gerüche, jene bezogen auf Geschmacksempfindungen, jene bezogen auf Berührungen, und jene bezogen auf das, was im Geist geschieht (*dhamma*). Weil Absicht mit Handlung gleichgesetzt wird (*karma*), muss sich *sankhāra* auf mehr beziehen als nur auf die Neigung des Organismus, aus blinder Gewohnheit heraus zu reagieren.[18] Die Neigung zu handeln erweitert sich für uns als moralisch Handelnde zu Absichten und Intentionen, sodass wir auf die Welt, wie sie uns begegnet, mit umsichtigen Worten und Taten antworten. Zusätzlich dazu, dass wir eine innere moralische Haltung gegenüber der Welt einnehmen, eröffnet uns die Neigung zu handeln die Welt als eine Arena möglicher Handlungen. Die Herausforderung der vierfachen Aufgabe besteht darin zu lernen, zwischen einer Reaktivität, bei der man blind einem vertrauten Impuls folgt, und einer Ansprechbarkeit zu unterscheiden, aus der heraus eine Handlung gewählt wird, die *nicht* von Gier, Hass und Verblendung bedingt ist.

Zwei andere Lehrreden zeigen Neigungen aus einem weiteren Blickwinkel.[19] In beiden spricht jedoch nicht Gotama; eine ist ein Gespräch zwischen dem Mendikanten Kamabhu und dem Anhänger Citta, und die andere ein Gespräch zwischen der *bhikkhuni* Dhammadinnā und dem Anhänger Visākha. Auf die Frage der Anhänger über die Natur der Neigung geben Kamabhu und Dhammadinnā identische Antworten: »Es gibt diese drei Neigungen, Freund: körperliche Neigungen, verbale Neigungen und geistige Neigungen. Einatmen und Ausatmen ist die Neigung des Körpers, Denken und Untersuchen ist die Neigung der Sprache, Fühlen und Wahrnehmen ist die Neigung des Geistes.«[20] Kamabhu und Dhammadinnā verstehen, dass Erfahrung niemals nur passiv, sondern immer aktiv ist; wir sind entweder an der Schwelle zu oder schon in Handlungen begriffen, die in die Welt reichen und wirken. Die primäre Handlung des Körpers ist sein unablässiges Ineinandergreifen mit seiner Umgebung durch den Atem. Wenn Sie Ihren Atem für ein paar Momente anhalten, wird Ihr Körper ganz von selbst dazu neigen, wieder frei zu atmen. Ebenso ist das endlose Grübeln und Nachdenken in unseren inneren Monologen der Auslöser, der uns dazu bringt, unsere Gedanken laut auszusprechen. Sogar unsere Gefühle und Wahrnehmungen, die üblicherweise von Neigungen unterschieden werden, sind mehr als nur der durch Bedingungen hervorgerufene Inhalt der Erfahrung. Laut Kamabhu und Dhammadinnā ist der Geist permanent geneigt, auf eine bestimmte Art und Weise zu fühlen und wahrzunehmen.

Auch für das Bewusstsein (*viññāna*), das fünfte der fünf Bündel, bietet Gotama wiederum eine hinweisende Definition an: »Es weiß (*vijanāti*), daher nennen wir es ›Bewusstsein‹. Und was wissen wir? Wir wissen: Das ist sauer, das ist bitter, das ist beißend, das ist süß, das ist scharf, das ist mild, das ist salzig, das ist fad.«[21] Eine solche Definition ist nicht gerade aufschlussreich. Sie fordert nicht nur zu der Frage auf: »Was bedeutet es zu wissen?«, sondern es ist auch schwer zu verstehen, inwiefern sich das Bewusstsein von der Wahrnehmung unterscheiden soll (»Wir nehmen blau wahr, wir nehmen gelb wahr, wir nehmen rot wahr, wir nehmen weiß wahr«). Beide Bündel werden beschrieben als die Art, wie wir ein Charakteristikum in unserer Erfahrung von einem anderen differenzieren. Wir scheinen uns im Kreis zu drehen und sind kein bisschen schlauer, was das Bewusstsein betrifft. Sāriputta scheint sich jedoch dieses Einwandes bewusst zu sein. Gegen Ende eines Dialoges mit dem intellektuellen Mendikanten Mahā Koṭṭhita sagt er:

> Gefühl, Wahrnehmung und Bewusstsein, Freund, diese Zustände sind verbunden, nicht getrennt und es ist unmöglich, einen vom anderen zu trennen, um den Unterschied zwischen ihnen zu beschreiben. Denn was man fühlt, das nimmt man wahr; und was man wahrnimmt, das weiß man. Das ist, warum diese Zustände verbunden und nicht getrennt sind.[22]

Erfahrung ist daher höchst differenziert und gleichzeitig nahtlos vereint. Ich kann mir eines quälenden Schmerzes im unteren Rücken bewusst sein, wenn ich mich vorbeuge, um den Duft einer Rose auf dem Tisch zu bewundern, und trotzdem nicht das warme, zufriedene Gefühl verlieren, mit plaudernden und lachenden Freunden zusammen zu sein, die ich jahrelang nicht gesehen habe. Und dennoch sind all diese und eine Unzahl anderer Details, derer ich mir mehr oder weniger bewusst bin, in einem einzigen Ganzen vereint. Wenn Dinge aus meinem Gesichtsfeld verschwinden, wird das Ganze nicht weniger; und wenn etwas Neues auftaucht, wird es nicht mehr. Sobald ich aber ein Element des Ganzen untersuche und definiere, entferne ich mich von der Unmittelbarkeit der Erfahrung. Das Gefühl, die Wahrnehmung oder die Neigung, die einen integralen Teil meiner Erfahrung ausgemacht hatte, wird aus dem lebenden Kontext herausgerissen, als ob sie eigenständig existieren würde. Was immer ich durch abstrakte Klarheit gewinne, verliere ich an sinnlicher Präsenz.

Gotamas Freude an Wortspielen und Wortwitz lässt vermuten, dass er möglicherweise die Suche nach genauen Definitionen der fünf Bündel nicht so ganz ernst nahm.

(4)

Das Modell der fünf Bündel ist nur ein Weg, wie Gotama die menschliche Erfahrung zum Zweck der Übung der vierfachen Aufgabe beleuchtet. Ein komplexeres Modell der Erfahrung findet sich in seiner Darstellung von Name-Form (*nāmarūpa*) und wie es mit dem Bewusstsein in Beziehung steht. »Und was«, fragt er, »ist *nāmarūpa*?«

> Kontakt, Gefühl, Wahrnehmung, Absicht, Aufmerksamkeit: das ist *nāma* (Name). Die vier großen Elemente und Formen, die aus diesen Elementen gebildet werden: das ist *rūpa* (Form). Also sind Name und Form zusammen *nāmarūpa*.[23]

Obwohl diese Analyse den Großteil desselben Bereichs abdeckt wie die Beschreibung der fünf Bündel, schließt Gotama an keiner Stelle Bewusstsein, das fünfte Bündel, als Teil von *nāmarūpa* ein. Dieses Auslassen ist kein Versehen. Wie wir sehen werden, ist Bewusstsein deswegen kein Teil von *nāmarūpa*, weil *nāmarūpa* als die notwendige Vorbedingung dafür verstanden wird, dass ein Bewusstsein überhaupt entstehen kann.

Im obigen Zitat wird *rūpa* dargestellt durch die Metapher dessen, was wir mit unseren Körpern spüren, nicht nur mit unseren Augen wahrnehmen. Auch wenn spätere buddhistische Schulen die vier Elemente (Erde, Wasser, Feuer, Luft) als aus verschiedenen Atomen bestehend betrachtet haben, ist von Atomen in den Texten nirgens die Rede. Gotama versteht die vier Elemente phänomenologisch als taktile Empfindungen (*phoṭṭhabba*) von Schwere (Erde), Feuchte (Wasser), Wärme (Feuer) und Bewegung (Luft), die wir aus erster Hand durch unsere körperliche Erfahrung kennen. Das Pali-Wort *phoṭṭhabba* ist ein Gerundiv des Verbs *phusati*, »berühren«. Wörtlich bedeutet es, »das, was berührt wird«. Und da *rūpa* sich auf alles erstreckt, was von diesen Elementen »abgeleitet ist« (was hier das, was wir sehen, hören, riechen und schmecken, beinhaltet), bedeutet dies, dass Gotama unser gesamtes physisches Sensorium mit dem vergleicht, was wir mit unserer Haut und mit unserem Körper als schwer oder leicht, feucht oder trocken, warm oder kalt, beweglich oder unbeweglich spüren. Die Sprache ist metaphorisch. »Berührung« wird hier, so wie »Form« an anderer Stelle, als eine Metapher für alles verwendet, dem wir mittels unserer physischen Sinne begegnen.

Obwohl es sehr verlockend ist, *nāmarūpa* als »Name und Form« zu übersetzen, gibt es kein »und« im Original. Sobald das »und« dazwischen tritt, sind wir geneigt zu denken, dass es sich dabei um zwei getrennte Dinge handelt, die irgendwie miteinander interagieren. Dies hat wohl zum häufigen buddhistischen Missverständnis von *nāmarūpa* als Synomym für »Körper und Geist«[24] geführt. Dass *nāmarūpa* nichts mit Geist (*citta*) zu tun hat, wird noch durch die Tatsache verstärkt, dass Bewusstsein (ein Synonym für *citta*) niemals als ein Teil von ihm erwähnt wird. Gotamas Zeitgenossen waren wahrscheinlich vertraut mit dem Begriff *nāmarūpa* als sich auf die Welt mitsamt ihrer Vielfalt und Buntheit beziehend. Aber sie werden ihn nicht gekannt haben als einen Begriff, der sich auf eine Welt bezieht, die säuberlich in zwei Bereiche getrennt ist, einen materiellen und einen mentalen.[25]

»Berührung, Gefühl, Wahrnehmung, Absicht, Aufmerksamkeit«, sagt Gotama, »das ist *nāma* (Name).«[26] Diese fünf *nāma*-Faktoren, wie sie genannt werden, beinhalten drei der fünf Bündel – Gefühl, Wahrnehmung und Neigung (=Absicht) – und fügen zwei weitere hinzu: Berührung und Aufmerksamkeit. »Berührung« in Pali ist *phassa*, auch abgeleitet vom Verb *phusati* (berühren) und daher verwandt mit *phoṭṭhabba* »das, was berührt wird«. (*Phassa* wird oft als »Kontakt« übersetzt.) Diese Anhäufung von Worten rund um »berühren« zeigt, dass *nāmarūpa* immer eine Bedingung für Kontakt ist, für In-Berührung-Sein, was die dualistische Idee eines Geistes »hier drinnen«, der in Kontakt mit der Welt »da draußen« tritt, weiter untergräbt. Im Widerhall zum Tastempfinden verweist Berührung auf die weiteren Erfahrungsebenen des »Mit-der-Welt-in-Berührung-Seins« durch jeden unserer Sinne.[27]

»Mit dem Entstehen von Berührung«, sagt Gotama, »entsteht Gefühl, ... mit dem Entstehen von Berührung entsteht Wahrnehmung, ... mit dem Entstehen von Berührung entsteht Neigung.«[28] Sobald ich mit einer Situation in der Welt in Kontakt komme, fühlt sich das auf eine bestimmte Art an, ergibt wahrnehmungsmäßig Sinn, und lässt mich dazu tendieren, eine bestimmte Einstellung dazu einzunehmen. Eine Umgebung (*rūpa* – das erste der fünf Bündel) zu berühren löst unmittelbar und gleichzeitig die Bündel des Gefühls (*vedanā*), der Wahrnehmung (*saññā*) und der Neigung (*sankhāra*) aus. Aber – es wird *nicht* gesagt, dass Kontakt das Bewusstsein (*viññāna*, das fünfte Bündel) entstehen lässt.

Also wie kommt es zu Bewusstsein? Gotama erklärt es in der nächsten Zeile: »Mit dem Entstehen von Name-Form entsteht Bewusstsein.«[29] Das Bewusstsein entsteht aus dem ganzen Komplex an Interaktionen zwischen einem Organismus und seiner Umgebung. Es kann nicht als das alleinige Produkt von entweder nur etwas Physischem, ob externes Sinnesobjekt oder Gehirn, oder nur etwas Mentalem, ob Gefühl, Wahrnehmung oder Neigung, gesehen werden. Gotama begreift das Bewusstsein als ein nahtloses Ganzes, das nicht gleich der Summe seiner Teile ist, ganz wie eine Hand nicht auf die Summe ihrer Finger, Haut, Knochen, Nerven und Muskeln reduziert werden kann. So wie meine Hand ein Glas Wasser anheben und an meine Lippen führen kann (was keiner der Einzelteile könnte), so hat das Bewusstsein ein totales, einheitliches Gewahrsein dessen, was passiert, das keines seiner Teile (Gefühl, Wahrnehmung, Neigung) alleine erreichen könnte. Etwas zu wissen (die definierende Qualität des Bewusstseins) unterscheidet sich vom bloßen Wahrnehmen von etwas (der Qualität der Wahrnehmung), weil es das ganzheitliche Gewahrsein ist, in dem alle *nāma*-Faktoren von Berührung, Gefühl, Wahrnehmung, Absicht und Aufmerksamkeit integriert sind. Das bedeutet, dass es für Gotama so etwas wie ein »reines« Bewusstsein nicht geben kann, ein nicht-konditioniertes und unberührtes »Wissen«, das unabhängig von der phänomenalen Welt der konkreten physischen Dinge und mentalen Prozesse wäre.

»Habe ich nicht in vielen Lehrreden gesagt«, erklärt Gotama seinem Schüler Sāti, dem Sohn des Fischers, der an nichtkonditioniertes Bewusstein glaubt, »dass das Bewusstsein auf Grund von Bedingungen entsteht, da es ohne Bedingung kein Entstehen von Bewusstsein geben kann?«[30] Er fährt fort zu zeigen, wie das Bewusstsein bestimmt wird durch die besonderen Bedingungen, die es entstehen lassen. Wenn das Bewusstsein von den Augen und Formen erzeugt wird, ist es »Sehbewusstsein«; wenn es von Ohren und Geräuschen erzeugt wird, ist es »Hörbewusstsein«, und so weiter. Das Bewusstsein ist genauso unbeständig, bedingt, zusammengesetzt, wie alles andere an Erfahrung. Öffne deine Augen für einen blauen Sommerhimmel und ein Sehbewusstsein entsteht; schließe deine Augen wieder und dieses Bewusstsein ist vergangen. Im Gegensatz dazu haben wir instinktiv das Gefühl, dass das Bewusstsein als einzigartiger, konstanter »Zeuge« irgendwo im Hintergrund herumlungert und nur auf eine Gelegenheit wartet, etwas zu sehen, zu hören, zu riechen, zu schmecken oder zu berühren. Um dieses Gefühl einer Vorrangstellung und Privilegiertheit des Bewusstseins auszuräumen, betont Gotama seine bedingte und alltägliche Natur. Er vergleicht es mit verschiedenen Arten von Feuer. »So wie ein Feuer danach benannt ist, was es verbrennt – wenn es von Holz abhängt, wird es ›Holzfeuer‹ genannt; wenn es von Dung abhängt, wird es ›Dungfeuer‹ genannt, … genau so ist das Bewusstsein nach den bestimmten Bedingungen benannt, die es entstehen lassen.«[31]

In seinem Gespräch mit Mahā Koṭṭhita stellt Sāriputta das Bewusstsein als eine emergente Eigenschaft dar, als etwas, das entsteht, wenn bestimmte notwendige Bedingungen hierfür gegeben sind. Er verneint, dass es etwas ist, das durch Dharmapraxis verfeinert oder entwickelt wird. Mahā Koṭṭhita bittet ihn, die Beziehung zwischen Bewusstsein (*viññāṇa*) und Weisheit (*paññā*) zu erklären (im Pali gehen beide Begriffe auf die Wurzel *-ñā* zurück, die »wissen« bedeutet). Sāriputta sagt: »Weisheit und Bewusstsein mein Freund, diese Zustände hängen zusammen, sind nicht getrennt. Sie lassen sich nicht voneinander trennen, um ihren Unterschied zu beschreiben. Denn was gewusst wird, dessen ist man sich bewusst; und dessen man sich bewusst ist, dies wird gewusst. Der Unterschied zwischen ihnen ist wie folgt: Weisheit muss kultiviert werden (*bhāvanā*), Bewusstsein muss umfassend verstanden (*pariññā*) werden.«

Sāriputta erkennt an, dass Weisheit und Bewusstsein zu sehr miteinander verschmolzen sind, als dass man sie soweit differenzieren könnte, um zu beschreiben, was sie *sind*. Nichtsdestotrotz kann man sie pragmatisch unterscheiden, im Sinne von was mit ihnen *getan* werden kann. Das Bewusstsein, als eines der fünf Bündel, die ein Kürzel für *dukkha* sind, muss umfassend verstanden werden, während Weisheit, als ein bedeutendes Element des Pfades, kultiviert werden muss. Indem er die Sprache der vierfachen Aufgabe verwendet, weigert sich Sāriputta, Mahā Koṭṭhitas metaphysische Neugier zu befriedigen, und regt stattdessen an, zwei Dinge zu tun: die eigene existentielle Gegebenheit als ein bewusstes, fühlendes Wesen umfassend zu *verstehen*, anstatt zu fragen, was Bewusstsein ist; und die eigene Weisheit, das eigene Verstehen, zu *kultivieren*, anstatt seine Natur zu erforschen.

Solch ein umfassendes Verstehen bedeutet, durch Erfahrung eine Einsicht darin zu gewinnen, wie das Bewusstsein als ein konditioniertes Phänomen entsteht. Zwei Lehrreden überliefern eine identische Textstelle, in der sich Gotama an einen Schlüsselmoment in seinem Verständnis der Entstehung des Bewusstseins erinnert:

> Dann, *bhikkhus*, fragte ich mich: »Wodurch ist Bewusstsein bedingt?« Durch im Körper verankerte Aufmerksamkeit kam es in mir zu einem Durchbruch im Verstehen: »Wenn da Name-Form ist, dann entsteht Bewusstsein; Bewusstsein hat Name-Form als Bedingung. Wenn Bewusstsein zurückblickt, geht es nicht weiter zurück als bis zu Name-Form.«[33]

Im Gegensatz zum Alltagsdenken und überlieferter Meinungen sieht Gotama, wie die einheitliche Erfahrung des Bewusstseins sich aus der Komplexität und Vielfalt von Name-Form heraus kristallisiert.

Jedoch ist die Kausalität nicht ganz so geradlinig. Gotama verwirft eine simple, eindimensionale Sicht der Kausalität: zum einen die, dass Bewusstsein Name-Form begründet, zum anderen, dass Name-Form Bewusstsein hervorruft. Die Textstelle schließt mit Gotamas Bestätigung, dass die Erfahrung des Lebens nach sich ziehe, »Bewusstsein mit Name-Form als seine Bedingung *und* Name-Form mit Bewusstsein als seine Bedingung«[34] (kursiv gesetzt von mir) zu haben. Er versteht jedes als die Bedingung des anderen; sie sind wechselseitig voneinander abhängig. In einem anderen Dialog versucht Sāriputta Mahā Koṭṭhita zu erklären, was das bedeutet. »Nun denn, Freund«, sagt er, »ich werde dir ein Gleichnis geben. So wie zwei Bündel Schilf aneinandergelehnt stehen, so entsteht Bewusstsein mit Name-Form als Bedingung und Name-Form mit Bewusstsein als Bedingung.«[35]

Was bedeutet dieser verschlungene, taumelnde Tanz von

nāmarūpa und Bewusstsein? Würde ein Partner ausrutschen und hinfallen, würde auch der andere auf den Boden krachen. Zwei Bündel Schilf, die aneinanderlehnen, mögen eine hilfreiche, aber ziemlich statische Illustration des sich dauernd verändernden und umgestaltenden Zusammenspiels von Form-Berührung-Gefühl-Wahrnehmung-Absicht-Aufmerksamkeit-Bewusstsein sein. Der Schlüssel zum Verständnis dieser Synergie von Name-Form und Bewusstsein ist, sich zu erinnern, dass Erfahrung – jede Erfahrung – gleichzeitig einheitlich *und* höchst differenziert ist; sie ist sowohl ein einziges zusammenhängendes Ganzes *und* eine Masse wirbelnder kontrastierender Details. So wie die Komplexität von Name-Form notwendig ist, um ein einheitliches Bewusstsein zu generieren, ist auch ein einheitliches Bewusstsein notwendig, um die Komplexität von Name-Form in den Fokus zu bringen. Name-Form ohne Bewusstsein wäre Chaos. Bewusstsein ohne Name-Form wäre bedeutungslos.

(5)

Gotama beschreibt die Praxis von »im Körper verankerter Aufmerksamkeit« (*yoniso manasikāra*) als das, was sein Verständnis der wechselseitigen Abhängigkeit von Name-Form und Bewusstsein ermöglicht hat. Diese Aussage bringt uns zum fünften und letzten *nāma*-Faktor: Aufmerksamkeit (*manasikāra*). Erfahrung wird durch *Berührung* mit der Umgebung ausgelöst, was gleichzeitig *Gefühle*, *Wahrnehmungen* und *Absichten* hervorruft. Diese Beschreibung ist aber unvollständig. Erfahrung wird nicht nur auf eine bestimmte Art empfunden, auf der Wahrnehmungsebene sinnvoll erlebt und lässt einen eine bestimmte Position ihr gegenüber einnehmen, sondern bewirkt auch, dass man seine *Aufmerksamkeit* auf das, was passiert, richtet und darüber nachdenkt. Eine solche innige Betrachtung ist die »Aktivität des Geistes«, die wörtliche Übersetzung von *manasikāra*. Menschliche Erfahrung hat eine meditative Qualität: als bewusste Wesen denken und grübeln wir ständig darüber, wie wir uns fühlen und was wir wahrnehmen und wie wir auf all das eingehen wollen.

In den Lehrreden kommen zwei Arten von Aufmerksamkeit vor: im Körper verankerte (*yoniso*) und körperlose (*ayoniso*). Soweit ich damit beschäftigt bin, ohne allzu große Mühen und Anstrengungen durch den Tag zu kommen, ist meine Aufmerksamkeit eher körperlos. Ich erforsche nicht im Detail, warum ich auf eine bestimmte Art fühle, ich hinterfrage nicht die Richtigkeit meiner Wahrnehmungen, ich unterziehe meine Absichten keiner eingehenden moralischen Betrachtung. Ich wurstele einfach vor mich hin, »in Gedanken versunken«, nehme alles, was geschieht, als selbstverständlich hin, versinke gelegentlich in Fantasien, beschwere mich nicht zu laut und spreche und handle mehr aus Höflichkeit als aus Überzeugung.[36]

Die Dharmapraxis fängt damit an, eine im Körper verankerte Aufmerksamkeit auf das zu richten, was vor sich geht. Obwohl *yoniso manasikāra* meist als »weise« oder »sorgsame« Aufmerksamkeit übersetzt wird, hat keines dieser Adjektive die Fülle der metaphorischen Bedeutungen von *yoni*, was so viel wie »Schoß« oder »Vagina« bedeutet. Der Ablativ *yoniso*, »aus dem Schoß«, weist darauf hin, dass eine solche Aufmerksamkeit als eine aus dem Bauch heraus geborene Aufmerksamkeit verstanden werden kann; Aufmerksamkeit, die nährend, fürsorglich und liebevoll ist, oder, wie das Wörterbuch der Pali Text Society vorschlägt, Aufmerksamkeit, die »bis zum Ursprung oder Fundament« von etwas reicht.[37] In einem weiteren Dialog fragt Mahā Koṭṭhita Sāriputta, worauf ein geschickter Praktizierender seine im Körper verankerte Aufmerksamkeit richten solle. Sāriputta antwortet, dass man seine »im Körper verankerte Aufmerksamkeit auf die fünf Bündel *als* unbeständig, *dukkha*, … leer und Nicht-Selbst« richten solle. Falls man diese Betrachtungen pflege, »führen diese zu einem glücklichen Verweilen in diesem Leben, zu Achtsamkeit und Gewahrsein«.[38] Im Körper verankerte Aufmerksamkeit beginnt, wenn wir anfangen, unsere Wahrnehmungen infrage zu stellen. Anstatt uns und unsere Welt gewohnheitsmäßig als etwas zu betrachten, was Bestand hat, als grundlegend befriedigend, stabil und »mein«, empfiehlt Sāriputta Mahā Koṭṭhita, sich seine Erfahrung als flüchtig, tragisch, leer und ohne ein Selbst zu vergegenwärtigen.

Trotz reichlicher Beweise für das Gegenteil tendieren Menschen dazu, sich selbst und die Welt als permanent, befriedigend und als »ich« und »mein« wahrzunehmen. Diese instinktiven Wahrnehmungsgewohnheiten werden traditionellerweise als das Ergebnis von Unwissenheit, Begierde und karmischem Erbe erklärt. Heutzutage würden wir sie mehr als das Resultat der Evolution verstehen, als selektierte Verhaltensmuster, die unseren Vorfahren und ihren Angehörigen über einen langen Zeitraum einen Überlebensvorteil gebracht haben. Egal welche Erklärung man vorzieht, die Aufgabe der Dharmapraxis bleibt die gleiche: die Aufmerksamkeit auf den tatsächlichen »Stoff« der Erfahrung zu richten, sodass man ihres vergänglichen, schmerzenden, leeren und unpersönlichen Charakters zutiefst gewahr wird. Im Körper verankerte Aufmerksamkeit ist daher synonym mit dem umfassenden Verstehen von *dukkha*, der ersten der vier Aufgaben. Sie ist auch eine der vier wesentlichen Bedingungen (neben dem Zusammenschluss mit wahren Freunden, dem Hören des Dharma sowie dem Folgen seiner Anleitungen), um in den Strom des achtfachen Pfades einzutreten, dessen Kultivierung die vierte Aufgabe ist.

(6)

Gotamas Analyse von *nāma* als Berührung, Gefühl, Wahrnehmung, Absicht und Aufmerksamkeit hat vielleicht die frühen Buddhisten dazu verleitet, sich »Name« als mentale Prozesse vorzustellen – oder einfach als Synonym für »Geist«. Die Ausdrücke sind später im *Abhidharma* als »geistige Ereignisse« (*cetasika*) klassifiziert worden, ein Ausdruck, der in den Lehrreden nicht vorkommt. Das Ergebnis war, das die weitere Verwendung von »Name« etwas rätselhaft wird. Warum werden diese fünf Funktionen zusammen »Name« genannt, wenn nur einer von ihnen (Wahrnehmung) entfernt etwas mit dem Benennen von Dingen zu tun hat?

»Name« und »Form« bezeichnen zwei der hauptsächlichen Wege, sich seiner selbst bewusst zu werden. Wenn Sie einen Umschlag mit Ihrem Namen darauf sehen, spüren Sie einen Stich des Erkennens und denken: »O, das bin ich.« Wenn Sie Ihren Körper oder Ihr Gesicht im Spiegel sehen oder ein Foto oder Video von sich, erkennen Sie diese Formen gleichermaßen als »ich«. Buddhistische Texte sprechen nicht davon, aber Name-Form scheint in gewisser Weise eng mit Persönlichkeit und individueller Identität verknüpft zu sein. Um zu verstehen, wie und warum das so ist, müssen wir zur vorbuddhistischen *Bṛhadāranyaka Upaniṣad* zurückgehen. Denn hier erfahren wir, dass die Einheit Gottes »durch Name-Form differenziert wurde, sodass man sagen könnte: ›Er ist so und so und hat so und so eine Form‹«.[40] Für Gotamas Zeitgenossen würde *nāmarūpa* nicht nur Vielfalt und Verschiedenheit bedeutet haben, sondern auch, dass jedes Individuum in dieser Welt eine eigene Identität als Person hat.

Obwohl der Buddhismus viel zum Thema Geist zu sagen hat, sagt er kaum etwas über das Selbst oder die Person, die bewusst ist, die fühlt, die wahrnimmt, die beabsichtigt, aufmerksam ist und denkt. Ich vermute, das liegt hauptsächlich daran, dass *anattā* als »kein Selbst« fehlinterpretiert worden ist, was zum Unwillen geführt hat, im Selbst mehr als ein bloßes Konzept oder eine Konvention zu sehen. Die Untersuchung der fünf Bündel mit im Körper verankerter Aufmerksamkeit in Hinblick auf die spezifischen Merkmale von *anattā* führt zu der Feststellung, dass diese frei von jeder Spur und jedes Merkmals eines Selbst sind. Eine solche Analyse hat zu dem ungerechtfertigten Schluss geführt, dass die Bündel selbst aufgrund ihrer physischen und mentalen Prozesse, die beobachtet werden können, einen Grad an Realität besitzen, das Selbst, das diese »erlebt«, aber eine Fiktion, eine Illusion, ist: es existiert nicht wirklich. Diese Trennung ist problematisch: Es ist, als würde man sagen, Wasserstoff- und Sauerstoffatome seien real, aber Wassermoleküle, die durch deren Kombination entstehen, illusorisch. Wenn Buddhisten eine solche Haltung annehmen, müssen sie auch erklären können, wie ein solches nicht-existierendes Selbst als moralisch Handelnder operieren kann, der verantwortungsvolle, Konsequenzen nach sich ziehende Entscheidungen trifft, die das Schicksal der Person bestimmen. An diesem Punkt wird die stets nützliche Doktrin der Zwei Wahrheiten herangezogen, um die Schwierigkeit aufzulösen. Es wird uns erzählt, dass das Selbst zwar *letztendlich* nicht existiert, es aber doch *konventionell* existiert, und dies sei ausreichend dafür, dass es als moralisch Handelndes mit Motiven und Zielen agieren kann.

Wenn wir den Dharma als aufgabenbasierte oder -orientierte Ethik begreifen und nicht als wahrheitsbasierte Metaphysik, wird dieser intellektuelle Spagat unnötig. In einer kurzen Lehrrede, die Anlass zu vielen Diskussion gegeben hat, erklärt Gotama: »Ich werde euch die Last zeigen, den Träger der Last, die Vermehrung der Last und die Befreiung von der Last.«[41] Er erklärt, dass die Last (*bhāra*) die fünf Bündel seien, und dass der Träger der Last »die Person … von diesem oder jenem Namen und Clan« sei. Was zur Last hinzukommt (*bhārahāra*), ist Reaktivität/Begehren (*tanhā*); und die Befreiung von der Last (*bhāranikkhepa*) ist das »Verblassen und Aufhören dieser Reaktivität«, das heißt Nirvana. Was orthodoxen Buddhisten Schwierigkeiten verursacht, ist, dass Gotama den Bündeln und der Person, die die Bündel trägt, den gleichen Rang zu geben scheint. Das weckt das Gespenst eines *ātman*-gleichen Selbst, das unabhängig von seinen Attributen existiert. Dass dies als problematisch gesehen wird, offenbart die tief verwurzelte Geisteshaltung der Kommentatoren; diese scheinen außerstande zu sein, solch eine Aussage als etwas anderes als eine Behauptung über die Existenz eines Selbst zu sehen. Dennoch kann die Stelle genausogut als überzeugender metaphorischer Bezugsrahmen für die Ausübung der vierfachen Aufgabe gelesen werden.

Die fünf Bündel werden mit einer Last verglichen, mit dem »Kreuz«, das wir tragen und durch unser Leben auferlegt bekommen. Die Aufgabe ist, diese Last zu akzeptieren und zu umarmen und sie nicht sinnlos durch grollende Reaktivität zu vergrößern. Wir kommen mit unserem Schicksal zurecht, wenn wir von dieser Reaktivität ablassen und uns im Gleichmut des Nirvana niederlassen, was uns sowohl von unserer unnötigen Angst befreit als auch die Möglichkeit gibt, einen anderen Lebensweg zu kultiveren. Reaktivität wird als zusätzliche Bürde enthüllt, die wir nicht zu tragen brauchen; die Person, die sie loslässt, ist dadurch transformiert.

Die Person oder das Selbst, von dem hier die Rede ist, ist nicht etwas, das abseits vom Leben steht und die Last des Lebens trägt, als wäre diese getrennt von ihr oder ihm. Wie wir gesehen haben, vergleicht Gotama den Prozess der Selbsttransformation mit dem Kultivieren eines verdorrten Feldes durch einen Bauern, dem Herstellen eines Pfeils durch einen Pfeilmacher und dem Schnitzen eines Objektes aus einem Holzblock durch einen Zimmermann.[42] Der Körper, die Gefühle, Wahrnehmungen, Neigungen und das Bewusstsein werden als Rohmaterialien für die Übung der vierfachen Aufgabe verstanden. Was als Last empfunden wurde, wird so in die menschliche Erfahrung transformiert, die einer reichen Ernte, einem gut geformten Pfeil, einem hölzernen Gegenstand oder einer Skulptur gleicht. Gotama beschreibt die Praxis der vierfachen Aufgabe als einen Prozess der Selbstdisziplin, in dem man die Reaktivität »zähmt«. Das Ziel dieses Prozesses ist, als Mensch aufzublühen und zu gedeihen, anstatt ein unfruchtbares Feld zu bleiben, integriert und ausgerichtet zu werden, statt fragmentiert und orientierungslos zu bleiben, und mehr und mehr individualisiert zu werden, anstatt unreif zu bleiben.

Nach seiner Lehrrede über die vierfache Aufgabe soll Gotama seinen fünf Begleitern als Nächstes »Nicht-Selbst« (*anattā*) gelehrt haben. Nachdem sie die Lehre gehört und verstanden hatten, sollen alle fünf allumfassende Befreiung erfahren haben und *Arahants* geworden sein. Dennoch erklärt Gotama nirgends in diesem prägnanten Text, dass es kein Selbst gebe.

»*Bhikkhus*«, sagt er, »der Körper (*rūpa*) ist nicht das Selbst. Wenn es so wäre, würde er nicht krank werden. Ihr könntet euren Körpern sagen: ›Sei so‹ oder ›sei nicht so‹. Aber weil der Körper nicht das Selbst ist, wird er krank. Ihr könnt ihm nicht sagen: ›Sei so‹ oder ›sei nicht so.‹«[43] Er weist darauf hin, dass dasselbe für die Gefühle, Wahrnehmungen, Neigungen und das Bewusstsein gilt. Sie können nicht im Vorhinein bestimmen, wie Sie sich fühlen werden, was Sie wahrnehmen werden, wie zu handeln Sie geneigt sein werden und wessen Sie sich bewusst sein werden. Sie können nicht bestimmen, dass Sie sich glücklich und nicht traurig fühlen, dass Sie eine Welt wahrnehmen, die erfreulich und nicht verstörend ist, dass Sie immer zu einer ruhigen statt einer aufgeregten Reaktion tendieren, dass Ihnen der Schmerz unbewusst und nicht bewusst bleiben wird. In anderen Worten, Sie haben nicht das Kommando über das, was in Ihrer Erfahrung geschieht.

Erfahrung geschieht uns. Mit der Geburt werden wir in diese Welt hineingeworfen, sind Unfällen, Infektionen, Krebs und Schlaganfällen ausgesetzt; wenn wir überleben, werden wir altern und verfallen, bis wir eines Tages das letzte Mal ausatmen und sterben. Jeder von uns versucht, das Negative im Leben zu minimieren, indem wir uns um unsere Gesundheit kümmern, fit und aktiv bleiben, dunkle Gassen und Kriegsgebiete meiden, aber letztendlich rafft uns der Sensenmann dahin. Es gibt nichts, was wir dagegen tun könnten. Gotama betrachtet den Glauben an das Selbst als die Überzeugung, sein eigenes Schicksal letztendlich doch unter Kontrolle zu haben. Das könnte sich gut auf die Idee des Selbst als »der innere Herrscher, der Unsterbliche« in der *Bṛhadāranyaka Upaniṣad* beziehen.[44] Gotama widerspricht einer spezifischen intuitiven Definition dessen, was das Selbst sei. Aber dadurch verneint er nicht, dass man sein Leben als ein mit einem Gewissen ausgestattetes Individuum oder Selbst führt.

Gotama traf und handelte nach Entscheidungen, die einen tiefen Unterschied in seinem Leben bedeuteten. Hätte er nicht geglaubt, dass das auch anderen möglich wäre, hätte es nicht viel Sinn gehabt, fünfundvierzig Jahre lang Menschen zu ermutigen, einen Pfad mit moralischer Verantwortlichkeit, kontemplativer Praxis und philosophischer Reflexion zu gehen. Das Selbst mag kein unbeteiligter, unabhängiger »Herrscher« über Körper und Geist sein, aber genausowenig ist es ein illusorisches Produkt von unpersönlichen physischen und geistigen Kräften. Gotama ist daran interessiert, was Menschen *tun* können, nicht was sie *sind*. Die Aufgabe, die er stellt, erfordert die Unterscheidung zwischen dem, was als natürliche Bedingung des Lebens akzeptiert werden muss (die Entfaltung von Erfahrung), und dem, was loszulassen ist (Reaktivität). Wir mögen keine Kontrolle über den Ansturm der Angst haben, die wir verspüren, wenn wir eine Schlange unter dem Bett finden. Aber wir haben dennoch die Möglichkeit, auf die Situation in einer Art einzugehen, die nicht von dieser Angst bestimmt ist.

Aber wenn Reaktivität eine Neigung ist und daher Teil der Erfahrung, über die wir keine Kontrolle haben, wie können wir dann eine Wahl treffen, die einen Unterschied bedeuten könnte? Oder einfacher ausgedrückt: Wenn alles, was wir erfahren, aus Bedingungen entsteht, wie kann es dann einen freien Willen geben? Gewiss schließen die Lehren von Nicht-Selbst und von bedingtem Entstehen die Möglichkeit frei gewählter Handlungen aus und zeichnen eine Vision vom Leben, das sich nach blinden Kräften unpersönlicher Kausalität entfaltet. Diese oft vorgebrachten Einwände rühren aus einer metaphysischen Sicht auf die Lehre des Buddha, als würde es in ihr um die Erhellung der wahren Natur der Realität gehe. Sobald wir sie jedoch als aufgabenorientierte Ethik verstehen, verschwinden diese Einwände. Das Einzige, das zählt, ist, ob wir eine Aufgabe erledigen können oder nicht. Wenn beispielsweise die Neigung in uns entsteht, etwas Herzloses zu sagen, können wir dann dem Impuls zu handeln widerstehen? Wenn wir es können, waren wir erfolgreich. Ob unsere Entscheidung, die geharnischte Bemerkung zurückzuhalten, das Ergebnis von freiem Willen war oder nicht, ist unerheblich.

Die Frage, ob es einen freien Willen gibt oder Determinismus, sollte vielleicht zu der Fragenliste hinzugefügt werden, über die der Buddha jeglichen Kommentar verweigert hat. Wie die anderen auch hat sie für die Dharmapraxis keine direkte Bedeutung. Sie ist zudem eine typisch westliche Frage: Sie war nie ein Thema für das buddhistische Denken. Die Tatsache, dass sie selbst nach jahrhundertelanger Diskussion noch im Gespräch ist, lässt vermuten, dass sie wohl nie abschließend geklärt werden wird.

Als der Wanderer Vacchagotta fragte, ob es ein Selbst gebe, schwieg der Buddha. Nachdem Vacchagotta gegangen war, erklärt Gotama Ānanda, dass sowohl die Bestätigung wie die Verneinung einer Existenz des Selbst nur in eine metaphysische Sackgasse geführt hätte.[45] Wir könnten dieses absichtsvolle Schweigen als einen weiteren Weg interpretieren, uns zu zeigen, dass es ihm nicht wichtig ist, was das Selbst *ist*, sondern was das Selbst *tut*. In diesem Fall hat er es vorgezogen zu schweigen, anstatt sich auf eine theoretische Spekulation einzulassen.

»Also, *bhikkhus*«, beschließt Buddha sein Gespräch mit seinen fünf Begleitern, »jede Form, jedes Gefühl, jede Wahrnehmung, jede Neigung und jedes Bewusstsein sollte mit umfassendem Verstehen gesehen werden, so wie es entsteht: ›Dies ist nicht meins, ich bin das nicht, das ist nicht mein Selbst.‹«[46] Die befreiende Einsicht, die er in Aussicht stellt, ist *nicht* die Erkenntnis, dass es kein Selbst gibt, sondern die Erkenntnis, dass ich nicht dasselbe wie die fünf Bündel oder reduzierbar auf eines oder alle der fünf Bündel bin, die mich ausmachen. Aber wie, könnte man fragen, unterscheidet sich das vom *neti*, *neti* (nicht das, nicht das) in der *Bṛhadāranyaka Upaniṣad*, wo der Yogi angehalten wird, sich von allem zu disidentifizieren, was die Welt der gewöhnlichen Erfahrung ausmacht, um glückselige Befreiung in das nicht-duale Gewahrsein Gottes zu erlangen? Die Antwort trifft den Kern dessen, was Gotamas Lehre von der überlieferten Meinung seiner Zeitgenossen unterscheidet. Denn wir sind weder identisch mit dem, was unsere Erfahrung ausmacht, noch sind wir etwas davon Verschiedenes.

Gotama illustriert diese Gleichheit in einem Dialog mit dem älteren Mönch Anurādha. Er fragt Anurādha, ob er (Anurādha) den *tathāgata* (den Buddha) in den fünf Bündeln sehen könne. Anurādha verneint. Dann fragt Gotama Anurādha, ob er den *tathāgata* außerhalb jedes der fünf Bündel sehen könne. Anurādha verneint. Gotama fährt fort: »Was denkst du, Anurādha, siehst du Form, Gefühl, Wahrnehmung, Neigung und Bewusstsein als den *tathāgata* an?« »Nein, Herr.« »Also was denkst du, siehst du den *tathāgata* als jemanden an, der ohne Form, Gefühl, Wahrnehmung, Neigung und Bewusstsein ist?« »Nein, Herr.« Der *tathāgata* wird daher »von dir nicht als real und wirklich hier in diesem Leben erfasst«.[48] Aber diese Unauffindbarkeit des Selbst ist nicht nur eine Eigenschaft Gotamas. Sie trifft gleichermaßen auf Anurādha, Sie und mich zu.

Diese Unauffindbarkeit des Selbst impliziert keinesfalls, dass es das Selbst nicht gäbe und es daher nicht als moralisch Handelndes funktionieren könne. Alles, was sie bedeutet, ist, dass das Selbst vieldeutig und schwer zu fassen ist und nicht fixiert und definiert werden kann. Heute würden wir vielleicht sagen, dass dies deswegen so ist, weil eine Person kein statisches, eng umschriebenes Ding ist, sondern der Dreh- und Angelpunkt eines komplexen, lebendigen Prozesses, der sich durch seine vitale Interaktion mit der Umwelt fortwährend entwickelt und verändert.

Die Vieldeutigkeit und Undefinierbarkeit des Selbst wird in einem Vers von Nāgārjunas *Mūlamadhyamaka-kārikā* ausgedrückt:

> Wenn das Selbst die Bündel wäre,
> Wäre es etwas, das entsteht und vergeht;
> Wenn es etwas anderes als die Bündel wäre,
> Besäße es nicht deren Eigenschaften.[49]

Ließe ich mich auf meinen Körper, meine Gefühle, Wahrnehmungen, Neigungen und mein Bewusstsein reduzieren, dann würde ich mich dauernd verändern, weil sie sich dauernd ändern. Aber das ist offensichtlich nicht der Fall. Für Nāgārjuna ist es selbstverständlich, dass ein Selbst sein bedeutet, die Erfahrung aus einer konstant bleibenden Perspektive zu erleben, während die Gefühle, Wahrnehmungen und Neigungen, welche die Erfahrung ausmachen, entstehen und vergehen. Gleichzeitig begreift er die Absurdität, das Selbst als etwas anderes als das, was seine Erfahrungen ausmacht, zu sehen. Warum? Weil »Ich« oder »Sie« einzig durch unsere Merkmale erkannt werden können: unseren Namen, unsere physische Erscheinung, unsere Stimmungen, unsere Gedanken, unsere Handlungen. Beseitigen wir diese Eigenschaften, und das Selbst, zu dem sie gehören, verschwindet auch.

Solange ich mich erinnern kann, habe ich das untrügliche Gefühl, dass dasselbe »Ich« jede meiner Erfahrungen gehabt hat. Ich bin intuitiv davon überzeugt, dass derjenige, der diese Worte schreibt, derselbe ist, der als Kind mit seinen Spielsachen gespielt hat. Dennoch weiß ich, dass das nicht der Fall sein kann. Physisch, geistig, emotional habe ich mich verändert und über die Jahre hinweg entwickelt und werde das auch weiterhin tun. Von einem logischen Standpunkt aus gibt es einen Konflikt zwischen meinem Gefühl eines »Ich« als einer konstanten Perspektive und meinem Gefühl eines »Ich« als einer sich entwickelnden Geschichte. Konkret koexistieren die beiden Perspektiven jedoch bestens. Ich verändere und entwickle mich von einem Tag zum anderen, und gleichzeitig scheine ich mich, der diese Veränderungen durchläuft, überhaupt nicht zu ändern. Für Nāgārjuna ist diese Ambivalenz ein zentraler Ausdruck dessen, was es bedeutet, ein Selbst zu sein. In den *Upaniṣad* wird hingegen angenommen, dass unser angeborenes Gefühl eines Selbst als konstante Perspektive oder bleibender Zeuge ein metaphysisch reales und nicht-konditioniertes Selbst oder Bewusstsein widerspiegelt, das identisch mit Gott ist.

Für Gotama zählt die Erfahrung. Obwohl wir uns aus der Perspektive eines unbeteiligten Zeugen zu beobachten scheinen, sollten wir uns nicht dazu verleiten lassen zu glauben, dass der Zeuge irgendwie dauerhafter oder verlässlicher wäre als anderes auch. Tun wir das aber, sträuben wir uns gegen ein »umfassendes Verstehen« der Welt, uns sicher in dem Hochmut fühlend, dass das, was wir wirklich sind, nichts mit dem veränderlichen und tragischen Leben von uns und anderen zu tun hat. *Dukkha* zu umarmen bedeutet, jegliches ontologische Klammern an ein körperloses Selbst oder Bewusstsein, das nicht Teil der Erfahrung ist, aber trotzdem magisch einen Blick darauf erhascht, über Bord zu werfen. Welche Überlebensvorteile eine solche Perspektive auch immer unseren Vorfahren ermöglicht haben mag, weiter daran zu glauben hält uns davon ab, uns ganz dem Leben hinzugeben. In diesem Sinn ist im Körper verankerte Aufmerksamkeit die entschlossene, unbeirrbare Teilnahme an dem, was passiert; sie ist, letztlich, von Liebe nicht zu unterscheiden.

Gotama zögert nicht im Geringsten, die erste Person Singular oder Worte wie *ahaṃ* (Ich) und *atta* (Selbst) in einem ganz alltäglichen und unproblematischen Sinne zu verwenden. Als er sich an seine Schlüsseleinsicht in die Beziehung zwischen Name-Form und Bewusstsein erinnert, sagt er: »Da geschah für *mich* (*mayhaṃ*) ein Durchbruch in meinem Verständnis.«[50] Gegen Ende seines Lebens ermuntert er seine Schüler und Schülerinnen, sich auf sich selbst (*atta*) zu verlassen als Insel und Zuflucht.[51] An anderen Stellen spricht er von der Identität einer Person als Bauer, Handwerker, Händler, Soldat und so weiter, die als Resultat der persönlichen Entscheidungen und Handlungen der Person entsteht.[52] Das Selbst ist ein fortwährender Prozess, ein unfertiges Projekt, das verwirklicht werden muss, nicht eine Fiktion, die aufgedeckt und ausgemerzt werden muss. Man kann sich selbst als ständige *Praxis* auffassen. Ich forme meine Persönlichkeit und meinen Charakter aus dem, wie ich mit mir selbst und der Welt in Kontakt trete, wie ich Dinge fühle, wie ich mir einen Reim aus dem mache, was mir begegnet, wie ich mich entscheide, zu sprechen und zu handeln, wie ich mich um das kümmere, was geschieht.

(7)

Wie wir gesehen haben, verstand Gotama das Erwachen als das Resultat eines direkten Wissens um die Entstehung von Erfahrung; er verstand einen In-den-Strom-Eingetretenen als jemanden, der sich nicht mehr von der Erfahrung verwirren lässt; und er sah als die Hauptaufgabe der Dharmapraxis das umfassende Verstehen von Erfahrung. Das Erwachen im Kontext der Funktionsweise der fünf Bündel zu erwägen bedeutet eine deutliche Abkehr von der brahmanischen Orthodoxie, denn deren Wegziel ist die Vereinigung mit einem transzendenten und unergründlichen Bewusstsein oder Gott. Allein Gauamtas Betonung der fünf Bündel weist auf eine Praxis hin, die von Anfang an mit der Spezifität und Vielfalt der Welt der menschlichen Erfahrung beschäftigt ist und nicht mit der Suche nach einer verborgenen absoluten Wahrheit.

Der Schlüssel zur Befreiung von den sich wiederholenden Kreisläufen der Reaktivität und zum Betrachten von Nirvana ist Aufmerksamkeit (*manasikāra*), der fünfte *nāma*-Faktor. Sobald wir Aufmerksamkeit durch eine Kontemplation der vergänglichen, tragischen, unpersönlichen und leeren Natur der Bündel im Körper verankert haben, beginnt sich unsere Beziehung zur Erfahrung auf eine beunruhigende Weise zu verändern. Die Praxis der im Körper verankerten Aufmerksamkeit hinterfragt unsere gewohnheitsmäßigen *Wahrnehmungen* des Selbst und der Welt als dauerhaft, befriedigend und uns gehörend. Durch die Stabilisierung der Aufmerksamkeit mittels Achtsamkeit und Konzentration beginnen wir selbst zu erkennen, wie angenehme und unangenehme *Gefühle* gewohnte Muster der Reaktivität und des Verlangens auslösen. Diese beiden Einsichten untergraben nicht nur unsere *Neigungen*, an dem festzuhalten, was wir mögen, und das wegzustoßen, was wir fürchten, sondern öffnen uns auch für die Möglichkeit, anders zu denken, zu sprechen und zu handeln.

»Die Dinge auf diese Weise sehend«, sagt Gotama zum Abschluss seiner Lehrrede *Über Nicht-Selbst*, »macht sich der aufmerksame, edle Schüler frei von Form, frei von Gefühlen, frei von Wahrnehmungen, frei von Neigungen, frei von Bewusstsein. Indem er sich frei macht, schwindet Reaktivität; nichtreaktiv, ist er befreit; das Wissen entsteht: ›Ich bin befreit.‹«[53] Das ist die Erfahrung von Nirvana als »unmittelbar und klar sichtbar«; an diesem entscheidenden Punkt erkennt man für sich selbst, dass man frei ist, auf Erfahrung *nicht* zu reagieren, sondern aus einer Perspektive heraus *zu agieren*, die nicht mehr von solchen Neigungen bedingt ist.

Gotama unterteilt Erfahrung aus rein pragmatischen Gründen in fünf Bündel. Er war nicht an einer wertfreien, vorwissenschaftlichen Beschreibung der Natur der Realität interessiert. Sein Anliegen bestand darin, ein Modell anzubieten, das die Praxis der vierfachen Aufgabe am besten unterstützt. Teile seiner Beschreibung menschlicher Erfahrung mögen manche Erkenntnisse der modernen Philosophie, Psychologie und Kognitionswissenschaften vorweg genommen haben, doch das sollte uns nicht dazu verleiten zu denken, dass er dieselben Zielsetzungen wie die meisten zeitgenössischen Wissenschaftler, Therapeuten und Forscher gehabt hätte. Sein Projekt war in erster Linie ein ethisches. Er versuchte, einen pragmatischen Rahmen zu etablieren, der Männern und Frauen ermöglichen würde, selbst zu erfahren, dass sie die Wahl haben, ob sie dem instinktiven Diktat des Verlangens und des Egoismus folgend leben wollen oder nicht. Diese Freiheit ist nicht ein Ziel als solches, sondern eine Freiheit, sich auf eine Art von Leben einzulassen, in dem Menschen aufblühen können.

Betrachten wir, wie Gotama die traditionelle indische Metapher von Flüssen interpretiert, die ihre Identität verlieren, wenn sie ins Meer münden. In der *Muṇḍaka Upaniṣad* heißt es: »Wie der fließende Strom im Meer aufgeht, seinen Namen und seine Form verliert, so geht ein weiser Mann befreit von Name-Form im göttlichen Einen auf.«[54] Hier ist das Ziel des menschlichen Lebens, seine Identität als eine durch Name-Form differenzierte Person zu verlieren und in eine transpersonale Einheit mit Gott einzugehen. Für Gotama wird der Ozean jedoch eine Metapher für sein Dharma und die Gemeinschaft der Praktizierenden. »So wie die großen Flüsse ihre bisherigen Namen und Identitäten verlieren, wenn sie das Meer erreichen, so lassen diejenigen der vier Kasten – Fürsten, Brahmanen, Kaufleute und Arbeiter –, die von zu Hause in die Hauslosigkeit des Dharma und der Disziplin gegangen sind, ihre bisherigen Namen und Identitäten hinter sich und werden nur ›Wanderer, Anhänger des Sohnes von Sakiya‹ genannt.«[55] Statt sich in der mystischen Union mit dem Absoluten zu verlieren, verliert man seine Identität mit einer sozialen Schicht, um den Dharma als freie, sich selbsterschaffende Person zu praktizieren.

8 Jīvaka: der Arzt

Angenommen, ein Mann braucht eine Schlange und wandert umher auf der Suche nach einer Schlange, sieht eine Schlange und packt sie an ihrem zusammengerollten Körper oder am Schwanz. Sie würde herumschnellen und ihn in Hand, Arm oder eines seiner Glieder beißen, und dies würde zu seinem Tod oder tödlichen Leiden führen. Warum? Weil er die Schlange falsch gepackt hat. Genauso gibt es hier einige fehlgeleitete Menschen, die den Dharma studieren, aber, nachdem sie den Dharma studiert haben, die Bedeutung der Lehren nicht mit ihrem Verstand untersuchen, nicht zu einem durchdachten Verstehen des Dharma gelangen. Stattdessen studieren sie den Dharma nur, um andere zu kritisieren und Debatten zu gewinnen, und so werden sie nicht vom Guten profitieren, deretwegen sie den Dharma studiert haben. Falsch aufgefasst führen diese Lehren für eine lange Zeit zu Schaden und Leiden.

– Alagaddūpadma Sutta

(1)

Im Gleichnis von der Schlange, die im Vorspann erzählt wird, konfrontiert Gotama seine Zuhörer mit einer eindringlichen Warnung: Der Dharma, den er durch sein Erwachen erreicht hat und dessen Verbreitung er sein Leben gewidmet hat, ist gefährlich und sollte mit Geschick und Sorgfalt behandelt werden.

Falsch gehandhabt, warnt er, könne er einen Menschen zerstören. Noch nicht einmal der Dharma besitzt eine eingebaute Sicherung, die ihn davor bewahren kann, in einen weiteren Platz verwandelt zu werden, den wir »lieben, an dem wir uns erfreuen und ergötzen« und wo der bedingte und nirvanische Grund unseres Lebens ein weiteres Mal verschleiert wird.[1]

Nur allzu oft wird der Dharma von Menschen im Namen des Buddhismus in ein Glaubenssystem verwandelt, in eine religiöse oder ethnische Identität, in ein dialektisches Werkzeug, das dazu dient, sich einen Platz zu sichern, entweder innerhalb des eigenen egoistischen Projekts der Selbst-Beweihräucherung oder in den zahlreichen Hackordnungen der Gesellschaft und der Welt. Weit von jenem hell leuchtenden, offenherzigen Gleichmut entfernt, der Menschen die Freiheit gibt, ein nicht von Reaktivität bedingtes Leben zu riskieren, ziehen sie es vor, sich eine Rüstung aus starren Ansichten zuzulegen, um sich voller Selbstgerechtigkeit von Kritik unerreichbar zu fühlen.

Vielleicht gleicht der Dharma deswegen einer giftigen Schlange. Wenn Sie eine Kobra, statt sie vorsichtig hinten im Nacken zu packen, am Schwanz oder an einer anderen Stelle ihres Körpers greifen, wird sie herumschnellen, ihre Fänge in Ihr Fleisch graben und ihr Gift in Ihre Adern spritzen. Wenn Sie den Dharma statt als eine befreiende Praxis als eine Reihe von Dogmen benutzen, wird auch er wie ein Gift wirken: Er kann Sie vergiften und »töten«. Im übertragenen Sinne ist ein starrer Platz, an dem man sich erfreut und ergötzt, ein Stillstand, vergleichbar dem Tod. Wird der Dharma in etwas Statisches verwandelt, kann auch er ein trostloses Dasein fristen, statt zu einer Quelle des Lebens zu werden.

(2)

Bei dieser Interpretation der Parabel von der Schlange fehlt jedoch der Blick auf die kuriose Einleitung: »Angenommen, ein Mann braucht eine Schlange und wandert umher auf der Suche nach einer Schlange …« Wer würde überhaupt eine Schlange brauchen und nach einer suchen? Normalerweise werden giftige Schlangen gefürchtet und gemieden. Würden Sie auf eine Kobra treffen, wäre die natürliche Reaktion, davonzulaufen oder sie sogar zu töten. Warum also sollte der Buddha den Dharma mit etwas vergleichen, was die Menschen instinktiv vermeiden? Wozu sollte jemand eine Schlange *brauchen* und sich dann auf den Weg machen, eine zu suchen und zu fangen?

Im Indien des fünften Jahrhunderts v. u. Z. gehörten wahrscheinlich Ärzte zu den wenigen Menschen, die sich vielleicht für die Gefangennahme einer Schlange interessierten. Wir wissen, dass das Gift der Kobra in der traditionellen ayurvedischen Medizin eingesetzt wurde, insbesondere um Arthritis zu behandeln. Neuere klinische Forschungen an Ratten mit Arthritis haben gezeigt, dass geringe Dosen des Giftes tatsächlich ein effektives Heilmittel sein können.[2] Wir wissen auch, dass der Buddha sich oft mit einem Arzt verglichen hat und den Dharma mit einer medizinischen Behandlung. Im Beispiel mit Sunakkhatta verglich Gotama, wie wir gesehen haben, Reaktivität mit einem vergifteten Pfeil, der in den Körper einer Person eindringt, während die »Sonde« der Achtsamkeit und das »Messer« des Verstehens oder der Weisheit die effektiven Methoden sind, den »Pfeil« der Reaktivität und das »Gift« der Unwissenheit herauszuziehen, damit der Mensch, vorausgesetzt, er versorgt die Wunde fachgerecht, wieder ein gesundes Leben führen kann. Der Bericht zeigt, dass Gotama die medizinischen Behandlungsformen seiner Zeit kannte, etwas, das wir normalerweise einem »Wandermönch«, der eine »Religion« zu begründen sucht, nicht zuschreiben würden.

Ob zu Gotamas Zeiten tatsächlich Schlangengift zur Behandlung von Arthritis benutzt wurde, sei dahingestellt, aber es würde jedenfalls passen, eine Krankheit, die schmerzende, geschwollene, steife Gelenke auslöst, als eine Metapher für Reaktivität zu sehen, die genauso schmerzhaft ist und zu Schwellungen und Steifheit führt: Das Ichgefühl »schwillt« an, gewohnte Ansichten und Verhaltensweisen »versteifen« sich und ein Fortschreiten auf dem achtfachen Pfad wird verhindert. Genauso wie es etwas »Arthritisches« hat, an seinem »Platz« zu kleben, genauso haben das Erkennen des eigenen »Grundes« und das Erwachen dazu eine kreative, bewegliche Qualität.

Ein solches Verständnis der Parabel öffnet uns für die Möglichkeit, dass der Dharma selbst eine Art »Gift« enthält, das geschickt herausgelöst und dann in winzigen, abgemessenen Dosen verabreicht werden muss, um so die »Krankheit« der Reaktivität zu heilen. Wenn sich im Dharma des bedingten Entstehens die zentrale Erhabenheit des Lebens ausdrückt, dann wird dies durch die Schlange hervorragend symbolisiert. Ein Praktizierender wäre demnach jemandem vergleichbar, der schnell und geschickt eine Kobra am Nacken zu packen vermag, sie dazu bringt, ihr Gift in ein Gefäß zu entladen, und der anschließend dieses Gift aufbereitet, um es medizinisch nutzen zu können. Aber wenn die Schlange das »Leben« mit all seinem Glanz, aber auch all seinen Gefahren symbolisiert, für was steht dann das »Gift«?

Wie das Beispiel von Mahānāma zeigt, ist es immer noch möglich, dass jemand von sinnlichem Begehren überwältigt wird, obwohl er sich Nirvana zuneigt. So verführerisch es auch sein mag, wir können die menschliche Erfahrung nicht aufspalten in einen Teil, der »gut«, und einen Teil, der »böse« ist. Menschliche Wesen sind deutlich komplexer und vielschichtiger als eine solch grobe Unterscheidung. Eine immer wiederkehrende Frage an buddhistische Lehrende lautet: »Wie unterscheidet sich das Streben nach Erleuchtung von dem Wunsch nach irgendetwas anderem? Es ist doch sicherlich auch nur eine andere Form der Gier?« Meistens versuchen die Angesprochenen, die feinen Unterschiede zwischen den verschiedenen Formen des Begehrens im Buddhismus herauszuarbeiten, und kommen zu dem Schluss, dass manche Formen des Begehrens, so wie Aspiration (*chanda*) ganz und gar akzeptabel sind, wohingegen andere wie Verlangen (*taṇhā*) unter allen Umständen vermieden werden sollten. Wie diese Unterscheidung in der Praxis genau getroffen werden soll, ist hingegen alles andere als klar.

Egal, wie sie genannt werden, alle Arten des Begehrens wurzeln in dem Wunsch, einen unbefriedigenden Zustand zu verbessern. Die Verbesserung kann in allem bestehen, von längeren Orgasmen bis zum Ende des Leidens. Das eine Extrem sind trivialste und belangloseste Wünsche und das andere Extrem edelste und selbstloseste. Ob Ihr Begehren nackte Lust oder spirituelles Streben ist, es bleibt Begehren.

Śāntideva erklärt in seiner Schrift *Bodhicaryavatara* (*Der Weg des Lebens zur Erleuchtung)*, dass die leidschaffenden Geisteszustände (Sanskrit: *kleśa*; Pali: *kilesa*) wie Gier und Hass zu besiegen seine »einzige Obsession« sei, er einen »starken Groll« gegen sie hege und ihnen »im Kampf begegnen«

werde. Anschließend wird ihm klar, dass er sich vielleicht widerspricht: Er scheint die Anwendung einiger leidschaffender Geisteszustände (Besessenheit, aggressive Konfrontation, Groll) gutzuheißen als Mittel, andere zu überwinden. Aber »leidschaffende Geisteszustände wie diese«, reflektiert er, »zerstören leidschaffende Geisteszustände und sollten nicht aufgegeben werden.«[3]

Ich bewundere die Aufrichtigkeit, mit der Śāntideva die Anwesenheit des Paradoxons, Kampfs und Konflikts mitten im Herz der Dharmapraxis zugibt. Vom logischen Standpunkt aus mag es widersprüchlich klingen, »nach dem Ende des Verlangens zu verlangen« oder »den Hass in mir zu hassen«, aber tatsächlich bemerken wir, dass auch wir das tun, wenn wir uns auf einen solchen Pfad begeben haben. Mögen wir auch das, was wir tun, mit semantischen Tricks tarnen – indem wir sagen »wir streben nach« statt »wir verlangen nach« oder »wir entsagen« statt »wir hassen« – doch Śāntideva gibt die nackte Wahrheit zu: Als widersprüchliche Menschen können wir nicht anders, als eigennützige Wünsche und Abneigungen mittels eigennütziger Wünsche und Abneigungen zu überwinden. Darum geht es auch in der Parabel von der Schlange. Das »Gift«, das der Buddha der »Kobra« entzieht, muss die richtige homöopathische Dosis von Wollen, Abneigung und Eigeninteresse haben, um eine Person zu motivieren, die vierfache Aufgabe anzupacken. Bei einer zu geringen Dosis wäre das Risiko gegeben, dass der Patient antriebslos und selbstgefällig bleibt, bei einer zu hohen Dosis, dass das Ego der Patientin sich aufbläht und sie nicht »das Gute, weswegen sie den Dharma studierte«, erfährt.

»Wollen, Abneigung und Eigeninteresse« sind Umschreibungen der häufiger verwendeten Begriffe »Gier, Hass und

Verblendung«. Der Buddha hat sie als die »drei Feuer« bezeichnet, später wurden sie aber eher unter dem Begriff »drei Gifte« bekannt. Während Gift eindeutig Schlangen zuzuordnen ist, welche mögliche Verbindung gibt es zwischen Schlangen und Feuer?

Entsprechend meiner Rekonstruktion der Chronologie der Ereignisse in Kapitel 3 verbrachte Gotama die ersten Regenzeiten nach seinem Erwachen mit seinen früheren Gefährten in Uruvelā. Während dieser Zeit hielt er seine ersten beiden Lehrreden: *Die Vier Aufgaben* und *Über Nicht-Selbst*. Als der Monsun vorbei war, brachen er und die bunt gemischte Gruppe von Anhängern in Richtung Gayā auf, wahrscheinlich entlang der Ufer des Flusses Nerañjarā.

Irgendwo auf dieser Strecke begegneten ihnen drei Asketen mit verfilzten Haaren, die allesamt zu den Feuerverehrern, genannt »Kassapa«, gehörten. Gotama fragt einen von ihnen, ob er eine Nacht im Feuerraum bleiben könne. Der Asket versucht ihn davon abzubringen, indem er ihm sagt, dass dort eine giftige Schlange wohne. Der Buddha lässt sich nicht abschrecken. Er betritt den Raum, rollt eine Grasmatte aus, setzt sich mit gekreuzten Beinen zur Kontemplation nieder. Als die Schlange ihn bemerkt, wird sie ärgerlich und stößt Rauch aus. Als Antwort stößt auch Gotama Rauch aus. Das Duell eskaliert, bis die Schlange, der Buddha und der Raum in Flammen stehen. Am nächsten Morgen zeigt der Buddha seinem Gastgeber die Schlange, friedlich zusammengerollt in seiner Bettelschale. »Hier, Kassapa, ist deine Schlange«, sagt er, »ihre Hitze wurde von meiner Hitze gemeistert.«[4]

Zusätzlich zu der beeindruckenden Propaganda, die den Buddha als jemanden darstellt, der die lokalen Gurus auf deren eigenem Gebiet schlägt, zeigt diese Episode, dass der Buddha Kontrolle über das Feuer ausüben konnte, wobei es in diesem Fall eindeutig eine innere, symbolische Hitze ist. Die Hitze der Schlange wird dabei mit dem Aufflammen instinktiven Ärgers assoziiert, während die Hitze des Buddha aus der Meisterung seiner eigenen Psyche aufzusteigen scheint. Vielleicht hätten wir erwartet, dass er gegenüber der Schlange gar nicht reagiert, sondern in meditativem Gleichmut verweilt – Nirvana wird schließlich häufig als das Erlöschen der drei Feuer verstanden. Aber hier begegnet er der Schlange auf ihre Weise und überwältigt sie dank seiner überlegenen Kraft. Das Prinzip ist homöopathisch: Gleiches wird mit Gleichem behandelt.

Das Problem mit den drei Feuern, Gier, Hass und Verblendung, liegt nicht in ihrer Hitze, sondern in dem verheerenden Schaden, den sie anrichten, wenn sie außer Kontrolle geraten. Der kleinste Funke kann diese drei Feuer entzünden: eine unfreundliche Bemerkung, ein deprimierender Gedanke, ein erotisches Bild. Bevor wir es bemerken, brennen unser Geist und Körper schon vor Rache, Selbstmitleid und Lust. Die Parabel der Schlange mag implizieren, dass diese Feuer nicht gelöscht, sondern reguliert werden sollten. Da unsere Emotionen als Erbe unserer biologischen Entwicklung tief in unserem limbischen System verankert sind, scheint Regulation das einzig Realistische und Mögliche zu sein. Statt an eruptiven Feuern zu leiden, die uns zu verschlingen drohen, können wir lernen, unseren inneren Luftstrom so zu regulieren, dass sie so ruhig brennen wie die blaue Flamme eines Bunsenbrenners. Auf diese Weise könnten wir vielleicht lernen, wie Miniatur-Sonnen zu brennen.

Nachdem der Buddha die drei Kassapas und noch einige »tausend« (eine große Anzahl) ihrer filzhaarigen, feuerverehrenden Anhänger zum Dharma konvertiert hatte, ging er weiter zum Gayā-Berg, einem steilen Hügel in der Nähe von Gayā, einer Stadt wenige Kilometer flussaufwärts von Uruvelā. Hier hält er die dritte Lehrrede: *Über Feuer*. Genauso wie er die Sonne, das Objekt der Sonnenverehrung, zum Symbol für Nirvana umgedeutet hat, so deutet er hier das Feuer, das Objekt der Feuerverehrung, zum Symbol für Reaktivität um. Anstatt das Feuer als ein Objekt der Verehrung, ein Mittel bei Opferungen oder ein Vehikel für die Demonstration von Wundern zu behandeln, verwandelt er es in eine Metapher für Gier, Hass und Verblendung. Er steht damit für einen kulturellen Wandel, weg von externalisierten Riten hin zu internalisierter Kontemplation, weg von rituellen Objekten hin zu mentalen Symbolen. »*Alles*«, sagt Gotama zu seinen feuerverehrenden Zuhörern, »brennt.« Unser gesamtes Sensorium steht in Flammen: Augen, Ohren, Nase, Zunge, Körper und Geist, genauso wie unser Sehen, Hören, Riechen, Schmecken, Spüren und unsere Ideen, die, wenn Kontakt entsteht, Bewusstsein entstehen lassen. »Brennen womit?«, fragt er. »Ich sage, die Welt brennt durch das Feuer der Gier, das Feuer des Hasses und das Feuer der Verblendung. Sie brennt aufgrund von Geburt, Altern, Sterben, Trauer, Leiden, Jammern und Verzweiflung.«[5]

Sich klar zu werden, wie das Leben auf diese Weise entflammt, brennt und sich überhitzt, ist der erste Schritt in einem Prozess der achtsamen Loslösung. Er führt zur Nicht-Reaktivität, die wiederum zu dem Bewusstsein führt: »Ich bin befreit.«[6] Im Kontext der vierfachen Aufgabe ist die nirvanische Freiheit nicht das Ziel des achtfachen Pfades, sondern sein Beginn. Sich von der brennenden Welt freizumachen ist kein Selbstzweck, sondern ermöglicht, dass die Flammen langsam von selbst erlöschen. Man vermag so, auf die Welt aus der solaren Perspektive des Nirvana zu antworten, statt von der Reaktivität und dem Schmerz, die sie verzehren, getrieben zu sein.

Die Kontrolle des Feuers ist eine Kunst, die von Töpfern und Schweißern beherrscht wird; das Gewinnen und die Verarbeitung von Schlangengift gehört zu den Fertigkeiten eines Arztes, und in vergleichbarer Weise bedarf das Training eines Schülers auf dem Pfad der Fähigkeit eines Lehrers, ihn darin anzuleiten. Die Kräfte Māras, des archetypischen Tricksters, sind allzeit am Werk und bereit, all das zu untergraben, was man zu erreichen versucht. Nicht zufällig wird Māra als Kobra dargestellt. Eine Lehrrede berichtet davon, wie der Buddha »in einer trüben, verregneten Nacht« im Bambushain in Rājagaha saß:

> Da manifestierte sich Māra in Form einer riesigen Königskobra und näherte sich dem Lehrer, … wie Blitze zuckte ihre Zunge aus ihrem Maul; der Klang ihres Atems glich dem Lärm des Blasebalgs eines Schmieds.[7]

Solche Bilder zeigen die drohende, zerstörerische Seite der uns umgebenden natürlichen Welt. Sie kann uns bedrohen, jederzeit auslöschen und zerstören. Diese gänzliche Bedingtheit der Welt mag den Grund des Lebens bilden, zu dem der Buddha erwachte, aber dieser Grund ist auch beunruhigend, unzuverlässig und unvorhersehbar. Aber der Buddha bleibt gelassen und »bewegt nicht ein Haar« angesichts dieser erschreckenden Erscheinung.[8]

Statt Gleiches mit Gleichem zu bekämpfen, antwortet er hier, indem er überhaupt nicht reagiert.

(3)

Bei einer Gelegenheit fragt der Wanderer »Haarknoten« Sīvaka den Buddha, was er von den Wanderern und Brahmanen hält, die denken, dass alle Erfahrungen – ob angenehm, schmerzhaft oder weder noch – das Resultat vergangener Taten seien. Gotama antwortet:

> Manche Erfahrungen werden durch Galle hervorgerufen, manche durch Schleim, manche durch Wind, manche durch alle drei zusammen. Manche Erfahrungen werden durch den Wechsel der Jahreszeiten verursacht, manche durch mangelnde Pflege, manche durch plötzliche Angriffe und manche sind die Früchte eigenen Tuns.[9]

Diese Aussage widerspricht zum einen der weitverbreiteten buddhistischen Ansicht, dass alle Gefühle (*vedanā*) die »herangereiften Auswirkungen« vergangener Taten sind; sie ist aber zum anderen auch ein weiterer Hinweis darauf, dass Gotama mit den Grundsätzen der damaligen vorherrschenden medizinischen Tradition vertraut war.[10] Krankheit wurde als Folge einer Störung der drei »Körpersäfte« (*dosa*), Schleim, Galle und Wind, betrachtet. In dieser Passage stellt der Buddha fest, dass die vorangegangenen Handlungen nur ein Faktor unter vielen sind, die zum Wohlbefinden oder Leiden zu einer bestimmten Zeit beitragen.

Dieser vernünftige Ansatz stellt ein weiteres zentrales Dogma des Buddhismus infrage: dass alles Leiden aus Verlangen heraus entsteht. Der Pragmatismus des Buddha scheint auf der genauen Beobachtung der Art, wie Menschen leben und fühlen, zu basieren und nicht auf metaphysischen Glaubensvorstellungen, wie der alles erklärenden Theorie des Karmas. Jeder, der solche allumfassenden Behauptungen aufstellt wie, »alles ist durch vorangegangene Handlungen verursacht«, geht über die Grenze dessen hinaus, was von ihm gewusst werden kann und was in der Welt als wahr akzeptiert wird.[11] Hier, wie auch an anderen Stellen, steht Buddhas Analyse der menschlichen Bedingungen dem Verständnis eines Arztes über die Ursache einer bestimmten Krankheit näher als den generellen Wahrheitsbehauptungen über die menschlichen Natur seitens eines »erleuchteten« Heiligen.

Wo kann sich Gotama das detaillierte Wissen über die medizinischen Praktiken der damaligen Zeit erworben haben? Und warum hat er seinen Ansatz, den Dharma zu lehren, der Art angepasst, wie ein Arzt seine Patienten behandelt? Obwohl es im Kanon von medizinischen Bildern wimmelt, schweigt er in diesem Punkt. Doch wir wissen, dass ein Freund und Anhänger des Buddha, der königliche Arzt von Rājagaha, ein Mann namens Jīvaka, war, einer der einundzwanzig Haushälter, die dafür gepriesen wurden, »Erfüllung im *tathāgata* gefunden zu haben, Seher des Todlosen geworden zu sein und das Todlose betrachtet habend umherzugehen.«[12]

Jīvaka soll der uneheliche Sohn des Königs Bimbisāra (»ein Mann, dem immer nach anderen Frauen verlangte«) mit der Ehefrau eines Kaufmanns aus Rājagaha gewesen sein. Von der Affäre beschämt, gab die Mutter das Neugeborene in einen Korb und beauftragte eine Sklavin, es auf einem Müllhaufen zu entsorgen. Prinz Abhaya, ein unehelicher Sohn von König Bimbisāra mit der Kurtisane Ambapālī aus Vesālī, sah die Krähen über dem Korb kreisen und wollte wissen, was darin sei. Einige Ortsansässige schauten nach und riefen: »Es lebt (*jīvati*)!« Das gab dem Kind den Namen »*Jīvaka*«. Abhaya, der Halbbruder des Kindes, obgleich er dies vielleicht gar nicht wusste, gab den kleinen Jungen in die Obhut von Pflegemüttern. Als die beiden Jungen älter geworden waren, wurde ihnen klar, dass sie, wollten sie für sich sorgen können, einen Beruf erlernen mussten. Abhaya wurde ein Wagenbauer, Jīvaka machte sich auf den Weg, um Medizin bei einem renommierten Arzt namens Atraya zu studieren, der an der Universität in Taxilā lehrte.[13]

Da diese Geschichte im Vinaya erzählt wird, in dem Abschnitt des Kanons, der sich allgemein mit dem Training der Ordinierten befasst, ist es vielleicht verwunderlich zu erfahren, dass Jīvaka nicht in Erwägung zog, ein Mendikant zu werden. Sein Halbbruder war ein Anhänger des Jain-Lehrers Nigaṇṭha Nātaputta (Mahāvīra) und hatte ihn vielleicht in dieser Tradition erzogen. Wie auch immer, die Geschichte von Jīvaka berichtet von jemandem, der die buddhistischen Tugenden verkörpert, aber ganz offensichtlich nicht der Gemeinschaft der Mendikanten beitrat noch beitreten wollte.

Zu Buddhas Zeiten war Taxilā die Hauptstadt von Gandhāra, im Tal des Indus-Flusses gelegen. Heute befinden sich die Ruinen von Taxilā in Pakistan, fünfunddreißig Kilometer nordwestlich von Rawalpindi. Um von Rājagaha aus dorthin zu reisen, musste man eine anstrengende Reise von rund 1300 Kilometern auf sich nehmen, entlang »wilder Straßen mit wenig Wasser und Nahrung«; eine Reise, die für Jīvaka wahrscheinlich zwei bis drei Monate dauerte.[14] Nach seiner Ankunft wird er im Haushalt seines Universitätslehrers untergegekommen sein. Von diesem erhielt er seine praktische und theoretische Ausbildung. Obwohl der Unterricht für ihn als Student mit geringen finanziellen Mitteln frei gewesen sein wird, musste er für Kost und Logis sicher arbeiten und niedere Dienste verrichten. Es ist überliefert, dass er ein talentierter Schüler war, der schnell lernte, tief über das Gelernte nachdachte und nicht vergaß, was er einmal gelernt hatte. Nach sieben Jahren beauftrage ihn sein Lehrer, einen Spaten zu nehmen und im Radius von rund fünfzehn Kilometern um die Stadt Taxilā herum nach Pflanzen zu suchen, die keinen medizinischen Wert hätten, und ihm diese zu bringen. Bei seiner Rückkehr verkündete Jīvaka, dass er nichts habe finden können, was keinen medizinischen Wert hatte. »Dann bist du wohl ausgebildet, guter Jīvaka«, erklärte sein Lehrer.[15]

Während seiner sieben Jahre in Taxilā hat Jīvaka inmitten einer lebhaften kosmopolitischen Kultur gelebt. Während Rājagaha ein aufsteigendes Machtzentrum im nordöstlichen Indien war, werden die Bürger Taxilās die Hauptstadt von Magadha (falls sie ihnen überhaupt bekannt war) als eine ferne, provinzielle Stadt, weit weg von jeglicher Zivilisation betrachtet haben. An der Universität selber hat er wahrscheinlich Studenten aus anderen Orten des Subkontinents und darüber hinaus kennengelernt, die mit dem Erwerb von Wissen und Fertigkeiten in so unterschiedlichen Fächern wie Militärwissenschaften, Bogenschießen, Elefantentraining, Justiz, Philosophie und Hexerei beschäftig waren. Sein Medizinstudium beinhaltete Kräuterkunde, Diagnose und Chirurgie. Eine Ausbildung in Taxilā bedeutete, mehr als nur zum Experten in einem bestimmten Bereich zu werden. Sie vermittelte einem jungen Mann aus der Provinz eine weit reichere Kultur, als er sie je zu Hause hätte kennenlernen können.

518 v. u. Z., fast vierzig Jahre bevor Gotama geboren wurde, marschierte der persische Herrscher Darius I in Gandhāra ein und errichtete dort eine Satrapie (Provinz) des achämenidischen Reiches, der größten politischen Einheit, die bis zu dieser Zeit bekannt war. Verbunden mit einem ausgedehnten Straßennetz und einem effizienten Postsystem, dehnte sich das achämenidische Reich von Thrakien (eine Region, die heute Griechenland, die Türkei und Bulgarien umfasst) und Ägypten im Westen, bis Armenien und Georgien im Norden, bis Arabien im Süden und Baktrien (Afghanistan) und Gandhāra im Osten aus. Seine Bevölkerung wird auf rund fünfzig Millionen geschätzt, das waren damals circa vierundvierzig Prozent der Weltbevölkerung. Obwohl die zeremonielle Hauptstadt Persepolis war, wurde das Reich während der wahrscheinlichen Zeit von Jīvakas Aufenthalt in Taxilā von Darius Enkel Artaxerxes I von Babylon aus regiert.

Ärzte waren am persischen Hof sehr gefragt. Jedoch wurden sie wohl ganz anders gesehen, als das heute der Fall ist. »Der spezialisierte Beruf des Arztes«, schreibt Thomas McEvilley, »hatte sich noch nicht abgespalten von dem weiteren Berufsfeld des Schamanen oder ›Medizinmannes‹, das Bereiche wie Magie, Mythenbildung, Protophilosophie, Gesang und Dichtung zusammen mit Heilung beinhaltete«.[16] Obwohl es keine Aufzeichnungen von indischen Ärzten am persischen Hof gibt, wissen wir, dass der Grieche Democedes zwei Jahre Leibarzt von Darius I war und ein weiterer Grieche, Apollonides von Kos, der Leibarzt von Artaxerxes, dem Herrscher während Jīvakas Zeit in Taxilā, wurde.

Die Ärzte waren genauso Philosophen, Weise und Wunderwirkende, wie sie »Doktoren« waren. Für die alten Griechen war es selbstverständlich, dass die die Philosophie ein Weg war, die Seele zu heilen, und dass Philosophen Ärzte waren. Der Philosoph Empedokles, ein Zeitgenosse Gotamas, heute dafür bekannt, die Idee der vier klassischen Elemente entwickelt zu haben, hat berichtet, dass Menschen zu ihm kamen »auf der Suche nach Prophezeihungen, während andere, die viele Tage von schlimmen Schmerzen geplagt waren, darum baten, solche Worte zu hören, die alle Arten von Krankheiten heilen.« Er glaubte wie Pythagoras an die Reinkarnation und behauptete, dass die Seele in ihrer letzten Inkarnation als »Prophet, Dichter, Arzt oder Prinz« wiedergeboren wird.[17]

Jīvaka könnte möglicherweise dem griechischen Philosophen Demokrit (460–370 v. u. Z.) begegnet sein, der aus Abdera in Thrakien stammte. Nach dem Bericht seines Biographen Diogenes Laertius reiste Demokrit nach Ägypten, »um dort Priester zu treffen, Mathematik von ihnen zu lernen, zog dann weiter zu den Chaldaern [im modernen Irak], reiste in Persien ein und drang bis zum Golf von Persien vor. Einige sagen, er habe Bekanntschaft mit den ›nackten Weisen‹ Indiens gemacht.«[18] Sollte Demokrit tatsächlich Indien erreicht haben, wäre Taxilā wahrscheinlich sein erster Anlaufpunkt gewesen.

Der Schilderung von Jīvakas Rückkehr aus Taxilā nach Rājagaha zufolge heilt er die Frau eines Händlers in Saketa (heute Ayodhya) von einer Erkrankung am Kopf. Als Dank wird ihm die riesige Summe von 16 000 *Kahāpanas* (im Vergleich: die Kurtisane Ambapālī verlangte 50 *Kahāpanas* für eine Nacht ihrer Dienste), ein Sklave, eine Sklavin und eine Pferdekutsche geschenkt. Als er in Rājagaha ankommt, bietet er diese Einnahmen Abhaya an, als Dank dafür, dass dieser ihn aufgezogen hat. Aber Abhaya lehnt ab und fordert ihn stattdessen auf, sich auf dem Palastgelände ein Haus zu bauen.[19] Es scheint möglich, dass dieses Haus als Praxis diente oder vielleicht als ein kleines Krankenhaus fungierte.

Jīvaka wird gerufen, um König Bimbisāra (es ist unklar, ob er wusste, dass dieser sein Vater war) von einer peinlichen analen Fistel zu heilen, die ihn zum Gespött der Damen des Hauses – er habe angefangen zu menstruieren – gemacht hatte. Nachdem er den König von Magadha von der Fistel geheilt hat, wird er zum königlichen Hofarzt berufen und beauftragt, »den Orden der Mendikanten mit dem Buddha als ihrem Oberhaupt« zu betreuen.[20]

Da Bimbisāra vermutlich Lehrer verschiedener Schulen sponserte, hatte Jīvaka seine Dienste sicherlich auch anderen und nicht nur Buddhisten anzubieten. So wie es auch bei anderen Herrschern üblich war, schien Bimbisāra Jīvaka zu schätzen, aber er betrachtete ihn auch quasi als Leibeigenen, als jemanden, der seinen Anordnungen zu folgen hatte und dem es verboten war, Rājagaha ohne Erlaubnis zu verlassen. Wann immer wir lesen, dass er irgendwo hingegangen war, geschah dies immer auf Befehl Bimbisāras. Einmal wurde er vom König nach Benares geschickt, um den Sohn eines reichen Kaufmanns von einer Darmverdrehung zu befreien (durch einen chirurgischen Eingriff), ein andermal wird er in das westliche Nachbarland Avanti geschickt, um den König Pajjota von einer Gelbsucht zu heilen.[21]

Jīvaka behandelt den Buddha erstmals medizinisch, als dieser an einer »Störung der Körpersäfte« leidet. Es ist unmöglich, genau zu wissen, was das bedeutet, da Krankheit an sich als Störung der Körpersäfte verstanden wurde. Jīvaka weist Ānanda an, den Körper des Buddha mehrere Tage lang mit Fett einzureiben. Er instruiert Gotama, einen medizinischen Aufguss aus Lotosen zum Abführen zu inhalieren, gefolgt von einem heißen Bad, und begleitet von Säften, bis er gänzlich wiederhergestellt ist. Nach der erfolgreichen Behandlung bittet Jīvaka den Buddha, seinen Mendikanten zu erlauben, Roben aus guten Stoffen zu tragen, die ihnen von den Haushältern offeriert werden, statt solche aus Lumpen. Der Buddha stimmt zu.[22]

Der Pali-Vinaya berichtet von einer Zeit in Magadha, als so viele Menschen an Lepra, Furunkeln, Ekzemen und Epilepsie litten, dass Jīvaka zu beschäftigt war, um alle zu empfangen, und er sie von seiner Klinik wegschicken musste. Einige dieser Verzweifelten ließen sich als Mendikanten ordinieren, um von ihm behandelt zu werden. Einmal kuriert, gaben sie ihre Gelübde auf und kehrten zu ihren Familien heim. Als Jīvaka dies bemerkte, wurde er wütend und kritisierte sie öffentlich für ihr Verhalten (weil sie ihn getäuscht hatten oder weil sie die privilegierte Position eines Mendikanten missbraucht hatten, um ihn zu täuschen, ist nicht klar). Auf alle Fälle erklärte er dem Buddha, dass dieser nicht länger Personen in den Orden aufnehmen sollte, die unter einer dieser Krankheiten litten. Der Buddha stimmte zu.[23] Bei einem weiteren Anlass, dieses Mal in Vesālī, beobachtete Jīvaka, dass Mendikanten zu reichhaltige Speisen aßen, und erklärte dem Buddha, dass dies ungesund sei. Er schlug vor, ihnen einen Ort zu geben, an dem »sie auf und ab gehen können sowie einen Raum für ein Dampfbad«. Wieder stimmte der Buddha zu.[24]

In all diesen Fällen zögert Jīvaka nicht, Forderungen an den Buddha zu stellen, die dieser ohne Widerspruch akzeptiert. Jīvakas Autorität fällt ihm vielleicht allein auf Grund seiner medizinischen Fähigkeiten zu, möglicherweise wird sie aber noch gesteigert durch das Prestige, in Taxilā gelebt und studiert zu haben. Als weit gereister Selfmademan könnte er wohl die gelehrteste, gebildetste und kosmopolitischste Person in Rājagaha gewesen sein.

Diese Textstellen zeigen Jīvaka als jemanden, der sich dem Buddha nicht fügt, wie es ein normaler Anhänger täte. Er bietet ihm und seinen Mendikanten medizinische Behandlung an, weil er vom König dazu beauftragt wurde, nicht notwendigerweise aus Hingabe als ein Praktizierender des Dharma. Es ist möglich, dass er sich dem Buddhismus erst relativ spät im Leben des Buddha zuwandte. Gotama scheint Jīvaka als Seinesgleichen betrachtet zu haben und vielleicht bewunderte er ihn auch als Vorbild der Art von Person, die die Tugenden eines Anhängers verkörperte. Er beschreibt ihn in einer kurzen Lehrrede als den führenden unter seinen Anhängern, »der von den Leuten geliebt wurde«, wie G. P. Malasekara es ausdrückt, oder »Vertrauen in Menschen auslösend«, wie Bhikkhu Bodhi vorzieht *puggalappasannāna* zu übersetzen.[25] Jīvaka hat vielleicht auf natürliche Weise Wärme, Fürsorge und Vertrauenswürdigkeit ausgestrahlt, was ihm die Zuneigung seiner Mitmenschen einbrachte.

(4)

Als Gotama zweiundsiebzig Jahre alt war, kam es in Rājagaha zu einer Krise. Mit König Bimbisāras Sohn Ajātasattu konspirierend schlug Gotamas Cousin Devadatta vor, die Führung der Gemeinschaft der Mendikanten zu übernehmen, damit Gotama sich zurückziehen und seine letzten Tage in stiller Zurückgezogenheit verbringen könne. Gotama lehnte dieses Angebot kurzerhand ab, wies Devadatta als »Speichellecker« zurück und erinnerte ihn daran, dass er nicht die Absicht habe, irgendjemanden nach seinem Tod als Nachfolger zu benennen. Zusätzlich dazu wies er Sāriputta an, Devadatta in aller Öffentlichkeit zu denunzieren und zu erklären, dieser wäre des Respekts nicht mehr würdig. Dies führte schließlich zu einer Spaltung in der Gemeinschaft. Devadatta ging mitsamt einer Schar seiner Anhänger fort, um eine streng asketisch, vegetarisch lebende Gemeinschaft am Gayā-Berg aufzubauen, dort wo der Buddha 40 Jahre zuvor die Lehrrede *Über Feuer* gehalten hatte. Prinz Ajātasattu gelang es unterdessen erfolgreich, seinen Vater zum Abdanken zu zwingen. Danach warf er ihn ins Gefängnis und ließ ihn verhungern.

Die Neuigkeit von der Ächtung Devadattas durch Gotama fand schon bald ihren Weg zum größten Konkurrenten des Buddha, Nigantha Nātaputta (Mahāvīra). In der Lehrrede *An Prinz Abhaya* wird erzählt, wie Jīvakas Halbbruder Abhaya, jetzt ein Mann in seinen Sechzigern oder Siebzigern, »zu Nigantha Nātaputta ging, der zu ihm sagte: ›Komm, Prinz, verwirf die Lehre des Wanderers Gotama, und die Menschen werden gut von dir reden.‹« Nātaputta hält dies für eine ausgezeichnete Gelegenheit, um dem Ansehen Gotamas weiter zu schaden. Er beauftragt Abhaya, Gotama zu fragen, ob er (Gotama) jemals etwas sagen würde, um andere zu verletzen. Antworte Gotama mit ja, dann solle er ihn fragen: »Was ist dann der Unterschied zwischen dir und einem gewöhnlichen Menschen?« Antworte er mit nein, solle er fragen: »Warum hast du dann zu Devadatta gesagt, dass er unverbesserlich sei und in die Hölle komme? Denn diese Worte haben Devadatta verärgert und aufgebracht.« Nātaputta glaubte, »wenn Gotama diese doppelspitzige Frage gestellt bekomme, er, ähnlich wie ein Mann, dem ein eiserner Nagel in seinem Hals steckt, unfähig wäre, ihn zu schlucken oder auszuspucken.«[26]

Abhaya lädt den Buddha zu einer Mahlzeit in sein Haus ein. Nachdem sie gegessen haben, stellt er ihm Nātaputtas Frage: »Würdest du jemals etwas sagen, das anderen unwillkommen und unangenehm ist?« Gotama antwortet: »Auf diese Frage gibt es keine einfache Antwort, Prinz.« »In diesem Fall haben die Niganthas verloren«, bemerkt Abhaya.[27]

Diese (zugegeben polemische) buddhistische Lehrrede zeigt Nātaputta als jemanden, der immer noch abhängig ist von der Dualität von »es ist« und »es ist nicht«, von ja und nein, während der Buddha »diese Sackgassen vermeidet und den Dharma der Mitte lehrt«.[28] Gotama erkennt an, dass die Sprache einen leicht dazu verführt, einfache Antworten auf jede Frage zu erwarten, während das Leben wesentlich vieldeutiger und komplizierter sein kann, als der Satz vom ausgeschlossenen Dritten, einem Grundprinzip der formalen Logik, erlaubt.

Während ihrer Gespräche wiegt Abhaya ein Baby in seinem Schoß. Der Buddha fragt ihn, was er tun würde, wenn das Kind einen Stein oder ein Stöckchen in seinen Mund nähme. Der Prinz antwortet: »Ich würde den Kopf des Kindes in meine linke Hand nehmen und mit dem gekrümmten Finger meiner rechten Hand würde ich das Objekt aus dem Mund des Kindes holen, auch wenn Blut fließen müsste, denn ich habe Mitgefühl mit dem Kind.« Gotama erklärt, dass auch ihn das Mitgefühl zu anderen bewogen habe, diese Worte an Devadatta zu richten. Er führt alle Faktoren auf, die er in Betracht gezogen hatte, bevor er sich über seinen Cousin geäußert habe. Wie bei dem Beispiel mit dem Baby musste auch er schnell, ohne zu zögern, und der

Situation angemessen handeln. In diesem Fall musste er etwas sagen, das hilfreich, aber auch unangenehm war.

Abhaya fragt, ob der Buddha vorformulierte Antworten auf Fragen habe, die ihm gestellt würden oder ob er spontan antworte. Gotama fragt den Prinzen, wie er denn antworten würde, wenn ihn jemand nach einem diesem unbekannten Teil eines Wagens fragte. »Als ein versierter Wagenbauer«, antwortet der Prinz, »bin ich vertraut mit allen Teilen eines Wagens. Daher würde mir die Antwort sofort einfallen.« Ebenso, fährt Gotama fort, wenn Leute an mich eine Frage richten, »kommt mir die Antwort sofort«. Der Grund dafür, erklärt er, bestehe darin, dass er »tief vorgedrungen ist in das, was im Geist der Menschen vorgeht (*dhammadātu*)«. Sein Verständnis von menschlichen Wesen ist so tiefgründig wie Abhayas Wissen von Wagen. Menschen und deren Motive sind für ihn transparent geworden. Er antwortet unmittelbar und intuitiv, überraschend, vielleicht sogar für ihn selbst.

Beeindruckt davon, wie Gotama mit Nātaputtas Angriff umgegangen ist, erklärt Abhaya: »Du hast den Dharma auf vielerlei Arten erklärt. Von nun an betrachte mich bitte als deinen Anhänger, der Zuflucht für sein ganzes Leben genommen hat.«[29] In anderen Worten, der Prinz hat dem Jainismus abgeschworen und ist zum Buddhismus konvertiert.

Etwa in dieser Zeit scheint auch Jīvaka die Entscheidung zu fällen, ein treuer Anhänger des Buddha zu werden. Die namensgebende Lehrrede *An Jīvaka* erzählt, wie der Buddha sich im Mangohain des Doktors, der außerhalb der Stadt Rājagaha an der Straße zum Geierberg lag, aufhielt. Möglicherweise diente der Hain als ein Ort der Genesung, was bedeuten könnte, dass der Buddha sich dort aufgrund einer Krankheit oder Verletzung aufhielt. Wie auch immer, Jīvaka kommt, um den Buddha zu sehen, und erzählt ihm, das Gerücht ginge um, Tiere würden für ihn geschlachtet und er würde ihr Fleisch essen, obwohl er wisse, woher es kommt.[30] Derartige Verleumdungen wären von den Unterstützern Devadattas in Rājagaha zu erwarten gewesen, mit dem Ziel, den Buddha zu diskreditieren. Hätte Jīvaka eine ähnliche Erziehung wie Abhaya genossen, nämlich Nātaputta zu folgen, in dessen Lehre gilt, kein noch so kleines Insekt je zu verletzen, dann hätten ihn solche Vorwürfe gegenüber Gotama persönlich zutiefst verunsichern müssen.

Der Buddha antwortet, dass er von diesen Leuten falsch wiedergegeben werde. Er erklärt dann, dass Fleisch nur in drei Fällen gegessen werden dürfe: »Wenn man nicht sieht, nicht hört und nicht vermutet«, dass das Tier für einen geschlachtet wurde.[31] Dies ist die Standardeinstellung zum Thema Fleischkonsum, die im gesamten Kanon wiederholt wird. So hatte auch seine Antwort auf Devadattas Vorschlag gelautet, die Gemeinschaft der Mendikanten möge sich vegetarisch ernähren.

Viele heutige Leserinnen und Leser empfinden diese Haltung als unaufrichtig. Sie fragen sich, wie es sein kann, dass jemand, dessen Lehre auf den Prinzipien des bedingten Entstehens und der Friedfertigkeit basiert, nicht verstehen kann, dass Tiere deswegen umgebracht werden, weil es einen Markt für ihr Fleisch gibt. Sich vegetarisch zu ernähren verringert die Nachfrage nach Fleisch und rettet dadurch das Leben von Fischen, Vögeln und Tieren, die sonst in der Küche gelandet wären. Ursache und Wirkung sind in diesem Fall offensichtlich. Warum schenkt Gotama, dessen Erwachen sich auf Einsichten in die Kausalität gründet, dem dann keine Beachtung? Zu sagen, dass Sie niemals das Fleisch eines Tieres essen dürfen, von dem Sie annehmen, dass es für Sie persönlich geschlachtet wurde, aber auf der anderen Seite zu erlauben, dass Sie so viel Fleisch essen dürfen, wie Sie wollen, solange das Tier für den Verkauf auf dem offenen Markt getötet wurde, ist eine eigennützige Moral, die in keiner Weise richtungsgebend dafür ist, wie eine Gesellschaft mit dem Thema Gewalt gegen Tiere umgehen sollte.

Dies hätte gut eines der wohlüberlegten Argumente Devadattas sein können, mit dem er seine Anhänger überzeugte, Vegetarier zu werden. Es würde sich mit seiner Vorstellung decken, dass moralische Regeln abstrakt formuliert und dann auf alles angewendet werden. Der Zugang des Buddha zur Ethik war ein völlig anderer. Wir würden ihn heute »situativ« nennen. Es ist eine Ethik, die damit beginnt, die Komplexität und die Einzigartigkeit jeder moralischen Situation anzuerkennen und damit auch anzuerkennen, dass kein noch so Thora-artiges Regelbuch in der Lage wäre, eine endgültige, a priori Lösung zu bieten. Steht man vor einem moralischen Dilemma, fragt man nicht: »Was wäre das Richtige zu tun?«, als ob die Antwort auf diese Frage bereits in einem metaphysischen Raum existierte, sondern eher: »Was wäre in dieser speziellen Situation das Weiseste und Liebevollste, was man tun könnte?« Auf diese Frage ist eine abstrakte Antwort noch nicht einmal vorstellbar.

Als der Buddha seine Gemeinschaft der Mendikanten gründete, gab es keinerlei Regeln. Nur wenn die Mendikanten bestimmte Dinge taten, die zu bestimmten Konsequenzen führten, wurde eine Regel erlassen, um solches Verhalten zu verhindern. Am Ende seines Lebens sagte der Buddha zu Ānanda, dass nach seinem Tod die Gemeinschaft »die geringeren Regeln verwerfen könne«.[32] All dies lässt vermuten, dass die Regeln, die er aufstellte, auf den speziellen sozialen und historischen Kontext antworteten, in dem er lebte. So wie der Buddha auf Jīvakas Drängen, den Mendikanten zu erlauben, qualitativ hochwertige Stoff anzunehmen, eine neue Regel einführte – wahrscheinlich aus gesundheitlichen Gründen. Ihm war auch bewusst, dass, wie Zeiten und Situationen sich ändern, Regeln veralten oder überflüssig werden können und deswegen nicht länger anwendbar sind.

Das bedeutet nicht, dass es einer solchen situativen Ethik, die sich auf bestimmte unwiederholbare Dilemmata bezieht, an richtungsweisenden Werten fehlte. Nachdem Gotama Jīvaka seine Einstellung zum Fleischessen erklärt hatte, nennt er die Kernprinzipien, die einem ethischen Leben zugrunde liegen. »Hier, Jīvaka, lebt ein Mendikant in Abhängigkeit von einem Dorf oder einer Stadt. Er erfüllt die Welt mit einem Geist durchtränkt von liebender Güte, Mitgefühl, Mitfreude und Gleichmut.«[33] Das heißt, ungeachtet der Gemeinschaft, in der Sie leben, mit ihrer einzigartigen Mischung an Personen, die in ihren ganz eigenen Dramen gefangen sind, versuchen Sie in Ihrem Umgang mit diesen Menschen einen großzügigen und offenherzigen Gleichmut zu bewahren. Was auch immer Sie sagen oder unter diesen Umständen tun, ist nicht in erster Linie von einer Liste an Regeln bestimmt, sondern von Ihrer Sorge für die Menschen, mit denen Sie zu tun haben.

Im Fall des Fleischkonsums könnte eine situative Herangehensweise darin bestehen, erst einmal so viele Faktoren wie möglich in Betracht zu ziehen: Wie wird das Land genutzt, auf dem die Tiere groß gezogen werden; wie werden die Tiere behandelt, welchem Schmerz sind sie beim Tötungsakt ausgesetzt, zu welchem Grad ist tierisches Eiweiß notwendig für die eigene Gesundheit, welche Ansichten hat die eigene Religion oder Kultur im Umgang mit diesem Thema, welches sind meine eigenen moralischen Ansichten in Bezug auf das Töten von Lebewesen und so weiter. Ich nehme an, dass die Haltung des Buddha zu diesem Thema vom Abwägen vieler verschiedener Bedürfnisse und Auffassungen, die damals aktuell waren, geprägt war. Gotamas Ansicht zu diesem Thema zur offiziellen »buddhistischen« Position zum Fleischkonsum zu erheben, würde genau dem widersprechen, was seinen ethischen Ansatz von dem anderer unterschied. Darauf zu bestehen, so wie Devadatta, dass alle Buddhisten Vegetarier sein müssten, würde die Art von Dogmatismus unterstützen, von der sich, nach Buddhas Vorstellung, seine Anhängerinnen und Anhänger befreien sollten.

An Jīvaka endet mit demselben Abschnitt, mit der auch die Lehrrede *An Prinz Abhaya* endet. Jīvaka lobt die Worte des Buddha und sagt: »Von nun an betrachte mich als deinen Anhänger, der Zuflucht für sein ganzes Leben genommen hat.«

(5)

Den Pali-Kommentaren zufolge war Abhaya so vom Mord des Prinzen Ajātasattu an König Bimbisāra geschockt, dass er seinem Leben als Haushälter entsagte und Gotamas Mendikanten-Orden beitrat. Indem er Bimbisāra eines langsamen und schmerzhaften Todes sterben ließ, tötete Ajātasattu den Vater seiner Halbbrüder Abhaya und Jīvaka. Wir wissen nicht, wie nahe die illegitimen Söhne ihrem Vater standen, aber da Abhaya den Titel »Prinz« trug, ist es wahrscheinlich, dass er im königlichen Haushalt anerkannt war. Nachdem er der Gemeinschaft beigetreten war, erreichte Abhaya den Stromeintritt, während er einem Vortrag des Buddha über die Parabel mit der blinden

Schildkröte beiwohnte. Darin heißt es, dass eine Geburt als Mensch so unwahrscheinlich sei, wie dass der Kopf einer blinden Schildkröte, die alle hundert Jahre an die Oberfläche des Ozeans auftaucht, dabei ihren Kopf durch ein goldenes Joch, das auf den Wellen hin und her geworfen wird, steckt.[34] Jīvaka blieb weiterhin Arzt am Hofe, als quasi Leibeigener mag er keine andere Wahl gehabt haben, und wurde nun Leibarzt des neuen Königs, der sowohl sein Halbbruder als auch der Mörder seines Vaters war.

Abhaya und Jīvaka waren nicht die einzigen, die durch den Tod Bimbisāras beunruhigt waren. Die *Sāmmaňňaphala Sutta* beschreibt eine Begebenheit nach diesem tragischen Ereignis, als sich König Ajātasattu in einer Vollmondnacht auf dem Dach seines Palastes zusammen mit seinen Ministern und Beratern entspannte. Der König war jedoch über das, was er getan hatte, so aufgewühlt, dass er fragte, ob irgendjemand ihm einen Wanderer oder Brahmanen empfehlen könne, den er aufsuchen könne, »um Frieden in sein Herz zu bringen«.[35]

Die Minister schlagen ihm vor, einen der zahlreichen Heiligen zu besuchen, unter anderem auch den verehrten Nigantha Nātaputta, der gerade in Rājagaha residiert. Aber Ajātasattu bleibt ungerührt und antwortet nicht. Dann wendet er sich an seinen Halbbruder, der neben ihm sitzt, und fragt: »Und du, Freund Jīvaka, warum bist du still?« Der Doktor schlägt vor, dass der König den Wanderer Gotama aufsuchen könne, der gerade in Jīvakas Mangohain mit einer großen Anzahl von Mendikanten weilt. Das lässt darauf schließen, dass die Schuldgefühle und die Angst des Königs so stark waren, dass eine normale medizinische Behandlung nicht mehr ausreichte und das Geschick eines Arztes für die menschliche Seele vonnöten war.

Daraufhin begaben sich der König und seine Gefolgschaft auf Elefanten zum Mangohain. Als sie sich dem Hain näherten, »fühlte der König Angst und Panik und die Haare standen ihm zu Berge«. Seine Angst spürend, sagte er zu Jīvaka: »Freund Jīvaka, führst du mich hinters Licht? Lieferst du mich einem Feind aus? Wie kommt es, dass trotz solch einer großen Anzahl von Mendikanten kein Niesen, Husten und keine Stimmen zu hören sind?« Jīvaka versichert Ajātasattu, dass er vollkommen sicher sei. Dann steigen sie ab und gehen in Richtung eines runden Pavillons, in dem brennende Lampen zu sehen sind. Der König wirft einen ängstlichen Blick in das Gebäude und flüstert zu Jīvaka: »Wo ist der Lehrer?« Jīvaka erklärt ihm, dass der Lehrer derjenige sei, der mit dem Rücken zum Mittelpfeiler sitzt, mit den Mendikanten vor sich.

Diese Stelle zeigt, außer sie wurde nur zur Steigerung der Dramatik eingefügt, dass Ajātasattu weder Gotama jemals zuvor gesehen hat, noch dass er ihn von den versammelten Mendikanten unterscheiden kann. Er geht hinüber zum Buddha und stellt sich neben ihn. Mit Blick auf die in Stille sitzenden Mendikanten lässt er die Bemerkung fallen: »Wenn nur Prinz Udāyabhadda solch eine Ruhe empfände.« »Sind deine Gedanken bei dem, den du lieb hast?«, fragt Gotama. »Ja«, sagt der König, »Prinz Udāyabhadda ist mir sehr lieb. Wenn er nur so ruhig sein könnte wie deine Mendikanten.«[36]

Wird in diesem eigenartigen Dialog der unruhige, nervöse Geisteszustand des Königs dargestellt? Oder geht es eher um die heikle Interaktion zweier Männer, die sich zum ersten Mal begegnen, voneinander wissen, aber sich wahrscheinlich nicht vertrauen? Auf eine formelhafte Frage des Königs nach den Vorteilen des Lebens als Wanderer erhalten wir als Antwort einen langen polemischen Exkurs, an dessen Ende Ajātasattu die Lehrrede des Buddha preist und dabei genau die gleichen Worte wie Abhaya und Jīvaka gebraucht: »Von nun an betrachte mich als deinen Anhänger, der Zuflucht für sein ganzes Leben genommen hat.« Nachdem dieses formale Vertrauensband geknüpft ist, bringt der König den Mut auf, das zur Sprache zu bringen, was ihn umtreibt. »Sünde überkam mich«, sagt er. »Ich war dumm, irrend und bösartig, als ich wegen des Throns meinem Vater, dem guten Mann und gerechten König, das Leben nahm. Möge der Lehrer meine Beichte dieser bösen Tat annehmen, sodass ich mich in Zukunft werde zähmen können!«[37]

Obwohl für Buddhisten und Buddhistinnen der Vatermord, zusammen mit dem Muttermord, dem Mord eines Arahants, der physischen Verletzung eines *tathāgata* und der Spaltung der Gemeinschaft, eine Tat ist, deren Resultat unmittelbar eintritt und die als unsühnbar gilt (*ānantarikakamma*), sagt Gotama zu Ajātasattu: »Da du deinen Verstoß anerkennst und ihn zugegeben hast, wie es sich ziemt, werden wir es annehmen. Denn wer seinen Verstoß als solchen zugibt und für die Zukunft Besserung gelobt, dessen edle Disziplin wird wachsen.«[38] Während diese Aussage den Eindruck erweckt, dass die Sünden des Königs vergeben worden sind, ist dem aber nicht so. Der Buddha ist ein Arzt der Seele, kein Priester, der die Absolution erteilt. Es gibt nichts, was er tun könnte, um zu verhindern, dass sich die unabwendbaren Konsequenzen der Taten des Königs entfalten. Alles, was er tun kann, ist, zu bestätigen, dass Ajātasattu durch sein öffentliches Bekenntnis der eigenen Tat eventuell sein psychisches Trauma wird lindern können und dass er mit der Zeit zu einem entsprechenden Geisteszustand zurückfindet, um auf dem edlen achtfachen Pfad voranzuschreiten.

Diese Subtilitäten sind Ajātasattu anscheinend entgangen. Vermutlich hatte er den Eindruck, eine Absolution seiner kriminellen Taten bekommen zu haben, jedenfalls »freute er sich über diese Worte, stand von seinem Sitz auf, grüßte den Lehrer und verließ ihn, die rechte Seite ihm zugewandt«. Nachdem der König gegangen war, sprach Gotama zu seinen Mendikanten: »Der König ist geliefert, sein Schicksal ist besiegelt.« Hätten ihn seine Schuld und seine Reue, den eignen Vater umgebracht zu haben, nicht so gequält, »wäre das reine und fleckenlose Dharma-Auge in ihm aufgegangen, als er hier saß« und der Lehrrede lauschte.

Es gibt keine Aufzeichnungen, dass Gotama und Ajātasattu sich jemals wieder getroffen hätten. Auch Jīvaka verschwindet aus den Erzählungen von Buddhas Leben. Sogar die Kommentare, die normalerweise versuchen, solche offenen Enden zu schließen, sagen nichts mehr darüber, was aus ihm nach diesem Treffen wurde.

(6)

Der Pali-Vinaya erzählt die bewegende Geschichte, wie Gotama und Ānanda eine Gemeinschaft von Mendikanten besuchten, von denen einer an Durchfall litt und unversorgt in seinen eigenen Exkrementen lag. Als der Buddha ihn fragte, warum niemand für ihn sorge, antwortete der Mann, weil er durch seine Krankheit keinen Nutzen mehr für die Gemeinschaft habe. Gotama schickt Ānanda, etwas Wasser zu holen, damit sie ihn waschen konnten. Nachdem sie ihn gesäubert hatten, legten sie ihn auf eine Liege und suchten dann die anderen Mendikanten. Der Buddha schalt sie, weil sie ihren kranken Bruder ignoriert hatten, dann sagte er:

Bhikkhus, ihr habt keinen Vater, ihr habt keine Mutter, die für euch sorgen könnten. Wenn ihr euch nicht um einander kümmert, wer soll sich sonst um euch kümmern? Wer immer mich pflegen würde, sollte die Kranken pflegen.[40]

Diese außergewöhnliche Passage zeigt uns drei Dinge: Gotama versorgt persönlich einen kranken Mendikanten, der von seiner Gemeinschaft ausgestoßen wurde; er identifiziert sich mit jenen, die krank sind; und er erklärt, dass diejenigen, die für ihn, das heißt, für das, was er verkörpert, sorgen, sich um Kranke sorgen sollten. Diese Passage geht weit darüber hinaus, den Buddha nur einfach mit einem Arzt und sein Dharma mit einer Behandlungsmethode zu *vergleichen*, was zu einem buddhistischen Allgemeinplatz geworden ist. Hier begegnet uns Gotama ohne jegliche Metaphorik, in dem er sich die Hände schmutzig macht und eine kranke Person pflegt. Das wirft die Möglichkeit auf, dass Gotama seine Mendikanten aktiv ermutigt hat, als Ärzte und Pflegende zu dienen, und seine frühe Gemeinschaft sich nicht nur mit spirituellem Wohlbefinden beschäftigt hat, sondern sich auch um sehr reales Leid, hervorgerufen von Geburt, Altern, Krankheit und Tod, kümmerte. Dass die Mendikanten als Ärzte betrachtet wurden, wird durch eine Passage im Mūlasarvāstavāda-Vinaya unterstützt, die erzählt, dass König Pasenadi »mehrfach Ärzte und Mendikanten verwechselt hat, aufgrund ihrer ähnlichen Kleidung«.[41]

Diese Episode öffnet eine weitere Sicht auf die erste der vier Aufgaben. Leiden umfassend zu verstehen bedeutet, das Befinden derer, denen es nicht gut geht, zu umarmen, indem man sie so betrachtet, wie man den Buddha betrachten würde. Das hilflose Neugeborene, die Person, die von einer Krankheit gequält wird, der alte Mann, der sich nicht mehr selbst versorgen kann, die unheilbar kranke Frau, der bewusst ist, dass ihr Leben dem Ende zugeht – all diese Menschen offenbaren uns den Dharma ebenso wirkungsvoll wie der Buddha selbst. In der Gegenwart solchen Leidens gibt es keinen Platz, über die Bedeutung des Begriffs *dukkha* nachzusinnen, oder darüber zu spekulieren, wie sein Ende aussehen könnte. Wir sind gefordert, auf die akute Situation in einer nicht von unseren gewohnten Reaktivitäten bestimmten Art und Weise einzugehen. Es gibt keine korrekte »buddhistische« Sprache oder Handlung in solchen Situationen. Wir sind aufgerufen, ohne jedes Zögern etwas zu sagen oder zu tun – genauso wie Gotama und Ānanda sich umgehend um die Bedürfnisse des kranken Mendikanten gekümmert haben.

Die Tatsache, dass heute immer mehr Menschen dem Dharma begegnen, indem sie persönlich Achtsamkeit als effektives Mittel in Bezug auf die Behandlung medizinisch relevanter Beschwerden erfahren, zeigt, dass diese Art der Fürsorge und Heilung zentral im Dharma Gotamas angesiedelt ist. Diese Menschen wenden sich der Achtsamkeitspraxis nicht aus Interesse an buddhistischer Philosophie oder buddhistischen Glaubenssätzen zu. Die Idee, Buddhist oder Buddhistin zu werden, ist wahrscheinlich das Letzte, woran sie denken. Sie haben in der Meditation eine Hilfe und Unterstützung gefunden, mit bestimmten physischen oder mentalen Krankheiten umzugehen. Anstatt ihre Erfahrung als ein Resultat säkularisierter Achtsamkeit zu verwerfen, die aus dem reichen philosophischen und ethischen Kontext des Buddhismus gerissen wurde, ziehe ich es vor, ihre Erfahrung als Ausdruck des lebendigen Herzens des Dharma zu sehen, über das viele Jahrhunderte lang mannigfache Schichten von Religiosität, Moral und Glauben gestülpt worden sind.

Der einzige weitere Text, in dem Jīvaka im Kanon auftaucht, ist eine Sutta in der *Angereihten Sammlung*. Darin wird der Arzt (zusammen mit Mahānāma) in einer Liste von einundzwanzig verwirklichten Haushältern und Anhängern aufgezählt:

> Sechs Eigenschaften besitzend hat der Haushälter Jīvaka Erfüllung im *tathāgata* gefunden, er ist ein Seher des Todlosen geworden und er wandelt, das Todlose sehend. Welche sechs? Klares Vertrauen in den Buddha, klares Vertrauen in den Dharma, klares Vertrauen in den Sangha, edle Tugend, edles Verstehen und edle Befreiung.[42]

Dieser Textabschnitt bestätigt zweifellos, dass Jīvaka und die anderen Haushälter ein erfülltes Leben gelebt haben, verankert in den tiefsten Einsichten des Dharma. Der Zusatz »edles Verstehen« und »edle Befreiung« zur Standarddefinition des Stromeintritts deutet an, dass dies mehr beinhaltet, als die Verpflichtungen und die Ethik des achtfachen Pfades aufzugreifen. In der Sprache der vier Aufgaben ausgedrückt, zeigt die Textstelle, dass der Haushälter das »Todlose« (die dritte Aufgabe) sieht und darüber hinaus ein Leben führt, das in dieser Erfahrung gründet, von ihr inspiriert ist und sich ebenfalls der Kultivierung des achtfachen Pfades (die vierte Aufgabe) widmet. Solch eine Existenz, durchdrungen von Verstehen und Freiheit, führt zu dem, was der Text als »Erfüllung im *tathāgata*« beschreibt.

Wenn ich mit der Annahme richtig liege, dass Jīvaka infolge der Rebellion Devadattas, die im zweiundsiebzigsten Lebensjahr Gotamas stattfand, ein offizieller Anhänger wurde, dann muss er die Erfüllung während der letzten acht Lebensjahre des

Buddha erreicht haben. Die Chronologie setzt voraus, dass er seine Erfüllung, die im Gewahrsein des Todlosen gründete, inmitten seiner täglichen Arbeit als Arzt in der Versorgung von Patienten erreichte. Indem Jīvaka der Anweisung des Buddha folgt, wer ihn pflegen würde, »soll die Kranken pflegen«, ist er beispielhaft für jemanden, der oder die Nirvana erfahren hat und, anstatt der Welt den Rücken zu kehren, sie voll und ganz umarmt.

9 Das alltäglich Erhabene

Gute Schneeflocken. Sie fallen nicht anderswo.
– der Laie Pang (740–808)

(1)

Meditation entspringt und gipfelt im alltäglich Erhabenen. Ich bin wenig daran interessiert, Zustände anhaltender Konzentration zu erreichen, in denen der sinnliche Reichtum der Erfahrung durch reine introspektive Begeisterung ersetzt wird. Ich habe kein Interesse daran, Mantras zu rezitieren, Buddhas oder Mandalas zu visualisieren, außerkörperliche Erfahrungen zu erlangen, die Gedanken anderer Menschen zu lesen, bewusst zu träumen oder psychische Energien durch Chakren zu channeln, ganz zu schweigen davon, mein Bewusstsein in der transzendenten Vollkommenheit des Nichtbedingten aufgehen zu lassen. In der Meditation geht es darum zu umarmen, was diesem Organismus widerfährt, während er seine Umgebung in diesem Moment berührt. Die Erfahrung des Mystischen lehne ich nicht ab. Ich lehne nur die Sichtweise ab, Mystisches wäre hinter dem rein Offensichtlichen verborgen und wäre etwas anderes als das, was gerade jetzt in Zeit und Raum geschieht. Das Mystische transzendiert die Welt nicht, sondern durchdringt sie. »Nicht wie die Welt ist, ist das Mystische«, notierte Wittgenstein, »sondern, dass sie ist.«[1]

Edmund Burke und die romantischen Dichter gingen davon aus, dass das Erhabene unsere Fähigkeit zur Darstellung übersteigt. Die Welt ist überbordend: jeder Grashalm, jeder Sonnenstrahl, jedes fallende Blatt ist ohne Maß. Keines dieser Dinge kann in Konzepten, Bildern oder Worten angemessen erfasst werden. Sie übersteigen uns, überfluten die Begrenzungen des Denkens. Ihre Erhabenheit bringt den denkenden, berechnenden Geist zum Stillstand, lässt einen sprachlos werden, überwältigt von Verwunderung oder Schrecken. Doch für uns menschliche Tiere, die wir uns an unserem Platz vergnügen und erfreuen, die wir uns nach Schutz, Sicherheit und Trost sehnen, ist das Erhabene verbannt und vergessen. Als Folge davon ist das Leben undeutlich und flach geworden. Jeder Tag ist auf die Wiederholung vertrauter Handlungen und Ereignisse reduziert, die auf vage Art beruhigend sind, aber die Intensität vermissen lassen, nach der wir uns sehnen und die wir zugleich fürchten.

Um das alltäglich Erhabene zu erfahren, ist es erforderlich, die konditionierte Wahrnehmung aufzulösen, die uns darauf bestehen lässt, uns selbst und die Welt als essentiell bequem, dauerhaft, beständig und »mein« zu verstehen. Es bedeutet, vor Leiden und Konflikt nicht zurückzuweichen, sondern diese zu umarmen. Es bedeutet, eine im Körper verankerte Aufmerksamkeit zu kultivieren und damit die tragischen, veränderlichen, leeren und unpersönlichen Dimensionen des Lebens zu betrachten, statt sich Fantasien von Selbstverherrlichung oder Selbsthass hinzugeben. Das braucht Zeit. Es ist eine lebenslange Praxis.

Das alltäglich Erhabene ist unser normales Leben, erfahren aus der Perspektive der vierfachen Aufgabe. Wie wir gesehen haben, beinhaltet das 1. ein von Herzen kommendes Umarmen der Ganzheit der eigenen existentiellen Situation; 2. ein Loslassen gewohnheitsmäßiger reaktiver Gedanken- und Verhaltensmuster, die durch diese Situation ausgelöst werden; 3. eine bewusste Würdigung der Momente, in denen solche reaktiven Muster zur Ruhe gekommen sind und 4. ein Bekenntnis zu einer Lebensweise, die sich aus dieser Gestilltheit ergibt und die empathisch, ethisch und kreativ auf die jeweilige Situation eingeht.

So verstanden geht es bei der Meditation nicht darum, Fertigkeiten in formalen Praktiken zu erlangen, die den Dogmen einer bestimmten religiösen Orthodoxie entsprechende angebliche Fortschritte garantieren. Ihr Ziel ist auch nicht, eine privilegierte, transzendente Einsicht in die höchste Natur der Wirklichkeit, des Geistes oder Gottes zu erlangen. Im Licht der vierfachen Aufgabe ist Meditation die fortwährende Entwicklung einer Sensibilität, eines Weges, sich jedem Aspekt der Erfahrung innerhalb eines Bezugssystems ethischer Werte und Ziele zuzuwenden.

Im Verlauf der Geschichte haben Mönche, Nonnen, Yogis und Yoginis in buddhistischen Kulturen spirituelle Techniken zu einem hohen Grad entwickelt; so sind Stufen geistiger Vervollkommnung, Kontrolle und Vertiefung entstanden, die modernen Menschen im Westen nahezu unvorstellbar erscheinen. Doch aus der Perspektive des Dharma liegt der Wert dieser Leistungen nicht darin, dass sie menschenmöglich sind, sondern in ihrem Beitrag zur Praxis der vierfachen Aufgabe. Es ist nicht schwer, sich vorzustellen, dass jemand in bestimmten meditativen Techniken hervorragend versiert ist, aber dennoch dabei versagt, den Zustand von *dukkha,* der das eigene Leben und das anderer durchdringt, von ganzem Herzen zu umarmen, der auch darin versagt, ichbezogene Reaktionen auf *dukkha* loszulassen, der gleichermaßen dabei versagt, das Aufhören solcher Reaktivität zu betrachten, und ebenfalls darin versagt, eine vollkommen andere Art, in dieser Welt zu sein, zu kultivieren.

Aufgrund der verfeinerten Wahrnehmung ermöglicht Meditation, uns in die Erfahrung von Moment zu Moment einzufühlen, ganz ähnlich wie wir Kunst, Poesie oder Natur schätzen lernen können. Im Körper und in den Sinnen verankert, schätzen wir einen Geist, der dem Unvertrauten gegenüber offen ist, erforschen unseren Sinnesapparat mit nicht nachlassender Neugier, hören aufmerksam zu, was andere zu sagen haben, sind bereit, gewohnheitsmäßige Einstellungen und Überzeugungen aufzugeben und danach zu fragen, was geschieht, anstatt Dinge einfach für selbstverständlich zu halten. Die Loslösung in der Meditation ist nicht eine abgehobene Beachtung (oder Missachtung), sondern eine Perspektive, die eine andere Art der Reaktion auf ein Geschehen erzeugt. Und es beginnt mit dem Atem, unserem ursprünglichen Bezugspunkt zur Struktur der Welt, in die wir eingebettet sind.

(2)

Zu Zeiten Gotamas war es während der drei Monsunmonate unmöglich, durch die Gegend Nordindiens zu ziehen, da die Flüsse Hochwasser führten und die Wege und Straßen sich in schlammige Wildbäche verwandelten. Der Buddha und seine Anhänger ließen sich dann in einem Park oder Hain nieder und widmeten sich dem Gespräch und der Betrachtung. Es war unvermeidlich, dass Leute neugierig wurden, was dieser Mann während dieser Klausuren tat. »Warum«, mögen sie sich gefragt haben, »muss dieser Mann, bekannt als ›der Erwachte‹, überhaupt noch meditieren?« Hier ist die Antwort, die Gotama seinen Anhängern, sollten die Leute sie danach fragen, mitgab: »Während der Regenzeit, Freund, weilt der Lehrer im Allgemeinen in Konzentration durch die Achtsamkeit auf den Atem … [Denn] wenn jemand über etwas sagen könnte: ›Das ist ein edles Verweilen, das ist ein heiliges Verweilen, das ist das Verweilen eines *tathāgata*‹, dann ist es aufgrund der Konzentration durch die Achtsamkeit auf den Atem, dass man dies wahrlich sagen könnte.«[2]

Diese Passage zeigt, dass das im Atem verankerte Gewahrsein die Grundlage aller kontemplativen Aufgaben ist, die von Gotama und seinen Nachfolgern gelehrt wurden. In ihrem Kern ist Meditation ein existentielles »Verweilen« in den ursprünglichen Rhythmen des Körpers, die einen übergangslos mit der Biosphäre verbinden. Als Disziplin bedeutet sie eine ständige Wachsamkeit gegenüber dem »Verzehrtwerden« durch den Ansturm der Gedanken im Kopf und eine fortwährende Rückkehr zu den im Körper gefühlten Erfahrungen, die so leicht vergessen werden. Indem Gotama das ein »edles Verweilen« nennt, weist er darauf hin, dass es mehr ist als eine psychische Fertigkeit zur Gedankenkontrolle. Meditation fördert eine moralische Haltung der Würde. Sich im Rhythmus des Atems niederzulassen führt zu einer balancierten und aufrechten körperlichen Haltung und gleichzeitig zu einer würdevollen und sensibilisierten Beziehung zu anderen und zur Welt.

Gotama nennt dies nicht nur ein »edles Verweilen«, sondern ein »heiliges Verweilen« (*brahmavihāra*) und gebraucht damit einen Ausdruck in einem nicht-theistischen Kontext, der üblicherweise in Bezug auf einen Gott (Brahma) verwendet wird. Hier bezeichnet »heilig« nicht eine überirdische Gottheit, sondern das alltägliche Erhabene, das sich offenbart, wenn der Geist ruhig und fokussiert wird, indem er sich im Rhythmus des Atems niederlässt. Das Heilige findet sich nicht in einem transzendenten Gefilde jenseits der eigenen Person oder der Welt; es erschließt sich uns hier und jetzt, wenn der Geist sich entspannt, beruhigt, klarer und schärfer wird, während die Aufmerksamkeit auf den Atem sich stabilisiert. Die »heilige« Dimension der Erfahrung zeigt sich, wenn man die beschränkte, obsessive Sorge um »ich« und »mich« loslässt, und so zu einer Welt zurückkehrt, die die eigenen kleinlichen Interessen übersteigt und das eigene »unbedingte Anliegen« reflektiert. Eine solche Welt ist überbordend, ohne Maß, sie ist nicht kontrollierbar, sie strömt unaufhaltsam vorwärts, sie ist sinnlich und zugleich in dem Moment verschwunden, da man nach ihr greift, um sie festzuhalten und zu kontrollieren.

Indem Gotama die Achtsamkeit auf den Atem als »heiliges Verweilen« erachtet, stellt er sie in die Nähe der bekannteren »heiligen Verweilorte«: liebende Güte, Mitgefühl, Mitfreude und Gleichmut, vier Geistesqualitäten, die im ganzen Kanon gefeiert werden. Die Fokussierung auf den Atem führt zu einer direkten Verankerung im Rhythmus des Lebens und lässt einen den gleichen Rhythmus spüren, der andere fühlende Wesen beseelt, und empathische Übereinstimmung mit allem, was atmet, verwirklichen. Ein solcher von Herzen kommender Gleichmut bietet die Grundlage dafür, allen anderen zu wünschen, dass es ihnen wohlergehen möge (liebende Güte), ihnen zu wünschen, dass sie nicht leiden mögen (Mitgefühl), und sich an ihrem Glück zu erfreuen (Mitfreude). Allen anderen – einer potentiell unendlichen Anzahl von Wesen – Wohlergehen und Freiheit von Leiden zu wünschen bedeutet, dass diese Wünsche gleichermaßen an der das Denken übersteigenden Dimension der Erhabenheit teilhaben. Sie sind keine kalkulierten Begierden, deren Erfüllung von einem befriedigenden Ergebnis abhängig gemacht wird; sie sind eher die Sehnsüchte einer Empfindsamkeit, die sich genauso wenig zurückhalten kann, wie die Sonne sich selbst daran hindern kann, Licht und Wärme auszustrahlen.

Um ein solches meditatives Verweilen zu praktizieren, sollten Sie einen ruhigen Platz aufsuchen, etwa in einem Wald oder eine leere Kapelle, sich mit aufrechtem Rücken unter einen Baum oder auf eine Kirchenbank setzen und Ihre Aufmerksamkeit darauf richten, wie es sich anfühlt, einzuatmen und auszuatmen. Sie sollten den Atem ohne bewusstes Eingreifen entstehen und vergehen lassen. Sie werden lernen, Ihre Aufmerksamkeit in seinem natürlichen Rhythmus zu verankern, ohne in Gedankengänge abzuschweifen oder der Schläfrigkeit zu erliegen.

Doch sobald Sie sich Ihres Atmens bewusst werden, fühlt sich der Atem schnell »gemacht« an. Sie beginnen ihn, als »Ihren« zu sehen und nicht als einen unpersönlichen Vorgang. Anstatt dass der Körper einfach spontan ein- und ausatmet – was er tut, solange Sie sich ihm *nicht* zuwenden –, übernehmen Sie die Kontrolle über den Prozess. Nun müssen Sie Ihre Aufmerksamkeit lockern, aber ohne das erhöhte Gewahrsein des Atems zu verlieren. Tun Sie so, als ob Sie wie ein uninteressierter Beobachter darauf warten würden, den Körper beim eigenständigen Akt des Einatmens und Ausatmens zu erwischen. Dann werden Sie, vielleicht schockartig, spüren, dass der Atem einfach geschieht.

Als Sāriputta von Mahā Koṭṭhita über die »Freiheit des Geistes durch Leere« befragt wurde, antwortete er: »Wenn jemand in den Wald gegangen ist oder zum Fuß eines Baumes oder in eine leere Hütte, dann überlegt er: ›All das ist leer von einem Selbst oder von dem, was zu einem Selbst gehört.‹ Das ist die Freiheit des Geistes durch Leerheit.«[3] Man zieht sich in die Einöde zurück, um in einer Gegend zu verweilen, die frei ist von menschlichen Einflüssen. Wenn niemand da ist, der beeindruckt werden oder dem geschmeichelt werden könnte, stellt sich wieder eine natürliche Würde ein, die auf der überwältigenden Teilhabe am Leben selbst und dem Bewusstsein, wie viel man dem Leben schuldet, beruht. Die natürliche Welt wird so zu einer Metapher für Leerheit, eine erhabene Offenbarung dessen, was nicht »selbst« ist, eine Bleibe für Freiheit und Leichtigkeit.

Ähnlich den Vögeln und dem Wild beabsichtigt eine meditierende, in einer solchen Leere verweilende Person nicht, auf irgendeine bestimmte Art zu atmen. Die Lehrreden beschreiben keine richtige oder vorschriftsmäßige Art des Atmens. Wenn Ihr Atem flach und unregelmäßig ist, dann ist er flach und unregelmäßig. Sie lassen den Körper einfach den Körper sein, lassen den Atem geschehen, während Sie voll bewusst bleiben. Wenn Sie sich auf diese Praxis einlassen, wird nicht nur Ihr Geist schrittweise fokussierter und ruhiger, sondern Sie können auch feststellen, wie die Erfahrung des Atmens nicht auf die Nasenlöcher, die Luftröhre, die Lungen und das Zwerchfell begrenzt ist. Der Atem hebt und senkt sich wie im Rhythmus der Gezeiten durch den ganzen Körper. »Ich werde einatmen und dabei den ganzen Körper erfahren; ich werde ausatmen und dabei den ganzen Körper erfahren. Ich werde einatmen und ausatmen und dabei die Neigung des Körpers (zu atmen) beruhigen.«[4]

Gotama vergleicht die meditierende Person, die beim Atmen verweilt, mit einem geschickten Drechsler, der versteht, welche Auswirkung die kleinste Hand- oder Fingerbewegung auf das Holzstück hat, das auf der Drehbank bearbeitet wird. Diese Analogie illustriert, dass Achtsamkeit nicht einfach bedeutet, zurückzutreten und passiv wahrzunehmen, was vor dem inneren Auge vorbeizieht. Sie geht einher mit einer forschenden und potentiell neu gestalteten Beziehung zum pulsierenden, sensiblen und bewussten »Material« des Lebens selbst. Solche im Körper verankerte Aufmerksamkeit steigert das achtsame Gewahrsein, intensiviert die Neugier und die Erforschung dessen, was sich entfaltet, regt eine tatkräftige Zuwendung zur Aufgabe an, ruft ein Gefühl der Freude an dem hervor, was man tut, und führt zu Ruhe, Konzentration und Gleichmut.[5]

Solche Meditation ist auch nicht auf das beschränkt, was man in einer Haltung formellen Sitzens tut. »Beim Gehen weiß man: ›Ich gehe‹; beim Stehen weiß man: ›Ich stehe‹; beim Niederlegen weiß man: ›Ich lege mich nieder.‹« Die Praxis erstreckt sich auf alles, was Sie tun. Achtsamkeit vor allem mit dem Sitzen auf einem Kissen für eine vorgeschriebene Zeitdauer in Verbindung zu bringen bedeutet, seine Wirksamkeit einzuschränken. Das Ziel ist, achtsame Zuwendung in die Gesamtheit unseres bewussten Lebens zu integrieren. Das wird aus der folgenden Passage klar, die im Kanon oft wiederholt wird (ich habe die Terminologie säkularisiert):

> Es gibt Menschen, die handeln mit vollem Gewahrsein beim Fortgehen und Wiederkehren, beim Vorwärtsschauen und Zurückblicken, beim Beugen und Strecken ihrer Glieder, beim Tragen ihrer Kleider und ihrer Taschen, beim Essen, Trinken, Verzehren und Schmecken, beim Scheißen und Pissen, beim Gehen, Stehen, Sitzen, Einschlafen, Aufwachen, Sprechen und Schweigen.[6]

Auch ist eine solche Meditation nicht auf das Gewahrsein des eigenen Körpers beschränkt, sondern sie schließt das Gewahrsein der Körper anderer ein. Sie achten auf ihre berührende physische Präsenz, auf die Art, wie sie ihre Körper bewohnen und bewegen, auf die Art, wie ihre Körper mit dem Ihren interagieren, auf die Art, wie ihre Augen und Münder Gefühl, Vergnügen, Schmerz, Furcht, Begehren, Liebe und Hass signalisieren, auf die Art, wie ihre Hand die Ihre drückt, auf die Art, wie sich die Körper bei einer Umarmung aneinanderpressen.

Menschen, die im Körper verankerte Meditation üben, scheuen auch nicht davor zurück, in ihrer Vorstellung die Haut abzuheben und sich damit zu beschäftigen, was im Inneren des Körpers liegt. Sie durchleuchten den Körper »von den Fußsohlen hinauf und vom Scheitel hinunter«, und beachten: »die Haare am Kopf, die Haare am Körper, die Nägel, die Zähne, die Haut, das Fleisch, die Sehnen, die Knochen, das Knochenmark, die Nieren, das Herz, die Leber, das Zwerchfell, die Milz, die Lungen, die Eingeweide, den Mageninhalt, den Kot, die Galle, den Schleim, den Eiter, das Blut, den Schweiß, das Fett, die Tränen, die Schmiere, den Speichel, den Rotz, die Gelenksschmiere und den Urin.« In Gotamas Tagen meditierten Wanderer auf Leichenfeldern und beobachteten, wie die Leichen zu »aufgeblähter, fahler und triefender Materie« wurden, während sie von Krähen, Schakalen und Würmern zerrissen und verschlungen wurden. »Auch dieser Körper«, überlegten sie, »ist von derselben Natur, er wird ebenso sein, ist von diesem Geschick nicht ausgenommen.«[7] Sich des Körpers bewusst zu sein braucht Ehrlichkeit und den Mut, den möglicherweise auftretenden Ekel vor seinen Bestandteilen zu überwinden, ebenso wie den Schrecken, der durch die Vorwegnahme von Tod und Verfall hervorgerufen wird.

(3)

Gotamas Lehre beginnt mit der bedingungslosen Öffnung von Herz und Geist für das alltäglich Erhabene. Man beginnt mit dem, was einem das Nächste und Vertrauteste ist: dem Körper selbst. Dann wendet man seine Aufmerksamkeit der hedonistischen Tönung der eigenen Erfahrung zu, dem ganzen Spektrum dessen, wie man sich in einer bestimmten Situation in einem bestimmten Moment fühlt. Auch diese Gefühle werden zunächst körperlich wahrgenommen: ein Unbehagen im Magen, eine Wärme und Offenheit in der Brust, eine Einschnürung der Kehle, eine Erregung in den Genitalien. An dieser Stelle kommt die affektive Dimension der Meditation ins Spiel. Achtsamkeit bringt zwar ein gewisses Maß an Losgelöstheit und Gelassenheit mit sich, ist aber kein kalter, desinteressierter Geisteszustand. Um die Schattierungen und Nuancen von Gefühlen genau zu erkennen, muss man zuerst den inneren Aufruhr, der so oft von ihnen hervorgerufen wird, beruhigen, um klare, durchdringende Aufmerksamkeit herzustellen.

Ein Gewahrsein für die Gefühle zu entwickeln ist sehr fundamental, denn viele gewohnheitsmäßige reaktive Muster werden ebenso sehr von diesen subjektiven körperlichen Gefühlen hervorgerufen wie von den Objekten oder Personen, von denen wir glauben, sie wären für diese verantwortlich. Ich mag mit Furcht auf die Gewaltandrohung einer anderen Person reagieren, aber diese instinktive Reaktion wird durch die Art ausgelöst, wie ich das Gesagte empfinde, was irgendwo in meinem

Körper registriert wird. Achtsamkeit lässt uns einen Abstand schaffen zwischen den zornigen Worten der anderen Person und meinen Gefühlen über diese – beides erscheint gewöhnlich so verflochten, dass es kaum entwirrt werden kann. Durch die Entwicklung eines solchen Abstands lernt man, wie man gelassen und klar in diesem leeren Raum verweilt – dem »klar sichtbaren, unmittelbaren, einladenden« Raum von Nirvana selbst.

Die buddhistische Tradition zeigt die Entwicklung von Achtsamkeit innerhalb eines Spektrums, das mit der Atembeobachtung beginnt und sich zu einem umfassenden Gewahrsein für alles, was im Körper, im Geist und in der Umgebung auftritt, erweitert. In der Lehrrede *Die Verankerung der Achtsamkeit* gipfelt diese Praxis in der vierfachen Aufgabe selbst. Zu meinen, man solle über diese Aufgabe auf dieselbe Art meditieren, wie jemand auf den Atem oder den Körper achtet, wäre jedoch ein Fehler. *Sati* sollte hier in seiner buchstäblichen Bedeutung von »Erinnern« verstanden werden, statt in der allgemeineren Bedeutung von »Achtsamkeit«. Das bedeutet, dass die Praxis der Achtsamkeit die *Erinnerung* an oder die Rückbesinnung auf die zentrale Sicht des Dharma beinhaltet, um das eigene Gewahrsein für die Erfahrungsebene weiter zu verfeinern.

»Was ist die Macht der Achtsamkeit?«, fragt Gotama in einer anderen Lehrrede. »Hier ist ein Schüler achtsam: er ist mit der eifrigsten Achtsamkeit und dem stärksten Gewahrsein ausgestattet; genau erinnert er sich daran, *was in der Vergangenheit gesagt und getan worden ist* (Kursivschreibung von mir)«, und bewahrt es in seinem Geist.[8] Auf den Atem achtsam zu sein bedeutet zum Beispiel, sich an eine in der Vergangenheit – sei es vor zehn Minuten oder vor zehn Jahren – gehörte Anweisung zu erinnern und sie dann anzuwenden, indem die Aufmerksamkeit beim Atem gehalten wird. Wenn Ihre Aufmerksamkeit abschweift, haben Sie vergessen, was Sie tun sollten, und müssen sich selbst wieder daran erinnern. Diese Art der Achtsamkeit ist jener nicht unähnlich, mit der Sie sich Ihrer Ehe oder Partnerschaft bewusst sind: Sie werden sich an Ihre Ehegelübde, auch wenn Sie Ihnen ansonsten meist nicht bewusst sind, sofort erinnern, sobald Ihre Gedanken in eine Richtung wandern, die mit diesen in Konflikt stehen. Dieser Aspekt von »Erinnerung« oder »Rückbesinnung« geht verloren, wenn Achtsamkeit lediglich als »mit voller Aufmerksamkeit im gegenwärtigen Moment sein« verstanden wird oder als »in einem Zustand Nicht-wertenden-Gewahrseins verweilen«; nichts davon würde viel damit zu tun haben, sich an etwas zu erinnern, was in der Vergangenheit gesagt oder getan worden ist.

Achtsamkeit in der vierfachen Aufgabe zu verankern bedeutet, diese Vorstellungen zu berücksichtigen und sie anzuwenden, um alles auszuleuchten, was in unserer Erfahrung zu einer bestimmten Zeit und an einem bestimmten Ort stattfindet. So dient die vierfache Aufgabe als ein Rahmen, welcher der Meditation ihre *raison d'être* bietet. In *Die Verankerung der Achtsamkeit* wird die Achtsamkeit als der »direkte Weg zum Nirvana« bezeichnet und dies bestätigt, dass gewohnheitsmäßige Muster wegfallen, wenn man sich dem Leben mit einer im Körper verankerten Aufmerksamkeit zuwendet. Dies führt zu »nirvanischen« Momenten, in denen wir die Freiheit erkennen, auf das Leben in einer nicht von unseren Sehnsüchten und Ängsten bestimmten Weise zu reagieren. Das eröffnet uns die Möglichkeit, geistig gesund in dieser Welt zu leben. Nirvana erreichen wir, indem wir unserem sich fortwährend verändernden, schmerzgeplagten Körper und Geist sowie dem physischen, sozialen und kulturellen Umfeld, in dem wir eingebettet sind, unsere genaue und kompromisslose Aufmerksamkeit widmen.

(4)

Die Edle Suche beschreibt bedingtes Entstehen und Nirvana, die beiden Grundpfeiler oder »Gründe« des Dharma, die Gotamas Erwachen ausmachten, als »schwer zu erkennen« (*dudaso*) und dass es »schwierig ist, dazu zu erwachen« (*duranubodho*).[9] Es gibt zumindest drei Möglichkeiten, inwiefern etwas »schwer« zu erkennen sein könnte: als ein Thema, das intellektuell schwer fassbar ist; als eine Szene, die zu beobachten schmerzhaft oder ärgerlich ist; oder als ein Objekt, das verschleiert oder dem Blick verborgen ist. Da Gotama sein Erwachen als einen radikalen Perspektivenwechsel von einem »Platz« zu einem »Grund« beschreibt, bedeutet die Erfahrung mehr als einfach die Lösung eines intellektuell anspruchsvollen Problems. Es stimmt, dass in buddhistischer Orthodoxie »bedingtes Entstehen« und »Nirvana« als subtile und schwer zu begreifende Begriffe präsentiert werden, doch ihre Definitionen in den Lehrreden des Pali sind nicht so schwer zu verstehen. »Bedingtes Entstehen« lässt sich im zugrundeliegenden Prinzip der Kontingenz zusammenfassen, während »Nirvana« einfach das Aufhören (für kürzere oder längere Dauer) der Reaktivität ist. Jede Schwierigkeit, die wir dabei haben könnten, beide zu erkennen oder zu ihnen zu erwachen, ist nicht in erster Linie eine begriffliche, sondern eine existentielle.

Dass die Schwierigkeit auf existentieller Ebene angesiedelt ist, wird durch die Vorsilbe *du* (schwierig) nahegelegt, die sowohl dem *-daso* (»sehen«, »erkennen«) als auch dem *-anu-*

bodho (»erwachen«) vorangeht. Dieses *du* findet sich auch in der Vorsilbe eines anderen Schlüsselbegriffs: *dukkha. Dudaso* könnte also auch übersetzt werden als »schmerzhaft zu erkennen« und *duranubodho als* »schmerzhaft, dazu zu erwachen«. Bedingtes Entstehen und Nirvana sind nicht deswegen schwer zu erkennen, und es ist nicht schwierig, zu ihnen zu erwachen, weil es knifflig wäre, sie mit dem Intellekt zu begreifen. Sie sind schwer zu erkennen und es ist schwierig, zu ihnen zu erwachen, weil sie uns mit einem grundlosen Grund konfrontieren, der überwältigend und erschreckend sein kann. Bedingtes Entstehen bringt mit sich, dass das Leben unausgesetzt fließt, es zufällig und nicht vorhersagbar ist; Nirvana bedeutet, dass wir uns in Abwesenheit unserer Standardreaktionen moralischen Dilemmata gegenübersehen, die von uns verlangen, Antworten zu riskieren, die die Dinge auch verschlechtern könnten.

Im Gegensatz dazu scheint es eine attraktivere Option zu sein, den eigenen Platz »zu lieben, sich an ihm zu erfreuen und in ihm zu schwelgen«. Wir reden uns ein, dass alles gut sei, dass wir in unseren Gewissheiten und Einbildungen geborgen seien, dass nichts uns bedrohen könne. So illusorisch diese Haltung auch sein mag, sie bietet zumindest ein gewisses Maß an Trost. Es kann zutiefst verstörend sein, zur Kenntnis zu nehmen, dass jeder »Platz« (ein Haus, ein Job, eine Ehe, ein Selbst), an den wir uns klammern, vollkommen abhängig ist von einem delikaten Balanceakt von Bedingungen und er verschwinden kann, sobald eine dieser Bedingungen wegbricht. Genauso verstörend ist die Konfrontation mit der verwirrenden Anzahl von Möglichkeiten, zu denken, zu handeln und uns auf die Umstände unserer Existenz zu beziehen. Um wie viel einfacher ist es, sich auf vertraute, feststehende, reaktive Muster zu verlassen.

Wenn das »Dharma-Auge« sich öffnet, und sei es nur für einen Moment, kann das, was enthüllt wird, in seiner Vielfalt, seiner Tragik und den moralischen Anforderungen, die es an eine schwache Kreatur stellt, fast unerträglich scheinen.

Auch die dritte Bedeutung von »schwer zu erkennen« – weil ein Objekt verschleiert oder dem Blick verborgen ist – liegt hier vor. Sich an die Perspektive des eigenen Platzes zu klammern, verschleiert und verbirgt den bedingten und nirvanischen Grund, auf dem man steht. Aber wenn jemand diese Einstellung aufgibt, und sei es nur für einen Moment, sind bedingtes Entstehen und Nirvana nicht mehr so schwer zu erkennen.

In Kapitel 3 haben wir gesehen, wie Gotama mit Sīvakas Frage über die Bedeutung des Ausdrucks »klar sichtbar« umgegangen ist, indem er dem Gesprächspartner vermittelte, woran er erkenne könne, wann die drei Feuer in ihm aufflammten und wann nicht.[10] Im mäeutischen Stil eines sokratischen Dialogs arbeitete er die Antwort auf Sīvakas Frage heraus, indem er ihn auf seine eigene Erfahrung zurückwarf und ihn diese untersuchen ließ. Der Dharma war Sīvaka zugänglich, sobald er die Anwesenheit oder Abwesenheit von Reaktivität innerhalb seines eigenen Geistes erkannte. In der Lehrrede steht die Gestalt des Sīvaka für den verwirrten Jedermann; er ist nicht anders als Sie oder ich.

Sobald wir uns mit Meditation aus einer ethischen und existentiellen Perspektive beschäftigen, stellen wir fest, dass es unangemessen ist, sie als einen vorwiegend kognitiven, auf die Erkenntnis der »Wahrheit« ausgerichteten Prozess zu verstehen. Wir erkennen, wie unhaltbar die Meinung ist, Erwachen sei nur eine gesteigerte Form von Wissen. Dass Achtsamkeit eine kognitive Dimension besitzt, ist jedoch ganz klar: Meditierende fokussieren ihre Achtsamkeit systematisch auf Erscheinungen der Erfahrung, die gewohnheitsmäßig übersehen oder geleugnet werden, und entwickeln so zum Beispiel eine Wahrnehmung von Unbeständigkeit, anstatt in der Sehnsucht nach Beständigkeit zu verharren. Und wenn man die unbeständigen, tragischen und leeren Aspekte des Lebens aus der Nähe kennenlernt, öffnet man sich gleichzeitig unverhofften affektiven und ästhetischen Erfahrungsmöglichkeiten.

Zusätzlich zu der verfeinerten Aufmerksamkeit für das Spektrum von Gefühlen und geistigen Zuständen, die in ihrem »Inneren« (*ajjhatta*) entstehen, achten Meditierende auch auf Gefühle und geistige Zustände, die »außerhalb« (*bahiddhā*) ihrer selbst stattfinden, wie in *Die Verankerung der Achtsamkeit* ausgeführt wird. Die Entwicklung von Achtsamkeit erstreckt sich über die Begrenzungen der eigenen Haut hinaus auf die Gefühle und Geistigeszustände anderer Menschen und anderer lebender Organismen. Die Entwicklung von Gewahrsein im Kontext der vierfachen Aufgabe bringt also eine grundlegende Neuausrichtung der Sensibilität in Bezug auf die Gefühle, Sehnsüchte und Ängste anderer mit sich. Achtsamkeit ist keine übersinnliche Fähigkeit, die Gedanken anderer Leute zu »lesen«, sondern beinhaltet, sich in das Befinden und die Notlagen anderer einzufühlen. Diese offenbaren sich, wenn man ihre Körper zu »lesen« vermag, und das wird möglich durch das Beruhigen und Erhellen des eigenen Bewusstseins mittels meditativer Disziplin. Das Zentrum der Achtsamkeit auf andere zu verlegen durchbricht die angeborenen Tendenzen zum Egoismus und trägt so zur zweiten Aufgabe bei: das Loslassen eigennütziger Reaktivität.

(5)

Die Sŏn (Chan/Zen)-Schule des Buddhismus verfügt über eine lange Tradition der Wertschätzung von ästhetischer Erfahrung und Kunst, einschließlich Architektur, Bildhauerei, Dichtkunst, Kalligraphie, Töpferei, Malerei, Kampfkünste und Gartenkultur als integraler Bestandteile der Dharmapraxis. Im Gegensatz dazu tendieren die in Indien entstandenen Schulen Südost- und Zentralasiens der Kunst gegenüber zu einem gewissen Misstrauen und behandeln sie als eine Ablenkung von der Verwirklichung kontemplativer, für die Erleuchtung und Befreiung erforderlicher Geisteszustände. Sie sind der Meinung, dass die Kunstproduktion weitgehend im Zuständigkeitsbereich der Laienschaft liege, und beschränken deren Einsatz auf religiöse und devotionale Zwecke. So werden künstlerische Aktivitäten in ihren klösterlichen Gemeinschaften allgemein eher unterbunden.

Auf den ersten Blick könnte dieser Unterschied als Folge anderer kultureller Werte Ostasiens gesehen werden, die auch das Verstehen und die Praxis des Buddhismus beeinflussten, nachdem er aus Indien eingeführt worden war. Als der Buddhismus um das erste Jahrhundert u. Z. nach China kam, traf er auf eine Kultur mit starken künstlerischen und literarischen Traditionen, in denen der Schönheit der Natur große Wertschätzung entgegengebracht wurde. Als der Dharma indigene chinesische Formen übernahm, nahm er damit unvermeidlich auch viele der kulturellen Wesenszüge seines neuen Gastgebers an, einschließlich dessen ästhetischer Sensibilität. Allerdings könnten wir uns fragen, ob die Quelle dieser Ungleichheit nur in den kulturellen Unterschieden liegt? Könnte sie nicht auch einen

Unterschied in der zugrundeliegenden Haltung zur Dharmapraxis widerspiegeln? Während der Sŏn-Buddhismus die zentrale Bedeutung des Zweifels (*ŭsim*) in der Praxis hervorhebt, neigen die in Indien entstandenen Traditionen dazu, die Bedeutung des Glaubens zu betonen. Könnte es eine Verbindung geben zwischen Zweifel und Ermutigung der Vorstellungskraft auf der einen Seite und Glauben und Misstrauen der Vorstellungskraft gegenüber auf der anderen Seite?

Die Praxis des Sŏn hat mich aus zwei Gründen angezogen. Der erste war seine positive Betonung des Zweifels, der zweite die Wertschätzung der Vorstellungskraft. Diese beiden Praxiselemente kommen im zentralen Begriff des *hwadu* zusammen, den Kusan Sunim folgendermaßen vorstellt:

> In allen vier Haltungen des Gehens, Stehens, Sitzens und Liegens, beim Sprechen und beim Schweigen, in Aktivität und Ruhe muss die Masse des Zweifels klar von selbst auftauchen. Wenn der Zweifel während aller Aktivitäten unvermischt und unverschleiert bleibt, wird die Praxis auf natürliche Art reifen. Zu diesem Zeitpunkt verschwindet das geistige Fantasieren auf natürliche Weise, obwohl wir nicht versuchen, es abzuschneiden; und obwohl wir nicht versuchen, in Richtung Bodhi (Erwachen) voranzuschreiten, kommen wir auf natürliche Weise voran und erreichen es. Von da an können wir das seltene Aroma des *hwadu* schmecken.[11]

Der am weitesten verbreitete *hwadu* im modernen Korea ist die Frage: »Was ist das?« (*Imoko*). *Hwadu* (chinesisch: *huatou*) ist ein chinesischer literarischer Begriff, der sich auf die »Kernaussage« einer Textpassage bezieht. Im Kontext der Sŏn-Praxis wird der *hwadu* als die »Kernaussage« eines *kungan* (japanisch: *kōan*) verstanden. Ein *kungan* bedeutet ein »öffentlicher Fall«. Dieser juristische Ausdruck bezieht sich auf eine rechtliche Entscheidung in der Vergangenheit, die als Präzedenzfall und Richtlinie für künftige Urteile dient.

Bei dem »öffentlichen Fall«, dessen *hwadu* oder Kernaussage »Was ist das?« lautet, geht es um das Zusammentreffen zweier Mönche am Beginn des achten Jahrhunderts in China. Einer von ihnen war Huineng (638–713), der geschätzte Sechste Patriarch der Chan-Schule, während der andere sein weniger bekannter Schüler Huairang (677–744) war. Der Überlieferung zufolge reiste Huairang zu Fuß vom Berg Song in Nordchina nach Nanhuasi, ein Kloster im tiefen Süden des Landes, um von Huineng Anleitung in Meditation zu erhalten. Das ist der Bericht ihres ersten Austauschs:

> HUINENG: Woher bist du gekommen?
> HUAIRANG: Ich bin vom Berg Song gekommen.
> HUINENG: Aber was ist dieses Ding, und wie ist es dorthin gekommen?
> Huairang war sprachlos.

Huineng eröffnet den Austausch mit einer höflichen Nachfrage und dreht sie dann um. Ohne Warnung wechselt er von einem konventionellen Geplauder zu einem existentiellen Infragestellen, das Huairangs Selbstzufriedenheit untergräbt und ihn schutzlos, verletzlich und sprachlos zurücklässt. Der Text geht mit dem knappen Kommentar weiter: »Huairang verbrachte acht Jahre im Kloster.« Am Ende dieser Periode kehrt er zu Huineng zurück und erklärt, er habe eine Antwort:

HUINENG: Was ist das?

HUAIRANG: Zu sagen, es wäre wie irgendetwas, verfehlt das Wesentliche.[12]

Der ganze Austausch läuft auf die einfache Frage: »Was ist das?« hinaus. Wie aus dem Dialog klar wird, geht es in der Frage nicht um Huairangs »Platz«, sondern um seinen »Grund«. Huineng hat wenig oder gar kein Interesse daran, Fakten oder Details über den *Platz* seines Gesprächspartners in der Welt zu erfahren: wo er lebt, woher er kam, wohin er geht. Er richtet sein Fragen auf Huairangs *Grund*: der reinen Zufälligkeit dessen, dass der junge Mönch überhaupt da ist: »Was ist das für ein Ding, und wie ist es hierher gekommen?«

Solches Fragen fügt der Praxis der vierfachen Aufgabe eine weitere Perspektive hinzu. *Dukkha* zu umarmen beinhaltet das Loslassen der eigenen Ansichten über das Leiden, um sich dem Mysterium des Leidens zu öffnen. Da *dukkha* ein Kürzel für das Leben in seiner Totalität ist, wird »Was ist das?« zu einem kompromisslosen Forschen danach, was in jedem einzelnen Moment vor sich geht. Diese Art der verkörperten Achtsamkeit bedeutet das Aufgeben aller Meinungen, einschließlich buddhistischer Ansichten. Wenn diese Frage gestellt wird, ist es irrelevant, ob die Dinge unbeständig sind, leidend, Nicht-Selbst oder leer. Es geht um das Erwägen des Mysteriums, dass das Leben überhaupt geschieht. Wie Huairangs Antwort: (»Zu sagen, es wäre wie irgendetwas, verfehlt das Wesentliche«), nahelegt, wäre jeder Bericht über das, was vor sich geht, unangemessen. Das Ziel der *hwadu*-Praxis ist nicht, zu einer befriedigenden Lösung eines Problems zu gelangen, sondern eine Sensibilität zu entwickeln, aus der heraus die eigene Reaktion auf die Anforderungen des Lebens nicht mehr durch den Einfluss fester Ansichten bestimmt ist.

Die paradoxen Lehren des Sŏn unterscheiden sich sehr von den logischen und rationalen Lehren des indischen Buddhismus. Die Pali-Tradition gesteht dem Zweifel keineswegs dieselbe zentrale Stellung und Bedeutung zu, wie er ihn im Sŏn hat. Der Ausdruck »Zweifel« (*vicikicchā*) bezieht sich dort im Allgemeinen auf eines der fünf Hindernisse (*nīvarana*). Dieser Zweifel ist etwas, was überwunden und verworfen werden muss, und keine Qualität, die eifrig kultiviert werden sollte. Die größte Annäherung an ein positives Verständnis von Zweifel mag in der Idee von der »Erforschung des Dhamma« (*dhammavicaya*) liegen, einem der sieben Faktoren des Erwachens. Er bezieht sich auf ein kontemplatives Erforschen dessen, was sich in der reichen Erfahrung des eigenen Lebens zeigt. Das Ziel solchen Fragens ist nicht Verwirrung, sondern das Erlangen von unmissverständlicher, bejahender, zustimmender Einsicht in die unbeständige, tragische und Nicht-Selbst-Natur des Lebens.

Der Begriff des Zweifels in der tibetischen Gelug-Tradition lässt eine Mehrdeutigkeit zu, die sich im Palikanon nicht findet. Wenn man Dharmakīrti folgt, unterscheiden die Lehrbücher der Gelugpa zwischen einem Zweifel, der zu einer korrekten Schlußfolgerung tendiert (*don 'gyur the tshom*), und einem Zweifel, der zu einer unkorrekten Schlußfolgerung neigt (*don mi 'gyur the tshom*). Der Zweifel kann als der Drehpunkt dienen, an dem der Geist sich von falschen Ansichten ab- (*log lta*) und zum Glauben hinwendet (*yid dpyod*), was als notwendige Basis angesehen wird, von der aus eine gültige Erkenntnis (*tsad ma*; Sanskrit: *pramāna*) erreicht werden kann. Um diesen Punkt zu illustrieren, zitieren Gelug-Lamas gern einen Vers aus Āryadevas *Vierhundert* (*Catuḥśataka*): »Selbst wenn einer von geringem Verdienst unsicher wird im Hinblick darauf, ob die Dinge leer sind oder nicht, unterminiert dieser Zweifel *samsāra*.«[13]

Obwohl Zweifel hier nicht länger ausschließlich als Hindernis angesehen werden mag, bleibt sein Wert dennoch auf sein Vermögen beschränkt, Sie über einen Zustand der Wankelmütigkeit hinweg in Richtung einer Glaubensgewissheit zu bewegen. Dieser Zweifel wird am besten mit Vorsicht behandelt, als eine Phase, die Sie als umnachtete Seele von geringem Verdienst durchlaufen müssen, bis Sie von der Wahrheit der buddhistischen Lehre überzeugt sind.

Die Art von Zweifel, von der im Sŏn die Rede ist, ist ihrer Natur nach existentiell und nicht erkenntnistheoretisch. Ein solcher Zweifel ist weit davon entfernt, Teil einer intellektuellen Untersuchung zu sein, auch wenn diese Untersuchung einen nicht-diskursiven Zustand des Erwachens zum Ziel hat. Man sollte ihn eher als einen psychosomatischen Zustand von Erstaunen und Verblüffheit sehen und nicht als einen logisch folgernden geistigen Prozess.

Die einzige Passage in den Pali-Lehrreden, in der das Erwachen als die Lösung existentieller Fragen beschrieben wird, ist vielleicht die, in der Gotama sich daran erinnert, wie er als junger Mann durch diese Fragen motiviert wurde: »Was ist die Freude des Lebens? Was ist die Tragik des Lebens? Was ist die Emanzipation des Lebens?«[14] Der Text fährt zwar mit der Schilderung fort, wie Gotama sein Erwachen als die Entdeckung einer authentischen Antwort auf diese fundamentalen Fragen sah, sagt aber überhaupt nichts darüber, wie er zu dieser Antwort kam. Sŏn-Buddhisten würden das Auftauchen dieser Fragen als die ersten Regungen des »großen Zweifels« ansehen und die Fragen selbst als Gotamas *hwadu.* Indem er sich jahrelang mit seiner ganzen psychosomatischen Aufmerksamkeit auf sie fokussierte, lösten sie schließlich, als er unter dem Bodhi-Baum saß, ein Erwachen aus.

»Großer Zweifel« ist mit dem Schock vergleichbar, den der zukünftige Buddha erlebt haben soll, als er zum ersten Mal eine kranke Person, eine alte Person und einen Leichnam sah, was ihn dazu veranlasste, Kapilavatthu auf der Suche nach Erleuchtung zu verlassen. Aber nirgends in den Lehrreden bezieht sich dieser berühmte Bericht von der Entsagung auf Gotama selbst. Er gehört zu einer Geschichte, die der Buddha über einen fernen, legendären Vorgänger namens Vipassī erzählt.[15] Wir sollten ihn daher eher als eine mythische denn als eine historische Form der Beschreibung des existentiellen Prozesses von Erwachen ansehen. Die Stärke der Geschichte liegt darin, wie sie die *conditio humana* als solche thematisiert. So bietet sie sich als eine Vorlage an, die jeder Mensch nutzen kann, um mit den großen Fragen von Geburt und Tod ins Reine zu kommen.

Die buddhistischen Schulen Indiens interpretieren diese Geschichte als einen Bericht darüber, wie Gotama von einem Leben desillusioniert wurde, das »Geburt, Altern, Krankheit, Tod, Kummer und Verunreinigung« ausgesetzt ist und wie ihn das motiviert hat, »die nicht-alternde, nicht-leidende, todlose, sorgenlose und unbefleckte höchste Sicherheit vor dem Gefesseltsein, Nirvana, zu erreichen.«[16] Diese Sprache passt zur vorherrschenden asketischen Tradition Indiens, denn sie hebt deutlich hervor, wie der Anblick der Sterblichkeit zur Ablehnung der sterblichen Existenz geführt hat. Doch sie fängt nicht den existentiellen Schock ein, der mit der Erkenntnis, *ich* werde krank werden, *ich* werde alt werden und *ich* werde sterben, einhergeht. In der Legende wendet sich Gotama an seinen Wagenlenker und fragt ihn: »Geschieht das jedem?« In diesem Moment sehen wir flüchtig seine ursprüngliche Reaktion, die nicht aus Abscheu, sondern aus Fassungslosigkeit besteht. In diesem Moment hörte sein Leben auf, eine Ansammlung mehr oder weniger interessanter Ereignisse zu sein, und wurde für ihn zu einer drängenden Frage. Die Frage zwang ihn, sein Anhaften an seinem »Platz« aufzugeben und sich mit der Erhabenheit seines »Grundes« zu konfrontieren. Und der vierte Anblick, der eines Wandermönchs, vermittelte ihm eine Idee, wie er derart existentielle Fragen verfolgen könnte.

Chan war eine indigen chinesische, von einer daoistischer Sensibilität beinflusste Antwort auf den Buddhismus. Die Sŏn-Version der Legende stimmt mit dem Bestreben dieser Tradition überein, eine kritische Distanz gegenüber den weltverneinenden und metaphysischen Belangen des indischen Buddhismus zu suchen, um zu den wesentlichen Fragen zurückzukehren, die Gotama ursprünglich zu seiner Suche nach dem Erwachen veranlasst hatte. Wir könnten diese Bewegung aber auch als eine allgemeinere Revolte gegen einen Dogmatismus interpretieren, der auf kognitiver Sicherheit besteht; als Rückkehr zu der beunruhigenden und unheimlichen Erfahrung, in einer vergänglichen, begrenzten und höchst zufälligen Welt zu leben, die offenkundig nicht durch gegensätzliche Konzepte wie »es ist« oder »es ist nicht« festgelegt werden kann.

(6)

Diese antidogmatische Perspektive des Sŏn ist ein Echo des tiefen Misstrauens gegen Ansichten und Meinungen, dem wir im *Achter-Kapitel* begegnen. Die folgenden Verse fangen diese nicht-oppositionelle, nicht-dogmatische Perspektive des Weisen (*muni*) ein:

> Er entwickelt nicht eine Sichtweise
> auf der Grundlage von Wissen oder Moral –
> weder behauptet er, gleich zu sein,
> noch hält er sich für besser oder schlechter.
>
> Er lässt eine Position los, ohne eine andere einzunehmen –
> er definiert sich nicht über das, was er weiß.
> Noch schließt er sich einer abweichenden Gruppe an –
> er nimmt keinerlei Standpunkt ein.
>
> Er lässt sich nicht in die Sackgassen locken
> des *es ist* und *es ist nicht, diese Welt* und *die nächste* –
> denn es fehlen ihm solche Selbst-Verpflichtungen,
> die die Leute zum Grübeln bringen und an Lehren festhalten lassen.[17]

Diese Verse weisen nicht auf einen fernen Zustand der Erleuchtung hin, den jemand nach Jahren und mehreren Leben schrittweiser Praxis verwirklichen könnte. Sie weisen auf eine Möglichkeit hin, hier und jetzt befreit von jeder Verstrickung in Ansichten und Meinungen zu leben. Der »Weise« steht als

Metapher dafür, bestmöglich Mensch zu sein: völlig losgelöst und doch völlig wachsam für all das, was sich ereignet. Einer, »der keine Einwände gegen etwas erhebt«,

> sieht, was vor seinen Augen liegt, ist offen für das, was gesagt wird,
> handelt im Einklang mit dem, was er wahrnimmt.[18]

Sowohl im poetischen Stil der Verse als auch in der Botschaft, die sie vermitteln, werden Sŏn-Buddhistinnen und -Buddhisten ein Ideal wiedererkennen, dem ihre Tradition in gleicher Weise nachstrebt. Der Weise aus dem *Achter-Kapitel* erinnert an die »wahre Person ohne Rang«, die von Linji Yixuan (+866) hoch gelobt wird. »Hier in diesem Klumpen aus rotem Fleisch«, sagt Linji zu seiner Zuhörerschaft, »steckt eine wahre Person ohne Rang.«

> »Dauernd geht sie zu den Toren eurer Gesichter ein und aus. Wenn welche unter euch sind, die diese Tatsache nicht kennen, so schaut! Schaut!«
> Ein Mönch trat vor und fragte, »Wie ist sie – die wahre Person ohne Rang?«
> Der Meister stieg von seinem Sitz herunter, ergriff den Mönch und sagte: »Sprich! Sprich!«
> Der Mönch zögerte, worauf der Meister ihn losließ, ihn wegschob, und sagte: »Wahre Person ohne Rang – was für ein vertrocknetes Stück Scheiße!«[19]

»Ohne Rang« sein bedeutet, dass die wahre Person sich nicht mehr um ihren »Platz« oder ihr Ansehen in der Welt kümmert.

Das macht sie frei, spontan aus ihrem »Grund« heraus auf eine Weise zu handeln, die unkonventionell und schockierend sein mag. In diesem Fall drängt Linji seine Anhänger, die nirvanische Freiheit in ihrem Inneren zu »sehen«, zu betrachten. Der Mönch, der zögert, ihm aus diesem »Grund« heraus zu antworten – aus seiner reaktiven Sorge heraus, wie die richtige Antwort lauten würde oder was die anderen von ihm denken könnten – wird als ein vertrockneter Scheißhaufen oder ein »Scheißstock« (je nachdem wie man das Chinesische interpretiert) weggeschickt.

Man könnte kaum eine bessere Metapher für »Trockenheit« oder »Dürre« (*khila*) finden als Linjis Ausdruck »ein vertrocknetes Stück Scheiße.« Wenn das *Achter-Kapitel* sagt: »Es gibt nichts Vertrocknetes an einem Weisen«, können wir das im Lichte des Sŏn als ein Zeichen dafür verstehen, dass der Weise spontan auf das Leben reagiert, und zwar eher aus der Perspektive seines Grundes als dem schwankenden Standpunkt seines Platzes heraus.[20] Wenn es im *Achter-Kapitel* auch keinen spezifischen Ausdruck gibt, der dem »Zweifel« des Sŏn äquivalent wäre, weist der wiederholte Gebrauch der Polarität »es ist« und »es ist nicht« (*bhava vibhava* und *bhavābhava*) doch auf die Selbstverpflichtung des Weisen hin, keine Position einzunehmen, was mit dem Nicht-Wissen des Sŏn vergleichbar ist.

Die Kehrseite des *hwadu* »was ist das?« ist »ich weiß es nicht«. Ein solches Nicht-Wissen ist weit entfernt von der dumpfen, vernebelten Verwirrung der Ahnungslosigkeit. Es ist eine lebendige Wachsamkeit, die vermeidet, überhaupt in irgendeine Position hineingezogen zu werden. Als solche balanciert sie auf der Spitze zwischen »es ist« und »es ist nicht« und entzieht sich dem verführerischen Köder der Sicherheit. Das trifft auf jeden echten Zweifel zu. Wenn ich meine Frau aufrichtig frage: »Liebst du mich?«, erkenne ich implizit an, dass ich es nicht weiß. Ein solcher Zweifel ist schwer zu ertragen, weil Menschen als Benutzer von Sprache dafür gemacht zu sein scheinen, eine Antwort – und sei es eine negative – einem Verbleiben in der beunruhigenden Perplexität des Nicht-Wissens vorzuziehen. Im *Achter-Kapitel* ist diese Präferenz von »es ist« oder »es ist nicht« (ja oder nein) genau das, was der Weise überwunden hat.

Trotz der Anwesenheit des Verbs »ist« in »Was ist das?«, handelt es sich nicht um eine ontologische Untersuchung, die das essentielle »Wesen« oder die »Natur« ihres Gegenstandes zu erforschen sucht. Wie Huairang bemerkte: »Zu sagen, es wäre wie irgendetwas, verfehlt das Wesentliche.« Vergleichbar hat Chan-Meister Deshan Xuanjian (819–914) seinen Mönchen eine Frage gestellt und sie dann gewarnt: »Wenn ihr sprecht, bekommt ihr dreißig Schläge. Wenn ihr nicht sprecht, bekommt ihr dreißig Schläge.«[21] Solche Fragen mit verkörperter Aufmerksamkeit zu stellen erfordert, dass man jeden Versuch aufgibt, etwas zu bestätigen oder abzulehnen. Das weist wieder auf die überbordende Natur des Lebens selbst hin, darauf wie das alltäglich Erhabene unsere Fähigkeit zur Darstellung, sei es in positiven (»es ist«) oder negativen (»es ist nicht«) Ausdrücken, übersteigt.

Wie wir gesehen haben, veranschaulicht Gotama in seiner Lehrrede *An Kaccānagotta* umfassende Sicht (*sammā diṭṭhi*), den ersten Schritt auf dem achtfachen Pfad, als eine Sichtweise, des Lebens, die nicht mehr auf der Dualität von »es ist« und »es ist nicht« beruht.[22] Der Buddha ist der Auffassung, dass der Schlüssel für das Erreichen einer solchen Perspektive darin liegt, den Fluss der Erfahrung mit genauer Aufmerksamkeit zu verfolgen. Das ist auch die Sicht des Sŏn. Je klarer Sie verstehen, wie die Dinge endlos entstehen und vergehen, desto deutlicher werden Sie realisieren, dass die fundamentalen gedanklichen und sprachlichen Kategorien die fließende, zufällige und tragische Natur des Lebens unmöglich festhalten können. Die apophatische Sprache der Lehrrede versagt jedenfalls dabei, in positiven Ausdrücken zu verdeutlichen, wie eine Person mit allumfassender Sicht, die sich nicht mehr auf diese Dualität stützt, die Welt erfahren würde. In ähnlicher Weise bestätigt Linji, dass eine solche Person »in dem Reich geboren ist, das sich auf nichts stützt«, und erläutert:

> Wenn du frei sein willst, geboren zu werden oder zu sterben, zu gehen oder zu bleiben, wie jemand, der ein Kleidungsstück anziehen oder ablegen würde, dann musst du jetzt verstehen, dass die Person hier, die dem Dharma zuhört, keine Form hat, keine Eigenschaften, keine Wurzel, keinen Anfang, keinen Platz, an dem sie weilt, und dass *sie dennoch vollkommen lebendig ist.*[23]

Das Fehlen von Reaktivität führt zu einer spontanen Vitalität, in der sich die Welt als fragwürdig, geheimnisvoll und strahlend enthüllt. Es ist der *hwadu* selbst. Kusan Sunim beschreibt Sŏn-Meditierende als solche, die den *hwadu* als »ihr eigentliches Leben« ansehen:

> Beim Gehen geht der *hwadu*; beim Kommen kommt der *hwadu*; beim Essen isst der *hwadu*; beim Schlafen schläft der *hwadu*. Sogar beim Scheißen sollst du ernsthaft for-

schen und *hwadu* nie aus deinem Geist entlassen, bis zu dem Punkt, an dem es scheint, dass der *hwadu* scheißt. [24]

An diesem Punkt hört der *hwadu* auf, eine rein subjektive Bereitschaft zum Zweifeln zu sein, eine Frage, die man in der Privatheit seines Geistes stellt. Er umarmt die Gesamtheit dessen, was in irgendeinem beliebigen Moment stattfindet. Die Aufteilung in »meditierende Person«, »Meditation« und dem, »worüber meditiert wird«, fällt in sich zusammen. Stattdessen wird der *hwadu* zur Gesamtheit der Erfahrung. Wenn man in diesem verletzbaren und zentrierten Raum ruht, enthüllt sich das Leben als zutiefst unverständlich und fremd und doch unheimlich vertraut. Deshan drückt es so aus: »Was man als ›das Geheimnis realisieren‹ kennt, ist nichts anderes als der Durchbruch zum Erfassen des Lebens einer gewöhnlichen Person.«[25]

Gotama beschließt *An Kaccānagotta* mit folgenden Worten: »›Alles ist‹ ist die eine Sackgasse. ›Alles ist nicht‹ ist die andere Sackgasse. Der *tathāgata* enthüllt den Dharma der Mitte, der beide Sackgassen vermeidet.«[26] Dieses Zentrum (*majjhama*) ist die »Leerheit« des buddhistischen Philosophen Nāgārjuna, der *An Kaccānagotta* als die Quelle seiner Philosophie der Mitte (*Madhyamaka*) bezeichnet hat.[27] Eine Person, die in solcher Leerheit »weilt«, führt ein ausgeglichenes Leben, das für das Unaussprechliche der Erfahrung offen ist, und sie ist fortwährend bereit, auf Umstände in einer Art zu reagieren, die nicht von irgendwelchen bestehenden ideologischen oder psychoemotionalen Überzeugungen bestimmt ist.

Wissenschafter wie Luis Gómez vertreten, dass es eine überzeugende Verbindung zwischen dem »Ur-Madhyamaka« aus dem *Achter-Kapitel* und der Philosophie Nāgārjunas und seiner Nachfolger gibt.[28] Können wir in der Haltung des Nicht-Wissens und des Zweifels, wie sie sich in der Sŏn-Praxis findet, eine Fortsetzung sehen? Auch wenn sich die Sprache des Sŏn beträchtlich von der seiner indischen Vorläufer unterscheidet, kann das radikale Aufheben von Bewertungen, wie man es im *Achter-Kapitel,* in *An Kaccānagotta* und in Nāgārjunas Philosophie findet, als die Kehrseite des intensiven Sŏn-Fragens wie im *hwadu* »Was ist es?« gesehen werden.

Wenn wir zu den Quellen buddhistischer Tradition zurückkehren, ob im Mythos von Prinz Gotama oder in der Ur-Madhyamaka-Philosophie, entdecken wir eine Dimension menschlicher Erfahrung wieder, die über alles spezifisch Buddhistische hinausgeht. Wir berühren die zentralen, unwägbaren Fragen, die die Quelle aller kontemplativen Traditionen sind. Das *Lied der Schöpfung* im alten Rig Veda erklärt:

> Wer weiß wirklich? Wer will sie verkünden? Woraus ist sie entstanden? Woraus stammt die Schöpfung? Die Götter kamen später, mit der Schöpfung dieses Universums. Wer weiß also, woraus sie entstanden ist?
> Woraus diese Schöpfung entstanden ist – vielleicht hat sie sich selbst geformt oder vielleicht auch nicht – der eine, der auf sie herunterschaut, im höchsten Himmel, nur er weiß es – oder vielleicht weiß er es nicht.[29]

Für einen Grundlagentext des Hinduismus weist diese Passage ein schockierendes Ausmaß an Unsicherheit auf. Anstatt eine solide Basis für einen theistischen Glauben zu liefern, wie man erwarten möchte, gibt sie die ehrfurchtsvolle Demut eines Menschen wieder, der nichts tun kann, als sich der außerordentlichen Tatsache zu öffnen, dass es überhaupt etwas gibt und nicht nichts.

Dieselbe Art unerbittlichen Fragens durchziehen die Texte, die dem daoistischen Weisen Zhuangzi (369–286 v. u. Z.) zugeschrieben werden, für den »ein Zustand, in dem ›dies‹ und ›das‹ keine Gegensätze mehr finden, der Scheideweg genannt wird.«[30] Auch hier ringt der Autor, wenn auch spielerisch, mit denselben sprachlichen Antinomien, die den Autor des *Achter-Kapitels* und Nāgārjuna beschäftigt haben. Er illustriert das Ausmaß seiner Verwirrung mit folgendem berühmten Beispiel:

> Zhuang Zhou träumte einmal, er wäre ein Schmetterling, ein Schmetterling, der herumschwirrte und flatterte, zufrieden mit sich selbst, und der tat, wie ihm gefiel. Er wusste nicht, dass er Zhuang Zhou war. Plötzlich erwachte er, und da war er, ganz und gar, zweifellos Zhuang Zhou. Aber er wusste nicht, ob er Zhuang Zhou war, der geträumt hatte, er wäre ein Schmetterling, oder ein Schmetterling, der träumte, er wäre Zhuang Zhou. Zwischen Zhuang Zhou und einem Schmetterling musste es doch *irgendeine* Unterscheidung geben! Das nennt man die Transformation der Dinge.[31]

Da der Sŏn-Buddhismus seinen Ursprung sowohl in Indien als auch in China hat, stellt er eine Synthese zweier großer Traditionen des philosophischen Skeptizismus in Asien dar. Wir müssen jedoch zur Kenntnis nehmen, dass diese Art des Infragestellens nicht allein die Domäne asiatischer Religionen ist. Sie verweist auf die innewohnenden Beschränkungen von Denken und Sprache, wann immer menschliche Wesen mit dem Rätsel ihrer bloßen Existenz konfrontiert sind. Alle Menschen, ob fromm religiös oder bekennend säkular, teilen dieses Nicht-Wissen und dieses Staunen.

Pyrrhon von Elis, der altgriechische Begründer der westlichen Tradition des Skeptizismus, wurde ungefähr vierzig Jahre nach Buddhas Tod geboren. Auch er gründete seine Philosophie auf Unsicherheit und Zweifel. Seinem griechischen Biographen des dritten Jahrhunderts u. Z. Diogenes Laertius zufolge »scheint er Philosophie auf eine äußerst edle Art betrieben zu haben, indem er eine Form einführte, die auf Nicht-Erkennen und Urteilsenthaltung basiert.«[32] Pyrrhon begleitete im vierten Jahrhundert v. u. Z. Alexander den Großen nach Indien und studierte dort bei »nackten Philosophen«.

Hier eine Textstelle, aufgezeichnet von dem frühchristlichen Historiker und Bischof Eusebius, der einen heute verloren gegangenen griechischen Text des Aristokles zitiert:

> [Seinem Schüler] Timon zufolge erklärte Pyrrhon, dass die Dinge gleichermaßen un-unterschieden, un-messbar und un-entscheidbar seien. Daher teilen weder unsere Wahrnehmungen noch unsere Meinungen uns Wahrheiten oder Unwahrheiten mit.
> Daher sollten wir ihnen nicht im mindesten vertrauen, sondern ohne Urteile sein, ohne Vorlieben und standhaft von jedem Ding sagen, dass es nicht mehr ist, als es nicht ist, oder sowohl ist und nicht ist, oder weder ist noch nicht ist.
> Für die, die diese Einstellung zu ihrer machen, sagt Timon, wird das Ergebnis zuerst Sprachlosigkeit sein (*aphasia*), danach Unerschütterlichkeit (*ataraxia*).[33]

Für Pyrrhon wie auch für andere Denker in Griechenland und Indien zu dieser Zeit war Philosophie zuerst und vor allem eine Praxis. Nur durch die Anwendung solchen Gedankenguts im eigenen Leben wurde sein Wert verwirklicht. Das Ziel war nicht intellektuelles Wissen, sondern eine radikale Veränderung der Sicht auf sich selbst und die Welt.

Indem der pyrrhonistische Skeptiker weder auf die Beweise der eigenen Sinne noch auf seine Vernunft vertraut, lehnt er es ab, einen Standpunkt einzunehmen, ob die Dinge nun »sind« oder »nicht sind«, recht ähnlich, wie wir das im *Achter-Kapitel* oder in Nāgārjunas Denken und im Sŏn gesehen haben. Diese Praxis führt zu einer Sprachlosigkeit, die sowohl der Erkenntnis der Unangemessenheit von Sprache als auch einer fassungslosen Verwunderung angesichts der erhabenen Maßlosigkeit des Lebens selbst zuzuschreiben sein dürfte. Und sie gipfelt in der Unerschütterlichkeit der *ataraxia*, einem nirvana-ähnlichen Zustand, der sowohl von Pyrrhonisten als auch später von Epikuräern angestrebt wurde.

Ataraxia ist aber nicht bloße Passivität und Resignation angesichts der Herausforderungen des Lebens. Dieser Aspekt wird durch eine Geschichte über den griechischen Maler Apelles illustriert, der einmal versuchte, den schaumigen Speichel eines Pferdes zu malen. Apelles war so erfolglos, dass er wütend aufgab und den Schwamm, mit dem er seine Pinsel reinigte, gegen die Leinwand warf und so spontan den Effekt des Pferdeschaums erzeugte. Der skeptische Philosoph Sextus Empiricus erklärt, dass Apelles diesen Effekt erzielen konnte, weil er imstande war, der Standpunktlosigkeit der *ataraxia* treu zu bleiben.[34]

(7)

Meditation ist ein integraler Teil einer fürsorglichen und sorgsamen Beziehung zu sich selbst und der Welt. In diesem Sinne bildet sie einen zentralen Bereich eines jeden Aspekts der vierfachen Aufgabe. Sie ist auch an der Entwicklung des achtfachen Pfades beteiligt. Das erfordert, die Bedingungen des eigenen Lebens ganz und gar zu umarmen, gewohnheitsmäßige Reaktivität loszulassen und das Aufhören dieser Reaktivität zu betrachten. Eine derartige meditative Sensibilität ermöglicht das Gedeihen eines Menschen, indem er ein Leben in ethischer Verantwortung, kontemplativer Achtsamkeit, philosophischer Reflexion und ästhetischer Wertschätzung führt.

Ein säkularer Zugang zum Buddhismus könnte unbeabsichtigterweise die Tendenz verstärken, Meditation einfach als eine Methode zur Problembewältigung zu verstehen. Eine Instrumentalisierung der Achtsamkeit beispielsweise könnte dazu führen, dass man jedes Gefühl für Erhabenheit, Geheimnis, Ehrfurcht oder Staunen in der Meditation zurückweist. Diese Tendenz verstärkt sich, wenn Meditation als »Wissenschaft des Geistes« präsentiert wird, wenn Leute regelmäßig für MRT-Untersuchungen verdrahtet werden, um detailliert ihre Hirnfunktion während der Meditation zu messen, wenn von Regierungen geförderte Untersuchungen an Freiwilligen über längere Zeitspannen angestellt werden, um die »Effektivität« von Meditation zu verstehen.

Meditation als Technik zu behandeln, um das Problem menschlichen Leidens zu lösen, ist jedoch nichts Neues. Der Buddhismus selbst ist oft dieser Art des Denkens verfallen und unterstützt in einigen Schulen diesen Zugang in unkritischer Weise. Nehmen wir zum Beispiel den Schlussabschnitt aus *Die Verankerung der Achtsamkeit.* »*Bhikkhus*«, erklärt Gotama, »wenn einer diese vier Arten der Verankerung der Achtsamkeit in dieser Weise sieben Jahre lang entwickelt, kann eines von zwei Ergebnissen für ihn erwartet werden: entweder endgültiges Wissen hier und jetzt, oder – wenn noch eine Spur von Anhaften übrig ist – Nicht-Wiederkehr.« (Nicht-Wiederkehr ist der letzte Zustand, bevor jemand zum Arahant wird). Mit anderen Worten, wenn Sie diese Praxis korrekt ausüben, ist das Endergebnis garantiert. Das unterscheidet sich nicht von einem Verkaufsargument für eine effektive Diät: Wenn Sie diesen Anweisungen für einen Zeitraum X folgen, ist es sicher, dass Sie um die X Kilo Gewicht verlieren werden. Die Übertreibung wird noch gesteigert: »Und wenn es nicht sieben Jahre sind, *bhikkhus*, wenn einer diese vier Arten der Verankerung der Achtsamkeit für sechs Jahre entwickelt … für fünf Jahre … für vier Jahre …« kann man solche Ergebnisse erwarten. Und schließlich: »Und wenn es gar nur ein halber Monat ist, *bhikkhus*. Wenn irgendjemand diese vier Arten der Verankerung der Achtsamkeit für sieben Tage entwickeln würde, eines von zwei Ergebnissen kann für ihn erwartet werden.«[35]

Selbst wenn wir solche Passagen als spätere Ergänzungen erachten, dazu bestimmt, dem Buddhismus in der starken Konkurrenz unter den indischen Religionen einen Vorsprung zu verschaffen, scheint die Rhetorik in einem grundlegenden Text des Kanons fehl am Platz. Menschliche Wesen werden wie Meditationsmaschinen behandelt, nicht als geheimnisvolle Geschöpfe, die als Antwort auf das alltäglich Erhabene nur zutiefst verunsichert die Frage stammeln können: »Was ist das?« Allerdings müssen wir anerkennen, dass Meditation in der Praxis *sowohl* eine technische Dimension als auch eine meta-technische Dimension umfasst. Sie wird aus der Spannung zwischen beiden geformt. Es gibt Meditationstechniken, die, einmal erlernt und kultiviert, zu vorhersagbaren Ergebnissen führen. Wenn Sie sich zum Beispiel in Konzentrationsübungen trainieren, gibt es eine gute Chance, dass Sie fokussierter und weniger ablenkbar werden. Klinische Studien von Menschen, die Achtsamkeit praktizieren, legen in ähnlicher Weise nahe, dass ein signifikanter Prozentsatz von Übenden bestimmte Effekte als Resultat ihrer Bemühungen erleben wird. Doch es gibt auch meta-technische Qualitäten wie Weisheit, Mitgefühl und Vorstellungskraft, die für die Praxis der vierfachen Aufgabe unverzichtbar sind, aber durch keine noch so große technische Fertigkeit garantiert werden können.

Es ist nützlicher, Meditation mit dem fortwährenden Ausüben einer Kunst zu vergleichen als mit der Entwicklung einer technischen Fertigkeit. Genauso wie ein Maler oder eine Musikerin ein gewisses Ausmaß an technischen Fertigkeiten entwickeln muss, um als versierte Kunstschaffende zu gedeihen, muss eine meditierende Person in einer Anzahl technischer Fertigkeiten bewandert sein, um als Lebenskünstlerin zu erblühen. In beiden Fällen wird es eine Bandbreite von Individuen geben, darunter Menschen, die eine natürliche Begabung haben, aber technisch inkompetent sind, bis hin zu solchen, die technisch kompetent sind, denen aber Vision, Spontaneität und Vorstellungskraft fehlen. Das Ziel einer voll verwirklichten Praxis ist es, eine Balance zwischen den beiden Dimensionen zu finden.

Die Sŏn-Tradition hat ihre Ursprünge in einer Auflehnung gegen den institutionellen und doktrinären Formalismus, der mehr und mehr den indischen Buddhismus gekennzeichnet hat. Sie betont immer wieder, dass äußere Autorität, Schrifttum und erhabene Gedanken alleine nicht imstande sind, den Herzschlag von Gotamas Lehre zu vermitteln. Wie Deshan sagt:

> Hier gibt es keine Vorfahren und keine Buddhas. Bodhidharma ist ein stinkender Ausländer. Shakyamuni ist ein vertrocknetes Stück Scheiße. »Erwachen« und »Nirvana« sind Pfosten, an denen man Esel festbindet. Der Schrift-Kanon wurde von Teufeln geschrieben; er ist nur Papier, mit dem man infizierte Hautbeulen ausreibt. Nichts von alldem wird dich retten.[36]

Eine ähnliche Auflehnung gegen den etablierten Buddhismus fand in Indien ungefähr zu derselben Zeit statt (etwa ab dem achten Jahrhundert u.Z.). Dazu gehörte die Ablehnung des Mönchswesens und die Anerkennung, dass die Praxis des Dharma mit einem in die alltägliche Unordnung der Welt eingebetteten Leben vollkommen vereinbar ist. Die Führer der Revolte wurden als *mahāsiddhas* (große Eingeweihte) bekannt. Wie ihre Zeitgenossen in China lebten sie unkonventionell und artikulierten ihre Visionen eher in Poesie und Gesang als in stringent formulierter Prosa.

Ein ähnlicher Bruch mit der Vergangenheit des Buddhismus könnte heute möglich sein. Als Teilnehmende an diesem Prozess ist es für uns recht schwierig, die breiten historischen Strömungen des Wandels einzuschätzen oder auch nur wahrzunehmen, während sie ihre Wirkung entfalten. Eine Person, die sich in gutem Glauben dem Erhalt einer asiatischen Form des Buddhismus verpflichtet fühlt, könnte wohl der Meinung sein, dass Lärm und Tempo der gegenwärtigen Veränderung die Grundlagen buddhistischer Tradition ernsthaft gefährden. Die Welle der Säkularisierung, die Achtsamkeit nach oben gespült und sie in eine therapeutische Technik verwandelt hat, wird wahrscheinlich nicht abflauen. Die Welle muss nicht als Bedrohung gesehen werden. Sie ist eher eine besondere Gelegenheit, ein von Grund auf neues Bild des Dharma zu entwerfen, das klarer und direkter die Bedingungen der Männer und Frauen anspricht, die mit den Herausforderungen der heutigen Welt konfrontiert sind.

Eine bei traditionellen Buddhistinnen und Buddhisten verbreitete Klage ist, dass die Achtsamkeitsbewegung das Niveau des Dharma senke. Dieser elitäre Vorwurf übersieht, dass der Buddhismus seit seinen Ursprüngen selbst sein Niveau gesenkt hat. Es ist zweifelhaft, ob dieselben Leute, die die Achtsamkeitsbewegung verdammen, gleichermaßen die Praxis von Millionen Buddhistinnen und Buddhisten verdammen würden, die darin besteht, den Namen des mythischen Buddha Amitabha oder den Titel der *Lotos-Sutra* immer wieder zu wiederholen. Achtsamkeit wird zum *Om Mani Padme Hum* des säkularen Buddhismus. Anstatt ein Mantra zu murmeln und dabei ein Gebetsrad zu drehen und einmal in der Woche zum Kloster zu gehen, um Butterlampen zu entzünden, könnten moderne Praktizierende täglich für zwanzig Minuten auf einem Kissen sitzen und ihren Atem beobachten und einmal wöchentlich eine »Sitzgruppe« im Wohnzimmer eines Freundes besuchen. In beiden Fällen mögen die Praktizierenden wenig von buddhistischer Philosophie oder Lehre verstehen, aber diese einfachen Übungen als lohnend erachten, weil sie ihnen zu einem ausgeglichenen und sinnvollen Leben verhelfen.

Im Rückblick mag die weit verbreitete Akzeptanz der Achtsamkeit auf den verschiedenen Gebieten des modernen Lebens als Teil des längeren historischen Prozesses der Anpassung des Buddhismus an die Moderne gesehen werden. Ein entscheidender Moment für die Akzeptanz kontemplativer Disziplinen in einem säkularen Kontext wird sein, wenn sich die öffentliche Wahrnehmung von Meditation als einer exotischen, fremden und randständigen Praxis verändert und diese als eine ganz normale, generell akzepzierte Aktivität anerkannt wird. Wenn dies eintritt, sollten sich Buddhistinnen und Buddhisten, statt sich über den »Niedergang« des Dharma zu beschweren, der Herausforderung stellen, eine philosophisch stimmige und ethisch ganzheitliche Vorstellung vom Leben zu entwickeln, die nicht mehr an die religiösen Dogmata und Institutionen des asiatischen Buddhismus gebunden ist. So könnten sie vielleicht dazu beitragen, dass eine Kultur des Erwachens anbricht, die sich »buddhistisch« nennen könnte oder auch nicht.

10 Ānanda: der Begleiter

Pasenadi: »Wie ist der Name dieses Mendikanten?«
Gotama: »Sein Name ist Ānanda, Eure Majestät.«
Pasenadi: »Er ist wirklich voller Freude (Ānanda), und so erscheint er mir.«
– Kaṇṇakatthala Sutta

Ānanda: »Die Gesichtsfarbe des Lehrers ist nicht länger rein und strahlend, seine Glieder sind schlaff und faltig, sein Körper ist gebückt; und einige Veränderungen lassen sich bei seinen Fähigkeiten beobachten.«
– Indriyasaṃyutta

Alle Richtungen sind düster,
Nichts ist mehr klar für mich;
Unser guter Freund verstorben,
Alles scheint Dunkelheit zu sein.
– Ānanda, Theragāthā

(1)

Die Welt, die allmählich aus der Menge der beiläufigen Einzelheiten in den Lehrreden und im Vinaya hervortritt, ähnelt doch ziemlich unserer eigenen skurrilen, komplexen, konfliktbeladenen und unsicheren Welt. Sie hat wenig gemein mit den mythischen Welten, die von den großen indischen Epen, wie dem *Mahābhārata*, oder den überbordenden Werken des Mahāyāna-Buddhismus, wie dem *Lotos-Sutra*, heraufbeschworen werden. Obwohl auch im frühen Kanon gelegentlich Götter und Dämonen erscheinen, fungieren sie als Nebendarsteller oder als griechischer Theaterchor für die allzu menschlichen Protagonisten. In den Lehrreden etwa ist König Pasenadi einer der beiden mächtigsten Herrscher seiner Zeit, jedoch ist er weit von der Art der heroischen Könige indischer Epen entfernt. Pasenadi ist ein übergewichtiger und tragischer Mann, innerlich zerrissen, der darum ringt, die Herausforderungen und Bedrohungen seiner Macht zu bewältigen, und er stirbt unrühmlich im Exil, nachdem er sich an Rübenblättern überfressen hat. Statt seine Armee in entscheidende Schlachten zu führen, lässt er sich auf unbedeutende Grenzgeplänkel ein. Statt mit Prunk eine ehrfürchtige Bevölkerung zu regieren, beklagt er sich, dass seine Bediensteten ihn nicht respektieren und seine Minister ihn unterbrechen und ignorieren. Diese Art geschmackloser, angespannter politischer Realität erscheint nur allzu vertraut aus der Berichterstattung der Medien über das Zeitgeschehen heute.

Zum ersten Mal in der Geschichte der indischen Literatur eröffneten die Texte des frühen Buddhismus einen Blick auf eine uneingeschränkt menschliche Welt. Betrachten wir die einundzwanzig Haushälter und Anhänger, von denen gesagt wird, sie hätten Erfüllung im *tathāgata* gefunden, sie wären Seher des Todlosen geworden und handelten entsprechend der Erfahrung des Todlosen.[1] Von diesen einundzwanzig werden nur vier mit einer gewissen Häufigkeit in den Lehrreden erwähnt – Anāthapiṇḍika, Citta, Mahānāma und Jīvaka –, während vier andere, außer in dieser Passage, im Kanon nie wieder in Erscheinung treten. Von denjenigen, über die wir einige Informationen besitzen, stammen vier aus Kosala, vier aus der Vajji-Konförderation und zwei jeweils aus Magadha, Anga und Ukala (die beiden letztgenannten Länder befanden sich im Osten Magadhas). Hinsichtlich ihrer sozialen Stellung waren acht von ihnen Kaufleute oder Bankkaufleute, vier besaßen leitende Funktionen oder waren Regierungsbeamte, und einer war ein Arzt. Aus diesem seltenen Schnappschuss einer Gruppe von Gotamas wichtigsten nicht ordinierten Anhängern können wir schließen, dass seine Lehre Männer der entstehenden Kaufmanns- und Herrscherklassen anzog, die aktiv daran beteiligt waren, die neuen, sich im Nordosten Indiens entwickelnden urbanen Gesellschaften aufzubauen. Für sie war der Dharma eine eminent praktische Lebensweise, die ihre fordernde Arbeit in der Welt unterstützte.

Haben diese Menschen tatsächlich gelebt und geatmet und sich in dieser Welt bewegt? Obwohl es kühn wäre, auf Grund einer unbedeutenden Textstelle in den *Numerischen Lehrreden* mit Sicherheit zu behaupten, dies sei so gewesen, ist es schwer, sich Gründe vorzustellen, warum eine derart zusammengewürfelte Gruppe zu einem späteren Zeitpunkt erfunden worden und dann für ihre Verwirklichungen in einer ungewöhnlichen Sentenz, die nur einmal im Kanon erscheint, gerühmt worden wäre. Dieser schwierige und diskontinuierliche Text über Haushälter könnte ein weiteres Beispiel für eine Passage sein, in der Ereignisse beschrieben werden, die sich während Gotamas Leben wirklich zugetragen haben. Die Tatsache, dass die einundzwanzig Männer von der buddhistischen Tradition fast völlig vergessen worden sind, könnte darauf hinweisen, wie das kollektive Gedächtnis der Gemeinschaft begann, angesehenen Mendikanten aus der Zeit des Buddha den Vorzug zu geben – sie wurden berühmt, während Haushälter und Anhänger marginalisiert wurden. Die Lehrreden vermitteln einen durchaus klaren und stimmigen Eindruck davon, dass es Gotama vordringlich um die Gründung einer protomonastischen Gemeinschaft von Entsagenden ging. Ein solcher Eindruck muss jedoch mit Vorsicht behandelt werden, gerade weil er dazu dient, die späteren klösterlichen Gemeinschaften, die für das Auswendiglernen und die Weitergabe der Lehrreden verantwortlich waren, zu legitimieren.

Ich stelle in diesem Buch die Leben eines Anführers (Mahānāma), eines Königs (Pasenadi), eines gescheiterten Mendikanten (Sunakkhatta), eines Arztes (Jīvaka) und in diesem Kapitel, das eines Mendikanten, der als »Junge« (Ānanda) verspottet wird, in den Mittelpunkt, um ein Gegengewicht zu schaffen zur traditionellen Hervorhebung der verehrten Arahants, die angeblich zu Gotamas Zeit sehr zahlreich waren. Der Vorteil, sich auf solche Personen zu konzentrieren, liegt darin, dass wir unmittelbar den in einer komplexen, unsicheren Welt auftauchende Ambitionen und Ängsten begegnen, statt der gelassenen Abgeklärtheit entpersönlichter Heiliger. Gleichzeitig können wir durch die Dialoge flüchtige Eindrücke vom Buddha selbst gewinnen. Wie vorläufig dieses bruchstückhafte Porträt auch sein mag, wir erhalten eine neue Sicht auf diesen Mann: statt einem perfekten Arahant, der nie Fehler begeht, begegnen wir einer Person, die ihr Möglichstes tut, um ihre Ziele in der gleichen unvollkommenen Welt zu verwirklichen wie ihre Gesprächspartner.

Glücklicherweise stehen uns zwei voneinander unabhängige Versionen der Lebensgeschichte Gotamas zur Verfügung. Eine basiert auf Texten, die sich verstreut im Palikanon finden, die andere auf einer tibetischen Übersetzung eines verlorenen Sanskrit-Originals, das dem Vinaya der Schule der Mūlasarvāstivāda zuzurechnen ist. Gewisse Einzelheiten unterscheiden sich in den zwei Überlieferungen, jedoch ist der Hauptstrang der Erzählung identisch. Dies deutet stark darauf hin, dass beide auf eine gemeinsame Quelle zurückgehen, die nicht mehr erhalten ist. Da die epigraphischen Quellen belegen, dass der Dharma sich während der Regierung des Herrschers Aśoka im dritten Jahrhundert v. u. Z. über den gesamten Subkontinent verbreitet hat, erscheint es naheliegend, dass Gotamas Lebensgeschichte etwa zu dieser Zeit, einhundertfünfzig Jahre nach seinem Tod, durch umherwandernde Mendikantengruppen in unterschiedlichen Dialekten in verschiedenen Teilen Indiens und Sri Lankas verbreitet worden ist.

Zur Veranschaulichung der Unterschiede zwischen den beiden Versionen hier die Passagen, die den Tod Mahānāmas schildern. Beide wurden in Kapitel 2 besprochen. Der Palitext, zuerst in Sri Lanka niedergeschrieben, lautet (nach Burlingames Übersetzung):

> Mahānāma dachte: »Wenn ich mich weigere, mit [Viḍūḍabha] zu essen, wird er mich töten. Da das der Fall ist, ist es besser für mich, durch meine eigene Hand zu sterben.« Also löste er seine Haare, knotete sie an den Spitzen zusammen, steckte seine großen Zehen in die Haare und warf sich in das Wasser.[2]

Der Text, der als Übersetzung einer verlorengegangenen nordindischen Sanskritversion seinen Weg nach Tibet fand, lautet (nach Rockhills Übersetzung):

> Von Kummer für seine eigenen Leute erfüllt, stieg Mahānāma hinab in das Wasser eines Teichs. Am Ufer des Teichs wuchs eine Salweide, deren Äste bis ins Wasser reichten; diese verfingen sich in seinem Haarknoten, sodass er unter Wasser gezogen wurde und ertrank.[3]

Die Gründe für Mahānāmas Tod werden in den beiden Versionen unterschiedlich erklärt, jedoch stimmen sie darin überein, dass seine Art des Ertrinkens etwas mit seinem Haar zu tun hatte, nachdem er während der Invasion von Sakiya von Viḍūḍabha gefangen genommen worden war. Obwohl es unmöglich ist, genau zu wissen, was sich ereignete, stimmen die beiden Darstellungen in den zentralen Punkten überein.

Die Übereinstimmung bei solch nebensächlichen Einzelheiten wie diesen, von denen es zahlreiche weitere Beispiele gibt, in zwei Textüberlieferungen, die über hunderte von Jahren keinen Kontakt miteinander hatten und durch die gesamte Länge des indischen Subkontinents voneinander getrennt waren, ist ein Indiz dafür, dass die zugrunde liegende Erzählung sehr wahrscheinlich auf historischen Ereignissen beruht. Natürlich wäre es möglich, dass die Schilderung eine Erfindung ist, die aus unbekannten Gründen in den eineinhalb Jahrhunderten nach Gotamas Tod geschaffen wurde. Wie die Erfindung solch nebensächlicher Einzelheiten – die Rolle von Mahānāmas Haarknoten bei seinem Selbstmord – aber dazu gedient haben könnte, die Interessen unbekannter Personen der frühen buddhistischen Gemeinschaft zu befördern, ist mir nur schwer vorstellbar. Weit plausibler scheint mir zu sein, die gemeinsamen Elemente dieser Geschichte als uns erhaltene Fragmente einer mündlichen Überlieferung zu sehen, die bis zur Lebenszeit Gotamas zurückgeht.

(2)

Ānanda war der jüngere Sohn von Suddhodanas Bruder Amitodana. Dies macht ihn zum Cousin ersten Grades sowohl von Gotama als auch von Mahānāma. Sein älterer Bruder, Devadatta, gehörte zur ersten Gruppe hochrangiger Männer aus Sakiya, die dem Orden der Mendikanten beitraten, wurde aber, der buddhistischen Legende zufolge, zum Verräter und Aufrührer, als er versuchte, die Rolle des Buddha zu übernehmen. Da von Ānanda behauptet wird, er sei im gleichen Jahr wie Gotamas Sohn Rāhula geboren, muss er ungefähr dreißig Jahre jünger als sein Cousin gewesen sein. Wenn Devadatta ungefähr gleichaltrig mit Gotama gewesen ist, müsste Ānanda der Sohn einer jüngeren Frau, vielleicht einer Frau aus Videha, gewesen sein, was ihn zu Devadattas Halbbruder machte.[4] Ānanda ist die einzige Hauptfigur im Kanon aus dieser jüngeren Generation. Wahrscheinlich trat er dem Orden bei, als er zwanzig wurde – das jüngste zulässige Alter. Er wurde fünf Jahre später zum Begleiter des Buddha ernannt und behielt diese Funktion bis zum Tode Gotamas im Alter von achtzig Jahren. Ānanda wäre dann fünfzig Jahre alt gewesen.

Da es von Amitodana heißt, er habe versucht, den jungen Ānanda daran zu hindern, in Kontakt mit dem Buddha zu kommen, er sei sogar so weit gegangen, ihn nach Vesālī zu bringen, wann immer Gotama sich in Kapilavatthu aufhielt, ist die Vermutung naheliegend, dass Ānanda schon als Kind von seinem berühmten Cousin und seiner Lehre fasziniert war. Auch scheint Gotama Ānanda für einen vielversprechenden, begabten jungen Mann gehalten und ihn dazu ermutigt zu haben, ein

Mendikant zu werden. Letzten Endes gab Amitodana nach und erlaubte seinem Sohn, aus Kapilavatthu wegzugehen, um der Gemeinschaft des Buddha beizutreten.[5]

Es war jedoch nicht Gotama, dessen Unterweisungen Ānanda zu seiner ersten Einsicht im Dharma führten, sondern ein Mendikant namens Puṇṇa Mantāniputta, der, den Pali-Quellen zufolge, ein Neffe von Koṇdañña gewesen ist, dem Anführer der fünf Asketen, denen der Buddha seine ersten Lehrdarlegungen gab. In einem Text der *Gruppierten Sammlung* erinnert sich Ānanda, wie Puṇṇa ihn mit folgenden Ermahnungen ermutigte:

> Es ist durch Anhaften, Ānanda, dass »ich bin« entsteht, nicht ohne Anhaften. Und durch Anhaften an was entsteht »ich bin«? Es ist durch Anhaften an Formen, Gefühlen, Wahrnehmungen, Neigungen und Bewusstsein, dass »ich bin« entsteht, nicht ohne Anhaften. Nimm an, ein eitler junger Mensch würde sein Gesicht in einem Spiegel oder in einer mit klaren, reinen Wasser gefüllten Schale betrachten: er würde es mit Anhaften betrachten, nicht ohne Anhaften. In gleicher Weise, durch Anhaften an Form, Gefühlen, Wahrnehmung, Neigungen und Bewusstsein entsteht »ich bin«, nicht ohne Anhaften.[6]

Da Ānanda zu der Zeit Anfang zwanzig gewesen sein muss und es von ihm heißt, er sei schön gewesen, mag Puṇṇa dieses Bild eines eitlen jungen Mannes gewählt haben, um Ānandas Aufmerksamkeit auf seine Neigung zum Narzissmus zu lenken. Puṇṇa regt seinen Schüler an, die physischen und psychischen Elemente seiner Erfahrung unsentimental und unpersönlich zu betrachten, und ermöglicht ihm so, die Liebe zu seiner eigenen Erscheinung zu durchschauen und darüber nachzusinnen, worauf sein Selbstgefühl beruht. Nachdem Puṇṇa Ānandas Aufmerksamkeit auf die Hauptbestandteile seiner Erfahrung gerichtet hat, stellt er eine Reihe bohrender Fragen: »Sind deine Form, Gefühle usw. unvergänglich oder vergänglich?« »Ist das, was vergänglich ist, befriedigend oder unbefriedigend?« »Ist das, was vergänglich und unbefriedigend ist, geeignet, folgendermaßen betrachtet zu werden: ›Dies ist mein, dies bin ich, dies ist mein Selbst‹?«

Als Ergebnis der Untersuchung seiner gefühlten Erfahrung kommt Ānanda zu dem Schluss: »Ich habe einen Durchbruch zum Dharma geschafft.«[7] Von seiner zwanghaften Faszination von der eigenen Erscheinung befreit, führte ihn diese Einsicht (den Kommentaren zufolge) zum Stromeintritt. Statt in allem in der Welt Wahrgenommenen nur ein Spiegelbild seiner selbst zu sehen, begann er, die Phänomene unpersönlich in ihrem Entstehen und Vergehen zu betrachten, und das erlaubte ihm, seine gewohnte Reaktivität loszulassen und eine direkte Erfahrung des Nirvana zu erlangen. Dies wiederum eröffnete ihm die Möglichkeit, aus einer nicht länger von Reaktivität beherrschten Perspektive in der Welt zu leben.

Jedoch veranlasste sein Durchbruch Ānanda nicht dazu, sich in den Wald zurückzuziehen und intensiver Meditation zu widmen, um ein befreiter Heiliger zu werden. Stattdessen nahm er eine der anspruchvollsten Rollen in der Gemeinschaft an: Er wurde der persönliche Begleiter Gotamas.

Während der ersten zwanzig Jahre seines Wirkens dienten dem Buddha eine Reihe von Begleitern, darunter Sunakkhatta. Keiner von ihnen scheint sehr lange auf diesem Posten geblieben zu sein. Einige von ihnen befolgten Gotamas Anweisungen nicht; andere fanden die Rolle einfach zu anstrengend und quittierten den Dienst. Als Gotama Mitte fünfzig war, erklärte er, dass er sich nicht wohl fühle, er sein Alter spüre und aufgrund seiner Pflichten als Lehrer erschöpft sei. In aller Form bat er die Mendikanten, jemanden zu ernennen, der ihm dienen und sich verlässlich um seine Bedürfnisse kümmern würde. Diejenigen, die sich zuerst freiwillig meldeten, wurden aufgrund ihres Alters für die Position abgelehnt. Daher wandten sich Moggallāna und Sāriputta an Ānanda mit der Bitte, die Aufgabe zu übernehmen. »So wie es schwierig ist, sich einem mächtigen sechzigjährigen Elefanten in den Wäldern zu nähern«, erwiderte der junge Mann, »stark, mit großen, geschwungenen Stoßzähnen und breiter Brust, der den Kampf genießt, wenn er bereit ist für das Gefecht, so schwierig ist es, dem Lehrer zu dienen und sich um ihn zu kümmern.«[8] Gotama mag über Alter und Ermüdung geklagt haben, aber Ānanda gab sich keinen Illusionen hin, was es bedeutete, jemandem zu dienen, der immer noch voller Vitalität und Drang schien und darauf brannte, sich mit Gegenstimmen und Konflikten auseinanderzusetzen, um seine Ziele zu verwirklichen.

Ānanda akzeptierte die Rolle schließlich unter drei Bedingungen: (1) dass er nicht das Essen und die Kleidung des Buddha mit ihm teilen müsse; (2) dass er ihn nicht begleiten müsse, wenn er das Haus eines Anhängers besuchte; und (3) dass er völlig freien Zugang zu ihm haben würde. Offensichtlich waren es nicht nur die hohe Belastung und Verantwortung, die andere dazu veranlasst hatten, diese Rolle aufzugeben, sondern auch die Kritik und die Verleumdungen derer, die den Begleiter um seine Nähe zu Gotama beneideten. Indem er auf diesen Bedingungen bestand, zeigte Ānanda, dass er nicht an persönlichen Vorteilen interessiert war, sondern dass er durch seine Hingabe zum Buddha motiviert war.

Halten wir uns vor Augen, dass dies ein junger Mann von Mitte zwanzig ist, ein Mendikant mit einer nur fünfjährigen Ordenszugehörigkeit, der eine Schlüsselstellung in einer Bewegung annehmen soll, die in den letzten zwanzig Jahren beständig an Größe und Einfluss gewonnen hat. Sein »Arbeitgeber« ist nicht nur ein Mann auf dem Höhepunkt seiner Macht, er ist auch ein Vertrauter von Königen, Generälen und namhaften Kaufleuten. Gotamas Bekenntnis seiner schwindenden Gesundheit und seines zunehmenden Alters zeigt, dass er sich seiner beschränkten Zeit auf dieser Erde bewusst war. Er hatte einen entscheidenden Zeitpunkt seines Lebens erreicht und erkannte, dass er jemanden mit administrativen Fähigkeiten und sozialer Kompetenz brauchte, um Dharma und Gemeinschaft dauerhaft zu etablieren. Ānandas Aufgaben beinhalteten weit mehr, als »ihm sein Wasser und den Zahnstocher zu bringen, seine Füße zu waschen und seine Zelle zu fegen«, wie G. P. Malalasekera es treffend beschreibt.[9] Er wurde zu seinem persönlichen Assistenten, Butler, Stabschef, Sekretär, Betreuer, Mittelsmann und Masseur, alles vereint in einer Person.

Er mag durchaus aufgrund seiner Jugend ausgewählt worden sein. Ānanda repräsentierte die Zukunft, jemand, der die Fackel des Dharma weiter hell brennen lassen würde, nachdem Gotama und die anderen älteren Schüler gestorben waren. Der Buddha mag ihn als einen Verbündeten gesehen haben, einen jungen, intelligenten und dynamischen Unterstützer, der helfen könnte, den schleichenden Konservatismus der alten Garde zu bekämpfen, der sich vielleicht schon bemerkbar machte. Da der

Buddha jedoch beabsichtigte, dass der Dharma allein – ein unpersönlicher Korpus von Ideen, Werten und Praktiken – sein Vermächtnis sein sollte, wird er Ānanda nicht als seinen Thronfolger betrachtet haben. Er wird ihn als einen fähigen Administrator gesehen haben, der die Angelegenheiten der Gemeinschaft nach seinem Tod beaufsichtigen könnte, und wichtiger noch, als einen Bewahrer der Lehre des Dharma, als jemanden, der sowohl ein enzyklopädisches Wissen seiner Unterweisungen als auch die Fähigkeit erworben hatte, dieses klar und einfühlsam zu vermitteln. Ānanda, der für sein außerordentliches Erinnerungsvermögen und sein pädagogisches Geschick berühmt war, wird diese Rolle perfekt ausgefüllt haben.

Ānanda ist in allen Traditionen dafür bekannt, einige Monate nach Gotamas Tod die Gesamtheit der Lehrreden des Buddha während des in Rājagaha einberufenen Konzils aus dem Gedächtnis vorgetragen zu haben. Da Ānanda dem Orden erst zwanzig Jahre nach Beginn von Gotamas Lehrerlaufbahn beigetreten war, konnte er nicht bei jeder Lehrrede, die er auswendig gelernt hatte, anwesend gewesen sein. Die Lehrreden selbst zeigen uns, dass das Auswendiglernen als Methode, den Dharma zu bewahren, praktiziert wurde, sowohl für eigene Zwecke wie auch zum Zweck der Unterweisung anderer. Gotama bittet manchmal einen Mendikanten, ihm eine Lehrrede vorzutragen, um dessen Kompetenz und Verständnis zu ermitteln; bei anderen Gelegenheiten rezitiert ein Mendikant eine Passage aus dem Gedächtnis und bittet Gotama, deren Bedeutung zu erklären. Ānandas Rolle ist es daher gewesen, zusammenzutragen, was andere im Gedächtnis bewahrten, auswendig zu lernen, was er selbst aus dem Munde Gotamas und anderer älterer Mendikanten hörte und dieses Material zu einem irgendwie kohärenten

Korpus zu ordnen. Wie dies genau geschah und welche Form der Kanon zu Buddhas Lebzeiten annahm, wissen wir nicht. Es erscheint jedoch naheliegend, dass Ānanda diese Aufgabe nicht allein bewältigt hat. Zweifellos hat er die Zusammenarbeit mit anderen gesucht, besonders mit Sāriputta, der als der führende Intellektuelle der Gemeinschaft galt.

(3)

Als Gotama zweiundsiebzig und Ānanda zweiundvierzig Jahre alt waren, war der Zusammenhalt der Gemeinschaft in Rājagaha ernsthaft bedroht. Die dafür verantwortliche Person war Ānandas älterer Bruder, Devadatta. Als eine dem Judas Iscariot vergleichbare Figur der buddhistischen Legende ist es so gut wie unmöglich, im Kanon eine Darstellung Devadattas zu finden, die ihn nicht als schwachen, hinterhältigen, eigennützigen Schurken zeigt. Jedoch scheint er während der siebenunddreißig Jahre, bevor er die Abdankung des Buddha zu seinen eigenen Gunsten vorschlug, sehr geachtet gewesen zu sein. Eine Passage des *Udāna* nennt Devadatta unter elf Mendikanten, die vom Buddha herausgestellt wurden als solche, die »böse [Geistes-]zustände abgelegt haben, sich immer achtsam verhalten und die Fesseln zerstört haben«.[10] An anderer Stelle erinnert Sāriputta sich, Devadatta als jemanden mit »großer psychischer Kraft und Majestät« gerühmt zu haben.[11] Angesichts des Verwandtschaftsverhältnisses – er war ein Cousin Gotamas – wie auch seiner Zugehörigkeit zur ersten Gruppe hochrangiger Männer aus Sakiya, die sich der Gemeinschaft angeschlossen hatten, gehörte Devadatta wahrscheinlich zur Kerngruppe der rangältesten Schüler des Buddha.

Der die Krise auslösende Anlass war eine öffentliche Unterweisung, der der betagte König Bimbisāra beiwohnte. Devadatta erhebt sich, tritt vor, verbeugt sich respektvoll und sagt zu Gotama: »Herr, du bist jetzt alt. Du hast deine Lebenszeit durchlebt. Mögest du dich von nun an damit zufrieden geben, hier und jetzt in Ruhe zu leben, und mir die Gemeinschaft der Mendikanten übergeben.« Aber Gotama hat nicht die Absicht, die Führung der Gemeinschaft an irgendjemanden zu übergeben, »nicht einmal an Sāriputta oder Moggallāna, ganz zu schweigen von einem Speichellecker wie dir«.[12] In der Gegenwart des Königs gedemütigt, entfernt sich Devadatta.

Wenn Devadatta während der vorangegangenen siebenunddreißig Jahre zum Gefolge des Buddha gehört hatte, wird er mit Sicherheit gewusst haben, dass es keinerlei Pläne gab, einen Nachfolger für Gotama zu benennen. Sein Appell könnte daher darauf abgezielt haben, seinen Cousin davon zu überzeugen, seine idealistische Vision einer führerlosen, ausschließlich von den Prinzipien des Dharma geleiteten Gemeinschaft aufzugeben und stattdessen jemanden wie ihn zu ermächtigen, die Leitung des Mendikanten-Ordens zu übernehmen. Devadatta mag sich als Realist gesehen haben, als jemand mit tiefer Besorgnis für das Fortbestehen der Gemeinschaft, wenn ihr weiser und charismatischer Gründer einmal nicht mehr da sein würde, um Streitfragen zu lösen und Regeln aufzustellen. Nach allem, was uns bekannt ist, mögen ihn andere ebenso in diesem Licht gesehen haben.

Gotamas Antwort auf Devadattas Vorschlag erfolgt schnell und ist barsch. Er überzeugt die Mendikanten davon, überall in Rājagaha eine offizielle Erklärung zu verbreiten, die Devadatta als jemanden brandmarkt, »dessen Natur vormals von einer Art war, jetzt aber von anderer Art ist«, und dass zusätzlich nichts von dem, was Devadatta sagt oder tut, seine Billigung, die des Dharma oder der Gemeinschaft hätte. Gotama stellt Devadatta nicht als bösartigen Menschen dar, sondern als jemanden, der sich so radikal von Gotamas leitender Vision entfernt hat, dass er nicht mehr vertrauenswürdig ist. Als Sāriputta und andere die offizielle Erklärung in die Öffentlichkeit tragen, entsteht ein Aufruhr, der die Bewohner Rājagahas in gegnerische Lager spaltet: einige beharren darauf, dass Gotama eifersüchtig auf den Erfolg seines Cousins sein müsse, andere meinen, eine wirklich sehr ernste Angelegenheit habe Gotama wohl dazu gebracht, auf diese Weise zu reagieren.

Der Buddha weiß genau, welche Entwicklung er sich für seine Gemeindschaft nach seinem Tod wünscht und welche nicht, und er ist bereit, alles zu tun, was nötig ist, um dieses Ziel zu verwirklichen. Seine Wünsche stehen im Konflikt mit Devadattas Wünschen. Er tritt Devadatta mit einer öffentlichen Demonstration von Verachtung, Beleidigung (»Speichellecker«) und Demütigung entgegen, die den als Gegenspieler Empfundenen zum Rückzug zwingt. Dies ist nicht der Buddha der gängigen Vorstellung: der abgeklärte, leicht lächelnde Weise, der im Frieden des Nirvana weilt. Dies ist eine entschlossene und unnachgiebige Gestalt, durch und durch im Modus des »mächtigen Elefanten«, die keinen Widerspruch duldet.

Devadatta gibt nicht auf. Verletzt durch seine Zurückweisung, wütend vielleicht, dass seine Pläne, den Fortbestand der Gemeinschaft sicherzustellen, vereitelt worden sind, wählt er eine andere Strategie. Zusammen mit einer Gruppe von Anhängern geht er zum Buddha und macht einen anderen Vorschlag: »Herr, häufig sprichst du lobend davon, wenig zu wollen, zufrieden zu sein. Wäre es daher nicht gut, wenn alle Mendikanten für den Rest ihres Lebens als Waldbewohner lebten, die sich nie in Städten oder Dörfern niederlassen, als Bettler, die sich ausschließlich von Gaben ernähren und Einladungen, drinnen in Häusern zu essen, ablehnen, als Träger weggeworfener Lumpen, die keine Stoffe annehmen, die ihnen von Laien angeboten werden, als Menschen, die nur am Fuß von Bäumen schlafen und keine Unterkunft akzeptieren, und als Vegetarier, die weder Fisch noch Fleisch essen?«[13]

Der Buddha besteht darauf, dass es Sache der Mendikanten selbst sei, zu entscheiden, ob sie im Wald leben oder sich in einem Dorf niederlassen, ob sie ausschließlich vom Betteln leben oder im Haus von Anhängern essen, Roben tragen, die aus Lumpen gemacht sind oder aus feinen Stoffen, die von Haushältern geschenkt wurden. Vorausgesetzt Mendikanten suchen angemessenen Schutz während des Monsuns, hat er nichts dagegen einzuwenden, wenn sie den Rest des Jahres unter einem Baum leben. Und außer sie würden erfahren, dass ein Tier speziell für sie getötet wurde, sieht er keinen Grund, warum sie kein Fleisch essen sollten. Durch Ablehnung von Devadattas Vorschlag bekräftigt Gotama die Freiheit der Mendikanten, ihr Leben selbst zu gestalten, und weigert sich, ihre Freiheit, im Austausch mit der Gesellschaft zu stehen, weiter zu beschneiden. Implizit lehnt er auch die Idee ab, Regeln auf der Grundlage eines abstrakten Prinzips (wie etwa Genügsamkeit) aufzustellen. Sie sollten vielmehr als Antwort auf schädliche, in konkreten Situationen begangene Handlungen formuliert werden.

Devadatta und seine Anhänger begeben sich nach Rājagaha und geben dort bekannt, dass sie sich entschlossen haben, nach diesen fünf Regeln zu leben, obwohl Gotama selbst dies ablehnt. Als der Buddha von Ānanda erfährt, dass Devadatta seine Pläne verwirklicht und eine abtrünnige Gemeinschaft von Mendikanten, die seinen neuen Regeln folgt, ins Leben gerufen hat, beschuldigt er ihn der Ordensspaltung, was eine so schwerwiegende Angelegenheit ist, dass der Verursacher »für ein Äon in der Hölle kochen wird«.[14] Devadattas neue Gemeinschaft zieht indessen eine große Zahl begeisterter junger Mendikanten an. Statt in Rājagaha zu bleiben, verlassen sie die Stadt und etablieren ihre Basis auf dem Gayā-Berg, dem Hügel, auf dem Gotama fast vierzig Jahre zuvor seine Lehrrede *Über Feuer* hielt.

Devadattas Rebellion hatte eine weitere, eine politische Dimension. Die überlieferte Darstellung schildert sie als Teil einer Verschwörung zusammen mit Prinz Ajātasattu, dem Thronfolger des Königs Bimbisāra. Um die Unterstützung des Prinzen zu gewinnen, erschien Devadatta in der Form eines einen Gürtel aus Schlangen tragenden Jungen auf Ajātasattus Schoß. Nachdem er den Prinzen so durch die Demonstration seiner magischen Kräfte beeindruckt hatte, ermutigt Devadatta ihn, seinen Vater Bimbisāra zu töten und die Herrschaft des Königreichs an sich zu reißen. Devadatta verspricht Ajātasattu, er seinerseits, werde »den Lehrer töten und selbst der Buddha werden«.[15] Obwohl Devadatta mit seinen komischen Versuchen Gotama zu töten fehlschlägt (Attentäter, die in letzter Minute die Nerven verlieren; ein Felsbrocken, von einer Klippe herabgestoßen oder von einem gigantischen Katapult geschleudert; ein freigelassener rasender Elefant), zwingt Ajātasattu Bimbisāra zu seinen Gunsten abzudanken – wie wir in Kapitel 8 erfahren haben; er setzt ihn dann gefangen und lässt ihn verhungern.

Als der chinesische Pilger Faxian (337 bis ca. 422) sieben Jahrhunderte nach dem Tod des Buddha Indien besuchte, beschreibt er, wie er nahe Sāvatthi auf eine Gemeinschaft von Mendikanten traf, die immer noch die fünf Regeln Devadattas befolgten. Obwohl sie drei mythische Buddhas aus einer fernen Vergangenheit verehrten, lehnte es die Gruppe ab, den historischen Gotama zu ehren. Zweihundert Jahre später beschreibt ein anderer chinesischer Mönch, Xuanzang (ca. 602–664), drei Klöster in Bengalen, in denen »Devadattas Lehre folgend, Milchprodukte als Nahrung abgelehnt wurden«.[16] Diese Berichte werfen Zweifel über die kanonischen Versionen von Devadattas Rebellion auf, denn diese enden triumphal damit, dass Sāriputta und Moggallāna zum Gayā-Berg reisen und Devadattas Schüler davon überzeugen, in den Schoß der Gemeinde zurückzukehren.

Mit anderen Worten, Devadattas Rebellion war vielleicht kein kläglicher Misserfolg, sondern, im Gegenteil, ein durchschlagender Erfolg. Indem er sich Gotama und dessen laxen Regeln entgegenstellte, fand Devadatta bei denjenigen Mendikanten Anklang – vielleicht bei der Mehrheit –, die ein Leben der Entsagung als eine kompromisslose Ablehnung der Welt und ihrer Angelegenheiten betrachteten. Wissenschaftler vertreten die Ansicht, dass die uns überlieferte kanonische Darstellung Devadattas zu einem späteren Zeitpunkt von einer Fraktion, die versuchte, Gotamas Autorität wieder herzustellen, erfunden worden sei.[17]

(4)

Devadattas Rebellion ist nur ein Beispiel dafür, wie Gotamas Welt zu zerfallen begann, als er sich dem Ende seines Lebens näherte. Mag dem Buddha auch die Tragödie einer Kreuzigung zu einem frühen Zeitpunkt seiner Laufbahn als Lehrer erspart geblieben sein, so sind seine letzten Jahre doch von einer Reihe von Schicksalsschlägen, sowohl innerhalb wie außerhalb seiner Gemeinschaft, gekennzeichnet. Diese stellen eine Art ausgedehnter Leidensgeschichte dar, die mit seinem Tod im Salweidenhain in Kusinārā ihren Höhepunkt findet. Wir haben bereits erfahren, dass Viḍūḍabhas Armeen seine Heimat Sakiya zerstörten. Sein Cousin Mahānāma und sein Wohltäter und Freund König Pasenadi starben, während er selbst von Sakiya nach Vesālī fliehen musste, nur um bei seiner Ankunft festzustellen, dass ihn sein früherer Begleiter Sunakkhatta bei der Versammlung von Vajji verunglimpft hatte. Als er schließlich nach Rājagaha floh, benutzte ihn König Ajātasattu auf zynische Weise, um ihn in Bezug auf seine eigenen Kriegspläne auszuhorchen. Während seines Aufenthalts in Rājagaha starben seine beiden Hauptschüler, Sāriputta und Moggallāna, kurz nacheinander, was eine große Lücke in der Führung der Gemeinschaft hinterließ.

Die letzten Monate Gotamas und die Ereignisse nach seinem Tod sind in ziemlichem Detailreichtum chronologisch überliefert. Dies erlaubt uns, den vielleicht verlässlichsten Teil des biographischen Narrativs zu rekonstruieren, der im Kanon gefunden werden kann. Ein beträchtlicher Teil dieser Informationen liegt in *Die große Lehrrede über das Ableben* vor, von der parallele Versionen in Pali, Sanskrit, Chinesisch und Tibetisch vorhanden sind. Weitere Details sind in den Lehrreden des Palikanons verstreut und auch in den Berichten über die von den Vinayas der verschiedenen Schulen überlieferten Geschehnisse, die zum ersten Konzil führen.

Nachdem Gotama und seine verbliebenen Anhänger Rājagaha zum letzten Mal verlassen haben, überqueren sie den Ganges und kehren am Ende nach Vesālī zurück, wo sie sich im Mangohain der Kurtisane Ambapālī aufhalten. Gotama beschließt, sich für die kommende Regenzeit in das kleine Dorf Beluva zurückzuziehen, mit nur Ānanda als Gesellschaft. Er empfiehlt den anderen Mendikanten, in Vesālī dorthin zu gehen, wo sie Unterstützer haben, und die Regenzeit da zu verbringen.[18]

Während der Regenzeit wird der Buddha jedoch ernsthaft krank und stirbt beinahe. Als er sich erholt hat und es ihm wieder so gut geht, dass er im Freien sitzen kann, kommt Ānanda zu ihm und sagt: »Ich habe dich gesund gesehen, und ich habe dich geduldig Schmerzen ertragen gesehen. Herr, ich war wie ein Betrunkener. Ich war verwirrt, und die Dinge schienen mir unklar wegen deiner Krankheit. Das Einzige, das mich tröstete, war der Gedanke: ›Der Lehrer wird nicht in das endgültige Nirvana eingehen, solange er nicht eine Erklärung über die Gemeinschaft der Mendikanten abgegeben hat.‹«[19]

Ānanda ist hin- und hergerissen zwischen seiner besorgten Reaktion auf das Leid eines Mannes, dem er tief ergeben ist, und seinem starken Pflichtgefühl. Er wollte dem Buddha bei der Verwirklichung dessen Ziels helfen, den Erhalt des Dharma und der Gemeinschaft sicherzustellen. Angesichts der bedrohlichen Umstände der Zeit muss er sich jedoch gefragt haben, ob Gotamas Vorhaben entweder im Sande verlaufen und nach seinem Tod vergessen würde oder ob sich die Gemeinschaft unter der Führung von jemand wie Devadatta in eine weitere lebensverneinende, asketische Bewegung verwandeln würde. Im Gegensatz zu Sāriputta, der als befreiter Arahant nie das geringste Anzeichen einer Emotion zeigt, lässt Ānanda seinen Gefühlen freien Lauf. Es ist diese Eigenschaft – die vom Standpunkt der Orthodoxie ein Zeichen der Schwäche Unerwachter ist –, die ihn durch und durch menschlich und mitfühlend erscheinen lässt. Auf eine Art kündigt sich mit Ānanda das spätere Ideal eines Bodhisattva des Mahāyāna an, jemand, der auf den transzendenten Frieden des Nirvana verzichtet, um auf das Leid einer Unzahl anderer Wesen in der Welt einzugehen.

Gotamas Antwort muss die Sorgen seines Begleiters weiter verschärft haben. »Was aber, Ānanda«, sagt er, »erwartet die Gemeinschaft der Mendikanten von mir? Ich habe den Dharma gelehrt, ohne einen Unterschied zwischen ›inneren‹ und ›äußeren‹ Lehren zu machen. Ich habe nicht die ›Faust eines Lehrers‹, nichts in der Hinterhand, in Bezug auf die Lehren. Wenn jemand denkt: ›Ich werde die Leitung der Gemeinschaft übernehmen‹, oder: ›Die Gemeinschaft sollte sich an mich wenden‹, lass ihn sich dazu erklären, aber ich denke nicht in diesen Begriffen.«[20] Mit diesen Worten scheint Gotama die Kontrolle über die Gemeinschaft, der er die vergangenen fünfundvierzig Jahre seines Lebens gewidmet hat, aufzugeben. Von jetzt an wird der Dharma ausreichen müssen, um die Angelegenheiten der Gemeinschaft zu regeln. Es gibt keine geheime Lehre oder Unterweisung, die er zurückgehalten hatte, um sie einem gesalbten Nachfolger weiterzugeben. Er hat seine Arbeit vollendet. Er hat alles gelehrt, was er für wichtig hält. Und er scheint dem gegenüber gleichgültig zu sein, was als Nächstes geschehen wird. Er hegt keinen Zweifel, dass jemand auf seine Chance wartet, begierig darauf, die Kontrolle über die Gemeinschaft zu übernehmen, und sie seinen Anordnungen Folge leisten zu lassen.

»Ānanda«, fährt er fort, »ich bin jetzt alt und erschöpft. So wie ein alter Karren zum Weiterfahren gebracht wird, indem man ihn mit Riemen zusammenhält, so wird mein Körper durch Zusammengebundensein zum Weitermachen gebracht. Nur wenn ich meine Aufmerksamkeit von der Welt abwende und in die merkmallose Konzentration des Geistes eintrete, kennt mein Körper Wohlbefinden.«[21] Er weiß, dass sein Leben zu Ende ist, dass er die Welt bald verlassen wird. Die einzige ihm mögliche Linderung seiner körperlichen Schmerzen ist, in eine tiefe meditative Versenkung einzutreten. Statt jedoch weitere Anweisungen zu geben, ermutigt er seine Anhängerinnen und Anhänger, unabhängig von ihm zu sein und ihre Angelegenheiten selbstständig zu regeln.

»Deshalb, Ānanda, solltet ihr euch selbst eine Insel sein, solltet ihr eure eigene Zuflucht sein, mit keiner anderen Zuflucht, mit dem Dharma als Insel, mit dem Dharma als eure Zuflucht, mit keiner anderen Zuflucht.«[22] Dieses berühmte letzte Vermächtnis ist kurz und bündig, ihre Bedeutung jedoch komplex. Es scheint einen Widerspruch zu enthalten: Nach der Feststellung, man solle selbst seine einzige Zuflucht sein, behauptet Gotama, der Dharma sei die einzige Zuflucht, die man besitze. Wie kann jemand zwei *einzige* Zufluchten besitzen? Der Sinn dieser Passage verändert sich, je nachdem, wie man dieses Rätsel löst.

Ich halte diese Äußerung für das letzte Wort des Buddha in Bezug auf die individuelle Selbstverantwortung, die als ein Hauptmerkmal seinen Dharma von anderen Lehren seiner Zeit unterscheidet. Diese Art der Eigenständigkeit, für die er plädiert, ist in keiner Weise mit einer naiven Selbstbezogenheit verwandt oder damit, die Verwirklichung der eigenen Wünsche unreflektiert über alle anderen Erwägungen zu stellen. Seine Betonung von Selbst (*atta*) unterstreicht die Bedeutung des

»Unabhängigwerdens von anderen« in Bezug auf den Dharma – ein Charakteristikum des Stromeintritts. Diese Unabhängigkeit meint nicht die Freiheit, ausschließlich das zu tun, was man will, sondern die Freiheit, ein vom Ethos des Dharma bestimmtes Leben zu führen, in dem man auf das eigene Leid und das Leid anderer auf eine nicht von Reaktivität bestimmte Weise eingeht. Gotama ermutigt zu einem sorgsamen und fürsorglichen Leben, das auf persönlicher Verantwortung und Eigenständigkeit statt in einer Reihe unabhängig von den Umständen angewandter Regeln oder Vorschriften gründet. Dieser scheinbar zweifache Charakter der Zuflucht wird also zu einem zusammengeführt: Es geht darum, sich im Dharma zu gründen, den man in das eigene Leben integriert hat.

Nach dieser Aufforderung zu persönlicher Unabhängigkeit stellt Gotama eine rhetorische Frage: Wie stellt man es an, als eine Insel für sich selbst zu leben, mit dem Dharma, das man integriert hat, als einzige Zuflucht? »Hier, Ānanda«, beantwortet er die Frage selbst, »verweilt ein Mendikant, indem er den Körper als Körper betrachtet, klar bewusst, achtsam, das Anhaften an die Welt aufgegeben habend, und in gleicher Weise verfährt er im Hinblick auf die Gefühle, den Geist und die Ideen.« In anderen Worten: Versteh die eigene Existenz und nimm sie vorbehaltlos an. Dies untergräbt deine gewohnheitsmäßige Reaktivität und öffnet dich für die Vision des Nirvana, für diesen Raum ohne Reaktivität, der ein freies Agieren ermöglicht, das nicht von Eigeninteresse allein bestimmt ist. »Und die, die jetzt, zu meiner Zeit oder später so leben«, schließt er, »sie werden zu den Weisesten, wenn sie zu lernen wünschen.«[23]

Sobald die Regenzeit zu Ende ist, verlässt Gotama Vesālī ein letztes Mal. *Die große Lehrrede über das Ableben* schweigt sich merkwürdigerweise darüber aus, warum sich ein todkranker, alter Mann noch einmal auf eine Reise begeben will und welches Ziel er hat. Allgemein wird angenommen, dass er nach Kapilavatthu zurückkehren wollte, um dort zu sterben. Diese Hypothese wird von seiner gewählten Route gestützt. Sie führt nach Nordwesten in Richtung der Republik Mallā, die er hätte durchqueren müssen, um nach Sakiya zu gelangen. Wenn er jedoch wusste, dass Kapilavatthu von Viḍūḍabhas Armeen zerstört wurde, warum hätte er dorthin gehen wollen? Gotama würde keine Reise von fast 320 Kilometern aus rein sentimentalen Gründen angetreten haben. Wiederholt bringt er zum Ausdruck, dass es sein ausschließliches Ziel im Leben sei, seinen Dharma und seine Gemeinschaft zu etablieren, daher wird er sich vermutlich mit diesem Ziel vor Augen auf die Reise gemacht haben. Kapilavatthu mag demnach doch nicht sein Reiseziel gewesen sein.

In *Die große Lehrrede über das Ableben* heißt es, dass Gotama Vesālī »mit einer großen Gruppe von Mendikanten« verließ, aber dieser Ausdruck ist vielleicht nur eine Formel. Außer Ānanda werden nur drei andere Mendikanten (Anuruddha – der Bruder Mahānāmas und somit ein weiterer Cousin Gotamas – Cundaka und Upavāṇa) während des Verlaufs dieser Reise erwähnt, was den Eindruck vermittelt, dass die Gruppe klein war. Aufgrund des Alters und der Gesundheit des Buddha ist es wahrscheinlich, dass er nicht den gesamten Weg zu Fuß zurücklegte, sondern zumindest teilweise auf einer Bahre getragen wurde.

Die Reisenden passieren eine Reihe von Dörfern und Städten: Bhaṇḍagāma, Hatthigāma, Ambagāma, Jambugāma und Bhoganagara. In jedem dieser Orte legt Gotama seiner Zuhörerschaft nahe, sich an die vier Prinzipien zu halten: edle moralische Werte, edle Meditation, edles Verstehen und edle Befreiung. Während sein Leben verebbt, scheint Gotama die Hauptelemente des Dharma, die von einem Leben sinnloser Wiederholung befreien, benennen zu wollen. Schließlich – wir wissen nicht, wie lange die Reise dauerte – erreichen sie die in Mallā gelegene Stadt Pāvā und lassen sich im Mangohain eines Schmiedes namens Cunda nieder.

Am nächsten Tag geht die Gruppe der Mendikanten zu Cundas Haus, um ihre Mittagsmahlzeit in Empfang zu nehmen. Cunda hat für sie »ein feines Mahl aus harten und weichen Speisen mit einer Menge *sūkara maddava*« oder »zartem Schwein« zubereitet. In der Darstellung, die in der tibetischen Übersetzung des Sanskrit-Textes überliefert ist, wird dieses Gericht nicht erwähnt. Ob *sūkara maddava* nun gepökeltes Schweinefleisch war oder weiche Trüffel, die Schweine gern fressen, oder etwas völlig anderes, in jedem Fall bittet Gotama Cunda, es ihm vorzusetzen und nur ihm. Nachdem er es gegessen hat, trägt er Cunda auf, die Reste in einem Loch zu verscharren. Dann hält er eine inspirierende Rede und verabschiedet sich von Cunda. Etwas später »wurde er von einer schweren Erkrankung mit blutiger Diarrhöe befallen«. Er ertrug die Schmerzen und sagte dann zu Ānanda: »Lass uns nach Kusinārā gehen.«[24]

Dr. Mettanando Bhikkhu bietet uns eine Interpretation dieses Textes aus der Sicht der modernen Medizin an. Er geht davon aus, dass Gotama nicht, wie allgemein angenommen, an einer Lebensmittelvergiftung, verursacht durch den Genuss von *sūkara maddava*, starb, sondern an einem Mesenterialinfarkt – einem gangränösen Zustand der Darmwand, verursacht durch einen Verlust der Blutzufuhr. Er weist darauf hin, dass eine durch Bakterien verursachte Lebensmittelvergiftung zwei bis zwölf Stunden braucht, um Symptome hervorzurufen, und sie *nicht* von »blutiger Diarrhöe« begleitet ist. Da Gotama glaubt, dass etwas mit dem *sūkara maddava* nicht in Ordnung ist, während er noch isst, kann es durchaus möglich sein, dass die Speise eine durch eine bereits bestehende Krankheit bedingte Reaktion in ihm ausgelöst hat. Dass es um seine Gesundheit nicht gut stand, wird aus dem Bericht über seine Krankheit in Beluva während der Regenzeitklausur klar. Mettanando folgert, dass »eine Krankheit, die sich mit den beschriebenen Symptomen deckt – begleitet von akuten Abdominalschmerzen und dem Austritt von Blut, verbreitet unter älteren Menschen anzutreffen und von einer Mahlzeit ausgelöst – ein Mesenterialinfarkt ist, der durch einen Verschluss der Blutgefäße des Mesenteriums verursacht wird. Sie verläuft tödlich.«[25] Seine These wird auch durch die wiederholten Bitten Gotamas gestützt, Ānanda möge ihm Wasser bringen, um seinen Durst zu löschen, ein weiteres Symptom eines solchen Infarktes.

Sobald die Gruppe Kusinārā erreicht, ungefähr sechzehn Kilometer von Pāvā entfernt, bittet der erschöpfte Gotama Ānanda, ihm ein Bett zwischen zwei Salweiden zu bereiten. Er legt sich auf seine rechte Seite mit dem Kopf nach Norden und erklärt Ānanda, wie sein Leichnam einzuhüllen, der Scheiterhaufen vorzubereiten und seine Überreste in einem an einer Wegkreuzung errichteten Stupa zu verwahren seien. Ānanda geht zu seiner nahen Unterkunft, lehnt sich an eine Wand und bricht zusammen. Als Gotama seine Verzweiflung wahrnimmt, ruft er ihn an seine Seite zurück. »Genug«, sagt er. »Hör auf zu weinen und zu klagen. Habe ich dich nicht gelehrt, dass alle angenehmen Dinge vergänglich sind, der Trennung unterworfen und zu etwas anderem werden? Wie könnte es daher sein, dass ich nicht sterben sollte? Für lange Zeit warst du an meiner Seite und hast mir rückhaltlose Unterstützung erwiesen. Du hast viel Gutes bewirkt. Streng dich an und in kurzer Zeit wirst du frei sein von den Ausflüssen.«[26] Er wendet sich an die anderen Mendikanten und rühmt Ānanda als jemand, der für die Menschen in seiner Gegenwart angenehm anzuschauen ist, der sie erfreut, wenn er über den Dharma spricht, und der sie enttäuscht, wenn er schweigt.

Aber Ānanda beschwichtigen diese Lobesworte nicht. Er bittet den Buddha eindringlich, nicht in dieser »armseligen, kleinen Stadt aus Lehm und Stroh, im hinterletzten Winkel des Dschungels« zu sterben, sondern sich in eine der großen Städte seiner Zeit – Campā, Rājagaha, Sāvatthi, Sāketa, Kosambī oder Benares – zu begeben, in der seine Anhängerinnen und Anhänger für eine angemessene Bestattung sorgen würden.[27] Gotama tadelt ihn dafür, Kusinārā in solch abschätziger Weise darzustellen, und sagt ihm, sie sei vor langer Zeit eine große, Kusāvati genannte Stadt gewesen, die Hauptstadt eines Reiches, das von einem König namens Mahāsudassana regiert worden sei.

Dieser Abschnitt ergibt keinen Sinn. Gerade Ānanda hätte gewusst, dass dieser alte, todkranke Mann nicht in der Lage gewesen wäre, zu einer dieser weit entfernten Städte zu reisen. Außerdem ist die Existenz einer alten, Kusāvati genannten Residenzstadt an der Stelle, wo nun Kusinārā lag, mit Sicherheit ein Mythos ohne historische Grundlage. Aus welchem Grund mag diese Episode dann in die Geschichte aufgenommen worden sein?

In der Schilderung gibt es zwei Aussagen: (1) Kusinārā ist ein »armseliger« und unbedeutender kleiner Ort und daher als letzte Ruhestätte des Buddha nicht geeignet, aber (2) letztendlich war es doch ein geeigneter Ort für ihn, um zu sterben, da es einmal eine Residenzstadt gewesen war.

Der erste Punkt wird durch die Hinweise in *Die große Lehrrede über das Ableben* selbst widerlegt. Einige Seiten weiter lesen wir bei der Beschreibung der Bestattungsprozession, dass der Körper des Buddha »durch das Nordtor hinein, dann durch das Stadtzentrum und durch das Osttor hinaus getragen wird«, was etwas weitaus Stattlicheres nahelegt als eine heruntergekommene Ansammlung von Hütten im Dschungel.[28]

Kusinārā mag keine Stadt mit der Bedeutung von Rājagaha oder Sāvatthi gewesen sein, aber sie war dennoch die Hauptstadt der mächtigen Republik Mallā und ein Ort, an dem Gotama über eine Anhängerschaft verfügt haben und Lehrreden gehalten haben soll. Außerdem war Kusinārā der Geburtsort und Machtbereich von Bandhula, dem Oberhaupt Mallās und alten Freund des Königs Pasenadi. Bandhula hatte als Befehlshaber der Armee von Kosala gedient, bis Pasenadi ihn wegen des Verdachts, einen Umsturz zu planen, ermorden ließ. Um sich von seinem Kummer zu befreien, erlaubte Pasenadi Bandhulas Frau Mallikā, nach Kusinārā zurückzukehren, und ernannte Bandhulas Neffen Dīgha Kārāyaṇa an seiner statt zum Befehlshaber des Militärs. Wie wir wissen, suchte Dīgha Kārāyaṇa Vergeltung für den Tod seines Onkels. Er entthronte Pasenadi, krönte Viḍūḍabha zum König und ermöglichte ihm, Sakiya zu verwüsten. Dem *Dhammapada-Kommentar* zufolge wurde Viḍūḍabha bei einer Sturzflut getötet, als er im Triumph nach Sāvatthi zurückkehrte. Er ertrank im Fluss Aciravatī und wurde zum »Futter der Fische und Schildkröten«.[29] Ob der Erzähler dieser Geschichte dem Mann, der die Heimat des Buddha angegriffen hatte, wohlverdiente karmische Gerechtigkeit zuteil werden lassen wollte oder ob sie ein historisches Ereignis wiedergibt, ist unmöglich zu wissen. Wie dem auch sei, Dīgha Kārāyaṇa, als Königsmacher und Befehlshaber des Militärs von Kosala, wird zu einer der mächtigsten Personen nördlich des Ganges aufgestiegen sein. Und sein Familiensitz war in Kusinārā, der Hauptstadt Mallās.

Zurzeit von Gotamas letzter Reise weit davon entfernt, »eine armselige, kleine Stadt aus Lehm und Stroh« zu sein, war Kusinārā als Hauptstadt der aufstrebenden Dynastie der Mallās sehr wahrscheinlich im Begriff, zu einem neuen Machtzentrum in Nordindien zu werden. Obwohl *Die große Lehrrede über das Ableben* den Eindruck vermittelt, dass Gotamas Tod in diesem abgelegenen Dschungelkaff völlig zufällig war, könnte Kusinārā tatsächlich der Ort gewesen sein, den der Buddha absichtlich ansteuerte, nachdem er Vesālī verlassen hatte. Da er in Sāvatthi, Rājagaha oder Vesālī nicht länger willkommen gewesen zu sein scheint, könnte er Kusinārā als den besten Ort gesehen haben, um seine Gemeinschaft vor seinem Tod neu aufzustellen und ihr eine Basis zu verschaffen. Er dürfte dort eine wohlhabende Anhängerschaft gehabt haben, unter denen Mallikā, die Witwe Bandhulas, wohl die bedeutendste war, wie auch die Sicherheit, unter dem Schutz eines einflussreichen Militärbefehlshabers zu stehen: Es sind die gleichen Umstände, derer er bedurft hatte, als er den Jetahain in Sāvatthi und den Bambushain in Rājagaha etablierte.

Aus uns unbekannten Gründen versuchte irgendjemand oder irgendeine Fraktion jedoch zu einem späteren Zeitpunkt, die Bedeutung von Kusinārā herunterzuspielen, und erfand den Mythos von Kusāvati, um die Reise Gotamas sang- und klanglos zu Ende gehen zu lassen. Wir können sie aber auch als eine triumphale Ankunft an seinem Ziel sehen, gerade als sein Leben sich dem Ende nähert.

Gotama weist Ānanda an, nach Kusinārā zu gehen und den Bürgern Mallās mitzuteilen, dass er in der Nacht, während der letzten Wache, sterben werde. Als Ānanda zur Versammlungshalle gelangt und ihnen die Nachricht bekanntgibt, sind sie »von Trauer überwältigt, ihr Geist von Schmerz gequält«, sodass sie »alle weinen und sich die Haare raufen«.[30] Weil so viele von ihnen dem Buddha die letzte Ehre erweisen wollen, gruppiert Ānanda sie nach Haushalten für den letzten Besuch. Diese Formulierungen mögen mehr den frommen Enthusiasmus der späteren Bearbeiter wiedergeben als die tatsächlichen Vorgänge. Gleichwohl unterstützen sie die Annahme, dass Gotama nicht nur auf der Durchreise zu einem anderen Ort war, sondern dass er in Kusinārā in hohem Ansehen stand und willkommen gewesen wäre, hier zu bleiben.

Während der möglicherweise letzten Stunden seines Lebens hat Gotama, so die Überlieferung, drei wichtige Aussagen zu seinem Dharma gemacht.

1. Auf die Frage des Wanderasketen Subhadda (der im Salweidenhain auftaucht, als Gotama im Sterben liegt), ob die anderen Lehrer ihrer Zeit Erleuchtung erlangt hätten, antwortet Gotama: »Genug, Subhadda. Kümmere dich nicht darum, ob alle oder keiner oder einige von ihnen Erleuchtung erlangt haben. In welchem Dharma und welcher Disziplin auch immer, in denen der edle achtfache Pfad nicht vorhanden ist, wirst du keine verwirklichten Wanderer finden. Wo jedoch der edle achtfache Pfad vorhanden ist, da wirst du verwirklichte Wanderer finden.«[31] Subhadda bietet Gotama eine weitere Gelegenheit,

das Wesentliche seiner Lehre herauszustellen. Die Antwort ist unmissverständlich. Der Kern des Dharma ist die Kultivierung eines umfassenden mittleren Weges, der die Gesamtheit der eigenen Menschlichkeit umfasst. Der Kern ist nicht ein schlicht subjektiver Zustand der Einsicht oder Erleuchtung.

2. Unmittelbar nach der Begegnung mit Subhadda sagt Gotama zu Ānanda: »Es kann sein, dass du denkst: ›Die Unterweisung des Buddha ist zu Ende, wir haben jetzt keinen Lehrer mehr!‹ So sollte es nicht gesehen werden, Ānanda, denn was ich euch als Dharma und Disziplin gelehrt und erklärt habe, wird nach meinem Tod euer Lehrer sein.«[32] Diese ebenso unmissverständliche Äußerung bestätigt, dass Gotama nicht die Absicht hat, einen Nachfolger als Lehrer der Gemeinschaft zu ernennen. Er drückt ein letztes Mal seine Überzeugung aus, dass sein Dharma und seine Disziplin eine angemessene Ausrichtung für seine Anhängerschaft bieten wird.

3. Nachdem Gotama erörtert hat, wie die Mendikanten nach seinem Tod miteinander umgehen sollten, fügt Gotama hinzu: »Wenn sie es wünscht, kann die Gemeinschaft nach meinem Tod die untergeordneten Regeln abschaffen.«[33] Die Grundlage der »Disziplin« (*vinaya*) für die Praktizierenden liegt also für ihn nicht im blinden Befolgen jeder Regel und Vorschrift, die er während seines Lebens auf einer Fall-zu-Fall-Basis formuliert hat. Stattdessen hofft er, dass die Gemeinschaft die Weisheit und Reife besitzen wird, einer Ethik zu folgen, die auf den Prinzipien des Dharma beruht, auf sich wandelnde Bedingungen der Welt reagiert und sich daran anpasst.

Ähnlich seiner Mahnung in Vesālī, »sich selbst eine Insel zu sein«, betont Gotama auch hier die Bedeutung einer eigenverantwortlichen Lebensführung, gegründet auf den Ideen und

Werten des Dharma, nicht auf dem unkritischen Vertrauen in die »Erleuchtung« einer anderen Person, der unkritischen Unterwerfung unter die Autorität eines ernannten Lehrers und dem unkritischen Befolgen einer Reihe althergebrachter Regeln. Kurz nachdem er diese Punkte erörtert hat, spricht der Buddha seine allerletzten Worte: »Also, *bhikkhus*, ich sage euch: Die Dinge fallen auseinander, geht den Weg mit Sorge.«[34]

(5)

Am Morgen nach dem Tod des Buddha begibt sich Ānanda erneut zur Versammlungshalle und bittet die Bürger Mallās, den Körper entsprechend ihren Bräuchen einzuäschern. Also tragen sie Parfüm und Blumengebinde zusammen und bestellen Musiker. Dann gehen sie alle zum Salweidenhain, wo sich Gotamas Körper befindet, und ehren sein Andenken mit Tanz, Gesang und Musik.[35] Nach sieben Tagen des Trauerns tragen sie den Körper in einer Prozession durch das Nordtor von Kusinārā in das Zentrum der Stadt, verlassen diese durch das Osttor und gehen weiter bis zum Makuṭa-Bandhana-Schrein, wo die Einäscherung stattfinden soll. Nach Aussage der Kommentare legt Mallikā, die betagte Witwe Bandhulas, ihre wertvollsten Schmuckstücke zum Geleit des Körpers auf die Totenbahre.

Gerade als die vier Ratsältesten von Mallā sich anschicken, den Scheiterhaufen in Brand zu setzen, erreicht eine Gruppe von Mendikanten, aus Richtung Pāvā kommend, den Schrein. Ihr Anführer ist der Arahant Mahākassapa, der »seine Schulter mit seiner Robe bedeckte, seine Hände zum Gruß zusammenlegte, den Scheiterhaufen dreimal umrundete und, nachdem er die Füße des Lehrers entblößt hatte, diese mit seinem Kopf berührte und ihm huldigte«. Als er seine Verehrung beendet hat, geht der Scheiterhaufen spontan in Flammen auf.[36]

Mahākassapa (Kassapa der Große) spielt in der Geschichte von Gotamas Leben nur eine marginale Rolle. Er tritt erst nach dem Tod des Buddha in den Vordergrund. Seine Ankunft in Kusinārā leitet einen abrupten Stimmungsumschwung ein. Nach den Ritualen der Bürger von Mallā, die das Gedenken an Gotama mit Gesang, Tanz und Musik ehren, finden wir uns nun in der Gegenwart eines strengen, einschüchternden Asketen, der das Geschehen sofort durch seine Autorität bestimmt. Er scheint all das zu verkörpern, vor dem Gotama gewarnt hat, als er im Sterben lag. Mahākassapa, der als »der Bedeutendste unter denen, die die asketischen Praktiken propagieren« betrachtet wird, zögert nicht, darauf hinzuweisen, wie erleuchtet er ist, und nimmt es als gegeben, dass er der berufene Nachfolger des Buddha ist.[37] Er ist das genaue Gegenteil von Ānanda, aber Ānanda scheint machtlos, sich ihm zu widersetzen.

Die Gruppierte Sammlung der Lehrreden über Kassapa bestehen aus dreizehn Lehrreden, die in ihrer Gesamtheit ein anschauliches und unmissverständliches Bild dieses Mannes zeichnen. Er entsagte, so erfahren wir, dem Leben eines Haushälters, um ein wandernder Mendikant zu werden, und traf dann den Buddha am Bahuputta-Schrein an der Straße zwischen Rājagaha und Nālandā. Nachdem er Unterweisungen erhalten hatte, verbrachte er eine Woche in Meditation und sagte am Ende: »Endgültiges Wissen ist entstanden.« Als er Gotama das nächste Mal trifft, bietet er ihm an, seine eigene »weiche Flickenrobe« gegen Gotamas Robe aus »abgetragenen Hanflumpen« zu tauschen. Der Pali-Kommentar zu dieser Passage erklärt, dass der Buddha ihm seine Robe gab, »weil er den Älteren zu seinem Nachfolger in seiner Position ernennen wollte«.[38] Mahākassapa selbst interpretiert diese Geste als ein Symbol der Übertragung und fährt fort: »Wenn einer, der wahrheitsgemäß spricht, von jemandem sagen könnte: ›Er ist der Sohn des Lehrers, aus seiner Brust geboren, aus seinem Mund geboren, aus dem Dharma geboren, ein Empfänger zerschlissener, hanfener Lumpenroben‹, so ist es von mir, dass man dies mit Recht sagen kann.« Dann rühmt er seine eigene Verwirklichung: »Durch die Zerstörung der Ausflüsse trete ich in diesem Leben in die reine Befreiung des Geistes ein und verweile in ihr, verwirkliche sie für mich selbst mit direktem Wissen. Man mag genau so gut denken, dass ein sieben Ellen großer Elefantenbulle von einem Palmblatt verborgen werden könnte, als zu denken, dass mein direktes Wissen zu verbergen wäre.«[39]

Die Tatsache der Koexistenz einer solch selbstbezogenen Rede mit Gotamas zurückhaltendem letzten Vermächtnis in Vesālī illustriert ein weiteres Mal, dass der frühe Kanon ein Flickwerk ist, zusammengesetzt aus den Erzählungen verschiedener Fraktionen innerhalb der Gemeinschaft, die widersprüchliche Ansichten über den Dharma vertraten. Die Ankunft von Mahākassapa in Kusinārā markiert den Beginn eines langwierigen Ringens, das Buddhistinnen und Buddhisten aller Schulen bis heute beschäftigt hält, die Natur von Orthodoxie einerseits und die kirchliche Autorität andererseits zu bestimmen.

Als Gotama sagte: »Wenn es jemand gibt, der denkt: ›Ich werde die Leitung der Gemeinschaft übernehmen‹, oder: ›Die Gemeinschaft sollte sich an mich wenden‹, lass ihn sich dazu erklären, aber ich denke nicht in diesen Begriffen«, können wir uns fragen, ob er an Mahākassapa dachte. Gotama akzeptiert, dass ein solches Denken zur Machtpolitik innerhalb menschlicher Institutionen unvermeidlich gehört, aber weder heißt er es gut, noch unterstützt er es. Als er Vesālī zu seiner strapaziösen, letzten Reise nach Kusinārā verließ, könnte er da nicht versucht haben, eine möglichst große Entfernung zu Mahākassapa und dessen Anhängern in Rājagaha zu schaffen? Wenn dem so ist, scheint er nicht mit Mahākassapas verbissener Verfolgung gerechnet zu haben. Sobald Mahākassapa die Nachricht von Gotamas schwerer Krankheit am Ende der Regenzeitklausur erhalten hat, muss er sich angesichts der gegebenen Entfernung sofort von Rājagaha auf den Weg gemacht haben, um Kusinārā nur sieben Tage nach dem Tod des Buddha zu erreichen.

Sobald die Einäscherung beendet ist und die bei der Einäscherung entstandenen Reliquien verteilt sind, endet *Die große Lehrrede über das Ableben.* Die Erzählung wird an diesem Punkt von den Vinaya-Texten der verschiedenen Schulen aufgegriffen.

Statt in Kusinārā zu bleiben, schlägt Mahākassapa vor, dass die Gemeinschaft ein Konzil in Rājagaha unter der Schirmherrschaft des »devoten« Königs Ajātasattu einberuft, »der es mit allem Notwendigen versorgen wird«. Einer der versammelten Mendikanten fragt, ob es Ānanda, der noch kein Arahant ist, erlaubt sein werde, an dem Konzil teilzunehmen. Mahākassapa antwortet, dass es unerleuchtete Mendikanten, die eine Verbindung zu Gotama hatten und nicht am Konzil teilnehmen dürften, erzürnen werde, wenn für Ānanda eine Ausnahme gemacht würde. Er schlägt einen Kompromiss vor. Wenn Ānanda zustimme, der Wasserträger für das Konzil zu sein, könne er teilnehmen. Mahākassapa lässt über den Vorschag abstimmen:

> Der ehrwürdige Ānanda, der Begleiter des Lehrers, der sich in seiner Nähe aufhielt und dem der Lehrer mehrere Lehrreden vortrug, wurde aus diesen Gründen ernannt, die Versammlung mit Wasser zu versorgen. Wenn die Versammlung Wasser benötigt, dann muss der ehrwürdige Ānanda, der zum Amt der Wasserversorgung bestellt wurde, diese mit Wasser versorgen.[40]

Durch ihr Schweigen akzeptieren die versammelten Arahants den Vorschlag.

Es fällt schwer, diesen Vorschlag, der ihn zu kaum mehr als einem Diener macht, nicht als eine Demütigung Ānandas zu verstehen. Ich denke, es ist noch weitreichender als dies. Die Episode ist nicht nur eine Kritik an Ānanda als spirituellem Versager, sondern an allem, wofür er steht. Diese und weitere ähnliche Passagen deuten darauf hin, dass Mahākassapa und seine Clique – wie Devadatta vor ihnen – das, was sie als Gotamas laxen Lehr- und Führungsstil betrachteten, missbilligten. Bei drei Gelegenheiten soll Gotama Mahākassapa gebeten haben, die Gemeinschaft zu lehren. Und bei jedem Mal lehnte Mahākassapa mit der Begründung ab, »die Mendikanten sind jetzt schwer zu ermahnen, sie sind ungeduldig und akzeptieren Unterweisungen nicht mit Respekt«. Hochmütig tat er sie ab als »ohne Glauben an heilsame Geistesverfassungen, ohne Schamgefühl, ohne Angst vor Fehlverhalten, ohne Energie und ohne Verstehen«.[41]

Durch die Betonung der mangelhaften Sitten der Mendikanten unter Gotamas Führung scheinen diese Texte Mahākassapa über den Buddha selbst zu erheben. Gotama mag den Boden bereitet haben, aber die Welt musste bis zu seinem Tod warten, bevor Mahākassapa eingreifen und die Dinge ordnungsgemäß und einwandfrei organisieren konnte.

Anlässlich von Mahākassapas Rückkehr nach Rājagaha, um das Konzil vorzubereiten, erfahren wir, dass, »als König Ajātasattu ihn erstmals sah, der Eindruck eines Erwachten ihn besinnungslos zu Boden fallen ließ«.[42] Erinnern wir uns, dies ist der gleiche Ajātasattu, der von Devadattas magischen Kräften beeindruckt war, der mit Devadatta bei dessen Plan konspirierte, die Leitung der Gemeinschaft der Mendikanten zu übernehmen, der seinen eigenen Vater ermordete, der von Gotama abgewiesen wurde und der Gotama dann auf zynische Weise aushorchen ließ, bevor er einen Krieg begann. Nichts davon scheint Mahākassapa zu stören, der nicht damit geizt, seinen Förderer zu rühmen.

In Rājagaha angekommen wählt Mahākassapa den Bambushain als seinen Aufenthaltsort, während Ānanda zusammen mit einer großen Gruppe von Mendikanten zu einer Reise durch eine Gegend aufbricht, die »Südliche Hügel« genannt wird. Während ihrer gemeinsamen Zeit legen dreißig dieser Wanderer, die alle junge Schüler Ānandas sind, ihre Roben ab und werden wieder zu Anhängern. Nicht unerwartet greift Mahākassapa Ānanda nach seiner Rückkehr in den Bambushain verbal an, dass er seine Zeit mit Umherwandern in den Hügeln mit seinen undisziplinierten Anhängern verschwende. »Man wird meinen, ihr hättet Felder zertrampelt und dadurch Familien zerstört. Deine Anhängerschaft fällt auseinander. Deine jungen Schüler verlassen dich. Du kennst deine Grenzen nicht, Junge!«[43]

Ānanda zieht diejenigen an, die ohne Einfluss in der Gemeinschaft sind: Frauen und jetzt eine Gruppe junger Männer. Den Gepflogenheiten der Orthodoxie zufolge ist es beschämend, beim Ablegen der Robe eines anderen dabei zu sein. Die Anschuldigungen könnten daher eine Diffamierungskampagne von Seiten der Unterstützer Mahākassapas unnachgiebiger Fraktion sein, um Ānandas Ruf zu schädigen. Andererseits könnten sie auf einen nach Gotamas Tod entstandenen Bruch in der Gemeinschaft zwischen einem, in modernem Sprachgebrauch, liberalen und einem konservativen Flügel hinweisen. Angesichts der Konzentration der Macht in den Händen der alternden Konservativen unter Mahākassapa könnten einige junge Mendikanten ihre Zukunft in einer derartigen Organisation nochmals überdacht haben.

»Sind dies nicht graue Haare, die auf meinem Kopf wachsen?«, erwidert Ānanda als Antwort auf Mahākassapas Hohn. »Kannst du nicht aufhören, mich ›Junge‹ zu nennen?« Mahākassapa wiederholt, was er zuvor gesagt hat, und weigert sich, die Beleidigung zurückzunehmen. Als sich dieser Wortwechsel herumspricht, steht die *bhikkhuni* »Dicke Nandā« Ānanda bei: »Wie kann Mahākassapa, der früher einer anderen Sekte angehörte, auch nur daran denken, Ānanda, den Weisen aus Videha, zu verunglimpfen, indem er ihn ›Junge‹ nennt?« Als Mahākassapa davon hört, sagt er zu Ānanda: »Sicherlich hat Dicke Nandā dies unüberlegt gesagt. Denn seit ich meine Haare und meinen Bart abrasierte, safranfarbene Roben anlegte und von zu Hause in die Hauslosigkeit gegangen bin, kann ich mich nicht erinnern, je einen anderen Lehrer als den völlig Erwachten anerkannt zu haben.«[44] Mit dieser Aussage leugnet er die Anschuldigung nicht, früher einem anderen Orden angehört zu haben. Die Bemerkung macht ihm jedoch zu schaffen, und er beginnt mit einer selbstgefälligen Verteidigung seiner makellosen Hingabe und Erleuchtung. Für Nandā bleibt Mahākassapas

Loyalität fragwürdig. Sie betrachtet ihn als einen Eindringling, der versucht, Gotamas Gemeinschaft die Normen eines anderen asketischen Ordens aufzuzwingen. Vorhersehbar endet die Lehrrede damit, dass Dicke Nandā ihre Roben ablegt und die Gemeinschaft verlässt.

Mir fällt es schwer, in Mahākassapa etwas anderes zu sehen als einen unausstehlichen Pedanten. Wenn ein Arahant, der doch eigentlich von jeder Spur von Gier, Hass und egoistischer Verblendung frei sein sollte, sich so verhalten kann, was, können wir uns fragen, ist damit gewonnen, ein Arahant zu werden? Dennoch wurden diese detailreichen Passagen im Kanon überliefert, was impliziert, dass Menschen in der Vergangenheit keine kognitive oder moralische Dissonanz verspürten, wenn sie von Mahākassapas Verhalten hörten oder lasen. Wie er Ānanda behandelte, muss ihnen angemessen und lobenswert erschienen sein.

Die Lehrrede *An Gopaka Moggallāna* beleuchtet die Spannungen innerhalb der Gemeinschaft im Vorfeld des Konzils. Sie berichtet darüber, wie Ānanda nicht lange, nachdem der Buddha gestorben war, sich in Rājagaha im Bambushain aufhielt. Zu dieser Zeit befürchtete König Ajātasattu einen Angriff durch König Pajjota und ließ Rājagaha befestigen.[45] Der Argwohn des Königs sagt uns wahrscheinlich mehr über die Paranoia Ajātasattus als über eine tatsächliche Bedrohung der Stadt. Pajjota, bekannt als Pajjota der Grausame, war Herrscher von Avanti, einem Land, dessen Hauptstadt Ujjeni ungefähr 800 Kilometer südwestlich von Rājagaha lag. Die Kommentare erklären, dass Pajjota plante, die Ermordung seines Freundes Bimbisāra durch Ajātasattu zu rächen, sagen aber nichts darüber, ob solch ein Angriff je stattgefunden hat.

Eines Morgens, bevor er seine tägliche Almosenrunde beginnt, wird Ānanda zu einem Besuch bei dem Brahmanen Gopaka Moggallāna eingeladen, der ein Regierungsbeamter gewesen zu sein scheint. Gopaka fragt: »Ānanda, gibt es einen Mendikanten, der in jeder Hinsicht all die Qualitäten besitzt, die Herr Gotama besessen hat?« Ānanda antwortet, dass es einen solchen Mendikanten nicht gebe. Ihr Gespräch wird durch die Ankunft des obersten Ministers, des Brahmanen Vassakāra, unterbrochen. Nachdem dieser erfährt, worüber sie gerade sprechen, fragt er: »Gibt es einen Mendikanten, der vom Lehrer so benannt wurde: ›Er wird eure Zuflucht sein, wenn ich gegangen bin?‹« Ānanda antwortet, einen solchen Mendikanten gebe es nicht. Darauf fragt Vassakāra: »Aber gibt es einen Mendikanten, der von der Gemeinschaft ausgewählt und von einer Anzahl der Älteren so benannt wurde: ›Er wird unsere Zuflucht sein, nachdem der Lehrer gegangen ist.‹?« Ānanda verneint erneut. »Aber«, beharrt Vassakāra, »wenn ihr keine Zuflucht habt, Ānanda, wie erhaltet ihr dann die Harmonie?« Ānanda antwortet: »Wir sind nicht ohne Zuflucht, Brahmane. Wir haben den Dharma als unsere Zuflucht.«[46]

Wenn die vor diesem Abschnitt angeführten Passagen die Sicht der mit Mahākassapa assoziierten Partei repräsentieren, dann scheint der gerade angeführte Text offensichtlich die Position jener darzustellen, die Ānanda unterstützten. Tatsächlich macht die Lehrrede dies unmissverständlich klar. Obwohl Mahākassapa nicht namentlich erwähnt wird, erscheint es wahrscheinlich, dass dieses Gespräch sich auf seinen Status bezieht. Von keinem dieser Regierungsbeamten ist überliefert, dass sie Buddhisten waren, aber beide scheinen besorgt darüber, was im Bambushain vor sich geht. Dies lässt vermuten, dass die Turbulenzen um die Leitung der Gemeinschaft nach außen, bis hin zum breiteren Unterstützerkreis in Rājagaha, gedrungen sein könnten. Dann jedoch gibt es eine Wendung. Nachdem er über Ānandas Antwort nachgedacht hat, fragt der oberste Minister: »Gibt es einen Mendikanten, den ihr jetzt ehrt, respektiert, dem ihr huldigt und den ihr achtet, auf den bezogen ihr lebt?« Darauf antwortet Ānanda unmissverständlich: »Ja, solch einen Mendikanten gibt es.«[47]

Als er gebeten wird zu erklären, was er damit meint, zählt Ānanda die Liste des Buddha der »zehn Qualitäten, die Vertrauen erwecken« auf. Diese beinhalten, vortrefflich in der Befolgung der Regeln zu sein, kundig in der Lehre zu sein, mit wenig zufrieden zu sein, willentlich die vier meditativen Versenkungen erreichen zu können und in der reinen Befreiung des Geistes zu verweilen. »Wenn diese Qualitäten in einem von uns vorhanden sind«, erklärt Ānanda, »ehren wir ihn, respektieren ihn, huldigen ihm, achten ihn und leben im Vertrauen auf ihn.«[48] Während diese Liste von Kriterien Mahākassapa nicht davon ausschlösse, ein derartiger Mendikant zu sein, verlagert sie die Betonung weg von der Hervorhebung eines bestimmten Individuums und betont stattdessen eine unpersönliche Reihe moralischer und spiritueller Qualitäten, die jeder erreichen kann. Das, worauf man vertraut, ist nicht die Person, sondern der Dharma, den die Person verinnerlicht hat und verkörpert.

Dass »ein solcher Mendikant« die Person sein kann, die man ehrt, respektiert und der man vertraut, zeigt, dass Ānandas Vision von Gotamas Gemeinschaft eine der demokratischen Gleichheit ist. »Ein solcher Mendikant« ist Jedermann, Jedefrau. Wenn wir diese Beschreibung von Mendikanten auf Anhänger wie Mahānāma und Jīvaka ausdehnen, die »Seher des Todlosen« genannt wurden, dann sind ebenso Haushälter eingeschlossen.[49] In dieser Gemeinschaft manifestiert sich der Dharma durch einzelne Menschen, ungeachtet ihrer Stellung oder ihres Geschlechts. Jeder Einzelne erfährt die Bedeutung des Dharma, indem er die Lehren hört, sie reflektiert und praktiziert und darüber hinaus Beziehungen zu denen aufbaut und entwickelt, die ihn verkörpern. Hierin liegt der Sinn wirklicher Freundschaft, von der Gotama sagt, sie konstituiere die »Gesamtheit des spirituellen Lebens«.

(6)

Als die Zeit des Konzils in Rājagaha näher rückte, setzten Mahākassapa und die Älteren alles daran, Ānanda weiter unter ihre Autorität zu zwingen, indem sie ihn nötigten, alle Fehler zu bekennen, die er im Dienst als Gotamas Begleiter begangen hatte. Der erste Punkt, zu dem sie ihn zur Rede stellen, ist sein Versäumnis, Gotama um eine Präzision gebeten zu haben, als dieser gesagt hatte: »Wenn sie es wünscht, mag die Gemeinschaft nach meinem Tod die untergeordneten Regeln abschaffen.« Da die legalistisch denkenden Älteren nicht in der Lage sind, sich darauf zu einigen, was eine untergeordnete Regel ausmacht, unterbreitet Mahākassapa einen Vorschlag:

> Wenn es der Gemeinschaft richtig erscheint, sollten wir nichts festlegen, was nicht schon festgelegt worden ist, noch sollten wir abschaffen, was festgelegt worden ist. Wir sollten weiter fortfahren in Übereinstimmung mit und gemäß den Regeln des Trainings, die festgelegt worden sind.[50]

Durch die Annahme dieser Resolution billigt die Gemeinschaft eine rigide Moralität, die sowohl die Möglichkeit von Neuerung wie auch die von Veränderung nicht zulässt. Sogar heute noch folgen buddhistische Mönche und Nonnen einer Reihe von Regeln, die auf der Basis einzelner Vorkommnisse aufgestellt wurden, um bestimmte in Nordindien vor zweitausendfünfhundert Jahren aufgetretene Probleme zu regeln.

Als er aufgefordert wird, seinen Irrtum in diesem Fall zu bekennen, bejaht Ānanda, den Buddha nicht gebeten zu haben, präziser zu sein; er verneint jedoch, einen Fehler begangen zu haben. Zum Zeichen des Respekts für die Älteren stimmt er schließlich dennoch zu, dies als ein Fehlverhalten einzugestehen, und kapituliert damit vor der Meinung der Mehrheit. Er mag sich entschieden haben, keinen Unfrieden in der Gemeinschaft zu stiften, indem er auf seiner abweichenden Sicht beharrt. Vier weitere Vorwürfe werden gegen ihn vorgebracht: vor dem Zusammennähen der Flicken für die Robe des Buddha auf diese Flicken getreten zu sein; zugelassen zu haben, dass der Körper des Buddha von Frauentränen verunreinigt wurde; unterlassen zu haben, den Buddha zu bitten, für ein Äon auf der Erde zu verweilen, und die Ordination von Frauen als *bhikkhunis* zu billigen. Zu jedem Punkt gibt Ānanda den Älteren die gleiche Antwort. Seine Kapitulation ist vollständig.[51]

Wie fühlte sich Ānanda nach dieser Behandlung durch die Arahants? Wir finden drei Strophen, überliefert unter den *Versen der männlichen Älteren* (nach der Übersetzung von Caroline Rhys David), die ihm zugeschrieben werden:

Alle Richtungen sind düster,
Nichts ist mehr klar für mich;
Unser guter Freund verstorben,
Alles scheint Dunkelheit zu sein.

Für den, dessen Freund gestorben ist,
Dessen Lehrer für immer gegangen ist,
Gibt es keinen Freund, der sich vergleichen kann
Mit der Achtsamkeit auf den Körper.

Die von einst sind verstorben,
Die neuen Männer behagen mir gar nicht.
Allein grübelt dieses Kind,
Wie nistende Vögel, wenn Regen fällt.[52]

Die Freimütigkeit dieser Verse ist erstaunlich, und es ist überraschend, dass die Bearbeiter des Kanons diese nicht unterdrückt haben. Die »neuen Männer«, die die Nachfolge Gotamas antreten, erscheinen in einem nicht sehr schmeichelhaften Licht. Solch bewegende und tiefempfundene Worte zeugen von dem Gefühl der Verlassenheit und Isolation, das Ānanda nach dem Tod seines Lehrers wohl empfand. Im Einklang mit dem letzten Willen Gotamas in Vesālī wendet sich Ānanda davon ab, sich von anderen abhängig zu machen, und will fortan als »eine Insel« leben, und er beginnt dies mit der Kultivierung achtsamer Aufmerksamkeit auf seinen eigenen Körper.

Am Abend vor dem Konzil soll Ānanda eine letzte Anstrengung unternommen haben, ein Arahant zu werden, um der Teilnahme als würdig erachtet zu werden. Er verbringt einen großen Teil der Nacht damit, Achtsamkeit auf den Körper zu üben, aber ohne Erfolg. Also beschließt er kurz vor der Morgendämmerung, sich hinzulegen und zu ruhen. »Aber noch bevor sein Kopf das Kissen berührte und seine Füße noch über dem Boden schwebten – in diesem Moment wurde sein Geist frei von allen Ausflüssen ohne bleibende Reste.«[53] Es ist schwer zu entscheiden, was man von dieser merkwürdigen Geschichte halten soll. Sie stellt Ānandas endgültige Befreiung dar, als fände sie in einer Art Schwellenbereich statt, während er zwischen allen normal möglichen Körperhaltungen schwebt. Sie mag nahelegen, Ānanda sei spirituell ein solch hoffnungsloser Fall gewesen (aus Sicht der Anhänger des Mahākassapa), dass, ganz gleich wie beharrlich er Achtsamkeit auf den Körper beim Stehen, Sitzen, Gehen und Liegen übte, er nie das gewünschte Ziel erreichen würde. Andererseits könnte sie darauf hinweisen, dass Ānanda sich von allen anderen, die vor ihm zu Arahants geworden waren, unterschied und ihn das (in den Augen *seiner* Anhängerschaft) über die anderen erhob und zu einer Ausnahmepersönlichkeit innerhalb der Gemeinschaft machte – zu einer Art Superheiligen.

Während des Konzils, das in der Siebenblatt-Höhle in den Hügeln hoch über Rājagaha stattfand, lädt Mahākassapa Ānanda ein, auf dem »Löwensitz« zu sitzen und den versammelten Älteren all die Lehrreden vorzutragen, die er sich gemerkt hatte. Er rezitiert *Die Vier Aufgaben*, gefolgt von *Über Nicht-Selbst*, und fährt fort, bis er jede Lehrrede vorgetragen hat, die er kennt.[54]

Da mit der Konzilversammlung der Bericht über das Leben und die Lehre des Buddha schließt, schweigt die kanonische Überlieferung zum Schicksal Ānandas und der anderen Teilnehmer. Traditionelle buddhistische Quellen bewahren jedoch einen weitgehend ähnlichen Bericht von Ānandas Tod. Er soll bis in ein sehr hohes Alter gelebt haben. Im Bewusstsein seines nahen Todes machte er sich auf den Weg von Magadha nach Vesālī, wo er zu sterben gedachte. Sobald seine Anhängerinnen und Anhänger erkannt hatten, was sich anbahnte, versammelte sich seine Anhängerschaft aus Magadha am Südufer des Ganges, um sich von ihm zu verabschieden, und die Anhängerschaft aus Vajji kam am Nordufer zusammen, um ihn zu begrüßen. Da er nicht das Missfallen einer der Parteien dadurch erregen wollte, nicht in ihrem Land in das endgültige Nirvana eingegangen zu sein, begann er, als er die Mitte des Stroms erreicht hatte, die Feuer-Kontemplation (*tejokasiṇa*), und sein Körper ging spontan in Flammen auf.

Im Sŏn-Buddhismus erinnert man sich an Ānanda als den zweiten Patriarchen der Tradition. Er soll seinem Widersacher Mahākassapa gefolgt sein, der, wie wir gesehen haben, glaubte, dass Gotama ihn zu seinem Nachfolger ernannt hatte, als er ihm das symbolische Geschenk seiner »abgetragenen Hanfrobe« überrreichte. Die Sŏn-Tradition behauptet ebenso, dass Mahākassapa eine direkte Übertragung von »Geist-zu-Geist« auf dem Geierberg erhalten habe, als Gotama eine Blume hochhielt und Mahākassapa daraufhin lächelte. Diese berühmte Episode ist jedoch nicht im Palikanon oder anderen frühen kanonischen Quellen überliefert.

11 Eine Kultur des Erwachens

> Bhikkhus, *ich streite nicht mit der Welt; vielmehr ist es die Welt, die mit mir streitet. Ein Verfechter des Dharma streitet mit niemandem in der Welt. Worin die Weisen* (paṇḍitā) *in der Welt übereinstimmen, dass es nicht existiert, sage auch ich, dass es nicht existiert. Worin die Weisen in der Welt übereinstimmen, dass es existiert, sage auch ich, dass es existiert.*
>
> – Khandhasaṃyutta

(1)

Als menschliche Wesen wachsen wir eingebettet in eine bestimmte Kultur, Gesellschaft und Sprache auf. Da wir nichts dabei mitzureden haben, wo und wann wir geboren werden, können wir nichts dafür oder dagegen tun. Es ist der unvermeidliche Hintergrund unseres Lebens. Ein großer Teil dessen, was wir als selbstverständlich ansehen, ist das Ergebnis dieses Eingebettetseins. Alles – von unserer Geschlechtsidentität bis zu unserem Glauben über den Ursprung des Universums – ist zu einem erheblichen Grad sprachlich und sozial konstruiert. Unsere Meinung zu diesen Dingen können wir nicht einfach so aus einer Laune heraus ändern. Wenn wir – entgegen der direkten sinnlichen Erfahrung des Gegenteils – überzeugt sind, dass die Erde um die Sonne kreist, sind wir in das Weltbild der Naturwissenschaften eingebettet. Diese Sichtweise ist nicht selbstverständlich: Die Mehrheit der Menschen, die jemals gelebt haben, war genauso fest vom Gegenteil überzeugt.

Für Menschen, die in eine Kultur hineingeboren wurden, in der die klassische indische Kosmologie ohne Zweifel akzeptiert war, waren die Gesetze von Karma und Wiedergeburt so offensichtlich wahr, wie es die wissenschaftliche Weltsicht für die meisten Leute heute ist. Die Ersteren hatten nicht mehr Probleme, an Karma und Wiedergeburt zu glauben, als Letztere, an den Urknall und die Evolution durch natürliche Auslese zu glauben. In beiden Fällen würden die meisten in Erklärungsnot gelangen, jemandem ihre Ansicht zu beweisen, der sie nicht akzeptierte. Dennoch ist ihnen ihr Weltbild so selbstverständlich, dass es einer entschlossenen, bewussten Anstrengung bedürfte, es zu verwerfen und durch ein anderes zu ersetzen.

Da sich der Buddhismus in Kulturen entwickelt hat, in denen die Weltsicht des klassischen Indiens entweder bereits vorherrschend war oder im Lauf folgender Generationen akzeptiert wurde, nehmen seine Lehren das Gesetz von Karma als selbstverständlich gegebene kosmologische Erklärung dafür an, wie die Dinge sind, und betrachten mehrere Leben als das Medium, in dem Handlungen (*karma*) getätigt werden und Früchte (*vipāka*) tragen. Die Wahrheit dieser Glaubenssätze zu akzeptieren wird als notwendig erachtet, um die buddhistischen Lehren verstehen zu können. Sie zu hinterfragen ist nicht nur unerwünscht, sondern vollkommen unverständlich. Diese Glaubenssätze sind so tief im Buddhismus verwurzelt, dass es genauso undenkbar scheint, man könne ein Buddhist werden, ohne sie zu akzeptieren, wie man eine Christin oder ein Muslim werden könne, ohne an eine Version des abrahamitischen Gottes zu glauben.

Zu sagen, dass solche Überzeugungen in die buddhistische Kultur *eingebettet* sind, ist nicht dasselbe, wie zu sagen, dass Menschen von ihrer Wahrheit überzeugt sind. Im Laufe der geschichtlichen Entwicklung haben sich die meisten Buddhistinnen und Buddhisten wahrscheinlich sehr wenig den Kopf über diese Dinge zerbrochen. Diese Überzeugungen sind so tief eingebettet, dass sie über ihre privaten religiösen Meinungen hinausgehen und bis in ihr emotionales, soziales, wirtschaftliches und politisches Leben hineinreichen.

Nehmen wir zum Beispiel die Todeszeremonien (*chesa*), die in koreanischen Sŏn-Klöstern abgehalten werden. Wenn ein Gemeindemitglied stirbt, führt ein Mönch wöchentlich eine Reihe von Ritualen über einen Zeitraum von 49 Tagen aus, um den Verstorbenen durch eine Zwischenzone ins Reine Land (»Himmel«) oder zu einer günstigen Wiedergeburt zu führen. Als Buddhisten akzeptieren die Mönche den Wert ihres Tuns ohne zu fragen, aber als Sŏn-Praktizierende haben sie wahrscheinlich wenig Verständnis für die oder Interesse an den Feinheiten der Theorie der Wiedergeburt. Doch ist das Kloster abhängig von den Zeremonien, weil sie einen signifikanten Anteil des Einkommens erbringen. Auf der anderen Seite werden die Familie und Freunde des Verstorbenen, unabhängig davon, ob sie an Wiedergeburt glauben oder nicht, durch den feierlichen rituellen Rahmen gehalten, der ihnen hilft, mit ihrer Trauer und ihrem Verlust zurechtzukommen. Diese altehrwürdigen Praktiken zu verwerfen, weil die Theorie der Wiedergeburt inkompatibel mit der wissenschaftlichen Weltsicht zu sein scheint, ginge an dem, worum es geht, vorbei. Die Menschen nehmen an diesen Riten aus einer Reihe von Gründen teil, die nichts mit der darunterliegenden, sie legitimierenden Theorie zu tun haben.

Oder stellen Sie sich vor, Sie wären als die vierzehnte Inkarnation des tibetischen Lehrers Gendun Drup (1392–1474), der als der erste Dalai Lama bekannt wurde, anerkannt worden. Im soziopolitischen Kontext Tibets sind Ihre Erziehung, Ausbildung, Autorität und Ihr Charisma untrennbar verknüpft mit Ihrer Indentifikation mit dieser Linie reinkarnierter Lamas im Alter von zwei Jahren. Als Galionsfigur einer gefährdeten Kultur im Exil arbeiten Sie unermüdlich für den Erhalt der Lehren des tibetischen Buddhismus und dem Erreichen politischer Autonomie für Ihre sechs Millionen tibetischen Landsleute. Sie haben auch ein leidenschaftliches Interesse an den Naturwissenschaften und pflegen seit Jahren den Dialog mit führenden Wissenschaftlern verschiedener Disziplinen. Dennoch wäre es absurd, wenn Sie den Glauben an Reinkarnation auf Grund von Erkenntnissen der Neurowissenschaften hinterfragen würden, weil dies all das potentiell untergraben würde, wofür Sie Ihr ganzes Leben gearbeitet haben. Sie würden nicht nur riskieren, den Glauben Ihrer Anhängerschaft zu destabilisieren, sondern würden auch die Autorität jedes inkarnierten Lamas innerhalb der Schulen Ihrer Tradition in Zweifel ziehen. Auch in diesem Fall ist die theoretische Gültigkeit des Glaubens an Karma und Wiedergeburt der praktischen Rolle untergeordnet, die Sie im historischen, sozialen und politischen Leben einer Kultur und Gesellschaft spielen.

Für einen westlichen Konvertiten zum Buddhismus ist Reinkarnation ein fremdes Konzept, entkoppelt von jeglicher sozialen oder kulturellen Funktion, das Sie nichtsdestotrotz als Teil Ihrer neu gefundenen buddhistischen Identität akzeptieren müssen. Wenn Sie nicht gerade eine jener spirituellen Seelen sind, die instinktiv von dieser Idee überzeugt ist, kann es Sie viel Zeit und Schmerz kosten, sich durch vernünftige Argumente von deren Wahrheit zu überzeugen. Es ist ein fremder religiöser Glauben, den anzunehmen Sie Schwierigkeiten haben im Kontext einer diesem nicht gerade wohlwollend gegenüberstehenden Kultur und angesichts skeptischen Belächelt-Werdens seitens Ihrer Kollegen. Es ist sehr wahrscheinlich, dass Sie ihn weitaus ernster nehmen, als Ihre asiatischen Glaubensgenossen es tun, aber sich bezüglich seiner Gültigkeit weitaus unsicherer fühlen, weil Sie ihn, im Gegensatz zu ihnen, nicht als gegeben hinzunehmen vermögen.

Im Lauf der Geschichte hat der Glaube an Wiedergeburt den meisten Buddhistinnen und Buddhisten eher als pragmatischer denn dogmatischer Weg gedient, um sich und die Welt zu verstehen. Als ein funktionaler, in ihre Kultur und Gesellschaft eingebetteter Glaube ist er brauchbar genug, um nicht ernsthaft angezweifelt zu werden. Es bleibt abzuwarten, ob der Kontakt mit einer modernen, säkularen Weltsicht diese Funktionalität über Generationen hinweg beeinträchtigen und asiatische Buddhistinnen und Buddhisten von ihrem traditionellen Glauben und dessen Praktiken entfremden wird. Gleichermaßen unsicher ist, ob der dogmatische Glaube der Konvertiten sich jemals so einbürgern wird, dass die Idee der Wiedergeburt in einer pragmatischen, unbefangenen Weise auch in nicht traditionell buddhistischen Umgebungen funktioniert.

(2)

Wenn westliche Buddhistinnen und Buddhisten versuchen, ihren Glauben an Wiedergeburt zu verteidigen, zitieren sie gerne traditionelle Argumente, die sich in den Werken von Kommentatoren wie Dharmakīrti finden, aber ziehen auch empirische Beweise von Wissenschaftlern heran, die Fälle von kleinen Kindern studiert haben, die behaupten, sich an ein früheres Leben zu erinnern. In einer säkularen Moderne aufgewachsen, appellieren solche Konvertiten intuitiv an die Autorität wissenschaftlicher Forschung, auch wenn sie diese in anderen Zusammenhängen als reduktionistisch und materialistisch kritisieren.

Führend unter den Forschern über die Wiedergeburt ist der mittlerweile verstorbene Dr. Ian Stevenson, ein Psychiater an der University of Virginia, der um die dreitausend Fälle von Kindern rund um den Globus untersucht hat, die behaupteten, sich an eine vergangene Existenz zu erinnern, und der zahlreiche Artikel und Bücher darüber veröffentlicht hat.[1] Einige dieser Kinder schienen imstande zu sein, genaue Details über ihre früheren Leben sowie die Umstände ihrer Tode angeben zu können, die in manchen Fällen von anderen Personen bestätigt wurden, die sie in ihrer früheren Inkarnation kannten. Einige Kinder hatten auch Muttermale, die mit Wunden übereinzustimmen schienen, die zu einem gewaltsamen Tod in einem Vorleben geführt hatten. Die Reaktion auf Dr. Stevensons Ergebnisse war gemischt: Für manche war seine Arbeit bahnbrechend, während andere ihn als leichtgläubig und seine Arbeit als Pseudowissenschaft abtaten. In der Mehrzahl hat die wissenschaftliche Gemeinschaft seine Arbeit ignoriert – vielleicht auch, weil sie sich ideologisch einer unflexiblen materialistischen Weltsicht verpflichtet fühlt.

Anstatt die Stärken und Schwächen von Stevensons Arbeit zu diskutieren, würde ich lieber zu einem Gedankenexperiment einladen. Nehmen wir an, die wissenschaftliche Gemeinschaft würde seine Ergebnisse akzeptieren und seine Fälle nicht nur als »Hinweise« (Stevensons Wort) auf Reinkarnation ansehen, sondern als überzeugende Beweise. Auch wenn hinduistische und buddhistische Befürworter der Wiedergeburt fraglos über die wissenschaftliche Akzeptanz als eindrucksvolle Bestätigung ihres Glaubens jubeln würden, wäre das gerechtfertigt? Die Beweise könnten Hinweise auf noch unbekannte Formen des Informationsgewinns sein, aber es wäre unmöglich, durch sie die komplexe Metaphysik zu erklären, auf der die traditionelle Doktrin der Wiedergeburt basiert.

Auf den ersten Blick scheinen die Beweise aus den Fallbeispielen den buddhistischen Glauben an Wiedergeburt zu untermauern. Dennoch sagen sie nichts über das Gesetz vom Karma aus, das ein integraler Bestandteil dieses Glaubens ist. Die Erinnerung eines Kindes an ein Detail eines früheren Lebens zeigt noch lange nicht den kausalen moralischen Zusammenhang zwischen einer im Vorleben begangenen Handlung und der gegenwärtigen Lebensqualität des Kindes. Die Karmalehre ist eine Theorie der kosmischen Gerechtigkeit. Wiedergeburt ist einfach das Medium, in dem sich diese Gerechtigkeit abspielt: Diejenigen, die in diesem Leben gute Taten begehen, werden in einem zukünftigen Leben belohnt werden, während jene, die in diesem Leben schlechte Taten begehen werden, in einer der vielen buddhistischen Höllen bestraft oder als hungriger Geist oder Tier wiedergeboren werden. Wiedergeburt wird als notwendige Voraussetzung dafür gesehen, dass das Karmagesetz funktionieren kann. Wenn es die darunterliegende Theorie der kosmischen Gerechtigkeit nicht gäbe, wäre das Phänomen der Wiedergeburt bedeutungslos.

Buddhistinnen und Buddhisten sprechen gewöhnlich von Karma und Wiedergeburt, als ob es ein einziger Prozess wäre, ohne dabei anscheinend zu bemerken, dass es um zwei vollkommen unterschiedliche Behauptungen geht. Während der Wiedergeburtsglaube behauptet, dass etwas – üblicherweise eine subtile Form von Bewusstsein – den physischen Tod überlebt und sich über Zeit und Raum hinweg in ein befruchtetes Ei transferiert, behauptet das Gesetz vom Karma, dass die jetzige Erfahrung einer Person durch ihr früheres Verhalten bestimmt ist und dass Taten, die jetzt begangen werden, Konsequenzen in der Zukunft haben werden, bis über den Tod hinaus. Von einem logischen Standpunkt aus könnte daher jemand das Gesetz vom Karma akzeptieren, aber nicht an Wiedergeburt glauben, und umgekehrt.

Was für säkulare Buddhistinnen und Buddhisten zählt, ist, ihr Leben so zu leben, dass sie denen, die diese Erde nach ihrem Tod bewohnen werden, eine bessere Welt hinterlassen. Sie verstehen, dass sowohl ihre persönlichen Handlungen als auch die Taten der Gesellschaft oder des Staates, denen sie angehören, Konsequenzen haben bis weit über ihren Tod hinaus. Sie akzeptieren bis zu einem gewissen Grad ihre Verantwortung für diese Handlungen und bekräftigen damit einen Glauben an eine natürliche Gerechtigkeit, können das aber tun, ohne jemals die Idee in Betracht zu ziehen, dass sie in irgendeiner Form überleben werden, um die Konsequenzen dieser Handlungen selbst zu erfahren.

Während eine solche Interpretation für viele Buddhistinnen und Buddhisten nicht akzeptabel sein mag, deckt sie sich vollkommen mit Gotamas Antwort auf »Haarknoten« Sīvakas Frage. Sīvaka fragt:

> Da gibt es einige Wanderer und Brahmanen, die die Meinung verkünden und die Sichtweise vertreten, dass das, was eine Person erfahren mag – sei es angenehm, schmerzhaft oder weder-noch –, verursacht wird durch das, was in der Vergangenheit getan wurde. Was sagt Ihr dazu?[2]

Ironischerweise ist die Ansicht, die Sīvaka hier beschreibt, identisch mit der gegenwärtigen buddhistischen Orthodoxie. Als Gelugpa-Mönch wurde ich gelehrt, dass alle Gefühle (*tshor ba*) der Freude und des Schmerzes per Definition die reifenden Früchte (*rnam smin gyi 'bras bu*) früherer Taten sind. Der indische Gelehrte Vasubandhu aus dem vierten Jahrhundert geht in seinem berühmten *Abhidharmakośa* noch weiter. »Die verschiedenen Welten«, schreibt er, »werden von Handlungen (Karma) geboren.«[3] Bis zur Zeit Vasubandhus waren die indischen Buddhisten davon ausgegangen, dass alles, von subjektiven Geisteszuständen bis zu den entferntesten Galaxien, das Produkt der Handlungen fühlender Wesen sind, die diese erfahren.

Gotama wählt jedoch einen vollkommen anderen Ansatz. Ohne abzustreiten, dass gewisse Aspekte der Erfahrung das Ergebnis von früherem Verhalten sind, leisten seiner Ansicht nach eine ganze Reihe von Bedingungen, wie physische Gesundheit (mit den Körpersäften von Phlegma, Galle und Wind) und externe Umstände, gleichermaßen einen Beitrag dazu, wie man sich zu einem bestimmten Zeitpunkt fühlt. Seine Antwort fußt auf einer nüchternen Einschätzung der Entfaltung des Lebens, nicht auf metaphysischen Überzeugungen. »Sīvaka«, sagt er, »du kannst selbst wissen, wie solche Erfahrungen entstehen. Und Menschen in der Welt sind einer Meinung, wie solche Erfahrungen entstehen.«[4]

Im Einklang mit seinem Beharren auf Eigenständigkeit gibt Gotama die Frage an Sīvaka zurück. Er weigert sich, als eine Art allwissende Autorität zu fungieren, die ex-cathedra-Meinungen zu den großen Fragen des Lebens liefert. Er will, dass Sīvaka selbst denkt und in Gesprächen mit anderen solche Fragen klärt. Und er äußert beißende Kritik an denen, die behaupten, solche Fragen durch frommes Wiederholen von Dogmen, die weder sie noch sonst irgendwer verifizieren oder falsifizieren könnten, zu beantworten. »Jene, die glauben, dass jede Erfahrung von dem verursacht ist, was in der Vergangenheit getan wurde, Sīvaka, überschätzen das, was sie selbst wissen können und was als wahr in der Welt akzeptiert wird. Daher sage ich, dass diese Wanderer und Brahmanen sich irren.«

Der Bericht eines Kindes über ein früheres Leben, bestätigt von Zeugen, könnte darauf hindeuten, dass das Kind eine Reinkarnation durchlaufen hat. Aber der Bericht alleine ist noch kein Hinweis darauf, dass das Kind sich noch einmal reinkarnieren wird. Es wäre denkbar, aus einem solchen Bericht zu schließen, dass das Leben einer Person in zwei Teile geteilt ist, wie das im Fall von Raupe (Leben 1) und Schmetterling (Leben 2) der Fall ist. Es gibt keine Grundlage für die Annahme, dass die Person des früheren Lebens schon zuvor wiedergeboren worden war oder dass das heutige Kind nach seinem Tod erneut wiedergeboren werden wird. Noch gibt es irgendwelche Gründe, daraus induktiv zu schließen, dass jemand anderer je wiedergeboren wurde oder werden wird. Traditionelle buddhistische Metaphysik behauptet jedoch, dass *alle fühlenden Wesen* eine »anfangslose« Sequenz von vergangenen Leben durchlaufen haben und eine möglicherweise endlose Sequenz von zukünftigen Leben durchlaufen werden. Ohne diese Behauptung gibt es keinen

Grund, ein Arahant zu werden – danach zu streben, dauerhafte Befreiung aus dem Zyklus der Wiedergeburten zu erlangen.

Ein weiterer wichtiger Einwand gegen diese Berichte über Erinnerungen an frühere Leben betrifft den Status dessen, was wiedergeboren wird. Wenn das übertragene Objekt ein immaterieller Geist ist, wie vermag dieser mit dem materiellen Körper und Gehirn zu interagieren? Diese leidige Frage ist die heutige Variante jener metaphysischen Fragen, die zu beantworten Gotama verweigert hat. Für ihn ist ein Wissen, ob der belebende Geist (*jīva*) und die körperliche Materie (*sarira*) dasselbe oder verschieden sind, beim Praktizieren der vierfachen Aufgabe nicht hilfreich. Buddhistische Vertreter tendieren dazu, diese oft wiederholte Aussage zu ignorieren und sich für einen Körper-Geist-Dualismus zu entscheiden. Sie behaupten, dass Geist und Materie ontologisch unterschiedliche »Substanzen« (*dravya*) sind und daher grundsätzlich unvergleichbar. Für Denker wie Dharmakīrti ist der Geist unsichtbar, unhörbar, unriechbar, unberührbar, weil er keine Form, Farbe, Klang, Geruch, Geschmack hat und nicht gefühlt werden kann. Er ist einfach »leuchtend und wissend« (*gsal zhing rig pa*). Aber wenn der Geist nicht berührt werden kann, wie kann er dann ein Neuron »berühren«, das heißt, in Kontakt oder Verbindung treten. Und wenn er als ein nicht-sinnbasiertes Wissen existiert, warum braucht es dann Sinnesorgane und ein Gehirn, um irgendetwas zu wissen? Auf der anderen Seite, wenn der Geist in irgendeiner Weise physisch ist, dann ist es sogar noch schwieriger zu erklären, wie er den kompletten Zerfall des Körpers und des Gehirns beim Tod überleben soll.

(3)

Eine gebräuchliche buddhistische Taktik an diesem Punkt der Auseinandersetzung ist, die Richtung zu wechseln und sich auf die Autorität der Texte zu berufen. In der Lehrrede *Über Angst und Furcht* gibt Gotama einen der detailliertesten Berichte über sein Erwachen. Nachdem er Angst und Furcht des zurückgezogenen Lebens im Dschungel überwunden hat, beschreibt er, wie er anschließend in die vier Versenkungen (*jhāna*) eingetreten ist. »Als mein gesammelter Geist so gereinigt, hell und makellos war«, sagt er, »lenkte ich ihn auf das Wissen der Erinnerung vergangener Leben.«

> Ich erinnerte mich an meine zahllosen früheren Leben, das heißt, eine Geburt, zwei Geburten, drei Geburten … hunderttausend Geburten, viele Äonen der Ausdehnung und der Zusammenziehung der Welt: »Dort wurde ich so genannt, war von jenem Clan, mit solch einer Erscheinung, so war meine Erfahrung von Lust und Schmerz, so meine Lebenszeit; und dort sterbend, erschien ich anderswo wieder …« Dies war das erste wahre Wissen, das ich in der ersten Nachtwache erreichte.[5]

Die Schwierigkeit mit dieser oft zitierten Passage liegt darin, dass sie nicht das Erwachen selbst beschreibt, sondern eine spirituelle Fähigkeit (*iddhi*), von der gesagt wird, dass sie auch nicht erwachte Leute erreichen können. Wir finden den Buddha manchmal im Allgemeinen von »jenen Wanderern und Brahmanen sprechen, die sich ihrer vielen vergangenen Aufenthaltsorte erinnern« oder erklären, dass ein Mendikant, der die vier Grundlagen spiritueller Fähigkeiten erreicht hat, »sich seiner vielen früheren Leben erinnert«. In diesen Beispielen verwendet er exakt dieselben Ausdrücke wie bei der Beschreibung seiner eigenen Erinnerung an sie.[6] Von der Erinnerung an vergangene Leben glaubt man traditionell, dass sie von jedem erreichbar sei, der die vierte Versenkung gemeistert hat. Diese ist ein verfeinerter Zustand der Konzentration, in der man weder Lust noch Schmerz erfährt und in vollkommenem Gleichmut weilt.

Nach der Erinnerung an vergangene Leben beschreibt Gotama, wie er seinen Geist auf »das Wissen des Sterbens und Wiedererscheinens der Wesen« gerichtet hat:

> Mit dem göttlichen Auge sah ich Wesen sterben und wieder erscheinen, unterlegen und überlegen, schön und hässlich, glücklich und unglücklich. Ich verstand, wie Wesen entsprechend ihrer Taten weiter gehen … Dies war das zweite wahre Wissen, das ich in der zweiten Nachtwache erreichte.[7]

So gelangte Gotama zum Verstehen, wie sich das Gesetz vom Karma im Leben fühlender Wesen vollzieht. Aber auch diese Einsicht ist nicht mit der Erfahrung des Erwachens gleichzusetzen; auch sie ist, gemäß der Lehrreden, eine spirituelle Fähigkeit, die jenen zur Verfügung steht, die die vierte Versenkung gemeistert haben.

Über Angst und Furcht demonstrierte einem indischen Publikum von Gläubigen, dass Gotama direkte Einsicht in Wiedergeburt und Karma erlangte und damit zwei Säulen der indischen Kosmologie bestätigte, *bevor* er sein eigenes, unverwechselbares Erwachen erreichte. Wie Johannes Bronkhorst betont, haben diese Einsichten »keine offensichtliche und inhärente Verbindung mit der Befreiung«. Ihre Erwähnung in den Texten dient »zur Bestätigung der Doktrin der Wiedergeburt und der karmischen Vergeltung und verleiht dieser Doktrin das höchste Siegel der Bestätigung, das für einen gläubigen Buddhisten vorstellbar ist.«[8] Nur dann, in der dritten Nachtwache, lenkt Gotama seinen Geist auf »das Wissen der Zerstörung der Ausflüsse«, was ihm erlaubt, *dukkha*, Entstehen, Aufhören und den Pfad zu verstehen. Dies ist es, was einzigartig für ihn ist und sein Erwachen begründet, nicht ein Wissen um Wiedergeburt oder das Karmagesetz.

Während in *Über Angst und Furcht* das Erlangen der vierten Versenkung als Vorstufe zum Erlangen des Erwachens präsentiert wird, werden die Versenkungen in *Die edle Suche*, einen Text, den die Gelehrten für älter halten, überhaupt nicht erwähnt, geschweige denn spirituelle Fähigkeiten wie das Erinnern früherer Leben und das Verstehen des Gesetzes vom Karma.[9] Durch das Verorten dieser zentralen Erfahrung des Buddhismus in den Kontext des indischen Asketizismus und der indischen Kosmologie passt *Über Angst und Furcht* sie in das metaphysische Bezugssystem der Kultur zur Zeit des Buddha ein. Gleichermaßen stellt dieser Text Gotama als jemanden dar, dessen Errungenschaften mit denen des Geistes Gottes gleichwertig sind: Er hat aus eigener Erfahrung ein Wissen darüber erlangt, wie das Universum tickt. Dieses Wissen erreicht zu haben diente wiederum jenen, die ihn über einen rein menschlichen Status hinaus auf einen quasi-göttlichen zu heben trachteten.

(4)

Diese kritische Beurteilung der Doktrinen von Wiedergeburt und Karma läuft Gefahr, über die entscheidende Rolle, die sie für die historischen buddhistischen Kulturen gespielt haben, hinwegzusehen. Sie als nicht verifizierbaren metaphysischen Glauben einer früheren Zeit zu verwerfen verkennt ihren Zweck, das menschliche Leben in einer kosmologischen Vision zu verankern. Statt ihr Leben einfach als kurzes Aufflackern selbst-zentrierten Bewusstseins auf Erden zu verstehen, konnten Gläubige, in der mythischen Sprache jener Zeit, verstehen, wie alle Lebewesen auf das engste mit einer komplexen Reihenfolge kausaler Bedingungen, die ihrer Existenz vorausgingen, verbunden sind, wie auch mit einer scheinbar unendlichen Entwicklung zukünftiger Konsequenzen, für die jeder zu einem kleinen Teil verantwortlich ist. Diese Weltsicht vermittelte ein Gefühl der Demut, Verbundenheit und Verantwortung und ermutigte die Menschen, die Bedeutung ihrer Existenz im selbstlosen Kontext der Unermesslichkeit des Lebens zu sehen und es nicht darauf zu reduzieren, dass es ihrer egoistischen Gier und ihrem Hass zu dienen hatte.

Wenn wir uns dies vor Augen halten, können wir die Größe dieses Glaubens zu schätzen beginnen. Vom Erinnern von »einer Geburt, zwei Geburten, drei Geburten … hunderttausend Geburten, vielen Äonen der Ausdehnung und Zusammenziehung der Welt« und dem Sehen »mit göttlichem Auge … wie Wesen sterben und wieder erscheinen, unterlegen und überlegen, schön und hässlich, glücklich und unglücklich« zu sprechen, evoziert eine Vision, die sowohl großartig als auch tragisch ist.

Da ist Poesie in diesem kosmischen Tanz: Endlos tauchen Wesen auf und verschwinden wieder, miteinander verknüpft durch ein unendliches Netz an Interaktionen. Diese Vision führt einen Gläubigen aus kleinlichen Anliegen heraus zu einer staunenden Faszination für das schiere Spiel des Lebens. Die Vision ist überwältigend, exzessiv, erhaben. Es ist nicht notwendig, sie als wahr zu validieren oder als falsch abzulehnen. Das zu tun wäre ähnlich absurd, wie Hieronymous Boschs Darstellungen von Himmel und Hölle abzulehnen, weil sie nicht mit einer empirisch beobachtbaren Realität übereinstimmen.

Ein Gefühl der Erhabenheit und der Verbundenheit des Lebens setzt nicht voraus, dass man den kosmologischen Glauben des alten Indiens behält oder annimmt. Die säkulare Moderne hat eine absolut adäquate Alternative. Die Vision des Lebens, die die Naturwissenschaften in den letzten zwei Jahrhunderten offenbart haben, wiegt den Verlust an vormodernen religiösen Weltbildern mehr als auf. Verglichen mit den genauen, detaillierten Beschreibungen der Entstehung des Lebens, von der Singularität des Urknalls, der überwältigenden Ausdehnung der Galaxien, der außerordentlichen Entwicklung von Myriaden von Lebensformen aus Einzellern, erscheinen die Theorien von Wiedergeburt und Karma plump und simplizistisch.

Am Schluss von *Über die Entstehung der Arten* erklärt Darwin: »Es ist wahrlich eine großartige Ansicht, dass der Schöpfer den Keim alles Lebens, das uns umgibt, nur wenigen oder nur einer einzigen Form eingehaucht hat, und dass, während unser Planet den strengsten Gesetzen der Schwerkraft folgend sich im Kreise schwingt, aus so einfachem Anfange sich eine endlose Reihe der schönsten und wundervollsten Formen entwickelt hat und noch immer entwickelt.« Wenn wir Buddhas

Bemerkung am Anfang dieses Kapitels ernst nehmen – »Worin die Weisen in der Welt übereinstimmen, dass es existiert, sage auch ich, dass es existiert« –, ist es schwer zu glauben, dass er die Arbeiten von Darwin und seinen Nachfolgern (»die Weisen in der Welt«) abgelehnt hätte, nur weil sie in Konflikt mit den Meinungen waren, die in Kosala und Magadha im fünften Jahrhundert v. u. Z. vorherrschten. Was für Gotama als Pragmatiker letztlich zählte, war nicht, ob diese oder jene Ansicht über die Realität wahr oder falsch war, sondern ob die jeweilige Auffassung die Praxis der vierfachen Aufgabe unterstützte oder behinderte. Weit davon entfernt, die Praxis zu behindern, stellt die Weltsicht der modernen Wissenschaft ihr ein fundiertes und fruchtbares Fundament zur Verfügung. Die Praxis der Achtsamkeit, zum Beispiel, ist von den dogmatischen Beschränkungen der indischen Metaphysik befreit und eröffnet neue Möglichkeiten, die ihre positiven Wirkungen über den engen Kontext buddhistischer Religion weit hinaustragen.

Wenn Evolution durch natürliche Auslese eine überzeugende Erklärung für die physische Dimension des bedingten Entstehens bietet, dann liefert das Studium der menschlichen Geschichte anschauliche Lektionen moralischer und ethischer Bedingtheit. Dass unsere Gedanken, Worte und Taten auch nach unserem Tod starke Auswirkungen haben können, wird nirgends deutlicher sichtbar als bei der Untersuchung des Lebens von Individuen, die den Lauf der Geschichte beeinflusst haben. Egal, ob wir Shakespeare, Darwin oder Hitler betrachten, unser historisches Verständnis ermöglicht uns zu sehen, wie ihre Handlungen in der Welt, in der wir heute leben, Früchte getragen haben – im Guten wie im Schlechten. Gleichermaßen haben soziologische Erkenntnisse unser Bewusstsein für die

Konsequenzen unseres kollektiven Verhaltens in Kultur oder Gesellschaft vertieft. Auf einer persönlicheren Ebene haben Psychologie und Psychotherapie uns ermöglicht, die Geschichte unserer eigenen Kindheit aufzudecken. Dadurch vermochten wir Einsichten darüber zu gewinnen, wie unser Selbstgefühl durch die Behandlung anderer ebenso geformt wurde wie durch unsere Reaktionen und Entscheidungen.

Und wenn wir dank der Arbeit von Ökologen und Umweltschützerinnen unseren Blick auf die Zukunft lenken, sind wir uns zunehmend bewusst, wie unsere heutigen individuellen und kollektiven Handlungen noch lange, nachdem wir zu Staub zerfallen und vergessen sind, Früchte tragen werden. Weit mehr als die allgemeinen Spekulationen der Karmatheorie bietet dieses Wissen eine ernüchternde Vision einer hochgradig gefährdeten zukünftigen Welt, die dadurch geformt wird, wie wir unser Leben heute leben. Statt uns mit unserer eigenen Wiedergeburt zu beschäftigen, sind wir heute aufgefordert, durch unsere Lebensweise eine größere Verantwortung für diesen Planeten und für das fortgesetzte Gedeihen seiner Bewohner, Menschen, Tiere oder Pflanzen zu übernehmen.

Diese säkulare Vision destilliert die Intuitionen der Wiedergeburts- und Karmalehre in lebendigen und überzeugenden Details heraus. Fortwährend vergegenständlichen Biologie, Physik, Ökologie, Psychologie und Geschichte das bedingte Entstehen, von den genauesten Details unserer geistigen Zustände bis zu den verheerendsten Berichten schmelzender Polkappen. Diese Vision ist gleichermaßen imstande, unser moralisches Gefühl aufzuwecken und auszurichten. Sie bringt den Dharma zurück auf die Erde. Vor unserem fassungslosen Blick wird uns das *dukkha*, von dem der Buddha sprach, unmittelbarer, greifbarer und umfassender vor Augen geführt als jemals zuvor. Die Notwendigkeit, darauf nicht von den Instinkten reaktiver, egoistischer Gier getrieben zu reagieren, hat einen Punkt erreicht, wo das weitere Bestehen des Lebens auf dieser Erde selbst auf dem Spiel steht. Diese Vision stellt jedoch kein Plädoyer für einen »sozial engagierten« Buddhismus dar. Es ist ein Plädoyer dafür, das zurückzugewinnen, worum es beim Dharma schon immer gegangen ist: das Leiden in der Welt zu umarmen, die Reaktivität loszulassen und das stille, klare Zentrum zu erfahren, von dem aus wir auf die Welt in einer Weise antworten und eingehen, die nicht länger nur von Eigeninteresse bestimmt ist.

(5)

Das wirkliche Problem mit der Wiedergeburt liegt nicht darin, periodisch Höllenqualen oder andere Formen heftiger Schmerzen in anderen Daseinsbereichen erleiden zu müssen, sondern denselben Zyklus von Geburt und Tod wieder und wieder bis in alle Ewigkeit durchlaufen zu müssen (außer man unternimmt etwas dagegen). Wiedergeburt ist eine Metapher für die Hölle. Wenn wir den metaphysischen Panzer einmal ablegen und das Konzept auf seinen psychologisch-existentiellen Kern reduzieren, gelangen wir zu *Wiederholung*. Das steckt explizit im Paliwort *punabbhava*, das üblicherweise mit »Wiedergeburt« übersetzt wird, wörtlich aber »wieder-werden« heißt. Eine moderne Übersetzung wäre vielleicht »sich wiederholende Existenz«, was herausstreicht, dass ein Leben bestimmt von Reaktivität sich immer im Kreis dreht. Sie können eine ganze Menge Energie und Zeit für viele verschiedene Dinge aufwenden, aber am Ende des Tages sind Sie wieder bei derselben gelangweilten Rastlosigkeit angelangt, die ihr Ausgangspunkt war. Sie realisieren mit einem flauen Gefühl, dass Sie existentiell nichts erreicht haben. Es ist, als ob Sie auf der Stelle gerannt wären, wie ein Hamster in seinem Rad oder ein Hund, der seinen Schwanz jagt, ohne irgendwohin zu gelangen.

Wenn wir die Idee der Wiedergeburt wörtlich nehmen, dann ist der einzige Ausweg aus dem endlosen Zyklus das Überwinden der Kräfte der Reaktivität, die den Prozess von *samsāra* antreiben, sodass wir nach dem Tod nicht wiedergeboren werden. Aus dieser orthodoxen Perspektive heraus ist das Ziel unserer Praxis das Erreichen endgültigen, transzendenten Nirvanas. Eine säkulare Interpretation betrachtet Wiedergeburt hingegen als eine Metapher für eine sich wiederholende Existenz, in der wir in den Zyklen reaktiven Verhaltens gefangenbleiben. In diesem Fall ist das Ziel der Praxis, das reaktive Denken, Sprechen und Handeln zu stoppen, um dadurch frei zu werden, auf das Leben nicht von diesen Impulsen bestimmt einzugehen. Nirvana liegt dann nicht mehr jenseits dieser vergänglichen, leidenden Welt, sondern im Herzen unserer Erfahrung hier und jetzt.

Diese zwei sich widersprechenden Interpretationen von Nirvana führen zu einem sehr unterschiedlichen Verständnis davon, worin das Gute liegt. Für einen orthodoxen Buddhisten ist das höchste Gut ein transzendenter Zustand von Nirvana jenseits der bedingten Welt; für eine nicht-orthodoxe, säkular Praktizierende ist das höchste Gut ein achtfacher Pfad des menschlichen Gedeihens, welcher der immanenten Voraussetzung von Nirvana entspringt. In der Sprache der vier Aufgaben betont ein Dharma der Transzendenz das Beenden der Reaktivität (dritte Aufgabe), während ein Dharma der Immanenz das Kultivieren eines Lebensweges (vierte Aufgabe) betont. Wie immer man es sieht, es gilt beide Aufgaben zu erfüllen; der Unterschied liegt nur darin, wie man die Beziehung zwischen ihnen versteht. Transzendentalisten erachten das Kultivieren des Pfades als Vorbedingung für Nirvana; Säkularisten erachten die Erfahrung des Nirvana als Vorbedingung für das Kultivieren des Pfades.

Ein sich durch den gesamten Palikanon ziehendes Thema unterstützt diese säkulare Interpretation sehr. Es findet sich in den über den Kanon verstreuten Lehrreden, in denen der Buddha im Gespräch mit seinem Erzfeind, Māra, geschildert wird. Diese Texte verwenden eine symbolische, mythische Sprache, um ein Verständnis des ewigen Kampfes zwischen Gut und Böse zu vermitteln. Gotamas Treffen mit Māra illustrieren, was unter dem Guten verstanden wird: ein Leben, das nicht von den Kräften eingeengt ist, die es am Gedeihen hindern wollen. Māra wird manchmal als *antaka* bezeichnet: als der, der Sackgassen (*anta*) anlegt. Diese halten uns in Zyklen reaktiven Verhaltens gefangen und schränken so unsere Möglichkeiten ein, auf das Leben mit Sorge einzugehen. Das Wort *māra* bedeutet wörtlich »Mörder«, und entspricht daher *pamāda* – der Sorglosigkeit, die, in den Worten der *Dhammapada*, »der Weg zum Tod« ist.[10]

Die Lehrreden, die Gotama im Dialog mit Māra schildern, sind in einer ganz anderen Sprache abgefasst als diejenigen, die von den Gesprächen Gotamas mit seinen Zeitgenossen wie Mahānāma, Pasenadi oder Ānanda berichten. Obwohl Māra als ein autonomes quasi-menschliches Individuum dargestellt wird, ist er keine historische Gestalt, sondern eine mythische Personifikation des Bösen. Es ist schwer, in Māra etwas anderes als eine symbolische Figur zu sehen, die etwas in Buddha selbst repräsentiert, außer wir stellen ihn uns als eine des Sprechens mächtige Erscheinung vor. Als Gotama zu immer übermenschlicheren Graden an Perfektion erhoben wurde, wurde es entsprechend schwieriger, einen Platz für die widersprüchliche Menschlichkeit eines Mannes zu finden, der mit Krisen und Verrat sowie mit seiner eigenen Krankheit, seinem Altern und Tod fertig werden musste. Das Problem wurde gelöst, indem er in zwei Teile gespalten wurde: der nur-gute Buddha gegenüber dem nur-bösen Māra. Da jede Spur normaler Menschlichkeit in der Figur des Gotama getilgt wurde, erzwang das wahrscheinlich die Einführung einer autonomen Gegenfigur als seinen Schatten.

Ein zentrales Paradoxon in Gotamas Leben ist, dass er die Mächte von Māra in der Nacht des Erwachens bekanntermaßen überwunden hat, nur um in den verbleibenden fünfundvierzig Jahren seines Lebens immer wieder vertraute Begegnungen mit genau denselben Mächten zu haben. Daher hat er offensichtlich Reaktivität nicht vollständig aus seiner Erfahrung beseitigt; sie war nicht, wie die Lehrreden sagen, »abgeschnitten wie ein Palmstumpf, aus dem nie wieder etwas wächst«. Vielmehr hatte er eine radikal neue Weise gefunden, mit der Reaktivität umzugehen.

Mit anderen Worten, Gotama hat die Mächte Māras nicht eliminiert, sondern ist immun gegen sie geworden.[11] Wenn Reaktivität in seinem Geist entsteht, kann sie nicht länger in ihm Halt finden. Er billigt sie nicht, noch kämpft er gegen sie. Mit achtsamem Gewahrsein betrachtet, werden Gier und Hass als das gesehen, was sie sind: vergängliche Emotionen, die, wenn man sie sich selbst überlässt, verblassen. Zu realisieren, dass sie bedingte Prozesse sind und nicht ihrem Wesen nach »ich« oder »mein«, nimmt ihnen ihre Macht – daher die Wendung am Ende vieler Dialoge: »Ich kenne dich, Māra.« Nirvanische Freiheit resultiert aus dem Verstehen, wie Reaktivität funktioniert. Sie resultiert nicht aus der Entwurzelung der Reaktivität.

In den traditionellen Karma- und Wiedergeburtslehren werden die drei Feuer der Gier, des Hasses und der Verblendung als nicht-physische Geisteszustände gesehen, die das reinkarnierende Bewusstsein von Leben zu Leben begleiten, bis sie schließlich beseitigt sind und das Bewusstsein nicht wieder geboren wird. Aus der Perspektive moderner Biologie sind Gier und Hass ein Erbe unserer evolutionären Vergangenheit. Sie sind physische Triebe, die in unserem limbischen System wurzeln, und die, aufgrund der besonderen Überlebensvorteile, die sie uns Menschen als Spezies gebracht haben, immer noch eine große Macht besitzen. Wie effektiv die Praxis der Achtsamkeit auch immer sein mag, die uns darin schult, nicht unseren grundlegenden Trieben nachzugeben, so erscheint es doch naiv zu glauben, dass Meditation sie für immer aus unserem limbischen System ausradieren könnte. Ihre Kraft mag abnehmen, wenn sie nicht ausgelebt wird, aber ihre Präsenz bleibt. Diese wissenschaftliche Perspektive hilft uns zu verstehen, wie Gotama Māra überwunden hat: indem er ihm nicht länger nachgab, obwohl er weiterhin Māras Stimme ausgesetzt war.

Māra ist weit mehr als nur die Reaktivität, die ausgelöst wird als Antwort auf die Einflüsse der Welt. Das »Böse«, das er personifiziert, reicht in jede Struktur der bedingten Existenz hinein. Wenn Māra das ist, was uns Beschränkungen und Grenzen auferlegt, dann müssen wir uns ansehen, wie unser In-der-Welt-Sein vom Dämonischen durchdrungen ist. In einem Fall hat sich Māra Gotama genähert »in der Form eines Bauern, der einen großen Pflug über der Schulter trägt, einen langen Treibstock hält, die Haare zerzaust, gekleidet in ein Gewand aus

Hanf, seine Füße mit Dreck verschmiert«. Er fragt: »Hast du meinen Ochsen gesehen, Wanderer?« Gotama antwortet: »Was bedeuten dir Ochsen, Teufel?« Māra erklärt:

> Das Auge ist mein, Formen sind mein, Augen-Kontakt und sein Fundament für Bewusstsein ist mein. Das Ohr … die Nase … die Zunge … der Körper … der Geist, Geist-Kontakt und sein Fundament für Bewusstsein … sind mein. Wo kannst du hingehen, um mir zu entkommen?[12]

Beschränkung entsteht in einer Welt, die in getrennte, unabhängig existierende Teile zergliedert wird, mit denen wir uns als »ich« oder »mein« identifizieren. Solange wir arglos in einem solch naiven (dem Bauern gleichenden) Gefühl von der Welt eingeschlossen sind, sind wir anfällig dafür, in Māras »Fallen« zu geraten, uns an einem seiner »Widerhaken« zu verfangen, von seinen »Töchtern« verführt zu werden. Gotama antwortet: »Wo es kein Auge, kein Ohr, keine Nase, keine Zunge, keinen Körper, keinen Geist gibt – dort gibt es auch keinen Platz für dich, Teufel.« Sobald wir den kognitiv-affektiven Griff des Eigeninteresses lockern können, ahnen wir erstmals eine Freiheit, auf Lebenssituationen aus einer selbstloseren Perspektive heraus einzugehen.

Māras Fallen verstärken die Bedeutung von *dukkha*. Geburt, Krankheit, Altern und Tod sind *dukkha*, nicht nur weil sie schmerzhaft sind, sondern weil sie uns in unserem Vermögen beschränken, unsere Möglichkeiten zu realisieren. Māra ist, was menschliches Gedeihen behindert. Im psychologischen Sinne bezieht sich Māra auf unsere gewohnheitsmäßige Reaktivität, aber existentiell betrachtet, bezieht sich Māra auf jedes physische, soziale, politische oder wirtschaftliche Hindernis für unsere Praxis der vier Aufgaben. Ein lähmender Schlaganfall, eine patriarchale Kultur, eine tyrannische Regierung, eine unterdrückende Religion, bittere Armut: Sie alle können unser Gedeihen genauso effektiv verhindern wie unsere Gier und unser Hass.

Letztlich bezieht sich Māra auf die schiere Unzuverlässigkeit und Unberechenbarkeit dieser Welt, in die wir bei der Geburt hinein- und aus der wir bei unserem Tod hinausgeworfen werden. In einer unbeständigen und bedingten Welt, in der das Leben an einem einzigen Herzschlag hängt, gibt es keine Garantie dafür, dass Māra uns nicht niederstrecken wird, und damit alle unsere so hoch geschätzen Bestrebungen abrupt zunichte macht.

Das Leiden umarmen heißt Māra umarmen. Reaktivität loslassen heißt Māra loslassen. Loslassen bedeutet der Lage, in der wir uns befinden, ohne Bitterkeit und Verzweiflung ins Auge schauen, während wir uns der ersten Regungen der Reaktivität überaus bewusst sind, die uns dazu bringen, Dinge zu denken, zu sagen, zu tun, die wir später bereuen. Eine solche Position gegenüber Māra einzunehmen lässt uns in der Welt in einer Weise leben, die auf dem stillen und hell leuchtenden Gleichmut basiert, den die Figur des Buddha symbolisiert. Wir sehen plötzlich zwei Gesichter im Profil, anstelle einer Vase. In einem Gestaltwechsel wird Māra zu Buddha. Ein verschlossener Geist wird ein offener Geist. Der Tod wird das Todlose. »Mein« wird »nicht-mein«.

Aber das Gegenteil ist ebenso wahr. Eine Buddha-Perspektive kann genau so leicht in eine Māra-Perspektive zurückwechseln. Diese Ambivalenz kommt auch in einem Ausspruch von Huineng, dem sechsten Sŏn-Patriarchen, zum Ausdruck:

> Daher wissen wir, dass, nicht erwacht, sogar der Buddha ein fühlendes Wesen ist, und dass ein fühlendes Wesen, wenn es für einen Moment erwacht, ein Buddha ist.[13]

Es mag uns nicht behagen, Gotama in zwei – den guten Buddha und den bösen Māra – zu teilen, aber in der Praxis erweist sich diese Vorstellung als aufschlussreich. Das Buddha-Māra-Paradigma lässt uns erkennen, dass die vierfache Aufgabe nicht nur eine Reihe von Handlungen nach sich zieht, sondern auch einen radikalen Perspektivenwechsel, der immer wieder gefährdet ist. Diese Erkenntnis untergräbt jedes Wunschdenken, dass sich der Pfad in Richtung einer stetig sich steigernden Selbstverbesserung entwickeln wird. Sie fordert zu einer ironischen Selbstbetrachtung auf, die allzeit wachsam gegenüber der Gefahr der Selbsttäuschung ist.

Wenn »Māra« für eine sich wiederholende Existenz steht, die nirgendwohin führt, dann steht der »Buddha« für ein In-der-Welt-Sein, das sich als menschliches Gedeihen entfaltet. Wenn Māra eine Metapher für den Tod ist, ist der Buddha eine für das Leben. Wir können den Buddha ohne Māra genauso wenig verstehen wie das Leben ohne den Tod. Die vierfache Aufgabe lässt sich ohne den Widerstand Māras nicht ausführen, so wie es unmöglich ist, ein Streichholz ohne den Widerstand der Reibfläche anzuzünden. Ich glaube, dass wir hier beginnen, den unsteten Herzschlag einer Kultur des Erwachens zu vernehmen.

(6)

In der Parabel von der Stadt vergleicht sich Gotama mit einem Mann, der durch den Wald geht und zufälligerweise auf eine alte Straße trifft. Er folgt ihr und findet die Ruinen einer Stadt.[14] Nach dem Verlassen des Waldes berichtet er dem lokalen Herrscher von seiner Entdeckung und drängt ihn, die Stadt wieder aufzubauen, die dann »zu Blüte und Wohlstand kommen, von vielen Menschen bewohnt, zu Wachstum und Expansion« gelangen wird. Diese Geschichte gehört zu den wenigen im Kanon, die einen Hinweis darauf geben, wie der Buddha sein Dharma durch die Strukturen der Welt verwirklicht sah. Indem er die alte Straße im Wald mit dem achtfachen Pfad vergleicht, betont er, dass das Ziel des Pfades nicht in einer transzendenten Nirvana-Erfahrung liegt, die durch das Erlöschen von Tod und Wiedergeburt erreicht wird, sondern im Aufbau einer anderen Art von Gesellschaft, die auf dem Verstehen der vier großen Aufgaben als Ausdruck des Prinzips der Bedingtheit basiert. Wie sehr die Redakteure des Kanon auch damit gerungen haben, diese Parabel mit dem orthodoxen Ziel eines Endes der Existenz in Einklang zu bringen, widersetzt sich diese wegweisende Metapher von einer blühenden, lebendigen Stadt einer solchen Interpretation.

Gotama stellt die Stadt als einen Raum dar, der menschliches Gedeihen durch das Bereitstellen wirtschaftlicher Möglichkeiten (»Wohlstand«), Sicherheit (»Bollwerk«), Familienleben (»gut besiedelt«) und Freizeit (»Parks, Haine, Teiche«) fördert. Eine Stadt ist ein bürgerlicher Raum, in dem Individuen in enger Nachbarschaft als »vernünftig und sozial Handelnde, die in Frieden zusammen arbeiten und zu ihrem wechselseitigen Vorteil«[15] leben können. Nachdem der Dharma keinen Platz hat für die schicksalsmächtigen Entwürfe eines Schöpfers oder einer gottgegebenen sozialen Ordnung, liegt die Verwirklichung des Potentials einer Stadt vollkommen in den Händen der Menschen, die Gleichheit genießen. In diesem Sinn steht die Praxis der vierfachen Aufgabe für mehr als für bloßes persönliches Gedeihen. Wenn sie zusammen mit anderen angegangen wird, die die gleichen unbedingten Anliegen teilen, werden die vier Aufgaben Akte einer solidarischen Zusammenarbeit, so wie Stadtbewohner eine gemeinschaftliche und soziale Zukunft auf der Basis eines Verständnisses von natürlicher Kausalität bauen.

Indem Gotama den König drängt, die alte Stadt *wieder* aufzubauen, scheint es ihm um drei verschiedene, aber miteinander verwandte Punkte zu gehen. Erstens will er nicht als außergewöhnlich betrachtet werden. Jeder, der das Prinzip der Bedingtheit und die Praxis des mittleren Weges durchdringt, wird zu ähnlichen Ergebnissen kommen wie er. Zumindest prinzipiell gab es keinen Grund, warum nicht schon in der Vergangenheit auf den Dharma ausgerichtete Städte hätten erbaut werden können (vielleicht hatte er die verfallenen Städte des Indus-Tales oder, näher an seiner Heimat, die von Indraprasta im Sinn). Zweitens sieht er sein Projekt nicht als utopisch an. Seinem Verstehen der alles durchdringenden Natur von Vergänglichkeit und Tragik entsprechend, weiß er, dass Zivilisationen, wie alles andere, aufsteigen und untergehen. Und drittens sieht er den Wiederaufbau der Stadt nicht als ein anmaßendes Unterfagen an. Eine Stadt wieder aufzubauen ist nicht dasselbe, wie sie zu gründen. Auch wenn ein König oder Minister vonnöten sein würde, das Unternehmen zu finanzieren, dafür Arbeitskräfte zu rekrutieren und die Aufgaben zu überwachen, wäre der Wiederaufbau im Wesentlichen die gemeinschaftliche Aktivität einer Gesellschaft, der es um die Rückgewinnung ihrer vergangenen Pracht geht und nicht darum, das Ego eines Monarchen zu füttern.

Wenn die vierte Aufgabe der Kultivierung eines Pfades gemeinschaftlich verstanden wird, kann sie als eine Aktivität begriffen werden, die die Grundlage für eine »Kultur« legt. Im Englischen wie im Deutschen sind »kultivieren« und »Kultur« verwandt: eine kultivierte Person ist eine mit Kultur. Eine Kultur besteht aus einer Anzahl gemeinsamer Werte, entwickelt von denen, die sich einem geistigen Leben verpflichten. Eine buddhistische Kultur ist daher eine, die die Werte des Dharma verkörpert, so wie sie über Generationen von Praktizierenden realisiert wurden. Aber wie Städte durchlaufen auch Kulturen Zeiten der Kreativität und des Wachstums und Zeiten der Stagnation und des Niedergangs, bis hin zum Verschwinden. Danach bleiben nur noch archäologische und schriftliche Überreste. Die Herausforderung, vor die heute jene gestellt sind, die einem säkularen Dharma (oder einer buddhistischen Säkularität) eine Form geben möchten, ist ähnlich der des Mannes, der im Wald auf die Ruinen einer alten Stadt stößt und sie wieder aufbauen will.

Von einer modernen Perspektive aus muten viele traditionelle Formen des aus Asien übernommenen Buddhismus stagnierend an. Sie scheinen primär mit dem Erhalt der altehrwürdigen Doktrinen und Praktiken durch endlose Wiederholung von Lehren und Anleitungen aus der Vergangenheit beschäftigt zu sein. Obwohl einzelne begabte Lehrerinnen und Lehrer vielleicht versuchen, aus der Versteinerung auszubrechen, werden sie tendenziell von den Kräften der Tradition zurückgehalten, von der sie letztlich ihre Autorität und Legitimation beziehen. Nach dem Tod eines radikalen Lehrers ist es für seine Nachfolger oft schwierig, sich dem Sog der Orthodoxie zu widersetzen, die sie wieder in ihren Schoß zurückbringen will. Bei jeder ernsthaften

Neuerwägung von Lehren wie der Wiedergeburtsdoktrin gibt es kaum Fortschritte. Religiöse Institutionen, die Jahrhunderte überlebt haben, sehen schon kleine Veränderungen ihrer Ansichten oder Handlungsweisen als Gräuel an.

Es ist unwahrscheinlich, dass eine zeitgemäße Kultur des Erwachens ohne äußeren Anstoß in den traditionellen Schulen des Buddhismus entstehen wird. Damit eine stagnierende Kultur wieder floriert, ist eine Rückkehr zu den oft ignorierten oder vergessenen Quellen dieser Tradition erforderlich, ein systematisches Verlernen veralteter buddhistischer Dogmen, eine radikale Transformation der Institutionen und eine gemeinsame Anstrengung, den Dharma von Grund auf neu zu denken. Die primäre und entscheidende Frage für diejenigen, die sich von einer solchen Möglichkeit angezogen fühlen, wird sein, wie man eine buddhistische Gemeinschaft ins Leben ruft, erhält und entwickelt, die auf dem Prinzip der Bedingtheit und der Praxis der vier Aufgaben basiert.

Über die Jahrhunderte hinweg wurde der Begriff der Gemeinschaft (*sangha*) überwiegend von klösterlichen Institutionen monopolisiert. Im Gegensatz dazu wurde im Indien des fünften Jahrhunderts v. u. Z. das Wort *sangha* für republikanische, von Versammlungen regierte Vereinigungen (wie die Mallā und die Vajji-Konföderation) verwendet und nicht für Monarchien (wie Magadha und Kosala), die von einem souveränen Herrscher regiert wurden. Nicht nur hat Gotama seine Gemeinschaft nach dem Model der republikanischen Vereinigungen entworfen, sondern er hat auch wiederholt betont, dass die Versammlung seiner Gefolgsleute eine viergliedrige war. Sie bestand aus *bhikkhus* und *bhikkhunis*, sowie männlichen und weiblichen Anhängern. Darüber hinaus sollte sich seine

Gemeinschaft durch Befolgen unpersönlicher Gesetze (*dharma*) selbst verwalten, anstatt dem Willen eines älteren Mendikanten (wie Mahākassapa) Folge zu leisten. Und, entscheidend für die Mitgliedschaft in der edlen Gemeinschaft (*aryasangha*) war nicht der soziale Status, sondern der Stromeintritt – nicht ob jemand in der Hauslosigkeit oder in einem Haushalt lebte, sondern ob er oder sie sich den achtfachen Pfad zu eigen gemacht hatte.

Wir haben schon gesehen, dass Anhänger wie Mahānāma, Jīvaka und sogar der Säufer Sarakāni als in den Strom Eingetretene betrachtet wurden und daher Teile der edlen Gemeinschaft waren. In den *Angereihten Lehrreden* gibt es auch einen Abschnitt über den in einem Haushalt lebender Anhänger Citta in der Stadt Macchikāsanda in Kāsi, der den Dharma zwei Mendikanten erklärt und dafür gepriesen wird, dass er »das Auge des Verstehens, das das tiefgründige Buddha-Wort durchdringt«[17] besitze. In *Die längere Lehrrede an Vacchagotta* erklärt der Lehrer seinem wissbegierigen, aber argwöhnischen Gesprächspartner:

> Es sind nicht nur hundert oder fünfhundert, sondern viel mehr männliche und weibliche Anhänger, meine Schüler, die in Weiß gekleidet sind und Sinnesfreuden genießen, die meinen Anweisungen folgen, auf meinen Rat hören, über den Zweifel hinausgegangen sind, frei von Verblendung geworden sind, Furchtlosigkeit erlangt haben und in meiner Lehre von anderen unabhängig geworden sind.[18]

Das Bild, das aus dieser und anderen Passagen entsteht, ist das einer vielfältigen Gemeinschaft selbstständiger Individuen, die sich gegenseitig unterstützen, ohne jedoch ihre Unabhängigkeit in Bezug auf ihr Verstehen und die Praxis des Dharma aufs Spiel zu setzen.

Der Streit zwischen Ānanda und Mahākassapa nach dem Tod des Buddha lässt sich auf eine Auseinandersetzung darüber reduzieren, was ein effektiver Sangha wäre. Dass sich Mahākassapas Vision einer Top-Down-Hierarchie gegenüber Ānandas Vision einer offeneren und pluralistischeren Gemeinschaft durchgesetzt hat, mag nach allem, was wir wissen, ermöglicht haben, dass der Dharma unter den spannungsreichen Bedingungen jener Zeit überlebt hat. Aber sie hat auch den Weg für die letztendliche Absonderung von Mendikanten in klösterlichen Institutionen bereitet, deren ökonomische und politische Verletzlichkeit zum Teil für das Verschwinden des Buddhismus in Indien fünfzehn Jahrhunderte nach dem Tod des Buddha verantwortlich war.

In einem säkularen Zeitalter wie dem unseren ist es schwer vorstellbar, dass das Standardmodell des asiatischen buddhistischen Klosterlebens außerhalb von entweder buddhistischen Gemeinschaften oder traditionell ausgerichteten Konvertiten Wurzeln schlägt. Die Vorstellung eines säkularen Sangha beginnt mit der fundamentalen Frage, wo die Autorität liegt. Wenn wir den frühesten Quellen folgen, liegt die Autorität im Dharma. Wenn wir diesem wesentlichen, aber oft vergessenen Prinzip wieder Geltung verschaffen, werden Ordinierte und Laien, Männer und Frauen, als einem Gesetz gegenüber verpflichtet gesehen, das über jede institutionelle Macht hinausgeht, die jemand im Laufe einer Karriere in der buddhistischen Hierarchie erlangt hat. Ein säkularer Sangha ermächtigt daher diejenigen, die zuvor marginalisiert und entmachtet waren. Das heißt jedoch nicht, dass jetzt nicht ordinierte Anhänger Mendikanten an der Spitze der Hierarchie ablösen sollten. Dem Dharma die Autorität zu geben bedeutet, jegliche Hierarchie aufzugeben und sie durch ein Modell zu ersetzen, das auf Konsens unter spirituell Gleichen beruht (wie bei den Quäkern).

Ein säkularer Sangha ist eine Gemeinschaft von Gleichgesinnten, von eigenständigen Individuen, geeint durch Freundschaft, die daran arbeiten, sich gegenseitig in ihrem eigenen Gedeihen zu unterstützen. Eine solche Gemeinschaft ist eine fortlaufende *Praxis*; sie erfordert Engagement und Taten. Als eine *lebendige* Gemeinschaft, in der die Mitglieder sich alle selbst als in Entwicklung begriffen ansehen, ist sie ein unvollendetes Projekt. Martin Buber trifft hier eine hilfreiche Unterscheidung zwischen *Gemeinschaft* und *Kollektiv*. Während die Mitglieder eines Kollektivs ihre Autonomie abgeben, um ein gemeinsames Ziel zu erreichen, entwickeln die Mitglieder einer Gemeinschaft ein Netz von Freundschaften, das die Individuation jedes Mitglieds im Kontext eines gemeinsamen Wertesystems unterstützt und feiert.[19]

Ist ein solches Konzept eines Sangha vielleicht nur ein weiteres utopisches Ideal, mit wenig Bezug zu dem, was Menschen realistischerweise erreichen können? Wenn wir ein solches Ideal annehmen, laufen wir dann nicht Gefahr, ein Gemeinschaftsmodell abzulehnen, das sich, trotz seiner Schwächen, über Jahrhunderte hinweg als lebensfähig erwiesen hat? Die buddhistischen Mönchsorden gehören schließlich zu den dauerhaftesten menschlichen Institutionen, die die Welt je gesehen hat. Also wie können säkulare Buddhisten und Buddhistinnen einen Sangha bilden, pflegen und kultiveren, der auf gemeinschaftlichen, dharma-orientierten Prinzipien basiert? Wie können sie einen mittleren Weg finden zwischen autokratischen, hierarchischen religiösen Institutionen auf der einen Seite und isolierendem, entfremdendem Individualismus auf der andern? Darin liegt die Herausforderung.

(7)

Es gibt Aufzeichnungen eines Griechen, der weniger als zwei Jahrhunderte nach Gotamas Tod ein buddhistischer Mendikant (namens Dharmarakshita) wurde. In der Neuzeit war es, so weit wir wissen, ein irischer Gelegenheitsarbeiter, atheistischer Freidenker und politischer Agitator, der diesen Schritt als Erster unternahm. Er wurde als Laurence Carroll (oder O'Rourke) um 1856 geboren und in Rangoon im Jahr 1900 als U Dhammaloka ordiniert. Details aus dem Leben dieses bemerkenswerten Mannes sind erst kürzlich durch die hartnäckige Forschung dreier Gelehrter ans Licht gebracht worden: Brian Bocking, Alicia Turner und Laurence Cox.[20] Das Bild von Dhammaloka ist immer noch unvollständig – es gibt lange Lücken in seiner Biographie, selbst Datum und Ort seines Todes bleiben ein Geheimnis –, aber es ist genug über diesen lange vergessenen radikalen Menschen bekannt, was die überlieferte Darstellung früher westlicher Konvertiten auf den Kopf stellen kann.

Carroll/O'Rourke emigrierte in die Vereinigten Staaten in den 70er oder 80er Jahren des 19. Jahrhunderts, überquerte den Kontinent und erreichte per Schiff Japan. Schließlich kam er nach Burma, wo er eine Anstellung als Kontrolleur in einer Holzfirma fand. Er ist möglicherweise schon Mitte der 1880er ein Mönchsnovize geworden; die volle Ordination erhielt er im Juli 1900. Von dieser Zeit an, bis zu seinem Verschwinden aus öffentlichen Aufzeichnungen vierzehn Jahre später, war er ein

Vertreter der Abstinenzbewegung und ein lautstarker Gegner des Christentums und der Kolonialisierung. Für Dhammaloka waren »eine Flasche ›Guiding Star Brandy‹, eine ›Heilige Bibel‹ und ein ›Gatling-Maschinengewehr‹« miteinander verbundene Symbole des britischen Versuchs, die traditionellen Werte Burmas zu untergraben, um das Land fest unter koloniale Herrschaft zu bringen.[21] 1910 des Aufruhrs schuldig gesprochen, erhielt er ein gnädiges Urteil. Seine Predigten führten ihn weit herum: nach Japan, Siam, Singapur, Ceylon und Kambodscha und sogar nach Australien. 1914 leitete er laut eines christlichen Missionsberichts die Siam Buddhist Freethought Association in Bangkok, was das letzte ist, was wir von ihm hören.

Als Wanderarbeiter aus der Arbeiterklasse, der den unerhörten Schritt unternimmt, den Glauben und die Tracht eines kolonialisierten Volkes anzunehmen und dann öffentlich die Religion und die Kultur, in die er hineingeboren wurde, anzuprangern, steht er in starkem Kontrast zu den kultivierten Schriftgelehrten wie Allan Bennett (Ānanda Metteyya) oder Anton Gueth (Nyanatiloka), die, bis jetzt, als die ersten westlichen buddhistischen Mönche angesehen wurden.[22] Bennett (1872–1923) war ein gebrechlicher britischer Intellektueller, ein gelernter Apotheker, der ein enthusiastischer Okkultist und ein enger Freund von Aleister Crowley wurde. Gueth (1878–1957) wurde in Wiesbaden geboren, privat als Musiker und Komponist ausgebildet, und entwickelte sich zu einem begeisterten Leser von Arthur Schopenhauer, bevor er sich dem Buddhismus zuwandte. Beide wurden kurz nach Dhammaloka in Burma ordiniert, aber es gibt keine Aufzeichnungen darüber, ob diese bürgerlichen Europäer den glühenden Vagabunden aus Irland trafen oder etwas mit ihm zu tun hatten.

Für Dhammaloka war Hauslosigkeit nicht eine idealisierte Geste der Entsagung von kultivierten Männern, die in einfachen aber bequemen Einsiedeleien lebten, sondern der harte, ungewisse Lebenstil, den er aus erster Hand erfahren hatte. Er war nicht der einzige arme weiße Mann, der am Ende des neunzehnten Jahrhunderts durch Asien driftete und ein Leben am Rande des Imperiums fristete. Es war vollkommen normal, dass Herumtreiber Zuflucht in buddhistischen Klöstern suchten, wo sie mit Essen und Obdach ohne Entgelt versorgt wurden. Möglicherweise wurden manche von ihnen für kürzere oder längere Zeit als Mönche ordiniert. Aber da das Leben solcher Männer selten dokumentiert wurde, weder von ihnen noch anderen, haben sie keine Spuren hinterlassen. Heute mögen wir sie als Vorläufer der Beatniks und Hippies sehen, die auch mit minimalem Budget durch Asien gezogen sind und gleichermaßen oft in buddhistischen Klöstern landeten.

Die Fragmente, die wir von Dhammalokas Leben kennen, stellen die selbst heute noch weit verbreiteten Ansichten vom Buddhismus als einer Tradition in Frage, die in Gelehrsamkeit, Meditation und Rückzug von den Angelegenheiten der Welt gegründet ist. Hier finden wir einen Mann, der außerhalb der Normen der gebildeten westlichen Gesellschaft lebte, einen *bhikkhu*, der rhetorisch sehr leidenschaftlich war, einen Radikalen, der das Leiden der Unterdrückten umarmte. Er war nicht nur der erste westliche *bhikkhu*, Dhammaloka war auch der erste Westler, der einen Buddhismus praktizierte, der sehr engagiert mit den Herausforderungen der Säkularisierung beschäftigt war.

Dharmapraxis spielt sich genau auf dem Boden ab, auf dem wir stehen, wie U Dhammalokas Leben zeigt. Es ist unsere fürsorglichste und sorgsamste Antwort auf die Bedingungen, denen wir uns hier und jetzt gegenübersehen. Es gibt keine ideale Form der Praxis, perfekt für alle Zeiten, an die es sich anzupassen gilt. Obwohl Dhammaloka 1907 eine Buddhist Tract Society in Rangoon gründete, die unter anderem Thomas Paines *Die Rechte des Menschen* und *Das Zeitalter der Vernunft* veröffentlichte, findet sein Dharma den überzeugendsten Ausdruck nicht in dem, was er schrieb und veröffentlichte, sondern in seinen öffentlichen, konkreten Handlungen.

Wir mögen wohl die buddhistischen Dogmen verlernen müssen, um den Dharma neu zu entdecken, aber wir müssen wahrscheinlich auch die Geschichten verlernen, die der Buddhismus über seine eigene Vergangenheit konstruiert hat, wenn wir zu einer dreidimensionalen und nuancierten Darstellung seiner Geschichte gelangen wollen. Anstatt Dhammaloka für jemand Außergewöhnliches zu halten (und damit stillschweigend die koloniale Annahme zu bestärken, dass es einen Europäer brauchte, um die passiven Burmesen aufzurütteln), sollten wir lieber bedenken, dass das Bild vom Buddhismus, das von seinen Apologeten entworfen wurde – als einer Religion der nirvanischen Ruhe und Erleuchtung –, einfach eine fromme Karikatur dessen sein könnte, wie Buddhisten und Buddhistinnen über die Geschichte hinweg tatsächlich gelebt haben. Wie die Leben von Mahānāma, Pasenadi, Sunakkhatta, Jīvaka und Ānanda illustrieren, zeigt der frühe Kanon eine Gemeinschaft von unvollkommenen Leuten, die damit gerungen haben, den Dharma in ihren sehr verschiedenen Leben anzuwenden. Gregory Schopens Studien epigrahischer und archäologischer Belege zeigen, dass buddhistische Klöster im alten Indien gewöhnlich in wirtschaftliche und andere Tätigkeiten involviert waren, die nicht mit den idealisierten Darstellungen des Klosterlebens in den Texten übereinstimmen.[23] Das Werk des Gelehrten Jacques Gernet hat gleichermaßen offen gelegt, dass große buddhistische monastische Institutionen in China ebenfalls in die Mechanismen des Staates eingebettet waren und über Kornspeicher, Schatzkammern und Sklaven verfügten.[24]

Auch ist der heutige Buddhismus dem Blick investigativer Medien der Moderne ausgesetzt, muss Rechenschaft gegenüber seinen Anhängerinnen und Anhängern ablegen und sich am Standard der Transparenz messen lassen. So haben wir eine noch nie da gewesene Gelegenheit zu sehen, was tatsächlich in seinem Namen passiert. Buddhistische Zentren stellen sich als genau so anfällig für Machtkämpfe, Sexskandale und Veruntreuung dar wie jede andere menschliche Institution, und buddhistische »Meister« werden regelmäßig dabei ertappt, eine rastlose Libido zu haben und auf tönernden Füßen zu stehen. Schockieren uns solche Enthüllungen, haben wir eine zu idealistische Sicht auf den Buddhismus gehabt. Glauben wir der unbefangenen Rhetorik des Buddhismus über seine erwachten Lehrer, reinen Linien und Meditation, die Garanten für Erleuchtung sein sollen, so laufen wir Gefahr, entweder schmerzhaft desillusioniert zu werden oder immer neue, und zunehmend kompliziertere rechtfertigende oder leugnende Erklärungen finden zu müssen.

Ich schlage keinen Zynismus vor. Alles, was ich herausstreichen will, ist, dass buddhistische Institutionen und Lehrende menschlich sind und daher anfällig für menschliche Verfehlungen. In dieser Beziehung ist der Buddhismus nicht anders als andere Religionen. Aber er kann Westler, geblendet vom Reiz des Neuen und Ungewohnten, zu der Annahme verleiten, dass er die Verknöcherung und Korruption hat vermeiden können, die sich unbemerkt in jede Einrichtung einschleicht, in der Autorität als selbstverständlich betrachtet wird. Nur indem wir den Buddhismus von seinem romantischen Sockel holen und nüchtern betrachten, haben wir eine Chance uns vorzustellen, welche Art von Dharma-Kultur wir in einer säkularen Welt anstoßen können, die der charismatischen Priester und starren Dogmen überdrüssig geworden ist.

(8)

Eine jüngste Konsequenz der Begegnung der Moderne mit dem Dharma ist, dass in verschiedenen Teilen der Welt säkular-buddhistische Räume entstanden sind. Verstreute Individuen und Gruppen haben sich zu einer Dharmapraxis verpflichtet, ohne aber eine Bindung an eine traditionelle buddhistische Schule zu haben. Diese spirituellen Nomaden lassen sich eher von Schriften und Podcasts aus dem gesamten buddhistischen Spektrum informieren als von einem Lehrer, einer Lehrerin einer bestimmten Tradition. Ihr Gefühl der Zugehörigkeit zu einer Gemeinschaft mag sich mehr virtuell als physisch realisieren. Wenn sie sich persönlich treffen, ist als Ort das Wohnzimmer in einer Stadtwohnung genau so wahrscheinlich wie ein buddhistisches Zentrum. Obwohl starrer Dogmen, unkritischer Hingabe und patriarchaler Institutionen der buddhistischen Religion überdrüssig, schätzen sie möglicherweise nichtsdestotrotz die Einrichtungen und den Nutzen des Trainings, die von den traditionelleren Gruppen angeboten werden. Einige sind aus solchen Gruppen geflüchtet. Sie haben sich viele Jahre in einer bestimmten buddhistischen Tradition engagiert, um sie dann zu verlassen, da sie deren Lehren nicht mehr in gutem Glauben akzeptieren, deren Polemiken der Auserwähltheit nicht mehr billigen oder sich nicht länger der Autorität ihrer Führer unterordnen können. Andere bleiben weiter gerne Christen, Jüdinnen oder Atheisten, während sie einer intensiven Dharmapraxis nachgehen.

2005 habe ich damit begonnen, eine Reihe von Thesen zu formulieren, um die Art von säkular-buddhistischem Raum zu definieren, in dem ich mich damals befunden habe und heute weiterhin befinde – die Art von Raum, über den ich in diesem Buch geschrieben habe. Hier biete ich eine überarbeitete Version an:

Zehn Thesen zum säkularen Dharma

1. Ein säkularer Buddhist oder eine säkulare Buddhistin ist jemand, der oder die sich in der Praxis des Dharma allein dem Wohl dieser Welt verpflichtet fühlt.
2. Die Praxis des Dharma umfasst vier Aufgaben: das Leiden umarmen, Reaktivität loslassen, das Aufhören der Reaktivität betrachten und einen ganzheitlichen Lebensweg kultivieren.
3. Alle Menschen, ungeachtet ihres Geschlechts, ihrer Rasse, sexuellen Orientierung, ihrer Behinderungen, ihrer Nationalität und ihrer Religion, können diese vier Aufgaben praktizieren. Jede Person hat, in jedem Moment, das Potential, wacher, empfänglicher und freier zu sein.
4. In der Dharmapraxis kümmert man sich gleichermaßen darum, wie man im öffentlichen Raum spricht und handelt, wie darum, den spirituellen Übungen im privaten nachzugehen.

5. Der Dharma dient den Bedürfnissen der Menschen zu bestimmten Zeiten und an bestimmten Orten. Jede Form, die der Dharma annimmt, ist eine vergängliche menschliche Schöpfung, abhängig von den historischen, kulturellen, sozialen und ökonomischen Bedingungen, die ihn hervorgebracht haben.
6. Der oder die Praktizierende ehrt die Lehren des Dharma, wie sie von den verschiedenen Traditionen überliefert worden sind, versucht aber gleichzeitig, sie kreativ und stimmig für die Welt, wie sie jetzt ist, umzusetzen.
7. Die Gemeinschaft der Praktizierenden wird von autonomen Individuen gebildet, die sich gegenseitig bei der Kultivierung ihres Pfades unterstützen. In diesem Netzwerk gleichgesinnter Individuen respektieren die Mitglieder die Gleichheit aller und erkennen gleichzeitig das spezifische Wissen und die Expertise an, die jede Person mitbringt.
8. Praktizierende verschreiben sich einer Ethik der Sorgfalt und Fürsorge, gegründet auf Emphathie, Mitgefühl und Liebe für alle Wesen, die sich auf dieser Erde entwickelt haben.
9. Praktizierende versuchen, die strukturelle Gewalt in Gesellschaften und Institutionen zu verstehen und zu mindern, ebenso wie die Wurzeln der Gewalt in sich selbst.
10. Praktizierende des Dharma streben danach, eine Kultur des Erwachens zu fördern, die in buddhistischen wie nicht-buddhistischen, religiösen und säkularen Quellen ihre Inspiration findet.

Nachwort

Der Palikanon schließt im Wesentlichen mit einem Bericht über das erste Konzil in Rājagaha, das ungefähr neun Monate nach Gotamas Tod stattfand. Ein letztes Kapitel des Vinaya springt indessen hundert Jahre weiter in die Zukunft (in das Jahr um 300 v. u. Z.) und gibt einen Bericht über ein zweites Konzil, das in Vesālī stattgefunden hat.[1] Es scheint, dass Mendikanten aus Vajji zehn Änderungen an den Regeln des Trainings eingeführt hatten, die einige der Einschränkungen hinsichtlich des Essens und Trinkens lockerten, sowie den Umgang mit Geld erlaubten. Kaum hatte ein älterer Mendikant, Yasa genannt, von den Modifikationen erfahren, beriet er sich ausführlich mit anderen Mendikanten aus so entfernten Regionen wie Avanti und Pāvā und organisierte eine Versammlung in Vesālī, um die Angelegenheit zu klären. Das Resultat war die einstimmige Ablehnung der modifizierten Regeln. Außer diesem aufschlussreichen Einblick in die Reaktion der Konservativen in der Gemeinschaft auf den Versuch, die Regeln zu lockern, erfahren wir nichts darüber, was aus der buddhistischen Gemeinschaft nach Gotamas Tod geworden ist. An diesem Punkt enden die kanonischen Berichte plötzlich, und die geöffnete Tür, die einen Blick auf die menschliche Welt des nordöstlichen alten Indiens gewährte, ist auf einmal geschlossen.

So erfahren wir beispielsweise nicht, ob König Ajātasattu aus Magadha Erfolg damit hatte, die Republik Vajji zu zerstören, oder was sich in dem Königreich Kosala nach dem Sturz und Tod König Pasenadis ereignete. Ebensowenig erfahren wir, ob Sakiya es schaffte, sich von der Invasion seitens Kosalas unter Viḍūḍabha zu erholen. Um herauszufinden, was in dem Jahrhundert nach Buddhas Tod geschah, müssen wir uns an die brahmanischen und griechischen Quellen halten. Diese jedoch sind nur fragmentarisch, und sie gewähren uns wenig mehr als verlockende, flüchtige Blicke.

Die brahmanischen *Purāṇas* berichten, dass ein Soldat einer niederen Kaste namens Mahāpadma Nanda ungefähr fünfzig Jahre nach Gotamas Tod die Herrscher von Magadha stürzte, um die Nanda-Dynastie zu gründen. Außer einer Liste von zehn Königen, die zusammen nur ungefähr zwanzig Jahre lang herrschten, ist wenig über die Nanda bekannt. Man nimmt an, dass sie eine starke Armee aufbauten und das Territorium Magadhas ausdehnten, in welchem Umfang dies geschah, bleibt jedoch unklar. Da keiner dieser Könige sehr lange geherrscht haben kann, müssen die Nandas unter beträchtlichen inneren Machtkämpfen und großer Instabilität gelitten haben. Dhana Nanda (den Griechen als Agrammes bekannt) war der letzte ihrer Könige. Er wurde im Jahr 322 v. u. Z. von Chandragupta gestürzt, dem Gründer des Maurya-Reiches und Großvater Aśokas.[2]

Das prägendste historische Ereignis des Jahrhunderts nach Gotamas Tod war die Invasion Indiens durch Alexander den Großen im Jahr 326 v. u. Z. Von seinen anfänglichen Siegen in Gandhāra ermutigt, wollte Alexander weiter nach Osten in das Gangesbecken vorrücken. Aber seine erschöpfte Armee rebellierte, als sie den Fluss Beas im heutigen Himachal Pradesh erreichte. Nicht gewillt, den Truppen der Nandas gegenüberzutreten, zog sie sich zurück und folgte dem Fluss Hydaspes (einem Nebenfluss des Indus) nach Süden in Richtung des Arabischen Meeres. Zwei mächtige Stämme der Region, die Maller und die Oxydracer, schlossen eine Allianz, um Alexanders Armee an der Durchquerung ihres Territoriums zu hindern. Alexander bewegte sich schnell, um eine Vereinigung ihrer Truppen zu unterbinden. Nach dem Bröckeln dieser Allianz unternahm Alexander eine Reihe brutaler Angriffe gegen die Maller. In der entscheidenden Schlacht bei der Festung von Multan tötete Alexander den Anführer der Maller, wurde jedoch selbst durch einen Pfeil schwer verwundet. Vier Tage später hatte er sich so weit erholt, dass er die endgültige Unterwerfung der Maller entgegennehmen konnte.

In seinem Eintrag zur Republik Mallā im *Dictionary of Pāli Proper Names* behauptet G. P. Malalasekera, dass »die Maller im Allgemeinen mit den Malloi (= Maller) identifiziert werden, die in den griechischen Berichten zu Alexanders Invasion Indiens genannt werden.«[3] Diese faszinierende Hypothese bietet eine vorläufige Antwort darauf, was mit dem Königreich Kosala nach dem Tod Pasenadis und Viḍūḍabhas geschehen ist. Wie wir wissen, war Mallā ein enger Verbündeter von Kosala und stellte die Generäle der Armee Kosalas: zuerst Bandhula, dann, nach Bandhulas Ermordung durch Pasenadi, sein Neffe Dīgha Kārāyaṇa. Gotamas letzte Reise endete in der Stadt Kusinārā in Mallā, dem Lehen Bandhulas, möglicherweise weil er sie als eine sichere Basis für seine Gemeinschaft und ein zukünftiges Machtzentrum sah. Wir wissen ebenfalls, dass Dīgha Kārāyaṇa sich mit Viḍūḍabha verschworen hatte, um Pasenadi zu stürzen. Nachdem Viḍūḍabha und sein Gefolge passenderweise von einer Sturzflut hinweggerissen worden waren, wäre

Kārāyaṇa, der Befehlshaber der Armee, in einer sehr starken Position gewesen – besonders da Viḍūḍabha keinen Erben zu hinterlassen haben scheint. Es ist daher möglich, dass Kārāyaṇa die Gelegenheit nutzte, um eine mallānische Dynastie in Kosala zu begründen, mit ihm selbst an der Spitze. Dies könnte sogar von Anfang an sein Plan gewesen sein.

Wenn Malalasekera damit recht hat, die Maller mit den Malloi, die Alexander bekämpften, zu identifizieren, dann müssen die Nachkommen von Bandhula und Kārāyaṇa ihr Territorium in den fünfundsiebzig Jahren nach Gotamas Tod erheblich weiter nach Westen über die nördliche Gangesebene hin ausgedehnt haben, zumindest bis Multan (heute innerhalb Pakistans), den Ort der ihnen durch Alexander beigebrachten Niederlage. In diesem Szenario wäre die Nanda-Dynastie die Nachfolgerin der Dynastie von Magadha gewesen und hätte das Land südlich des Ganges kontrolliert, während Mallā über das Territorium nördlich des Flusses, das früher Teil von Kosala gewesen war, geherrscht hätte. Die Hauptsorge von Alexanders Truppen galt den Nandas, was darauf hindeuten könnte, dass die Nandas bereits Teile des nordöstlichen Gangesbeckens besetzt und die Maller nach Westen gedrängt hatten. Wie auch immer es gewesen sein mag, die Erinnerung an das mächtige Reich der Mallā in Indien wurde durch die Dynastie der Mallā, die im Kathmandu-Tal Nepals von 1201 bis 1769 regierte, am Leben gehalten. Ihre Gründer behaupteten, Nachkommen der mallānischen Dynastie aus der Zeit des Buddha zu sein.

Nach der Eroberung des persischen Reiches durch Alexander wurde das Land unter seinen Generälen aufgeteilt und schrittweise hellenisiert. Der General, der die Kontrolle über den östlichen Teil des vormals achämenidischen Territoriums, einschließlich Gandhāra, erhielt, war Seleucus I Nicator (ca. 358–281 v. u. Z.). Im Jahr 305 v. u. Z. wurde er gezwungen, diese östlichsten Landesteile an Chandragupta abzutreten, den Gründer des Maurya-Reiches. Die beiden Oberhäupter schlossen einen Vertrag, in dem Chandragupta Seleucus fünfhundert (das heißt: viele) Kriegselefanten im Austausch für Gandhāra zusprach. Zur Besiegelung der Vereinbarung übergab Seleucus Chandragupta eine griechische Frau als Braut. Daher war sein berühmter, buddhistischer Enkel Aśoka vielleicht zu einem Viertel Grieche.

Seleucus schickte in der Folge einen Botschafter in Chandraguptas Hauptstadt Pāṭaliputta, am Zusammenfluss von Ganges, Son und Gandak. Der Mann, den er für die Aufgabe auswählte, war ein Grieche namens Megasthenes aus Kleinasien, der zehn Jahre im Herzen der Region verbringen würde, in der der Buddha weniger als ein Jahrhundert vor ihm gelebt und gelehrt hatte. Glücklicherweise schrieb Megasthenes ein Buch mit dem Titel *Indika* (Indien), in dem er die erste ausführliche Beschreibung des Landes und seiner Menschen vorlegte. Obwohl das Werk heute als verloren gilt, sind uns viele Fragmente, die in anderen griechischen Quellen angeführt werden, erhalten geblieben.

In seiner Beschreibung der »Philosophen«, denen er während seines Aufenthaltes begegnete, unterscheidet Megasthenes zwischen zwei Haupttypen: den *brachmanes* und den *sarmanes,* bekannt aus den frühen buddhistischen Texten durch die gebräuchliche Phrase »Brahmanen und Wanderer (*samaṇa*)«. Die *brachmanes*, sagt er,

> sind hoch geschätzt, denn sie sind beständiger in ihren Ansichten. Sie leben in einfachen Umständen und liegen auf Betten aus Schilf oder Fellen. Sie enthalten sich tierischer Nahrung und sexueller Freuden und verbringen ihre Zeit mit dem Hören ernster Vorträge und indem sie ihr Wissen weitergeben.[4]

Diese nicht-indische und damit unabhängige Quelle zeigt uns, dass es die Brahmanen in dem Jahrhundert nach Gotamas Tod geschafft hatten, ihre Autorität in dieser Region deutlich zu konsolidieren.

Unter den *sarmanes*, berichtet Megasthenes, »werden diejenigen am meisten verehrt, die Hylobioi genannt werden.« Er beschreibt sie als weitgehend ähnlich jeder anderen Gruppe im Wald lebender Asketen dieser Zeit:

> Sie leben in den Wäldern, wo sie sich von den Blättern der Bäume und wilden Früchten ernähren und Gewänder tragen, die aus Baumrinde gefertigt sind. Sie enthalten sich des Geschlechtsverkehrs und des Weines. Sie kommunizieren mit den Königen, die sie mit Hilfe von Boten hinsichtlich der Ursachen der Dinge befragen und die durch sie die Gottheit verehren und anbeten.[5]

Während manche Wissenschaftler glauben, er beziehe sich auf brahmanische Asketen, wäre es denkbar, dass Megasthenes Devadattas Gemeinschaft von Mendikanten im Sinne hatte. Wie wir erfahren haben, spaltete sich diese Gruppe von Gotamas Gemeinschaft ab und gelobte zu leben, »als Waldbewohner, die sich niemals in Städten oder Dörfern niederlassen, als Bettler, die sich ausschließlich von Gaben ernähren und Einladungen, in Häusern zu essen, ablehnen, als Träger abgelegter Lumpen, die keine von Laien dargebotenen Stoffe annehmen, als Menschen, die nur am Fuß von Bäumen schlafen und keine Unterkunft akzeptieren, und als Vegetarier, die weder Fleisch noch Fisch essen.« Wenn die Hylobioi Devadattas Anhänger gewesen wären, würde dies das in Kapitel 10 vorgebrachte Argument stützen, dass Devadattas Gemeinschaft tatsächlich nach dem Tod des Buddha florierte. Aber wer auch immer die Hylobioi waren, zurzeit von Megasthenes Aufenthalt in Pāṭaliputta stach eine bestimmte Gruppe waldbewohnender Asketen unter den anderen hervor.

»Den Hylobioi nächstfolgend in der Verehrung«, berichtet Megasthenes, »sind die Heiler, denn sie beschäftigen sich mit dem Studium der menschlichen Natur.«

> Sie sind schlicht in ihren Gewohnheiten, aber leben nicht im Freien. Ihre Nahrung besteht aus Reis und Gerstenschrot, die sie immer, nur durch einfaches Nachfragen, erhalten können oder von denen bekommen, die sie als Gäste in ihren Häuser bewirten. Anhand ihres Wissens über Arzneimittel können sie Ehen fruchtbar machen und das Geschlecht des Nachwuchses bestimmen. Sie bewirken Heilungen eher durch das Regulieren der Diät als durch den Einsatz von Arzneien. Die Mittel, die am meisten geschätzt werden, sind Salben und Verbände. Alles andere halten sie für weitgehend schädlich in seiner Natur. Diese Gruppe und die andere Gruppe (i. e. die Hylobioi) üben sich in Stärke, sowohl durch aktive Mühe wie auch durch das Ertragen von Schmerzen, indem sie für einen ganzen Tag bewegungslos in einer bestimmten Haltung verharren.[6]

Da dies alles ist, was Megasthenes über die Gemeinschaften der Wanderer (*sarmanes*), die er in und um Pāṭaliputta beobachete, zu sagen hat, haben Wissenschaftler geschlossen, dass er keinen buddhistischen Mönchen begegnet sein könne. Buddhismus zur Zeit Chandraguptas, folgern sie, muss eine kleine, höchst unbedeutende Bewegung gewesen sein, die erst etwa vierzig Jahre später Bekanntheit erlangen würde, nachdem Chandraguptas Enkel Aśoka den Buddhismus angenommen hatte.[7] Wie wir jedoch gesehen haben, verfügten Buddhisten über umfangreiche Kommunikationsnetzwerke, den kollektiven Willen, interne Meinungsverschiedenheiten zu lösen, und über ausreichende Mittel, um ein zweites Konzil in Vesālī (auf der Pāṭaliputta gegenüberliegenden Seite des Flusses) einzuberufen. Das muss um genau die Zeit stattgefunden haben, als Megasthenes in der Hauptstadt des Maurya-Reiches lebte. Der Bericht vom Konzil steht im Widerspruch zu der Sicht, buddhistische Mendikanten seien eine so unbedeutende Gruppe von *sarmanes* gewesen, dass sie der Aufmerksamkeit eines neugierigen griechischen Diplomaten entgangen wären.

Wenn Wissenschaftler auf der Basis des Memoirs von Megasthenes schließen, dass er keinen buddhistischen Mendikanten begegnet sei, so implizieren sie, dass er keine Gruppe getroffen habe, die wir *heute* als buddhistische Mönche erkennen würden. Hätte er *bhikkhus* in Pāṭaliputta gesehen, nehmen wir an, dass er stille, kahlgeschorene, mit Safranroben bekleidete Männer mit gesenktem Blick, die auf der Suche nach Gaben von Haus zu Haus gehen, beschrieben hätte, ganz ähnlich denen, die wir heute in Bangkok, Rangoon oder Colombo beobachten können. Wie Gregory Schopen gezeigt hat, stehen tatsächliche buddhistische Praktiken, auf die aus epigraphischen und archäologischen Befunden geschlossen werden kann, oft im Widerspruch zu dem idealisierten Bild monastischen Lebens, das in den Schriften des Vinaya überliefert ist. Die Beschreibungen, die *bhikkhus* von sich selbst in ihren Texten bewahrten, mögen somit nicht immer mit ihrem tatsächlichen Verhalten übereinstimmen.

Kann sich der Bericht des Megasthenes über die »Heiler« auf die Anhänger Gotamas bezogen haben? Schließlich waren diese Mendikanten Wanderer (*sarmanes*), die sich mit dem Studium von Menschen befassten, die schlicht waren in ihren Gewohnheiten, die nicht im Freien lebten, die ihre Nahrung erbettelten und die als Gäste in den Häusern der Menschen bewirtet wurden. Tatsächlich sind dies einige der Dinge, die der Buddha erlaubte, während Devadatta diese verboten sehen wollte. Wie die Hylobioi verbrachten die Heiler lange Zeiten damit, »bewegungslos in einer bestimmten Haltung« zu sitzen. Der Teil der Beschreibung des Megasthenes, der am stärksten mit unserem gewöhnlichen Verständnis von buddhistischem monastischen Verhalten in Widerspruch steht, hat mit der heilkundlichen Betätigung zu tun. Die Vorstellung von Mendikanten, die »Ehen fruchtbar machen und das Geschlecht des Nachwuchses bestimmen«, steht im Gegensatz zur monastischen Regel, wie sie uns bis heute überliefert ist und den Mönchen verbietet, solche Aktivitäten auszuüben.

Im Vorangegangenen haben wir erfahren, dass Gotama sowohl mit der heilkundlichen Vorstellungswelt seiner Zeit wie auch deren Praxis vertraut war und diese häufig als Metaphern in seinen Lehren anwandte. Oft verglich er sich mit einem Arzt und den Dharma mit einer Form medizinischer Therapie. Wir wissen, dass er sich zumindest bei einer Gelegenheit persönlich um einen Mendikanten kümmerte, der an Ruhr litt, und erklärte: »Wer sich um mich kümmert, der sollte sich auch um Kranke kümmern.« Bei anderen Gelegenheiten kam er den Berichten zufolge »aus der Abgeschiedenheit« und ging zum Aufenthaltsort der Kranken, um die Patienten zu versorgen.[8] Außerdem korrespondiert die Art der Behandlung, welche die Heiler praktiziert haben sollen, weitgehend damit, wie Jīvaka Gotamas »Störung der Körpersäfte« mit Salbe, einem heißen Bad und einer Diät heilte.

Fungierte die sichtbarste Gruppe buddhistischer Mendikanten in der Gegend von Pāṭaliputta etwa als eine Gilde wandernder Ärzte oder Therapeuten, weitgehend wie Megasthenes sie beschrieb? Könnten sie diejenigen gewesen sein, deren liberale Auslegung der Regeln zum zweiten Konzil in Vesālī geführt hatte, bei dem konservative Mendikanten wie Yasa eine solche Freizügigkeit ausdrücklich verurteilten? Es ist unwahrscheinlich, dass Yasa und seine Kollegen die komplexen und zeitaufwändigen Vorbereitungen für ein Konzil auf sich genommen hätten, wäre es ihnen nur um das Verhalten einer Handvoll Häretiker gegangen.Die Möglichkeit, dass Mendikanten für Ärzte gehalten wurden, wird durch eine Passage im Mūlasarvāstivāda-Vinaya bestärkt, die uns berichtet, dass König Pasenadi »mehrmals Heiler aufgrund ihrer ähnlichen Bekleidung mit buddhistischen Mendikanten verwechselte«.[9] Obwohl Megasthenes erkannte, dass diese spezielle Gruppe aus *sarmanes* bestand, können wir davon ausgehen, dass ihre Mitglieder sich entweder selbst »Heiler« genannt haben oder bei anderen als solche bekannt waren. Wir können nicht sicher sein, dass sie Buddhisten waren, aber unter den Gruppen der *samaṇa*, von denen wir wissen, dass sie zur Zeit Megasthenes existiert haben, würden Buddhisten am besten der von ihm gegebenen Beschreibung entsprechen.

Einige von Gotamas Ideen könnten die skeptische Philosophie des Pyrrhon beinflusst haben, der zusammen mit seinem Mentor Anaxarchus in Alexanders Gefolge nach Indien reiste, wo er Berichten zufolge mit »Gymnosophisten« studierte. Die erste ausdrückliche Erwähnung des Buddha in westlichen Quellen findet sich jedoch in den *Stromata* des Kirchenvaters Clemens von Alexandria (ca. 150 bis ca. 215). In seinem Bericht zu den Ursprüngen der Philosophie – die »im Altertum unter den Barbaren in Blüte stand, Licht unter die Nationen brachte und später nach Griechenland kam« – spricht Clemens von den *brachmanes* und den *sarmanes*, wie sie von Megasthenes beschrieben wurden, und fügt hinzu: »Ebenso folgen einige der Inder den Regeln des Boutta; den sie, auf Grund seiner außerordentlichen Heiligkeit, zu gottgleicher Ehre erhoben haben.«[10]

Als das Christentum seinen Machtbereich über Europa, Vorderasien und den Nahen Osten ausbreitete, wurden die griechischen philosophischen Schulen geschlossen und das »Heidentum« wurde energisch unterdrückt. Dieses »Verschließen des westlichen Geistes« bedeutete, dass kein weiterer Kontakt mit buddhistischen Kulturen stattfand, bis ein franziskanischer Ordensbruder namens William von Rubruck (ca. 1220–1293) im Jahr 1253 von Louis IX. von Frankreich auf eine Mission geschickt wurde, um den mongolischen Herrscher Möngke zum Christentum zu bekehren. Während seines achtmonatigen Aufenthaltes im Karakorum debattierte William mit buddhistischen Mönchen, zeigte jedoch kein Interesse an dem, was sie lehrten. Sein alleiniges Anliegen war es, sie vom einzig wahren Glauben zu überzeugen. Er wurde schließlich vom Khan ausgewiesen und kam nach Europa zurück, wo er einen detailierten Bericht über seine Reise schrieb.

Infolge des aufkommenden spanischen und portugisischen kolonialen Strebens im sechzehnten Jahrhundert wurde eine Reihe von jesuitischen Missionaren in einem besser abgestimmten Versuch, Hindus, Buddhisten und Konfuzianer zur christlichen Lehre zu bekehren, nach Asien gesandt. Die Bedeutendsten unter ihnen waren der spanische Mitbegründer der Gesellschaft Jesu, Francisco de Xavier (Franz Xaver), (1506–52), sowie die Italiener Matteo Ricci (1552–1610) und Ippolito Desideri (1684–1733). Durch Xavier erhielt Europa seine ersten Berichte über den japanischen Buddhismus, einschließlich einer wohlwollenden Beschreibung eines Zen-Klosters und seiner Trainingsmethoden. Von Ricci, der die letzten siebenundzwanzig Jahre seines Lebens in China verbrachte und sich gründlich mit Sprache und Kultur vertraut machte, lernte Europa, dass der Buddhismus »ein Babylon von Lehren, so kompliziert, dass niemand es vollständig verstehen oder beschreiben kann«, war. Durch Desideri, der von 1716 bis 1721 in Lhasa lebte, lernte Europa wenig, zumindest zunächst. Er verfasste nach seiner Rückkehr nach Italien seine Erinnerungen, aber diese, wie auch seine polemischen Schriften, die er in tibetischer Sprache abfasste, schlummerten vergessen bis zum Ende des neunzehnten Jahrhunderts in Bibliotheksregalen.[11]

Obwohl gelehrte Missionare Europa mit detailierten Berichten der buddhistischen Kulturen versorgten, die sie in verschiedenen Teilen Asiens beobachteten, dauerte es eine lange Zeit, bis jemand bemerkte, dass all diese verschiedenen Ideen und Praktiken einen gemeinsamen Ursprung in den Lehren einer historischen Person namens Gotama hatten. Diese Gemeinsamkeit war bis zum neunzehnten Jahrhundert gar nicht in vollem Maße offenkundig gewesen. Dies änderte sich erst, als wegweisende Gelehrte wie Eugène Burnouf (1801–1852) und T. W. Rhys Davids (1843–1922) mit systematischen Studien und Übersetzungen von in Sanskrit und Pali abgefassten buddhistischen Texten begannen. »Man kann nur bewundern«, schrieb ein gewisser Abbé Deschamps im Jahr 1860, »mit welcher Geschwindigkeit durch seinen ersten Kontakt mit dem forschenden Geist, der unsere Zeit charakterisiert, der Buddhismus aus seiner tiefen Verborgenheit und seinem langen Schweigen aufgetaucht ist.« Jedoch waren diese Nachrichten eines einheitlichen Buddhismus auch beunruhigend. »Das Erscheinen dieser wenig bekannten Religion«, schrieb ein anderer Abbé, Paul de Broglie, im Jahr 1886, »hat große Überraschung hervorgerufen. Sie scheint die gesamte Grundlage der christlichen Apologetik zu zerstören und sogar einige Beweise der Existenz Gottes.«[12]

Der Buddhismus fand bald seine eigenen Apologeten und Enthusiasten. Bereits 1844 schrieb der Philosoph Arthur Schopenhauer, dass es ihn zufriedenstelle, »meine Lehre in so enger Übereinstimmung mit einer Religion zu sehen, die die Mehrheit der Menschen dieser Welt als ihre eigene betrachten.«[13] Die Gründer der Theosophischen Gesellschaft, Helena Blavatsky (1831–1891) und Colonel Henry Steel Olcott (1832–1907), gingen noch weiter und empfingen im Jahr 1880 von einem *bhikkhu* in Galle, Ceylon, die buddhistischen Verhaltensregeln für Laien. Trotz einiger abstruser esoterischer Lehren hatten die Theosophen eine hohe Meinung vom Buddhismus und waren maßgeblich daran beteiligt, den Westen mit einer gesellschaftsfähigen, nicht-christlichen Spiritualität vertraut zu machen. Dieses offene kulturelle Milieu war ein entscheidender Faktor, der es den ersten Europäern ermöglichte, sich in Asien in den ersten Jahren des zwanzigsten Jahrhunderts als buddhistische Mönche ordinieren zu lassen.

Das Interesse an und das Wissen über den Buddhismus nahmen im Westen langsam, aber stetig während der ersten Hälfte des zwanzigsten Jahrhunderts zu. Klassische buddhistische Texte wurden übersetzt, gelehrte Abhandlungen wurden geschrieben, buddhistische Gesellschaften wurden gegründet, aber wenige Westler unternahmen viel mehr, als sich oberflächlich mit dem Dharma zu befassen. Als der jesuitische Gelehrte Henri de Lubac (1896–1991) im Jahr 1952 seine Studie zur Begegnung zwischen dem Buddhismus und dem Westen (*La rencontre du bouddhisme et de l'occident*) veröffentlichte, schien er das abschließende Kapitel einer Episode von rein historischem Interesse geschrieben zu haben. Er hatte nicht die leiseste Ahnung, dass der Buddhismus sich in den kommenden Jahrzehnten sehr schnell in Europa und auf dem amerikanischen Kontinent ausbreiten würde.

Im Jahr 1959 floh Tenzin Gyatso, der vierzehnte Dalai Lama Tibets (geb. 1935), aus seiner Heimat und suchte auf der anderen Seite des Himalaja Zuflucht in Indien. Er wurde von hunderttausend oder mehr seiner Anhängerinnen und Anhänger begleitet, einschließlich einer beachtlichen Zahl gelehrter Lamas. Mit dem Auftrieb des Optimismus und Wohlstands der sechziger Jahre reisten während der nächsten Jahrzehnte Wellen junger Leute aus Europa und den USA nach Asien, um den Buddhismus zu studieren. Einige lernten mit tibetischen Lehrern in Indien und Nepal, einige lebten in Klöstern und Meditationszentren des Theravāda in Sri Lanka, Thailand und Burma, und andere fanden ihren Weg zu Zen-Klöstern in Japan und Korea. Diese Begegnungen brachten die erste Generation Männer und Frauen aus dem Westen hervor, die ein formales buddhistisches Training im Osten erhalten hatten. Nach der Rückkehr in ihre Heimatländer gründeten sie Meditationszentren und Gemeinschaften, erwarben Doktortitel in buddhistischen Studien, luden Lehrende aus Asien in den Westen ein und übersetzten und schrieben Bücher. Alle diese Aktivitäten lösten ein bisher nicht gekanntes Interesse am Dharma in der gesamten westlichen Welt aus und legten den Grundstein für eine Gemeinschaft Praktizierender. Das Wachstum dieser im Werden begriffenen Gemeinschaft scheint nicht abzuflauen.

Ausgewählte Lehrreden des Palikanons

Die Lehrreden habe ich in dieser Übersetzung gekürzt und umgeschrieben, um sie für einen modernen Leser zugänglicher zu machen. Für eine wortwörtlichere und traditionellere Interpretation greifen Sie bitte auf die in den Fußnoten angeführten Übersetzungen zurück.

(1) Drei Fragen

»Als ich noch ein Bodhisattva war, stellte sich mir die Frage: ›Was ist die Freude (*assādo*) des Lebens? Was ist die Tragik (*ādhinavo*) des Lebens? Was ist die Emanzipation (*nissaraṇa*) des Lebens?‹ Da, *bhikkhus*, kam mir folgende Antwort: ›Glück und Freude, die bedingt durch das Leben entstehen, das ist die Freude des Lebens; dass das Leben vergänglich, beschwerlich (*dukkha*) und sich wandelnd ist, das ist die Tragik des Lebens; die Beseitigung und Aufgabe des Greifens (*chandarāga*) nach Leben, das ist die Emanzipation des Lebens.‹«[1]

(2) Erwachen

Dieser Dharma, zu dem ich gelangt bin, ist tiefgründig, schwer zu erkennen, schwierig ist es, dazu zu erwachen, er ist still und erhaben, nicht durch Denken begrenzt, subtil, von den Weisen erfahrbar. Doch die Menschen lieben ihren Platz (*ālaya*): sie erfreuen sich an ihrem Platz und schwelgen darin. Es ist schwer für diejenigen, die ihren Platz lieben, sich an ihm erfreuen und in ihm schwelgen, diesen Grund (*ṭhāna*) zu sehen: ›Wegen-diesem‹-Bedingtheit (*idappaccayatā*), bedingtes Entstehen (*paṭiccasamuppāda*). Und ebenfalls schwer zu erkennen dieser Grund: das Stillwerden der Neigungen, das Aufgeben der Brennstoffe, das Verblassen der Reaktivität, Wunschlosigkeit, Aufhören, Nirvana.[2]

(3) Die Vier Aufgaben

Dies habe ich gehört. Der Lehrer weilte in Benares im Wildpark bei Isipatana. Da wandte er sich an die Gruppe der fünf Mendikanten.

»Da gibt es, *bhikkhus*, zwei Sackgassen, die jene, die fortgegangen sind, nicht verfolgen sollten. Welche zwei? Süchtigsein nach Vergnügen durch Schwelgen in Sinnlichkeit, was nieder ist, unkultiviert, passend zu einer nicht-erwachten Person, unwürdig und unerfüllend; und Süchtigsein nach Selbst-Bestrafung, was schmerzhaft ist, unwürdig und unerfüllend.

Der mittlere Weg, *bhikkhus*, zu dem der *tathāgata* erwacht ist, führt nicht zu diesen beiden Sackgassen, sondern bringt eine Sicht und Kenntnis hervor, die zu einem Zur-Ruhe-Kommen, zu in Klarheit gegründetem Verstehen, Erwachen und Nirvana beiträgt.

Und was, *bhikkhus*, ist dieser mittlere Weg … ? Es ist genau dieser edle achtfache Pfad – das heißt umfassende Sicht, umfassende Absicht, umfassendes Sprechen, umfassendes Handeln, umfassender Lebenserwerb, umfassendes Bemühen, umfassende Achtsamkeit und umfassende Konzentration …

Dies ist *dukkha*: Geburt ist *dukkha,* Altern ist *dukkha*, Kranksein ist *dukkha*, Tod ist *dukkha*, Ungeliebtem begegnen ist *dukkha*, von Liebem getrennt sein ist *dukkha*. Kurzum, die fünf Bündel des Anhaftens sind *dukkha*.

Dies ist das Entstehen (*samudaya*): es ist Verlangen (*taṇhā*), das sich wiederholt, im Anhaften und in Gier sich suhlt, obsessiv in diesem und jenem schwelgt – Verlangen nach Stimulanz, Verlangen nach Dasein, Verlangen nach Nicht-Dasein.

Dies ist das Aufhören: das restlose Verblassen und Aufhören des Verlangens (*taṇhā*), das Loslassen und Aufgeben hiervon, die Freiheit und Unabhängigkeit hiervon.

Und dies ist der Pfad, ein Pfad mit acht Zweigen – umfassende Sicht, umfassende Absicht, umfassendes Sprechen, umfassendes Handeln, umfassender Lebenserwerb, umfassendes Bemühen, umfassende Achtsamkeit und umfassende Konzentration.

So ist *dukkha*. Es kann umfassend verstanden werden. Es ist umfassend verstanden worden.

So ist das Entstehen. Es kann losgelassen werden. Es ist losgelassen worden.

So ist das Aufhören. Es kann betrachtet werden. Es ist betrachtet worden.

So ist der Pfad. Er kann kultiviert werden. Er ist kultiviert worden.

So stieg in mir Klarheit auf über Dinge, die zuvor unbekannt waren.

Solange meine Kenntnis und meine Sicht hinsichtlich der zwölf Aspekte dieser vier nicht vollkommen klar waren, habe ich nicht behauptet, ein unvergleichliches Erwachen in dieser Welt mit ihren Menschen und Himmelswesen, ihren Göttern und Teufeln, ihren Wanderern und Brahmanen zu besitzen. Erst als meine Kenntnis und meine Sicht in Hinblick all dieser klar waren, habe ich behauptet, ein solches Erwachen erlangt zu haben.

Die Freiheit meines Geistes ist unerschütterlich. Geburt ist überwunden; das spirituelle Leben ist gelebt; was getan werden musste, ist getan; es wird keine sich wiederholende Existenz mehr geben.«

Das ist, was er sagte. Inspiriert erfreuten sich die fünf an seinen Worten. Während er sprach, stieg in Kondañña das leidenschaftslose, unbefleckte Dharma-Auge auf: »Was immer dem Entstehen unterworfen ist, ist dem Aufhören unterworfen.«[3]

(4) Über Feuer

Bei einer Gelegenheit weilte der Lehrer nahe Gayā auf dem Gayā-Berg zusammen mit tausend Mendikanten, die zuvor den haarfilzigen Feueranbetern angehört hatten. Er wandte sich an sie:

»*Bhikkhus*, alles brennt. Und was ist es, das brennt?

Das Auge brennt, Formen brennen, Sehbewusstsein brennt, Augenkontakt brennt, was immer als angenehm oder schmerzhaft oder weder-noch empfunden wird und mit Augenkontakt als Bedingung entsteht, auch dies brennt. Brennt womit? Brennt mit dem Feuer der Gier, mit dem Feuer des Hasses, mit dem Feuer der Verblendung …

Das Ohr brennt, Töne brennen …

Die Nase brennt, Gerüche brennen …

Die Zunge brennt, Geschmacksempfindungen brennen …

Der Körper brennt, Empfindungen brennen …

Bhikkhus, wenn ein geschulter edler Schüler dies erkennt, löst er sich vom Auge, von Formen, vom Augenkontakt, von dem was immer als angenehm oder schmerzhaft oder weder-noch empfunden wird und mit Augenkontakt als Bedingung entsteht, auch von dem löst er sich.

Er löst sich von dem Ohr, von den Tönen…; von der Nase, von den Gerüchen …; vom Geist, von Ideen …

Sich loslösend, wird er leidenschaftslos; durch Leidenschaftslosigkeit wird er frei; er weiß: ›Ich bin frei.‹ Er versteht: ›Geburt ist überwunden; das spirituelle Leben wurde gelebt; was getan werden musste, wurde getan; da wird es keine weitere sich wiederholende Existenz geben.‹«

Und während die Lehrrede gehalten wurde, wurde der Geist der Tausend durch Nicht-Anhaften befreit von den Ausflüssen.[4]

(5) Das Alles

»*Bhikkhus*, ich werde euch das Alles lehren. Hört zu.

Und was, *bhikkhus*, ist das Alles? Das Auge und die Formen, das Ohr und die Töne, die Nase und die Gerüche, die Zunge und die Geschmacksempfindungen, der Körper und die Empfindungen, der Geist und seine Inhalte. Das wird das Alles genannt.

Wenn irgendjemand, ihr *bhikkhus*, sagen sollte: ›Nachdem ich dieses Alles zurückgewiesen habe, werde ich ein anderes Alles bekannt machen‹, dann wäre das nur leere Prahlerei von ihm. Würde er befragt werden, könnte er nicht antworten und wäre zusätzlich am Ende frustriert. Warum? Weil, *bhikkhus*, *dieses* Alles nicht innerhalb seines Wirkungsbereiches läge.«[5]

(6) An Kaccānagotta

Der Lehrer lebte in Sāvatthi. Da näherte sich ihm der gute Kaccānagotta, grüßte ihn, setzte sich zu einer Seite nieder und sagte: »Sie sprechen von umfassender Sicht, Herr. In welcher Hinsicht ist die Sicht umfassend?«

»Im Großen und Ganzen, Kaccāna, baut diese Welt auf die Dualität von ›es ist‹ und ›es ist nicht‹. Jemand aber, der das Entstehen der Welt, während es geschieht, mit umfassender Weisheit sieht, hat nicht den Eindruck von ›es ist nicht‹ bezüglich der Welt. Und jemand, der das Aufhören der Welt, während es geschieht, mit umfassender Weisheit sieht, hat nicht den Eindruck von ›es ist‹ bezüglich der Welt.

Im Großen und Ganzen ist diese Welt gebunden an ihre Vorurteile und Gewohnheiten. Aber solch einer verfängt sich nicht in Gewohnheiten, Fixierungen, Vorurteilen oder Vorlieben des Geistes. Er ist nicht fixiert auf ›mein Selbst‹. Wenn etwas geschieht, zweifelt er nicht daran, dass es geschieht, und wenn etwas ein Ende gefunden hat, nicht daran, dass es ein Ende gefunden hat. Sein Erkennen ist unabhängig von anderen.

In dieser Hinsicht ist seine Sicht umfassend.

›Alles ist‹ ist die eine Sackgasse. ›Alles ist nicht‹ ist die andere Sackgasse. Der *tathāgata* enthüllt den Dharma der Mitte, der beide Sackgassen vermeidet.«[6]

(7) Über Leerheit

Einst lebte der Lehrer in Sāvatthi im östlichen Garten des Landhauses von Migāras Mutter. In der Abenddämmerung tauchte der gute Ānanda aus der Zurückgezogenheit auf und näherte sich ihm. Er grüßte ihn, setzte sich zu einer Seite nieder und sagte:

»Einst lebtest du in Sakiya, Herr, unter deinen Landsleuten in der Stadt Nāgaraka. Es war dort, dass ich von deinen eigenen Lippen sagen hörte: ›Jetzt lebe ich meist in Leerheit weilend.‹ Habe ich das richtig gehört?«

»Ja. Damals wie heute lebe ich meist in Leerheit weilend.

Leer von Elefanten, Vieh und Pferden, Gold und Silber, Ansammlungen von Frauen und Männern gibt es nur eines allein, von dem dieses Landhaus nicht leer ist: von dieser Gruppe Mendikanten. So auch, Dörfer und Menschen nicht wahrnehmend, gibt es nur eines allein, auf das ein Mendikant seinen Geist fokussiert: auf die Wahrnehmung der Wildnis.

Sein Herz erfreut sich an der Wahrnehmung der Wildnis, wird strahlend und ruhig dadurch, ist dem hingegeben. Er weiß: ›Ohne all die Ängste, die aus der Wahrnehmung von Dörfern und Menschen entstehen, gibt es eines allein, aufgrund dessen ich einem gewissen Maß an Angst ausgesetzt bin: aufgrund der Wahrnehmung der Wildnis. Dieser Zustand der Wahrnehmung ist leer von jeder Wahrnehmung von Dörfern und Menschen. Es gibt nur eines allein, aufgrund dessen er nicht leer ist: aufgrund der Wahrnehmung der Wildnis.‹

Damit sieht er ihn als leer von etwas, das nicht da ist. Und von dem, was übrig bleibt, weiß er: ›Das ist das, was hier ist.‹ So ist sein Zugang zur Leerheit in Übereinstimmung mit dem, was geschieht, unverzerrt und rein.

Dann, nicht länger die Wildnis wahrnehmend, richtet sich der Geist des Mendikanten auf eines allein: auf die Wahrnehmung der Ausdehnung der Erde.

So wie die Haut eines Bullen seine Falten verliert, wenn sie von zahllosen Nägeln gestreckt wird, genauso, indem er all die Hügel und Täler, Flüsse und Rinnen, Flächen mit Baumstümpfen und Dornen, die gezackte Linie der Bergketten ignoriert, richtet sich des Mendikanten Geist auf eines allein: auf die Wahrnehmung der Ausdehnung der Erde.

Nicht länger die Ausdehnung der Erde wahrnehmend, richtet sich der Geist des Mendikanten auf eines allein: auf die Wahrnehmung des grenzenlosen Raums.

Nicht länger grenzenlosen Raumes wahrnehmend, richtet sich der Geist des Mendikanten auf eines allein: auf die Wahrnehmung des grenzenlosen Bewusstseins.

Nicht länger grenzenlosen Bewusstseins wahrnehmend, richtet sich der Geist des Mendikanten auf eines allein: auf die Wahrnehmung der Nichtsheit.

Nicht länger Nichtsheit wahrnehmend, richtet sich der Geist des Mendikanten auf eines allein: auf die Wahrnehmung von Weder-Wahrnehmung-noch-Nicht-Wahrnehmung.

Nicht länger Weder-Wahrnehmung-noch-Nicht-Wahrnehmung wahrnehmend, richtet sich der Geist des Mendikanten auf eines allein: auf eine gegenstandslose Meditation des Herzens.«

»Sein Herz erfreut sich an dieser gegenstandslosen Meditation, wird strahlend und ruhig hiervon und ist dem hingegeben. Er weiß: ›Mit keiner der Ängste aufgrund der Wahrnehmung von Weder-Wahrnehmung-noch-Nicht-Wahrnehmung bin ich dem Maß an Angst ausgesetzt, das daraus herrührt, sechs Sinnesbereiche eines lebenden Körpers zu haben.‹

Dann erkennt er: ›Eine gegenstandslose Meditation des Herzens ist bedingt und konstruiert und was immer bedingt und konstruiert ist, ist vergänglich und dem Aufhören unterworfen.‹

Durch solches Wissen und Erkennen wird das Herz von den Ausflüssen der Begierde, des Werdens und der Unwissenheit befreit. In dieser Freiheit dämmert eine Einsicht: ›Dies ist Freiheit.‹ Er weiß: ›Geburt ist überwunden; das spirituelle Leben wurde gelebt; was getan werden musste, wurde getan; da wird es keine weitere sich wiederholende Existenz geben. Ohne all die Ängste, ausgelöst von den Ausflüssen, bin ich immer noch anfällig für die Angst, die daraus entsteht, dass ich die sechs Sinnesbereiche eines lebenden Körpers habe. Dieses Gewahrsein ist leer von jenen Ausflüssen. Was nicht leer ist, ist dieses: die sechs Sinnesbereiche eines lebenden Körpers.‹

So sieht er es als leer von dem, was nicht da ist. Und von dem, was übrig bleibt, weiß er: ›Dies ist hier.‹ So ist sein Zugang zur Leerheit in Übereinstimmung mit dem, was geschieht, unverzerrt und rein.

Jene Wanderer und Priester der Vergangenheit, Gegenwart und Zukunft, die in reiner unübertroffener Leerheit weilten, weilen und weilen werden, sie alle weilten, weilen und werden in eben dieser Leerheit weilen. So sollte man sich schulen: ›Lasst uns in dieser Leerheit leben.‹«

Dies ist, was der Lehrer sagte. Entzückt erfreute sich der gute Ānanda an dessen Worten.[7]

(8) An Sīvaka I

Der Lehrer weilte einst am Futterplatz der Eichhörnchen im Bambuswäldchen bei Rājagaha. Da näherte sich ihm der Wanderer Haarknoten Sīvaka und tauschte Grüße mit ihm aus. Nach einer angenehmen und höflichen Begrüßung setzt er sich zu einer Seite nieder und sagte:

»Herr Gotama, da gibt es einige Wanderer und Brahmanen, die die Meinung verkünden und die Sichtweise vertreten, dass das, was eine Person erfahren mag – sei es angenehm, schmerzhaft oder weder-noch – verursacht wird durch das, was in der Vergangenheit getan wurde. Was sagt Ihr dazu?«

»Manche Erfahrungen werden durch Galle hervorgerufen, manche durch Schleim, manche durch Wind, manche durch alle drei zusammen. Manche Erfahrungen werden durch den Wechsel der Jahreszeiten verursacht, manche durch mangelnde Pflege, manche durch plötzliche Angriffe und manche sind die Früchte eigenen Tuns.

Du kannst selbst wissen, wie solche Erfahrungen entstehen.

Menschen in der Welt sind einer Meinung, wie solche Erfahrungen entstehen.

Jene, die glauben, dass jede Erfahrung von dem verursacht ist, was in der Vergangenheit getan wurde, überschätzen das, was sie selbst wissen können und was als wahr in der Welt akzeptiert wird. Daher sage ich, dass diese Wanderer und Brahmanen sich irren.«[8]

(9) An Sīvaka II

Wieder näherte sich der Wanderer Haarknoten Sīvaka dem Lehrer und tauschte Grußworte mit ihm aus. Nach einem angenehmen und höflichen Austausch, setzte er sich zu einer Seite nieder und sagte:

»Ihr sprecht von einem ›klar sichtbaren Dharma‹, Herr. In welcher Hinsicht ist der Dharma klar sichtbar, unmittelbar, einladend, erhebend, von dem Weisen persönlich erfahrbar?«

»Lass mich dir diesbezüglich eine Frage stellen. Antworte,

wie es dir sinnvoll scheint. Was meinst du: Wenn Gier in dir zugegen ist, weißt du ›da ist Gier in mir‹, und wenn da keine Gier in dir ist, weißt du ›da ist keine Gier in mir‹?«

»Ja.«

»Mit Hass, Verblendung und solchen Gemütszuständen, die mit Gier, Hass und Verblendung verbunden sind, wenn diese in dir zugegen sind, weißt du, dass sie anwesend sind? Und wenn sie nicht in dir zugegen sind, weißt du, dass sie abwesend sind?«

»Ja.«

»Es ist auf diese Weise, dass der Dharma klar sichtbar, unmittelbar, einladend, erhebend, vom Weisen persönlich erfahrbar ist.«

Sīvaka sagte zum Lehrer:

»Ausgezeichnet, Herr. Betrachten Sie mich von jetzt an als einen Anhänger, der Zuflucht nimmt, solange er atmen wird.«[9]

(10) Die Einundzwanzig

»*Bhikkhus*, sechs Qualitäten besitzend hat der Haushälter Mahānama Erfüllung gefunden im *tathāgata*, wurde ein Seher des Todlosen und geht, das Todlose betrachtet habend, umher. Welche sechs? Klares Vertrauen in den Buddha, klares Vertrauen in den Dharma, klares Vertrauen in den Sangha, edle Tugend, edles Verstehen und edle Befreiung.«[10]

(11) Aus der *Dhammapada*

So wie ein Bauer sein Feld bewässert,
So wie ein Pfeilmacher einen Pfeil formt,
So wie ein Zimmermann ein Stück Holz formt,
So zähmt der Weise sein Selbst.[11]

Sorge ist der Weg zum Todlosen;
Sorglosigkeit ist der Pfad zum Tod.
Die Sorgenden sterben nicht;
Die Nicht-Sorgenden sind so, als wären sie bereits tot.[12]

Der Weise bewegt sich durch ein Dorf,
So wie die Biene Pollen sammelt
Und fortfliegt, ohne Schaden zuzufügen
Der Blüte, ihrer Farbe oder ihrem Duft.[13]

Anmerkungen

Wenn ich in diesen Anmerkungen Bezug auf die kanonischen Pali-Quellen nehme, nenne ich den Titel und die Stelle des Werkes in Pali, gefolgt von einer Seitenangabe in einer gegenwärtig erhältlichen englischen Übersetzung. Ich verweise nicht auf die Seitenzählung der Ausgabe des Palikanons der Pali Text Society. Meine Quelle für die Texte in Pali ist SuttaCentral: Early Buddhist Texts, Translations and Parallels, https://suttacentral.net.

Ich habe die hier übersetzten Passagen mit anderen verfügbaren englischen Übersetzungen verglichen. Statt buchstabengetreue, wörtliche Übersetzungen anzubieten, habe ich die Passagen oft durch Auslassung von Wiederholungen und Verwendung eines knappen und idiomatischen Stils modifiziert. Meine Übersetzungen der Pali-Texte, die im Buch häufig zitiert werden und die als Basis für meine Interpretation der Lehren des Buddha dienen, sind im Appendix als »Ausgewählte Lehrreden des Palikanons« enthalten und werden im Folgenden als »Ausgewählte Lehrreden« zitiert.

1 Jenseits des Buddhismus

Epigraph: *Udāna* 1:10, Ireland (1997), S. 21.

1. *Udāna* 6:4, Ireland (1997), S. 86. Für eine Erläuterung der Bedeutung des Begriffs *tathāgata,* siehe Kapitel 5, Abschnitt 9.
2. *Udāna* 6:4, Ireland (1997), S. 87.
3. *Saṃyutta Nikāya* 22:94, Bodhi (2000), S. 949.
4. *Udāna* 6:4, Ireland (1997), S. 88.
5. *Saṃyutta Nikāya* 22:94, Bodhi (2000), S. 949.
6. *Blue Cliff Record,* Fall 14, Cleary and Cleary (1977), S. 46.
7. *Majjhima Nikāya* 121, Ñāṇamoli and Bodhi (1995), S. 965. Siehe *Über Leerheit* in »Ausgewählte Lehrreden«.
8. *Majjhima Nikāya* 151, Ñāṇamoli and Bodhi (1995), S. 1143.
9. *Majjhima Nikāya* 121, Ñāṇamoli and Bodhi (1995), S. 965-66. Siehe *Über Leerheit* in »Ausgewählte Lehrreden«.
10. *Majjhima Nikāya* 121, Ñāṇamoli and Bodhi (1995), S. 969. Siehe *Über Leerheit* in »Ausgewählte Lehrreden«.
11. *Majjhima Nikāya* 121, Ñāṇamoli and Bodhi (1995), S. 970. Siehe *Über Leerheit* in »Ausgewählte Lehrreden«.
12. *Udāna* 1:10, Ireland (1997), S. 21
13. Für weitere Einzelheiten zu dieser Praxis, siehe Kusan (2009); Batchelor (2015).
14. *The Gateless Gate*, Fall 1, Yamada (2004), S. 11.
15. *Saṃyutta Nikāya* 12.15, Bodhi (2000), S. 544. Siehe *An Kaccānagotta* in »Ausgewählte Lehrreden«.
16. Rockhill (1884), S. 34. Ich habe diese Passage zitiert, wie sie in *Dīgha Nikāya* 16, Walshe (1995), S. 246-47 vorliegt.
17. Siehe Mohr und Tsedroen (2010).
18. *Cullavagga* X, Horner (1952), S. 354-56.
19. Siehe Nongbri (2013).
20. Siehe Tillich (1958).
21. Zitiert in Metaxas (2010), S. 466.
22. Diese Spannung wird einfühlsam untersucht in Wakoh Shannon Hickey, »Two Buddhisms, Three Buddhisms, and Racism«, *Journal of Global Buddhism* 11 (2010).

23. Slavoj Žižek hat behauptet, dass der westliche Buddhismus in Gefahr ist, das Opium der Bourgeoisie zu werden. Siehe Žižek's Essay »From Western Buddhism to Western Marxism«, *Cabinet* (Spring 2001). http://www.cabinetmagazine.org/issues/2/western.php.
24. Siehe McMahan (2008).
25. MacIntyre (1981), S. 222.
26. Ibid., S. 146.
27. *Sutta-Nipāta* 780, 786, 796, Norman (2001), S. 104-6.
28. *Aṅguttara Nikāya* III:65, Bodhi (2012), S. 280.
29. *Aṅguttara Nikāya* III:65, Bodhi (2012), S. 280.
30. *Aṅguttara Nikāya* III:65, Bodhi (2012), S. 282.
31. *Majjhima Nikāya* 63, Ñāṇamoli and Bodhi (1995), S. 535.
32. *The Gateless Gate*, Fall 18, Yamada (2004), S. 89.
33. *The Gateless Gate*, Fall 37, Yamada (2004), S. 177.
34. *Udāna* 8:3 und *Itivuttaka* 43, Ireland (1997), S. 103, 180. Diese Übersetzung ist von Walshe (1995), S. 29. Siehe Kapitel 5, Abschnitte 6-8 für eine detaillierte Analyse dieses Textes.
35. Siehe Ling (1973).

2 Mahānāma: der Konvertit

Epigraph: *Saṃyutta Nikāya* 55:22, Bodhi (2000), S. 1809.

1. Rockhill (1884), S. 119.
2. Siehe Bronkhorst (2007).
3. *Bṛhadāraṇyaka Upaniṣad* III.1, Radhakrishnan (1994), S. 211.
4. McCrindle (1877), S. 98.
5. Dhammika (1994).
6. *Majjhima Nikāya* 4, Ñāṇamoli und Bodhi (1995), S. 104.
7. Rockhill (1884), S. 25.
8. Ibid., S. 50.
9. *Cullavagga* VII, Horner (1952), S. 253-54. Vgl. Rockhill (1884), S. 53-54.
10. *Cullavagga* VII, Horner (1952), S. 253-54.
11. *Cullavagga* VII, Horner (1952), S. 253-54.

12. *Cullavagga* VII, Horner (1952), S. 255.
13. *Cullavagga* VII, Horner (1952), S. 257-59.
14. *Majjhima Nikāya* 53, Ñāṇamoli und Bodhi (1995), S. 460.
15. *Majjhima Nikāya* 53, Ñāṇamoli und Bodhi (1995), S. 460-61.
16. *Sutta-Nipāta* 422-23, Norman (2001), S. 51.
17. *Saṃyutta Nikāya* 45:49, Bodhi (2000), S. 1543.
18. *Majjhima Nikāya* 53, Ñāṇamoli und Bodhi (1995), S. 461.
19. *Dīgha Nikāya* 27, Walshe (1995), S. 409.
20. *Aṅguttara Nikāya* III.70, Bodhi (2012), S. 300.
21. Burlingame (1995), Vol. 2, S. 291-93.
22. Vgl. Rockhill (1884), S. 54.
23. *Aṅguttara Nikāya* III.126, Bodhi (2012), S. 356-57.
24. *Saṃyutta Nikāya* 55:5, Bodhi (2000), S. 1792.
25. *Saṃyutta Nikāya* 38:1, Bodhi (2000), S. 1294.
26. *Saṃyutta Nikāya* 55:22, Bodhi (2000), S. 1809.
27. *Majjhima Nikāya* 73, Ñāṇamoli und Bodhi (1995), S. 596-97.
28. *Aṅguttara Nikāya* II.12, Bodhi (2012), S. 1568; *Udāna* 5.5; Ireland (1997), S. 69-74.
29. *Saṃyutta Nikāya* 55:2, Bodhi (2000), S. 1789.
30. *Saṃyutta Nikāya* 55:21-25, Bodhi (2000), S. 1808-16.
31. *Saṃyutta Nikāya* 55:24, Bodhi (2000), S. 1811.
32. *Saṃyutta Nikāya* 55:24, Bodhi (2000), S. 1813.
33. *Saṃyutta Nikāya* 55:23, Bodhi (2000), S. 1809-11.
34. *Majjhima Nikāya* 14, Ñāṇamoli und Bodhi (1995), S. 186.
35. *Majjhima Nikāya* 14, Ñāṇamoli und Bodhi (1995), S. 186.
36. Rig Veda X.129. Ich bin John Peacock dankbar, dass er mich auf diese Passage hingewiesen hat. Die Übersetzung ist von ihm.
37. *Majjhima Nikāya* 26, Ñāṇamoli und Bodhi (1995), S. 260. Siehe *Erwachen* in »Ausgewählte Lehrreden«.
38. *Majjhima Nikāya* 14, Ñāṇamoli und Bodhi (1995), S. 187.
39. *Saṃyutta Nikāya* 55:21, Bodhi (2000), S. 1808.
40. *Aṅguttara Nikāya* VI.128, Bodhi (2012), S. 989. Siehe *Die Einundzwanzig* in »Ausgewählte Lehrreden«.
41. *Saṃyutta Nikāya* 55:37, Bodhi (2000), S. 1824-25.
42. Rockhill (1884), S. 58.

43. Finnegan (2009), S. 130.
44. Ibid.
45. Rockhill (1884), S. 74-77.
46. Ibid., S. 11-12.
47. Ibid., S. 77.
48. Ibid., S. 116.
49. Ibid., S. 119.
50. Burlingame (1995), Vol. 2, S. 45.

3 Eine vierfache Aufgabe

Epigraph: (I) *Saṃyutta Nikāya* 56:11, Bodhi (2000), S. 1846. Siehe *Die Vier Aufgaben* in »Ausgewählte Lehrreden«. (2) *Saṃyutta Nikāya* 56:19, Bodhi (2000), S. 1851.

1. *Majjhima Nikāya* 26, Ñāṇamoli und Bodhi (1995), S. 256.
2. *Saṃyutta Nikāya* 35:13, Bodhi (2000), S. 1136. Siehe *Drei Fragen* in »Ausgewählte Lehrreden«.
3. *Sutta-Nipāta* 406, Norman (2001), S. 50.
4. *Saṃyutta Nikāya* 35:13, Bodhi (2000), S. 1137.
5. Siehe Wynne (2007).
6. *Majjhima Nikāya* 26, Ñāṇamoli und Bodhi (1995), S. 260. Siehe *Erwachen* in »Ausgewählte Lehrreden«.
7. *Majjhima Nikāya* 28, Ñāṇamoli und Bodhi (1995), S. 283.
8. *Majjhima Nikāya* 79, Ñāṇamoli und Bodhi (1995), S. 655.
9. *Dhammapada* 80 (vgl. 145), Fronsdal (2005), S. 21. Siehe *Aus der »Dhammapada«* in »Ausgewählte Lehrreden«.
10. *Dīgha Nikāya* 16, Walshe (1995), S. 245.
11. *Dhammapada* 183, Fronsdal (2005), S. 49.
12. Rhys Davids und Stede, *Pali-English Dictionary*, S. 289.
13. *Saṃyutta Nikāya* 38:1, Bodhi (2000), S. 1294.
14. *Aṅguttara Nikāya* III.55, Bodhi (2012), S. 253.
15. *Aṅguttara Nikāya* VI.47, Bodhi (2012), S. 919. Siehe *An Sīvaka 2* in »Ausgewählte Lehrreden«.
16. *Aṅguttara Nikāya* III.55, Bodhi (2012), S. 253.
17. Wittgenstein (1958), II:xi.
18. *Majjhima Nikāya* 26, Ñāṇamoli und Bodhi (1995), S. 260.

19. *Sutta-Nipāta* 436-38, Norman (2001), S. 52.
20. *Sutta-Nipāta* 443-44, Norman (2001), S. 53.
21. *Sutta-Nipāta* 447-48, Norman (2001), S. 53.
22. *Majjhima Nikāya* 26, Ñāṇamoli und Bodhi (1995), S. 260.
23. Siehe Kapitel 1, Abschnitt 5.
24. *Majjhima Nikāya* 26, Ñāṇamoli und Bodhi (1995), S. 261.
25. Ñāṇamoli und Bodhi (1995), S. 1217 Anm. 307.
26. *Majjhima Nikāya* 26, Ñāṇamoli und Bodhi (1995), S. 265.
27. *Majjhima Nikāya* 26, Ñāṇamoli und Bodhi (1995), S. 263-64.
28. Radiocarbondatierungen belegen, dass die Stadt Benares nicht vor ungefähr zwischen 460–440 v. u. Z. gegründet worden ist – das heißt, während der Lebenszeit des Buddha. Siehe Bronkhorst (2007), S. 249.
29. *Majjhima Nikāya* 26, Ñāṇamoli und Bodhi (1995), S. 263.
30. *Mahāvagga* I, Horner (1951), S. 54.
31. Rhys Davids und Stede, *Pali-English Dictionary*, S. 421.
32. Siehe *Die Vier Aufgaben* in »Ausgewählte Lehrreden«. Bodhi (2000), S. 1844.
33. Die fünf Bündel werden ausführlich in Kapitel 7 untersucht.
34. *Saṃyutta Nikāya* 22:60, Bodhi (2000), S. 903.
35. *Dhammapada* 80 (vgl. 145), Fronsdal (2005), S. 21. Siehe *Aus der »Dhammapada«* in »Ausgewählte Lehrreden«.
36. *Aṅguttara Nikāya* III.102, Bodhi (2012), S. 338.
37. *Majjhima Nikāya* 10, Ñāṇamoli und Bodhi (1995), S. 146.
38. *Majjhima Nikāya* 10, Ñāṇamoli und Bodhi (1995), S. 148.
39. *Aṅguttara Nikāya* III.126, Bodhi (2012), S. 356-57.
40. *Saṃyutta Nikāya* 22:23, Bodhi (2000), S. 872.
41. *Saṃyutta Nikāya* 38:1, Bodhi (2000), S. 1294.
42. *Dhammapada* 49, Fronsdal (2005), S. 13. Siehe *Aus der »Dhammapada«* in »Ausgewählte Lehrreden«.
43. *Saṃyutta Nikāya* 56:11, Bodhi (2000), S. 1844. Siehe *Die Vier Aufgaben* in »Ausgewählte Lehrreden«.
44. *Saṃyutta Nikāya* 36:6, Bodhi (2000), S. 1263-65
45. *Majjhima Nikāya* 18, Ñāṇamoli und Bodhi (1995), S. 202.
46. *Saṃyutta Nikāya* 4:2, Bodhi (2000), S. 196.
47. *Dīgha Nikāya* 15, Walshe (1995), S. 223.

48. *Saṃyutta Nikāya* 22:83, Bodhi (2000), S. 928.
49. *Majjhima Nikāya* 16, Ñāṇamoli und Bodhi (1995), S. 194-97.
50. *Saṃyutta Nikāya* 45:166, Bodhi (2000), S. 1561.
51. *Saṃyutta Nikāya* 4:9, Bodhi (2000), S. 201.
52. *Saṃyutta Nikāya* 56:11, Bodhi (2000), S. 1844. Siehe *Die Vier Aufgaben* in »Ausgewählte Lehrreden«.
53. *Aṅguttara Nikāya* III.55, Bodhi (2012), S. 253.
54. *Aṅguttara Nikāya* VI.47, Bodhi (2012), S. 919. Siehe *An Sīvaka 2* in »Ausgewählte Lehrreden«.
55. *Aṅguttara Nikāya* VI.119-39, Bodhi (2012), S. 989.
56. *Saṃyutta Nikāya* 45:7, Bodhi (2000), S. 1528.
57. *Majjhima Nikāya* 121, Ñāṇamoli und Bodhi (1995), S. 969-70. Siehe *Über Leerheit* in »Ausgewählte Lehrreden«.
58. *Majjhima Nikāya* 151, Ñāṇamoli und Bodhi (1995), S. 1143.
59. *Sutta-Nipāta* 780, Norman (2001), S. 104.
60. Wittgenstein (1958), I.115.
61. *Saṃyutta Nikāya* 56:11, Bodhi (2000), S. 1844. Siehe *Die Vier Aufgaben* in »Ausgewählte Lehrreden«.
62. *Saṃyutta Nikāya* 12:15, Bodhi (2000), S. 544. Siehe *An Kaccānagotta* in »Ausgewählte Lehrreden«.
63. *Saṃyutta Nikāya* 12:15, Bodhi (2000), S. 544.
64. Eine frühe Quelle ist *Sutta-Nipāta* 231, Norman (2001), S. 29.
65. *Saṃyutta Nikāya* 12:65, Bodhi (2000), S. 603.
66. *Saṃyutta Nikāya* 12:65, Bodhi (2000), S. 603.

4 Pasenadi: der König

Epigraph: *Dīgha Nikāya* 27, Walshe (1995), S. 409.

1. *Majjhima Nikāya* 35, Ñāṇamoli und Bodhi (1995), S. 325-26.
2. *Majjhima Nikāya* 35, Ñāṇamoli und Bodhi (1995), S. 325-26.
3. *Majjhima Nikāya* 35, Ñāṇamoli und Bodhi (1995), S. 325-26.
4. *Saṃyutta Nikāya* 22:59, Bodhi (2000), S. 901-3.
5. *Majjhima Nikāya* 35, Ñāṇamoli und Bodhi (1995), S. 328.
6. *Saṃyutta Nikāya* 3:11, Bodhi (2000), S. 173.
7. *Saṃyutta Nikāya* 3:11, Bodhi (2000), S. 173.
8. *Saṃyutta Nikāya* 3:6, Bodhi (2000), S. 169-70.

9. *Dīgha Nikāya* 27, Walshe (1995), S. 409.
10. *Saṃyutta Nikāya* 3:5, Bodhi (2000), S. 169.
11. *Saṃyutta Nikāya* 3:13, Bodhi (2000), S. 176-77.
12. *Majjhima Nikāya* 87, Ñāṇamoli und Bodhi (1995), S. 718-22.
13. *Saṃyutta Nikāya* 3:8, Bodhi (2000), S. 170-71.
14. *Bṛhadāraṇyaka Upaniṣad* I:4, 8, Radhakrishnan (1994), S. 167-68.
15. *Sutta-Nipāta* 705, Norman (2001), S. 92; vgl. *Dhammapada* 130; Matthew 7:12.
16. Śāntideva, *Bodhicaryāvatāra* 8:95-96, Batchelor (1979); vgl. Crosby und Skilton (1996).
17. Burlingame (1995), Vol. 3, S. 340.
18. *Aṅguttara Nikāya* V.49, Bodhi (2012), S. 676.
19. *Saṃyutta Nikāya* 3:17, Bodhi (2000), S. 179.
20. *Saṃyutta Nikāya* 45:140, Bodhi (2000), S. 1551.
21. Heidegger (1962), S. 237-38. Deutscher Text siehe S.193.
22. Steinkellner (1981), S. 42-49.
23. Römer 7:15-24 (Neue Internationale Version der Bibel).
24. Śāntideva, *Bodhicaryāvatāra* 1:28, Batchelor (1979); vgl. Crosby und Skilton (1996).
25. *Majjhima Nikāya* 28, Ñāṇamoli und Bodhi (1995), S. 278.
26. *Aṅguttara Nikāya* X:15, Bodhi (2012), S. 1354.
27. *Dhammapada* 21, Fronsdal (2005), S. 6.
28. Rabten (1992), S. 133.
29. *Saṃyutta Nikāya* 3:18, Bodhi (2000), S. 180-81.
30. *Saṃyutta Nikāya* 3:18, Bodhi (2000), S. 180-81.
31. *Saṃyutta Nikāya* 3:18, Bodhi (2000), S. 180-81.
32. *Saṃyutta Nikāya* 3:4, Bodhi (2000), S. 168.
33. *Saṃyutta Nikāya* 3:5, Bodhi (2000), S. 169.
34. *Saṃyutta Nikāya* 3:19, Bodhi (2000), S. 182.
35. *Saṃyutta Nikāya* 3:10, Bodhi (2000), S. 172.
36. *Saṃyutta Nikāya* 3:9, Bodhi (2000), S. 171.
37. *Saṃyutta Nikāya* 3:25, Bodhi (2000), S. 192.
38. Bodhi (2000), S. 410-11 Anm. 257.
39. *Saṃyutta Nikāya* 3:25, Bodhi (2000), S. 192.
40. Siehe Batchelor (2010), S. 245-51.

41. *Saṃyutta Nikāya* 3:7, Bodhi (2000), S. 170.
42. Burlingame (1995), Vol. 2. S. 41-46.
43. *Majjhima Nikāya* 89, Ñāṇamoli und Bodhi (1995), S. 728-33. Die gleiche Geschichte wird in Rockhill (1884), S. 112-13 erzählt.
44. *Saṃyutta Nikāya* 3:18, Bodhi (2000), S. 180.
45. *Majjhima Nikāya* 121, Ñāṇamoli und Bodhi (1995), S. 965. Siehe *Über Leerheit* in »Ausgewählte Lehrreden«.
46. *Majjhima Nikāya* 89, Ñāṇamoli und Bodhi (1995), S. 729.
47. Burlingame (1995), Vol. 2, S. 42-48.
48. *Majjhima Nikāya* 89, Ñāṇamoli und Bodhi (1995), S. 730.
49. *Majjhima Nikāya* 89, Ñāṇamoli und Bodhi (1995), S. 731.
50. *Majjhima Nikāya* 89, Ñāṇamoli und Bodhi (1995), S. 733.
51. Rockhill (1884), S. 77n. Da Varshikā im Pali-Bericht nicht erwähnt wird, habe ich ihren Namen in der Sanskritschreibweise belassen.
52. *Saṃyutta Nikāya* 3:14-15, Bodhi (2000), S. 177-78.
53. Burlingame (1995), Vol. 3, S. 77.
54. Rockhill (1884), S. 115.

5 Die Wahrheit loslassen

Epigraph: (1) *Sutta-Nipāta* 882, Norman (2001), S. 116. (2) *Majjhima Nikāya* 140, Ñāṇamoli und Bodhi (1995), S. 1093.

1. Meine Unterscheidung zwischen »engagierter Auseinandersetzung« und einer »theoretisierenden Haltung« stützt sich auf Charles Taylors Essay »Engaged Agency and Background in Heidegger«, in Guignon (2006).
2. *Majjhima Nikāya* 141, Ñāṇamoli und Bodhi (1995), S.1097.
3. Bronkhorst (2011), S. 77.
4. Siehe Nagel (1986).
5. Aśokas zweites Säulen-Edikt, in Dhammika (1994).
6. Rorty (2007), S. 89.
7. Ibid.
8. Vattimo (2011), S. 77.

9. Bodhi (2000), S. 32-33.
10. Rahula (1967), S. 92-94.
11. »Dhamma« (Ed. Access to Insight), *Access to Insight (Legacy Edition),* 30. November 2013. http://www.accesstoinsight.org/ptf/dhamma/index.html.
12. *Majjhima Nikāya* 26, Ñāṇamoli und Bodhi (1995), S. 260.
13. *Saṃyutta Nikāya* 56:11, Bodhi (2000), S. 1845.
14. Woodward (1993), S. 358.
15. Norman (2003), S. 223.
16. *Dīgha Nikāya* 12, Walshe (1995), S. 182.
17. *Majjhima Nikāya* 141, Ñāṇamoli und Bodhi (1995), S. 1101.
18. *Majjhima Nikāya* 71, Ñāṇamoli und Bodhi (1995), S. 588.
19. *Majjhima Nikāya* 140, Ñāṇamoli und Bodhi (1995), S. 1093.
20. *Majjhima Nikāya* 70, 95; *Aṅguttara Nikāya* IV:113.
21. Newland (1999), S. 7.
22. Nāgārjuna, *Mūlamadhyamaka-kārikā* 24:9, Garfield (1995), S. 68.
23. Walshe (1995), Introduction, S. 31.
24. Jayatilleke (1963), S. 363-64. Meine angepasste Übersetzung.
25. *Sutta-Nipāta* 795-96, Norman (2001), S. 106.
26. Hopkins (1983), S. 302.
27. *Udāna* 8:3; *Itivuttaka* 43. Die Übersetzung ist von Walshe (1995), Introduction, S. 29.
28. *Dhammapada* 204, Fronsdal (2005), S. 54.
29. Walshe (1995), Introduction, S. 29.
30. *Saṃyutta Nikāya* 35:23, Bodhi (2000), S. 1140. Siehe *Das Alles* in den »Ausgewählten Lehrreden«. Vgl. *Saṃyutta Nikāya* 35:92, Bodhi (2000), S. 1171-72.
31. Walshe (1995), S. 30.
32. *Dīgha Nikāya* 11, Walshe (1995), S. 179.
33. *Saṃyutta Nikāya* 12:15, Bodhi (2000), S. 544. Siehe *An Kaccānagotta* in »Ausgewählte Lehrreden«.
34. Woodward (1948), S. 98.
35. Ibid., S. xiii.
36. *Saṃyutta Nikāya* 43:1, Bodhi (2000), S. 1372.

37. *Saṃyutta Nikāya* 38:1, Bodhi (2000), S. 1294.
38. *Saṃyutta Nikāya* 45:7, Bodhi (2000), S. 1528.
39. *Saṃyutta Nikāya* 22:23, Bodhi (2000), S. 872.
40. *Saṃyutta Nikāya* 22:23, Bodhi (2000), S. 872.
41. Conze (1954), S. 95.
42. *Saṃyutta Nikāya* 35:13, Bodhi (2000), S. 1136-37. Siehe *Drei Fragen* in »Ausgewählte Lehrreden«.
43. *Aṅguttara Nikāya* IV:23, Bodhi (2012), S. 410.
44. Rhys Davids und Stede, *Pali-English Dictionary*, S. 296.
45. Gombrich (2009), S. 151.
46. *Majjhima Nikāya* 22, Ñāṇamoli und Bodhi (1995), S. 234.
47. *Aṅguttara Nikāya* VI:128, Bodhi (2012), S. 989.
    Siehe *Die Einundzwanzig* in »Ausgewählte Lehrreden«.

6 Sunakkhatta: der Verräter

Epigraph: *Majjhima Nikāya* 12, Ñāṇamoli und Bodhi (1995), S. 164.

1. Zum Beispiel: *Dīgha Nikāya* 14, Walshe (1995), S. 205-6.
2. *Majjhima Nikāya* 140, Ñāṇamoli und Bodhi (1995), S. 1087.
3. *Majjhima Nikāya* 140, Ñāṇamoli und Bodhi (1995), S. 1087.
4. Ñāṇamoli und Bodhi (1995), S. 1345 Anm. 1246.
5. Ñāṇamoli und Bodhi (1995), S. 1345 Anm. 1246.
6. *Sutta-Nipāta*, Norman (2001), S. 69-73. Der identische Text findet sich in *Majjhima Nikāya* 92, Ñāṇamoli und Bodhi (1995), S. 755-62.
7. *Majjhima Nikāya* 12, 105; *Dīgha Nikāya* 6, 24.
8. *Aṅguttara Nikāya* V:58, Bodhi (2012), S. 690.
9. Zitiert in Malalasekera (1997), Vol. I, S. 780.
10. *Saṃyutta Nikāya* 20:8, Bodhi (2000), S. 709.
11. *Dīgha Nikāya* 29, Walshe (1995), S. 427.
12. Siehe das jainistische *Ākārāṅga Sūtra*, in Jacobi (1884). Da angenommen wird, dass die frühesten jainistischen Texte jünger sind als die frühesten buddhistischen Texte, ist es möglich, dass die Jaina für diese Lehren aus buddhistischen Quellen schöpften.

13. *Majjhima Nikāya* 35, Ñāṇamoli und Bodhi (1995), S. 322.
14. *Majjhima Nikāya* 36, Ñāṇamoli und Bodhi (1995), S. 343.
15. *Mahāvagga* VI:31, Horner (1951), S.323.
16. *Majjhima Nikāya* 105, Ñāṇamoli und Bodhi (1995), S. 861.
17. *Majjhima Nikāya* 105, Ñāṇamoli und Bodhi (1995), S. 862.
18. *Majjhima Nikāya* 105, Ñāṇamoli und Bodhi (1995), S. 863.
19. Ñāṇamoli und Bodhi (1995), S. 1309 Anm. 1000.
20. *Majjhima Nikāya* 26, Ñāṇamoli und Bodhi (1995), S. 258.
21. *Majjhima Nikāya* 4, Ñāṇamoli und Bodhi (1995), S. 105.
22. Für Beispiele von Passagen, in denen die Praxis als lobenswert betrachtet wird, siehe *Saṃyutta Nikāya* 40:1-8, Bodhi (2000), S. 1302-8.
23. *Majjhima Nikāya* 105, Ñāṇamoli und Bodhi (1995), S. 864.
24. *Majjhima Nikāya* 105, Ñāṇamoli und Bodhi (1995), S. 864.
25. *Majjhima Nikāya* 105, Ñāṇamoli und Bodhi (1995), S. 865. Vgl. *Majjhima Nikāya* 63.
26. *Majjhima Nikāya* 105, Ñāṇamoli und Bodhi (1995), S. 865.
27. *Majjhima Nikāya* 105, Ñāṇamoli und Bodhi (1995), S. 865.
28. *Majjhima Nikāya* 105, Ñāṇamoli und Bodhi (1995), S. 865.
29. *Dīgha Nikāya* 6, Walshe (1995), S. 145.
30. *Dīgha Nikāya* 24, Walshe (1995), S. 373.
31. *Dīgha Nikāya* 24, Walshe (1995), S. 371-72.
32. *Dīgha Nikāya* 11, Walshe (1995), S. 176.
33. *Dīgha Nikāya* 11, Walshe (1995), S. 176.
34. *Aṅguttara Nikāya* III:60, Bodhi (2012), S. 264-65.
35. *Majjhima Nikāya* 63, Ñāṇamoli und Bodhi (1995), S. 533-35.
36. *Dīgha Nikāya* 24, Walshe (1995), S. 372-73.
37. Malalasekera (1997), Vol. 2. S. 1206.
38. *Saṃyutta Nikāya* 56:11, Bodhi (2000), S. 1844. Siehe *Die Vier Aufgaben* in »Ausgewählte Lehrreden«.
39. *Majjhima Nikāya* 76, Ñāṇamoli und Bodhi (1995), S. 624-25.
40. *Majjhima Nikāya* 12, Ñāṇamoli und Bodhi (1995), S. 164-65.
41. *Majjhima Nikāya* 12, Ñāṇamoli und Bodhi (1995), S. 177.
42. Die fünf Lehrreden sind *Majjhima Nikaya* 12 und 89; *Dīgha Nikāya* 16 und 24; *Saṃyutta Nikāya* 47:14.
43. *Dīgha Nikāya* 24, Walshe (1995), S. 371.

44. *Majjhima Nikāya* 12, Ñāṇamoli und Bodhi (1995), S. 164.
45. *Dīgha Nikāya* 24, Walshe (1995), S. 371.
46. *Dīgha Nikāya* 16, Walshe (1995), S. 231.
47. *Dīgha Nikāya* 16, Walshe (1995), S. 232.
48. *Dīgha Nikāya* 2, Walshe (1995), S. 108.
49. *Dīgha Nikāya* 16, Walshe (1995), S. 231. Die Bemerkung »*tathāgatas* lügen niemals« stützt zudem die Behauptung in Kapitel 5, Abschnitt 9, ein *tathāgata* sei jemand, »der einfach so ist«, der sich nicht verstellt oder etwas vortäuscht.
50. *Dīgha Nikāya* 16, Walshe (1995), S. 239.
51. *Saṃyutta Nikāya* 47:14, Bodhi (2000), S. 1644.
52. *Dīgha Nikāya* 16, Walshe (1995), S. 243.
53. *Mahāvagga* VI: 30, Horner (1951), S.316.
54. *Dīgha Nikāya* 16, Walshe (1995), S. 244. Den tibetischen Quellen folgend merkt W. Woodville Rockhill an, dass der Mangel an jeglicher Unterstützung für den Buddha und seine Wandermönche während der Regenzeit in einer Hungersnot begründet war. Rockhill (1884), S. 130.

7 Erfahrung

Epigraph: Nāgārjuna, *Mūlamadhyamaka-kārikā* 18.1, Batchelor (2000), S. 114.

1. *Saṃyutta Nikāya* 35:23, Bodhi (2000), S. 1140. Siehe *Das Alles* in »Ausgewählte Lehrreden«.
2. *Dīgha Nikāya* 13, Walshe (1995), S. 187-95 bezüglich der Sicht des Buddha zum Theismus.
3. *Saṃyutta Nikāya* 2:26, Bodhi (2000), S. 158.
4. *Saṃyutta Nikāya* 35:82, Bodhi (2000), S. 1162.
5. Siehe Robert H. Scharf's Essay »Experience« in Taylor (1998), S. 94-116.
6. »Definition of Sensorium«, MedTerms Medical Dictionary, MedicineNet.com. http://www.medterms.com/script/main/art.asp?articlekey=15732.
7. Rhys Davids und Stede, *Pali-English Dictionary*, S. 232-33.
8. *Saṃyutta Nikāya* 22:56, Bodhi (2000), S. 895.

9. *Saṃyutta Nikāya* 24:1, Bodhi (2000), S. 992.
10. *Saṃyutta Nikāya* 22:23, Bodhi (2000), S. 872.
11. *Saṃyutta Nikāya* 22:55, Bodhi (2000), S. 894. Ironischerweise wird dies im Zusammenhang mit Menschen gesagt, die sich an ihre vergangenen Leben erinnern.
12. *Saṃyutta Nikāya* 22:79, Bodhi (2000), S. 915. Siehe die Fußnote des Übersetzers, S. 1070.
13. *Saṃyutta Nikāya* 22:79, Bodhi (2000), S. 915.
14. *Saṃyutta Nikāya* 22:79, Bodhi (2000), S. 915.
15. Siehe Sacks (1995), Kapitel 4.
16. *Saṃyutta Nikāya* 22:79, Bodhi (2000), S. 915.
17. *Saṃyutta Nikāya* 22:56, Bodhi (2000), S. 896.
18. Zu karma siehe *Aṅguttara Nikāya* VI:63, Bodhi (2012), S. 963.
19. *Majjhima Nikāya* 44, Ñāṇamoli und Bodhi (1995), S. 399. Vgl. *Saṃyutta Nikāya* 41:6.
20. *Majjhima Nikāya* 44, Ñāṇamoli und Bodhi (1995), S. 399.
21. *Saṃyutta Nikāya* 22:79, Bodhi (2000), S. 915.
22. *Majjhima Nikāya* 43, Ñāṇamoli und Bodhi (1995), S. 388.
23. *Saṃyutta Nikāya* 12:2, Bodhi (2000), S. 535.
24. Zum Beispiel stellt Tsong-kha-pa in seinem Text aus dem vierzehnten Jahrhundert, *Lam rim chen mo*, fest, dass *rupa* das erste der fünf Bündel (Form) ist, während *nāma* sich auf die anderen vier (Fühlen, Wahrnehmung, Neigung und Bewusstsein) bezieht. Siehe Tsong-kha-pa (2000), Vol. I, S. 317.
25. *Bṛhadāraṇyaka Upaniṣad* I.4.7, Radhakrishnan (1994), S. 166.
26. *Saṃyutta Nikāya* 12:2, Bodhi (2000), S. 535.
27. Diese Idee klingt in den späteren Gedanken von Maurice Merleau-Ponty an, der sich ebenfalls darum bemühte, eine Sprache zu finden, um die zutiefst verkörperte Natur von Erfahrung auszudrücken. Er gebraucht den Terminus »Fleisch« (*la chair*), um den sinnlichen Stoff der Welt darzustellen und zu vermitteln, in dem, mit dem und aus dem unsere Körper aufs Engste gewoben, verwoben und »in-Berührung« sind. Eine gute Zusammenfassung dieses Aspektes von Merleau-Pontys Denken findet sich bei Carman (2008), Kapitel 3.
28. *Saṃyutta Nikāya* 22:56, Bodhi (2000), S. 896.

29. *Saṃyutta Nikāya* 22:56, Bodhi (2000), S. 897.
30. *Majjhima Nikāya* 38, Ñāṇamoli und Bodhi (1995), S. 351.
31. *Majjhima Nikāya* 38, Ñāṇamoli und Bodhi (1995), S. 351.
32. *Majjhima Nikāya* 43, Ñāṇamoli und Bodhi (1995), S. 388.
33. *Saṃyutta Nikāya* 12:65, Bodhi (2000), S. 601-2. *Dīgha-Nikāya* 14, Walshe (1995), S. 211.
34. *Saṃyutta Nikāya* 12:65, Bodhi (2000), S. 601-2.
35. *Saṃyutta Nikāya* 12:67, Bodhi (2000), S. 608.
36. *Saṃyutta Nikāya* 9:11, Bodhi (2000), S. 301.
37. Rhys Davids und Stede, *Pali-English Dictionary*, S. 560.
38. *Saṃyutta Nikāya* 22:122, Bodhi (2000), S. 971.
39. *Saṃyutta Nikāya* 55:5, Bodhi (2000), S. 1792.
40. *Bṛhadāraṇyaka Upaniṣad* I.4.7, Radhakrishnan (1994), S. 166.
41. *Saṃyutta Nikāya* 22:22, Bodhi (2000), S. 871-72.
42. *Dhammapada* 80, Fronsdal (2005), S. 21. Siehe *Aus der »Dhammapada«* in »Ausgewählte Lehrreden«.
43. *Saṃyutta Nikāya* 22:59, Bodhi (2000), S. 901.
44. *Bṛhadāraṇyaka Upaniṣad* 3.7.3, Radhakrishnan (1994), S. 225.
45. *Saṃyutta Nikāya* 44:10, Bodhi (2000), S. 1393-94.
46. *Saṃyutta Nikāya* 22:59, Bodhi (2000), S. 903.
47. *Bṛhadāraṇyaka Upaniṣad* 2.3.6, Radhakrishnan (1994), S. 194.
48. *Saṃyutta Nikāya* 22:86, Bodhi (2000), S. 937.
    Vgl. *Majjhima Nikāya* 22.
49. Nāgārjuna, *Mūlamadhyamaka-kārikā* 18:1, Garfield (1995), S. 48. Eine freiere Übersetzung dieses Verses erscheint als Epigraph dieses Kapitels.
50. *Saṃyutta Nikāya* 12:65, Bodhi (2000), S. 601-2.
    Meine Hervorhebung (Kursiv).
51. *Dīgha-Nikāya* 16, Walshe (1995), S. 245.
52. *Sutta-Nipāta* 651-53, Norman (2001), S. 84.
53. *Saṃyutta Nikāya* 22:59, Bodhi (2000), S. 901.
54. *Muṇḍaka Upaniṣad* 3.2.8, Radhakrishnan (1994), S. 691.
55. *Udāna* 5.5, Ireland (1997). S.73.

Epigraph: *Majjhima Nikāya* 22, Ñāṇamoli und Bodhi (1995), S. 227.

1. *Majjhima Nikāya* 26, Ñāṇamoli und Bodhi (1995), S. 260.
2. Zum Schlangengift zur Heilung von Arthritis siehe A. Gomes, »Snake Venom – An Anti-Arthritis Natural Product«, *Al Ameen Journal of Medical Science* (2010): 176, http://ajms.alameenmedical.org/ArticlePDFs/AJMS.3.3.2010.176.pdf. Ich bin Dr. Graham Meadows dankbar für den Hinweis auf die Möglichkeit, dass ein Mann auf der Suche nach einer Schlange in diesem Zusammenhang ein Arzt sein könnte.
3. Śāntideva, *Bodhicaryāvatāra* IV:43, Batchelor (1979), S. 42.
4. *Mahāvagga* I:15, Horner (1951), S. 35.
5. *Mahāvagga* I:21, Horner (1951), S. 45. Siehe *Über Feuer* in »Ausgewählte Lehrreden«.
6. *Mahāvagga* I:21, Horner (1951), S. 45.
7. *Saṃyutta Nikāya* 4:6, Bodhi (2000), S. 199.
8. *Saṃyutta Nikāya* 4:6, Bodhi (2000), S. 199.
9. *Saṃyutta Nikāya* 36:21, Bodhi (2000), S. 1279. Siehe *An Sīvaka 1* in »Ausgewählte Lehrreden«.
10. Bronkhorst behauptet, dass die drei Körpersäfte nicht der vedischen Medizintradition entlehnt sind, sondern Bestandteil der lokalen medizinischen Tradition von Groß-Magadha waren. Bronkhorst (2007), S. 60.
11. *Saṃyutta Nikāya* 36:21, Bodhi (2000), S. 1279. Siehe *An Sīvaka 1* in »Ausgewählte Lehrreden«.
12. *Aṅguttara Nikāya* VI:128, Bodhi (2012), S. 989. Siehe *Die Einundzwanzig* in »Ausgewählte Lehrreden«.
13. Rockhill (1884), S.64-65. Vgl. die Pali Version: *Mahāvagga* VIII:1, Horner (1951). S. 380-97.
14. *Mahāvagga* VII:I.8, Horner (1951), S. 382.
15. *Mahāvagga* VII:I.8, Horner (1951), S. 382.
16. McEvilley (2002), S. 15.
17. Ibid.

18. Laertius (1853), IX:35.
19. *Mahāvagga* VIII:I.13, Horner (1951), S. 385.
20. *Mahāvagga* VIII:I.13, Horner (1951), S. 386.
21. *Mahāvagga* VIII:I.13, Horner (1951), S. 390-94.
22. *Mahāvagga* VIII:I.13, Horner (1951), S. 394.
23. *Mahāvagga* I:39, Horner (1951), S. 89.
24. *Cullavagga* V:14, Horner (1952), S. 164.
25. *Aṅguttara Nikāya* I:256, Bodhi (2012), S. 112.
26. *Majjhima Nikāya* 58, Ñāṇamoli und Bodhi (1995), S. 498.
27. *Majjhima Nikāya* 58, Ñāṇamoli und Bodhi (1995), S. 499.
28. *Saṃyutta Nikāya* 12:15, Bodhi (2000), S. 544.
    Siehe *An Kaccānagotta* in »Ausgewählte Lehrreden«.
29. *Majjhima Nikāya* 58, Ñāṇamoli und Bodhi (1995), S. 501.
30. *Majjhima Nikāya* 55, Ñāṇamoli und Bodhi (1995), S. 474.
31. *Majjhima Nikāya* 55, Ñāṇamoli und Bodhi (1995), S. 474.
32. *Dīgha-Nikāya* 16, Walshe (1995), S. 270.
33. *Dīgha-Nikāya* 16, Walshe (1995), S. 270.
34. *Majjhima Nikāya* 129, Ñāṇamoli und Bodhi (1995), S. 1021.
35. *Dīgha-Nikāya* 2, Walshe (1995), S. 91.
36. *Dīgha-Nikāya* 2, Walshe (1995), S. 91-93.
37. *Dīgha-Nikāya* 2, Walshe (1995), S. 108.
38. *Dīgha-Nikāya* 2, Walshe (1995), S. 108.
39. *Dīgha-Nikāya* 2, Walshe (1995), S. 108.
40. *Mahāvagga* XXVI:I-3, Horner (1951), S. 431-32.
    Vgl. Matthew 25:35-36.
41. Rockhill (1884), S. 50.
42. *Aṅguttara Nikāya* VI:128, Bodhi (2012), S. 989.
    Siehe *Die Einundzwanzig* in »Ausgewählte Lehrreden«.

9 Das alltäglich Erhabene

Epigraph: Ferguson (2000), S. 96.

1. Wittgenstein (1961), 6.44.
2. *Saṃyutta Nikāya* 54:11, Bodhi (2000), S. 1778.
3. *Majjhima Nikāya* 43, Ñāṇamoli und Bodhi (1995), S. 394.
4. *Majjhima Nikāya* 10, Ñāṇamoli und Bodhi (1995), S. 146.

5. Diese sind traditionell bekannt als die sieben »Faktoren des Erwachens« (*sambojjhanga*).
6. *Majjhima Nikāya* 10, Ñāṇamoli und Bodhi (1995), S. 147.
7. *Majjhima Nikāya* 10, Ñāṇamoli und Bodhi (1995), S. 148.
8. *Aṅguttara Nikāya* V:14, Bodhi (2012), S. 637.
9. *Majjhima Nikāya* 26, Ñāṇamoli und Bodhi (1995), S. 260. Siehe *Erwachen* in »Ausgewählte Lehrreden«.
10. *Aṅguttara Nikāya* VI:47, Bodhi (2012), S. 919. Siehe *An Sīvaka 2* in »Ausgewählte Lehrreden«.
11. Kusan (1978), S. 52.
12. Zitiert in Buswell (1983), S.335. Die Formulierung ist meine eigene.
13. Rabten (1992), S. 79-81.
14. *Saṃyutta Nikāya* 35:13, Bodhi (2000), S. 1136-37. Siehe D*rei Fragen* in »Ausgewählte Lehrreden«.
15. *Dīgha-Nikāya* 14, Walshe (1995), S. 207-10.
16. *Majjhima Nikāya* 26, Ñāṇamoli und Bodhi (1995), S. 259.
17. *Sutta-Nipāta* 8oo-802, Norman (2001), S. 107.
18. *Sutta-Nipāta* 793, Norman (2001), S. 106.
19. Watson (1993), S. 13.
20. *Sutta-Nipāta* 780, Norman (2001), S. 104.
21. Ferguson (2000), S. 199.
22. *Saṃyutta Nikāya* 12:15, Bodhi (2000), S. 544. Siehe *An Kaccānagotta* in »Ausgewählte Lehrreden«.
23. Watson (1993), S. 36. Meine Hervorhebung (Kursiv).
24. Kusan (2009), S. 76.
25. Ferguson (2000), S. 198-99.
26. *Saṃyutta Nikāya* 12:15, Bodhi (2000), S. 544. Siehe *An Kaccānagotta* in »Ausgewählte Lehrreden«.
27. Nāgārjuna, *Mūlamadhyamaka-kārikā* 15:6-7, Garfield (1995), S. 40.
28. Gómez (1976), S.137-65.
29. *Rig Veda* 10.129, O'Flaherty (1981), S. 25-26.
30. Watson (1964), S. 35.
31. Ibid., S. 45.
32. Long und Sedley (1987), S. 13.

33. Ibid., S. 14-15.
34. Sextus Empiricus (1933), S. 19.
35. *Majjhima Nikāya* 10, Ñāṇamoli und Bodhi (1995), S. 155.
36. Ferguson (2000), S. 199.

10 Ānanda: der Begleiter

Epigraph: (1) *Majjhima Nikāya* 90, Ñāṇamoli und Bodhi (1995), S. 739.
(2) *Saṃyutta Nikāya* 48:41, Bodhi (2000), S. 1686. (3) *Theragāthā* 1034, C. Rhys Davids (1980).

1. *Aṅguttara Nikāya* VI:119-39, Bodhi (2012), S. 989. Siehe *Die Einundzwanzig* in »Ausgewählte Lehrreden«.
2. Burlingame (1995), Vol. 2, S. 45.
3. Rockhill (1884), S. 119.
4. Bodhi (2000), S. 802 Anm. 288.
5. Rockhill (1884), S. 57.
6. *Saṃyutta Nikāya* 22:83, Bodhi (2000), S. 928.
7. *Saṃyutta Nikāya* 22:83, Bodhi (2000), S. 928.
8. Rockhill (1884), S. 88.
9. Malalasekera (1997), S. 250-51.
10. *Udāna* 1.5, Ireland (1997), S. 16. Ireland nimmt Devadatta nicht in die Liste auf mit der Begründung, dass »dies kaum Sinn mache, da Devadatta der böse, ehrgeizige Cousin des Buddha war« (S. 118). Er folgt damit unkritisch der orthodoxen Sicht. Er verweist darauf, dass, während Devadatta in der Edition des Pali-Textes der Pali Text Society erscheint, sein Name in den singhalesischen und burmesischen Editionen des Kanons nicht auftaucht.
11. *Cullavagga* VII, Horner (1952), S. 265.
12. *Cullavagga* VII, Horner (1952), S. 264.
13. *Cullavagga* VII, Horner (1952), S. 276. Rockhill (1884), S. 87, bietet eine abweichende Liste.
14. *Cullavagga* VII, Horner (1952), S. 278.
15. *Cullavagga* VII, Horner (1952), S. 260.
16. Ray (1994), S. 172; dies stimmt überein mit den Verboten,

die im tibetischen Vinaya aufgelistet sind, übersetzt in Rockhill (1884), S. 87.

17. Ray (1994), S. 162-73.
18. *Dīgha-Nikāya* 16, Walshe (1995), S. 244.
19. *Dīgha-Nikāya* 16, Walshe (1995), S. 244-45.
20. *Dīgha-Nikāya* 16, Walshe (1995), S. 245.
21. *Dīgha-Nikāya* 16, Walshe (1995), S. 245.
22. *Dīgha-Nikāya* 16, Walshe (1995), S. 245.
23. *Dīgha-Nikāya* 16, Walshe (1995), S. 245.
24. *Dīgha-Nikāya* 16, Walshe (1995), S. 257.
25. Mettanando (2000).
26. *Dīgha-Nikāya* 16, Walshe (1995), S. 265.
27. *Dīgha-Nikāya* 16, Walshe (1995), S. 266.
28. *Dīgha-Nikāya* 16, Walshe (1995), S. 273.
29. Burlingame (1995), Vol. 2, S. 45.
30. *Dīgha-Nikāya* 16, Walshe (1995), S. 272.
31. *Dīgha-Nikāya* 16, Walshe (1995), S. 268.
32. *Dīgha-Nikāya* 16, Walshe (1995), S. 269-70.
33. *Dīgha-Nikāya* 16, Walshe (1995), S. 270.
34. *Dīgha-Nikāya* 16, Walshe (1995), S. 270.
35. *Dīgha-Nikāya* 16, Walshe (1995), S. 273.
36. *Dīgha-Nikāya* 16, Walshe (1995), S. 275.
37. *Aṅguttara Nikāya* I:191, Bodhi (2012), S. 109.
38. Bodhi (2000), S. 806 Anm. 307.
39. *Saṃyutta Nikāya* 16:11, Bodhi (2000), S. 679.
40. Rockhill (1884), S. 150-51.
41. *Saṃyutta Nikāya* 16:6-8, Bodhi (2000), S. 667-71.
42. Rockhill (1884), S. 151.
43. *Saṃyutta Nikāya* 16:11, Bodhi (2000), S. 677.
44. *Saṃyutta Nikāya* 16:11, Bodhi (2000), S. 677.
45. *Majjhima Nikāya* 108, Ñāṇamoli und Bodhi (1995), S. 880.
46. *Majjhima Nikāya* 108, Ñāṇamoli und Bodhi (1995), S. 881-82.
47. *Majjhima Nikāya* 108, Ñāṇamoli und Bodhi (1995), S. 882-83.
48. *Majjhima Nikāya* 108, Ñāṇamoli und Bodhi (1995), S. 883.
49. *Aṅguttara Nikāya* VI:128, Bodhi (2012), S. 989. Siehe *Die Einundzwanzig* in »Ausgewählte Lehrreden«.

50. *Cullavagga* XI, Horner (1952), S. 399.
51. Ich folge hier dem Pali. Vgl. Rockhill (1884), S. 154.
52. *Theragāthā* 1034-36, C. Rhys Davids (1980).
53. *Cullavagga* XI, Horner (1952), S. 396.
54. Der Pali Vinaya lässt ihn mit einer Rezitation des *Brahmajāla Sutta* beginnen (*Dīgha Nikāya* I). Gelehrte stimmen nicht darin überein, ob dieses Konzil tatsächlich stattgefunden hat, ganz abgesehen davon, in welcher Reihenfolge die Texte rezitiert wurden.

11 Eine Kultur des Erwachens

Epigraph: *Saṃyutta Nikāya* 22:94, Bodhi (2000), S. 949.

1. Stevenson's bekanntestes Werk ist *Twenty Cases Suggestive of Reinkarnation* (1966).
2. *Saṃyutta Nikāya* 36:21, Bodhi (2000), S. 1279. Siehe *An Sīvaka 1* in den »Ausgewählten Lehrreden«.
3. Vasubandhu, *Abhidharmakośa* 3:1,
Vallée Poussin (1923-31), Vol. 3.
4. *Saṃyutta Nikāya* 36:21, Bodhi (2000), S. 1279.
Siehe *An Sīvaka 1* in »Ausgewählte Lehrreden«.
5. *Majjhima Nikāya* 4, Ñāṇamoli und Bodhi (1995), S. 105.
6. *Saṃyutta Nikāya* 51:11, Bodhi (2000), S. 1726-29. Für ein Beispiel seines Sprechens in allgemeinen Begriffen siehe *Saṃyutta Nikāya* 22:79, Bodhi (2000), S. 914.
7. *Majjhima Nikāya* 4, Ñāṇamoli und Bodhi (1995), S. 105-6.
8. Bronkhorst (2007), S. 144.
9. *Majjhima Nikāya* 26, Ñāṇamoli und Bodhi (1995), S. 259-60. Siehe *Erwachen* in »Ausgewählte Lehrreden«.
10. *Dhammapada* 21, Fronsdal (2005), S. 6.
11. Vgl. *Sutta-Nipāta* 446-48, Norman (2001), S. 53.
12. *Saṃyutta Nikāya* 4:19, Bodhi (2000), S. 208.
13. Yampolsky (1967), S.151.
14. *Saṃyutta Nikāya* 12:65, Bodhi (2000), S. 601. Siehe Kapitel 3, Abschnitt 8, für eine längere Diskussion dieses Gleichnisses.
15. Taylor (2007), S. 159.

16. *Saṃyutta Nikāya* 55:2, Bodhi (2000), S. 1789.
17. *Saṃyutta Nikāya* 41:1, 5, 7, Bodhi (2000), S. 1314-26.
18. *Majjhima Nikāya* 73, Ñāṇamoli und Bodhi (1995), S. 597.
19. Buber (1979), S. 50-52.
20. Siehe die Sonderausgabe von *Contemporary Buddhism*, 14, no. I (2013), die Artikel dieser Autoren zum Leben von U Dhammaloka enthält.
21. Turner (2013), S. 70.
22. Siehe Batchelor (2011), S. 41, 307-8.
23. Siehe Schopen (1997).
24. Siehe Gernet (1995).

Nachwort

1. *Cullavagga* XII, Horner (1952), S. 407-30.
2. Siehe Lamotte (1988), S. 96-100,
   für Einzelheiten zur Dynastie der Nanda.
3. Malalasekera (1997), Vol. I, S. 454.
4. McCrindle (1877), S. 98-99.
5. Ibid., S. 101-2.
6. Ibid., S. 102.
7. Lamotte (1988), S. 416.
8. *Saṃyutta Nikāya* 36:7, Bodhi (2000), S. 1266. Der Pali-Kommentar (S. 1434 Anm. 237) erklärt, dass er dies tat, um den anderen *bhikkhus* ein Vorbild zu geben, sich um die Kranken zu kümmern.
9. Rockhill (1884), S. 50.
10. Batchelor (2011), S. 28.
11. Ibid., S. 161-69, 171, 190-95.
12. Ibid., S. 242, 243-44.
13. Ibid., S. 256-57.

Ausgewählte Lehrreden des Palikanons

1. *Saṃyutta Nikāya* 35:13, Bodhi (2000), S. 1136.
2. *Majjhima Nikāya* 26, Ñāṇamoli und Bodhi (1995), S. 260.

3. *Mahāvagga* I:6.16-28, Horner (1951), S. 15-17. *Saṃyutta Nikāya* 56:11 Bodhi (2000), S. 1843-46.
4. *Mahāvagga* I:21.1-4, Horner (1951), S. 45-46. *Saṃyutta Nikāya* 35:28, Bodhi (2000), S. 1143.
5. *Saṃyutta Nikāya* 35:23, Bodhi (2000), S. 1140.
6. *Saṃyutta Nikāya* 12:15, Bodhi (2000), S. 544.
7. *Majjhima Nikāya* 121, Ñāṇamoli und Bodhi (1995), S. 965-70.
8. *Saṃyutta Nikāya* 36:21, Bodhi (2000), S. 1278-79.
9. *Aṅguttara Nikāya* VI:47, Bodhi (2012), S. 919-20.
10. *Aṅguttara Nikāya* VI:119-39, Bodhi (2012), S. 989-90. Im Zusatz zu Mahānāma und Jīvaka werden neunzehn andere Laien auf gleiche Weise beschrieben, was zusammen einundzwanzig ergibt.
11. *Dhammapada* 8, Fronsdal (2005), S. 6.
12. *Dhammapada* 21, Fronsdal (2005), S. 21.
13. *Dhammapada* 49, Fronsdal (2005), S. 13.

Bibliographie

Allchin, F. R. *The Archaeology of Early Historic South Asia: The Emergence of Cities and States.* Cambridge: Cambridge University Press, 1995.

Bailey, Greg und Mabbett, Ian. *The Sociology of Early Buddhism.* Cambridge: Cambridge University Press, 2003.

Batchelor, Stephen. *Alone with Others: An Existential Approach to Buddhism.* New York: Grove, 1983. (Deutsch: *Mit anderen allein: Eine existentialistische Annäherung an den Buddhismus.* Zürich – München: Theseus Verlag, 1992.)

——— *The Awakening of the West: The Encounter of Buddhism and Western Culture.* Brattleboro, VT: Echo Point Press, 2011 (zuerst 1994).

——— *Buddhism without Beliefs: A Contemporary Guide to Awakening.* New York: Riverhead, 1997. (Deutsch: *Buddhismus für Ungläubige.* Frankfurt/M.: Fischer Taschenbuch-Verlag, 2006.)

——— *Confession of a Buddhist Atheist.* New York: Spiegel and Grau, 2010. (Deutsch: *Bekenntnisse eines ungläubigen Buddhisten: Eine spirituelle Suche.* München: Ludwig, 2010.)

——— *The Faith to Doubt: Glimpses of Buddhist Uncertainty.* Berkeley: Counterpoint, 2015 (zuerst 1990).

——— *Living with the Devil: A Meditation on Good and Evil.* New York: Riverhead, 2004. (Deutsch: *Mit dem Bösen leben: Warum wir das Gute wollen und immer wieder das Böse tun.* Berlin: edition steinrich, 2011.)

——— »A Secular Buddhism«. *Journal of Global Buddhism,* 13 (2012): S. 87-107, im Internet auf www.globalbuddhism.org/13/batchelor12.pdf.

——— *Verses from the Center: A Buddhist Vision of the Sublime.*

New York: Riverhead, 2000. (Deutsch: *Verse aus der Mitte: Eine buddhistische Vision des Lebens.* Berlin: edition steinrich, 2011.)

Bodhi, Bhikkhu (Übers.). *The Connected Discourses of the Buddha: A New Translation of the Saṃyutta Nikāya.* Somerville, MA: Wisdom Publications, 2000.

——— (Übers.). *The Numerical Discourses of the Buddha: A Translation of the Aṅguttara Nikāya.* Somerville, MA: Wisdom Publications, 2012.

——— *In den Worten des Buddha: Eine Anthologie von Lehrreden aus dem Pāli-Kanon.* Stammbach: Beyerlein & Steinschulte, 2008.

Boep Jeong (Übers.). *The Mirror of Zen: The Classic Guide to Buddhist Practice by Zen Master So Sahn.* Boston: Shambhala, 2006.

Bronkhorst, Johannes. *Buddhism in the Shadow of Brahmanism.* Leiden: Brill, 2011.

———. *Greater Magadha: Studies in the Culture of Early India.* Leiden: Brill, 2007.

Buber, Martin. *Between Man and Man.* Glasgow: Collins, 1979 (zuerst 1947).

Burlingame, Eugene Watson (Übers.). *Buddhist Legends* (*Dhammapada Commentary*). 3 Bände. Oxford, GB: Pali Text Society, 1995 (zuerst 1921).

Buswell, Robert E. *The Korean Approach to Zen: The Collected Works of Chinul.* Honolulu: University of Hawaii Press, 1983.

Carman, Taylor. *Merleau-Ponty.* New York: Routledge, 2008.

Cleary, Thomas und Cleary, J. C. *The Blue Cliff Record.* Boulder, CO: Shambhala, 1997.

Conze, Edward (Hg. mit I. B. Horner, D. Snellgrove und A. Waley). *Buddhist Texts through the Ages.* Oxford, GB: Bruno Cassirer, 1954.

Cupitt, Don. *After God: The Future of Religion.* London: Weidenfeld and Nicholson,1997. (Deutsch: *Nach Gott: Die Zukunft der Religionen.* Stuttgart: Klett-Cotta, 2001.)

Darwin, Charles. *On the Origin of Species; or, The Preservation of Favoured Races in the Struggle for Life.* Cambridge: Harvard University Press, 1964 (zuerst 1859). (Deutsch: *Über die Entstehung der Arten durch natürliche Zuchtwahl: Die Erhaltung der begünstigten Rassen im Kampfe ums Dasein.* Berlin: Contumax - Hofenberg, 2016 [mehrere deutsche Ausgaben].)

Dhammika, Ven. S. (Übers.). *The Edicts of King Asoka.* Kandy: Buddhist Publication Society, 1994. Im Internet auf www.accesstoinsight.org/lib/authors/dhammika/wheel386.html.

Ferguson, Andy. *Zen's Chinese Heritage: The Masters and Their Teachings.* Boston: Wisdom Publications, 2000.

Finnegan, Damcho Diana. »›For the Sake of Women, Too‹: Ethics and Gender in the Narratives of the Mūlasarvāstivāda Vinaya«. Dissertation, University of Wisconsin-Madison, 2009.

Fronsdal, Gil (Übers.). *The Dhammapada.* Boston: Shambhala, 2005.

Fronsdal, Gil. *The Buddha before Buddhism: Wisdom from the Early Teachings.* Boulder: Shambhala, 2016.

Garfield, Jay L. (Übers.). *The Fundamental Wisdom of the Middle Way:* Nāgārjuna's *»Mūlamadhyamakakārikā«.* New York: Oxford University Press, 1995.

Gernet, Jacques. *Buddhism in Chinese Society: An Economic History from the Fifth to the Tenth Centuries.* New York: Columbia University Press, 1995.

Gombrich, Richard F. *How Buddhism Began: The Conditioned Genesis of the Early Teachings.* London: Athlone, 1996.

——— *What the Buddha Thought.* London: Equinox, 2009.

Gómez, Luis O. »Proto-Mādhyamika in the Pāli Canon«. *Philosophy East and West,* 26 (1976): S. 137-65.

Guignon, Charles B. (Hg.). *The Cambridge Companion to Heidegger.* 2. Aufl. Cambridge: Cambridge University Press, 2006.

Jacobi, Hermann (Übers.). *Jaina Sutras.* 1. Teil, *The Ākārāṅga Sūtra and the Kalpa Sūtra.* Oxford: Clarendon Press, 1884.

Heidegger, Martin. (Übers. John Macquarrie und Edward Robinson.) *Being and Time.* Oxford, GB: Basil Blackwell, 1962. (Deutsche Originalausgabe: *Sein und Zeit.* Halle a. S.: M. Niemeyer, 1927 [verschiedene spätere Ausgaben].)

Hopkins, Jeffrey. *Meditation on Emptiness.* London: Wisdom Publications, 1983.

Horner, I. B. (Übers.). *The Book of the Discipline.* Band IV, *Mahāvagga.* Oxford, GB: Pali Text Society, 1951.

——— (Übers.). *The Book of the Discipline.* Band V, *Cullavagga.* Oxford, GB: Pali Text Society, 1952.

Ireland, John D. (Übers.). *The Udāna and the Itivuttaka.* Kandy: Buddhist Publication Society, 1997.

Jayatilleke, K. N. *Early Buddhist Theory of Knowledge.* Delhi: Motilal Banarsidass, 1963.

Kusan Sunim. *Nine Mountains: Dharma Lectures of the Korean Meditation Master Ku San.* Song Kwang Sa Monastery, Suncheon, Südorea: International Meditation Center, 1978.

——— *The Way of Korean Zen.* Boston: Weatherhill, 2009 (zuerst 1985).

Laertius, Diogenes. (Übers. C. D. Yonge.) *The Lives of Eminent Philosophers.* London: Henry G. Bohn, 1853. (Deutsch: Laertios, Diogenes. [Hg. und Übers. Fritz Jürß.] *Leben und Lehre der Philosophen.* Stuttgart: Reclam 1998 [verschiedene andere Ausgaben].)

Lamotte, Étienne. (Übers. Sara Webb-Boin.) *History of Indian Buddhism: From the Origins to the Śaka Era.* Louvain, Belgien: Peeters Press, 1988.

Ling, Trevor. *The Buddha: Buddhist Civilisation in India and Ceylon.* London: Temple Smith, 1973.

Long, A. A. und Sedley, D. (Übers. und Hg.). *The Hellenistic Philosophers.* Band I. Cambridge: Cambridge University Press, 1987.

Malalasekera, G. P. *Dictionary of Pāli Proper Names.* 3 Bände. Oxford, GB: Pali Text Society, 1997 (zuerst 1938).

MacIntyre, Alasdair. *After Virtue: A Study in Moral Theory.* Notre Dame: University of Notre Dame Press, 1981.

McEvilley, Thomas. *The Shape of Ancient Thought: Comparative Studies in Greek and Indian Philosophy.* New York: Allworth, 2002.

McCrindle, J. W. *Ancient India as Described by Megasthenes and Arrian.* London: Trubner, 1877.

McMahan, David L. *The Making of Buddhist Modernism.* New York: Oxford University Press, 2008.

Metaxas, Eric. *Bonhoeffer: Pastor, Martyr, Prophet, Spy.* Nashville, TN: Thomas Nelson, 2010.

Mettanando, Dr. Bhikkhu. »Did Buddha Die of Mesenteric Infarction?« *Bangkok Post,* 17 May 2000. In Internet auf www.lanka-library.com/Bud/buddha_death.htm.

Mohr, Thea und Tsedroen, Jampa (Hg.). *Dignity and Discipline: Reviving Full Ordination for Buddhist Nuns.* Somerville, MA: Wisdom Publications, 2010. (Deutsch: *Mit Würde und Beharrlichkeit: Die Erneuerung buddhistischer Nonnenorden.* Berlin: edition steinrich, 2011.)

Montaigne, Michel de. (Übers. und Hg. M. A. Screech.) *The Complete Essays.* London: Penguin, 2003. (Deutsch: [Übers. Hans Stilett.] *Essais.* Frankfurt/M.: Eichborn Verlag 1998.)

Nagel, Thomas. *The View from Nowhere.* New York: Oxford University Press,1986. (Deutsch: [Übers. Michael Gebauer.] *Der Blick von nirgendwo.* Frankfurt/M.: Suhrkamp,1992.)

Ñāṅamoli, Bhikkhu und Bodhi, Bhikkhu. (Übers.) *The Middle Length Discourses of the Buddha: A Translation of the Majjhima Nikāya.* Boston: Wisdom Publications, 1995.

Newland, Guy. *Appearance and Reality: The Two Truths in the Four Buddhist Tenet Systems*. Ithaca, NY: Snow Lion, 1999.

Norman, K. R. *Collected Papers.* Band II. Oxford, GB: Pali Text Society, 2003.

——— (Übers.). *The Group of Discourses (Sutta-Nipāta).* Oxford, GB: Pali Text Society, 2001.

———. *A Philological Approach to Buddhism.* Lancaster, GB: Pali Text Society, 2006.

Nongbri, Brent. *Before Religion: A History of a Modern Concept.* New Haven: Yale University Press, 2013.

Nyanaponika Thera und Hecker, Hellmuth. (Hg. Bhikkhu Bodhi.) *Great Disciples of the Buddha: Their Lives, Their Works, Their Legacy.* Boston: Wisdom Publications, 2003. (Deutsch: [Übers.

Marcus Würmli.] *Die Jünger Buddhas: Leben, Werk und Vermächtnis der vierundzwanzig bedeutendsten Schüler und Schülerinnen des Erwachten.* Bern – München – Wien: O.W. Barth, 2000.)

O'Flaherty, Wendy Doniger. *The Rig Veda: An Anthology.* Harmondsworth: Penguin, 1981.

Parks, Tim. *Teach Us to Sit Still: A Sceptic's Search for Health and Healing.* London: Harvill Secker, 2010. (Deutsch: [Übers. Ulrike Becker] *Die Kunst stillzusitzen. Ein Skeptiker auf der Suchae nach Gesundheit und Heilung*, München: Antje Kunstmann Verlag 2010.)

Rabten, Geshe. (Übers. und Hg. Stephen Batchelor.) *The Mind and Its Functions.* Le Mont-Pèlerin, Schweiz: Editions Rabten Choeling, 1992 (zuerst 1978). (Deutsch: [Übers. und hg. von Schülern des Ehrw. Gesche Rabten Geshe Rinpotsche unter Leitung des Ehrw. Gonsar Rinpotsche.] *Der Geist und seine Funktionen: Erklärungen eines tibetischen Meditations-Meisters.* Le Mont-Pèlerin, Schweiz: Edition Rabten, 2003.)

Radhakrishnan, S. *The Principal Upaniṣads.* New Delhi: Harper-Collins, 1994.

Rahula, Walpola. *What the Buddha Taught.* Bedford, GB: Gordon Fraser, 1967. (Deutsch: [Übers. Dhammankara.] *Was der Buddha lehrt.* Zürich: Origo Verlag, 1963.)

Ray, Reginald A. *Buddhist Saints in India: A Study in Buddhist Values and Orientations.* New York: Oxford University Press, 1994.

Rhys Davids, Caroline A. F. (Übers.). *Psalms of the Early Buddhists.* Oxford, GB: Pali Text Society, 1980. (Enthält die *Theragāthā*, zuerst 1909 veröffentlicht, und die *Therigāthā*, zuerst 1937 veröffentlicht.)

Rhys Davids, T. W. und Stede, William. *The Pali Text Society's Pali-English Dictionary.* London: Pali Text Society, 1979 (zuerst 1921–25).

Rockhill, W. Woodville (Übers.). *The Life of the Buddha and the Early History of His Order: Derived from Tibetan Works in the Bkah-hgyur and Bstan-hgyur.* London: Trübner, 1884.

Rorty, Richard. *Contingency, Irony and Solidarity.* New York: Cambridge University Press, 1989. (Deutsch: [Übers. Christa Krüger.] *Kontingenz, Ironie und Solidarität.* Frankfurt/M.: Suhrkamp, 1989.)

——— *Philosophy as Cultural Politics.* Band 4 der *Philosophical Papers.* Cambridge: Cambridge University Press, 2007. (Deutsch: [Übers. Joachim Schulte.] *Philosophie als Kulturpolitik.* Frankfurt/M.: Suhrkamp, 2008.)

Rorty, Richard und Vattimo, Gianni. *The Future of Religion.* New York: Columbia University Press, 2005. (Deutsch: [Hg. Santiago Zabala, Übers. Michael Adrian und Nora Fröhder.] *Die Zukunft der Religion.* Frankfurt/M.: Suhrkamp, 2006.)

Sacks, Oliver. *An Anthropologist on Mars: Seven Paradoxical Tales.* London: Picador, 1995. (Deutsch: [Übers. Hainer Kober.] *Eine Anthropologin auf dem Mars: Sieben paradoxe Geschichten.* Reinbek b. Hamburg: Rowohlt, 1995.)

Śāntideva. (Aus dem Sanskrit übers. von Kate Crosby und Andrew Skilton.)*The Bodhicaryāvatāra.* Oxford, GB: Oxford University Press, 1996. (Deutsch: [Aus dem Tibetischen übers. und hg. von Diego Hangartner.] *Anleitung auf dem Weg zum Glücklichsein = Bodhicaryāvatāra.* Frankfurt/M.: Barth, 2005.)

——— (Aus dem Tibetischen übers. von Stephen Batchelor.) *A Guide to the Bodhisattva's Way of Life.* Dharamsala, Indien: Library of Tibetan Works and Archives, 1979. (Deutsch: [Aus dem Sanskrit übers. von Richard Schmidt.] *Anleitung zum Leben als Bodhisattva.* Überarbeiteter Reprint der Ausgabe von 1923. Frankfurt/M.: Angkor-Verlag, 2005.)

Schopen, Gregory. *Bones, Stones, and Buddhist Monks: Collected Papers on the Archaeology, Epigraphy, and Texts of Monastic Buddhism in India.* Honolulu: University of Hawai'i Press, 1997.

Schumann, Hans Wolfgang. (Übers. M. O'C. Walshe.) *The Historical Buddha: The Times, Life, and Teachings of the Founder of Buddhism.* London: Arkana, 1989. (Deutsches Original: *Der historische Buddha.* Köln: Diederichs, 1982.)

Sextus Empiricus. (Übers. R. G. Bury.) *Outlines of Pyrrhonism.* Cambridge: Harvard University Press, 1933. (Deutsch: [Übers. Malte Hossenfelder.] *Grundriss der pyrrhonischen Skepsis.* Frankfurt/M.: Suhrkamp 2002.)

Steinkellner, Ernst. *Śāntideva: Eintritt in das Leben zur Erleuchtung* (*Bodhicaryāvatāra*). Düsseldorf: Diederichs, 1981.

Stevenson, Ian. *Twenty Cases Suggestive of Reincarnation.* Charlottesville: University of Virginia Press, 1966. (Deutsch: [Übers. Heinrich Wendt.] *Reinkarnation: Der Mensch im Wandel von Tod und Wiedergeburt; 20 überzeugende und wissenschaftlich bewiesene Fälle.* Freiburg i. Br.: Aurum-Verlag, 1976.)

Sujato, Bhikkhu und Brahmali, Bhikkhu. »The Authenticity of Early Buddhist Texts«. *Journal of the Oxford Centre for Buddhist Studies,* 5 (2014): Beilage.

SuttaCentral: Frühe buddhistische Texte, Übersetzungen und Parallelen, im Internet auf suttacentral.net.

Taylor, Charles. *A Secular Age.* Cambridge, MA: Belknap, 2007. (Deutsch: [Übers. Joachim Schulte.] *Ein säkulares Zeitalter.* Frankfurt/M.: Suhrkamp, 2009.)

Tillich, Paul. *The Dynamics of Faith.* New York: Harper and Row, 1958. (Deutsch: [Vom Verf. durchges. u. bearb. Übers. aus dem Englischen] *Wesen und Wandel des Glaubens.* Frankfurt/M. – Berlin: Ullstein, 1961.)

Tsong-kha-pa. (Übers. The Lamrim Chenmo Translation Committee.) *The Great Treatise on the Stages of the Path to Enlightenment.* 3 Bände. Ithaca, NY: Snow Lion, 2000, 2002, 2004.

Turner, Alicia. »The Bible, the Bottle and the Knife: Religion as a Mode of Resisting Colonialism for U Dhammaloka«. *Contemporary Buddhism,* 14 (2013): S. 66-77.

Vallée Poussin, Louis de la (Übers.). *L'Abhidharmakosa de Vasubhandu.* 6 Bände. Paris: Paul Geuthner, 1923–31.

Vattimo, Gianni. *After Christianity.* New York: Columbia University Press, 2002. (Deutsch: [Übers. Martin Pfeiffer.] *Jenseits des Christentums: Gibt es eine Welt ohne Gott?* München – Wien: Hanser, 2004.)

———. *A Farewell to Truth.* New York: Columbia University Press, 2011.

Walshe, Maurice (Übers.). *The Long Discourses of the Buddha: A Translation of the Dīgha Nikāya.* Boston: Wisdom Publications, 1995.

Watson, Burton. *Chuang Tzu: The Inner Chapters.* New York: Columbia University Press, 1964.

———. *The Zen Teachings of Master Lin-chi: A Translation of the Lin-chi-lu.* New York: Columbia University Press, 1993.

Wittgenstein, Ludwig. (Übers. G. E. M. Anscombe.) *Philosophical Investigations.* Oxford, GB: Basil Blackwell, 1958 (zuerst 1953). (Deutsches Original, jedoch später veröffentlicht: [deutsch und englisch] *Philosophische Untersuchungen.* Oxford, GB: Basil Blackwell, 1958.)

———. (Übers. David Pears und Brian McGuinness). *Tractatus Logico-Philosophicus.* London: Routledge, 1961 (Deutsch: *Logisch-philosophische Abhandlung.* In: [Hg. W. Ostwald], *Annalen der Naturphilosophie.* Band 14, 1921: S. 185–262. Im Internet auf http://digital.slub-dresden.de/sammlungen/titeldaten/15325484L/ [weitere Ausgaben, häufig unter dem Titel *Tractatus logico-philosophicus*)

Woodward, F. L. (Übers.). (Hg. und mit einer Einl. von Caroline Rhys Davids.) *The Book of Kindred Sayings (Sanyutta Nikāya), Part IV.* Oxford, GB: Pali Text Society, 1993 (zuerst 1930).

——— (Übers.). (Mit einer Einl. von Caroline Rhys Davids.) *The Minor Anthologies of the Pāli Canon.* Teil II: *Udāna.* London: Geoffrey Cumberlege / Oxford University Press, 1948 (zuerst 1935).

Wynne, Alexander. *The Origin of Buddhist Meditation.* London: Routledge, 2007.

Yamada, Kōun (Übers.). *The Gateless Gate: The Classic Book of Zen Koans.* Somerville, MA: Wisdom Publications, 2004. (Deutsch: [Hg.]. [Aus dem Englischen übers. von Ludwigis Fabian.] *Mumonkan: Zen-Meister Momons Koan-Sammlung = Die torlose Schranke.* München: Kösel, 1989.)

——— (Übers.). (Aus dem Englischen übers. und hg. von Peter Lengsfeld.) *Hekiganroku: Die klassische Koansammlung mit neuen Teishos = Die Niederschrift vom blauen Fels*. 2 Bände. München: Kösel, 2002.

——— *Das Tor des Zen: Grundlagen und Praxis*, Berlin: edition steinrich 2017.

Yampolsky, Philip B. (Übers.). *The Platform Sutra of the Sixth Patriarch*. New York: Columbia University Press, 1967.

Über den Autor

© privat

STEPHEN BATCHELOR, 1953 in Schottland geboren, war buddhistischer Mönch in der tibetischen Gelugpa-Tradition und in der koreanischen Son-Schule. Er ist Mitbegründer von Bodhi College, lehrt weltweit buddhistische Philosophie und Meditation und ist Autor zahlreicher Bücher, u. a. von *Buddhismus für Ungläubige* und *Bekenntnisse eines ungläubigen Buddhisten*. Er lebt mit seiner Frau Martine in Frankreich.

www.stephenbatchelor.

Index